HUNDERT JAHRE DEUTSCHES PRIESTERKOLLEG BEIM CAMPO SANTO TEUTONICO

1876 – 1976

Beiträge zu seiner Geschichte

Herausgegeben von Erwin Gatz

RÖMISCHE QUARTALSCHRIFT
FÜR CHRISTLICHE ALTERTUMSKUNDE
UND KIRCHENGESCHICHTE

Herausgegeben im Auftrage
des Priesterkollegs am Campo Santo Teutonico in Rom
und des Römischen Instituts der Görres-Gesellschaft

35. Supplementheft

HUNDERT JAHRE DEUTSCHES PRIESTERKOLLEG BEIM CAMPO SANTO TEUTONICO

1876 – 1976

Beiträge zu seiner Geschichte

Herausgegeben
von
ERWIN GATZ

HERDER
ROM · FREIBURG · WIEN

HUNDERT JAHRE DEUTSCHES PRIESTERKOLLEG BEIM CAMPO SANTO TEUTONICO

1876 – 1976

Beiträge zu seiner Geschichte

Herausgegeben
von
ERWIN GATZ

HERDER
ROM · FREIBURG · WIEN

Herstellung: Freiburger Graphische Betriebe 1977
ISBN 3-451-17929-6

INHALT

VORWORT

Der wissenschaftlichen Tradition des Priesterkollegs beim Campo Santo Teutonico entspricht es, daß zur Feier des 100jährigen Bestehens eine Festschrift vorgelegt wird. Die erste Einladung zur Mitarbeit sprach mein Vorgänger B. Hanssler aus. Sie erging an ehemalige und heutige Kollegsmitglieder und erbat Beiträge zur Geschichte des Campo Santo und zu jenen Bereichen, die hier traditionell gepflegt wurden.
Es ist mir nunmehr beim Abschluß des Werkes eine angenehme Pflicht, nebst den Autoren und Mitarbeitern all jenen Persönlichkeiten zu danken, die durch ihre Hilfe das Zustandekommen und den günstigen Preis der Festgabe ermöglichten. Das gilt für Herrn Ministerpräsidenten H. Filbinger, der nicht nur einen namhaften Druckkostenzuschuß des Landes Baden-Württemberg, sondern auch die Hilfe der Bundesländer Nordrhein-Westfalen, Bayern, Rheinland-Pfalz und des Saarlandes vermittelte.
Ich benutze diese Gelegenheit zugleich, um jenen Herren Bischöfen zu danken, die die wissenschaftlichen Bestrebungen des Priesterkollegs wiederholt durch ihre freundliche Hilfe gefördert haben. Das gilt insbesondere von den Herren Kardinälen J. Höffner, Köln, und J. Ratzinger, München, dem Herrn Erzbischof J. Degenhardt, Paderborn, sowie den Herren Bischöfen W. Kempf, Limburg, Fr. Hengsbach, Essen, G. Moser, Rottenburg, und K. Hemmerle, Aachen. Herzlicher Dank gilt auch dem Verlag Herder für die angenehme Zusammenarbeit.

Erwin Gatz

Rom, im Frühjahr 1977

Der Campo Santo Teutonico seit dem Tode Anton de Waals (1917)

Von ERWIN GATZ

Emmerich David hat 1927 in der „Römischen Quartalschrift“ die verwickelte Vor- und Frühgeschichte des Priesterkollegs geschildert, seine eigene überaus verdienstliche Tätigkeit (1920–1930) jedoch neben den Leistungen Anton de Waals ganz zurücktreten lassen[1]. Daher rekapituliert unser Beitrag auf der Basis neu erschlossener Quellen noch einmal die sehr interessanten und lehrreichen Auseinandersetzungen um die Neubesetzung des Rektorates nach dem Tode des ersten Rektors.

Interimslösung nach dem Tode de Waals

Als de Waal[2] am 23. Februar 1917 im Alter von 79 Jahren starb, befanden sich Kolleg und Erzbruderschaft in einer höchst schwierigen Situation. Das Kolleg zählte seit dem Kriegseintritt Italiens nur noch ein deutschsprachiges Mitglied, und zwar den Schweizer Archäologen Dr. Paul Styger, der de Waal 1915 bei Grabungen an San Sebastiano unterstützt hatte. Damals erwarb sich der Kardinalprotektor, der nach dem Statut von 1876 neben den zu konsultierenden Erzbischöfen von Köln, München und Salzburg den Ausschlag für die Berufung des Rektors hatte, um die Erhaltung der Stiftung und ihrer ursprünglichen Zweckbestimmung größte Verdienste. Vincenzo Vannutelli (1836–1930) war seinem Bruder Serafino 1915 als Protektor gefolgt – gegen den Willen des Rektors und ohne Konsultation des Verwaltungsrates. Der auf die österreichischen Prärogativen überstark bedachte österreichische Botschafter beim Heiligen Stuhl, Alois Fürst Schönburg-Hartenstein (1911–1918)[3], hatte diesen Wechsel unter Hinweis auf das traditionelle und im Statut bestätigte Protektorat des österreichischen Kaisers durchgesetzt[4]. Den reichsdeutschen Einfluß im Campo Santo hielt er ohnehin für überstark[5]. De Waal, dessen Absicht es gewesen war, den niederländischen Kurienkardinal Willem van Rossum um die Übernahme des Protektorates zu bitten[6], war am 15. Mai 1915 von einer entspre-

---

Das Verzeichnis der im folgenden benutzten Abkürzungen befindet sich auf Seite 37f.

[1] *E. David,* Vorgeschichte und Geschichte des Priesterkollegiums am Campo Santo, in: RQ 35 (1927) 3–52.

[2] Dazu die panegyrische, in vielen Details unzuverlässige Biographie seines Neffen *Arthur de Waal,* Prälat Dr. Anton de Waal (Karlsruhe 1937)

[3] Vgl. dazu: *J. Lenzenweger,* Sancta Maria de Anima (Wien – Rom 1959) 101–129, und: *Arthur de Waal* 121; ferner: *A. Hudal,* Die österreichische Vatikanbotschaft 1806–1919 (München 1952) 274–314.

[4] Quellen: Chronik de Waal (ACS), AA 646, GVK. Der bayerische Gesandte Ritter von Groenesteyn hatte schon am 23. November 1914 an sein Außenministerium berichtet, Schönburg-Hartenstein wolle einen österreichischen Rektor durchsetzen und er werde bei dem ehemaligen Wiener Nuntius S. Vannutelli Gehör finden. „Es hat schon etwas Demütigendes für die Deutschen, daß diese Institute unter österreichischem Protektorate stehen“ (GSM, MA 93 337).

[5] Vgl. Chronik de Waal 2. Februar 1915: ACS.

[6] 12. November 1917 Hartmann an Faulhaber: GVK.

chenden Mitteilung des Staatssekretariates überrascht worden. Seitdem hatten sich die Ereignisse überstürzt. Am 18. Mai erfuhr de Waal, daß Benedikt XV. bestimmt habe, der Campo solle im Falle des Kriegsausbruches die österreichische Botschaft beim Heiligen Stuhl aufnehmen. Sobald die Kriegserklärung jedoch ausgesprochen war (23. Mai), ließ der Rektor angesichts tumultuarischer Volksaufläufe in der Frühe des 24. Mai das Wappen des kaiserlichen Protektors von der Außenfassade der Kirche abnehmen. Damit war das Ende des jahrhundertealten und für die Stiftung vielfach bewährten Protektorates symbolisch zum Ausdruck gebracht. De Waal hatte das Protektorat stets respektiert, andererseits aber doch auch die im Gegensatz zur Anima reichsdeutsche Orientierung des Kollegs betont[7]. Daher hatte er denn auch beim Kriegsausbruch für die Sicherstellung der Wertpapiere die Hilfe der preußischen Vatikangesandtschaft in Anspruch genommen. In sein Tagebuch trug er damals ein, er hoffe, nie auf die Hilfe des aufoktroyierten Protektors angewiesen zu sein (24. August 1915).

Nach de Waals Tod entwickelte V. Vannutelli jedoch eine umsichtige Tätigkeit für die alte Stiftung. Der österreichische und der preußische Vertreter beim Heiligen Stuhl hatten bald nach dem Kriegseintritt Italiens Rom verlassen[8]. Ihre Einflußnahme auf die Neubesetzung trat daher notwendigerweise zurück. Die österreichischen Interessen vertrat seitdem für die Dauer des Krieges die spanische Botschaft, die deutschen Interessen die schweizerische Gesandtschaft beim Quirinal. Als Vertreter Österreichs ließ der spanische Botschafter nach dem Tode de Waals Siegel an die Türen der Bibliothek und des Museums legen, wogegen der schweizerische Gesandte entschieden Einspruch erhob. Am 28. Februar 1917 ernannte Vannutelli dann anläßlich einer Sitzung des Verwaltungsrates im Gebäude der spanischen Botschaft Styger zum Prorektor ad interim. Der Ernannte versicherte nicht nur den römischen Autoritäten, sondern auch dem Kölner Erzbischof Felix Kardinal von Hartmann (1912–1919) seine „gewissenhafte Pflichttreue in dieser wohl nicht leichten Stellung“[9]. Da Styger aus seiner Deutschfreundlichkeit keinen Hehl machte, kehrte er jedoch auf Anraten des Schweizer Gesandten, um Komplikationen zu vermeiden, schon im Mai 1917 in seine Heimat zurück. Daraufhin ernannte Vannutelli den als Archivar im Staatssekretariat tätigen Schweizer Francesco Stoppa-Guioni zum Prorektor.

Obwohl eine definitive Neubesetzung der Rektorenstelle also vorerst unmöglich war, fanden seit dem Frühjahr 1917 doch schon zahlreiche Sondierungen statt. Der bayerische Vatikangesandte Otto Ritter von Groenesteyn (1909–1934) meinte z. B., der Campo Santo müsse im Interesse „der Würde des Deutschtums“ dem Schutz des Reiches unterstellt werden, da Österreich ja durch die Anima repräsentiert sei[10]. Der Wiener Erzbischof Kardinal Friedrich Gustav Piffl (1914–1932), hinter dem wir den Einfluß Schönburgs und des Außenministeriums vermuten dürfen, drängte dagegen aus Gründen der „Billigkeit“ und „aus rein vaterländischen Motiven“ auf die Bestellung eines Österreichers, wofür er sich auf das kaiserliche Protektorat stützte[11]. Der Salzburger Fürsterzbischof Balthasar Kaltner (1914–1918) begann daraufhin mit der Hilfe von Maximilian

---

[7] Chronik de Waal 16. Mai 1916: „Der Campo Santo ist wesentlich eine *reichsdeutsche* Stiftung unter dem Protektorat des Kaisers von Österreich; dieser Charakter unserer Stiftung ist stets festzuhalten und zu verteidigen und jede unberechtigte Ingerenz der Botschaft abzuwehren.“

[8] *A. Hudal* 298; *F. Hanus*, Die Preußische Vatikangesandtschaft 1747–1920 (München 1954) 404.

[9] 1. März 1917, Styger an Hartmann: GVK.

[10] O. D. (März 1917) Ritter v. Groenesteyn an Erzberger; Kopie: GVK.

[11] 11. April 1917, Piffl an Kaltner: EBAS. Weitere Korrespondenzen ebd. und in KFA und GVK.

Brenner, dem Rektor der Anima, der im Gegensatz zu de Waal nach dem Kriegsausbruch seinen römischen Posten verlassen hatte, die Suche nach einem geeigneten Kandidaten. Diese blieb jedoch erfolglos[12]. Daher schlug Kaltner dem im Frühjahr 1917 neu ernannten Münchener Erzbischof Michael von Faulhaber (1917–1952) einen Dreierturnus vor, wobei abwechselnd Nord- und Süddeutschland sowie Österreich berücksichtigt werden sollten[13]. Faulhaber bestand jedoch wie sein Kölner Kollege Hartmann prinzipiell auf einem reichsdeutschen Rektor und war mit der Berufung eines Bayern, etwa seines Sekretärs Konrad Graf von Preysing, als eines für Österreich akzeptablen Vermittlungskandidaten einverstanden[14]. Da Vannutelli die provisorische Besetzung des Rektorates mit einem Neutralen als besten Schutz vor eventuellen Zugriffen der italienischen Regierung hielt, blieb die Angelegenheit jedoch vorerst auf sich beruhen[15]. Während das Kolleg in diesen Jahren seinen alten Charakter als Studienzentrum völlig einbüßte, wurde das Bruderschaftsleben mit Einschränkungen fortgesetzt. Dafür trug der aus bewährten Deutschrömern bestehende Verwaltungsrat Sorge.

Im August 1919, als die Weimarer Nationalversammlung eben den weiteren Weg des militärisch geschlagenen Landes abgesteckt hatte, wandten sich 22 ehemalige Mitglieder des Priesterkollegs an die drei Erzbischöfe und forderten die Fortführung des Kollegs als wissenschaftliches deutsches Zentrum[16]. Ihr Kandidat für das Amt des Rektors war der Luxemburger Johann Peter Kirsch, damals Professor für christliche Archäologie in Freiburg i. Schw. In ihrem Schreiben hieß es: „Wer immer auf diese Stelle kommen soll: Er muß auf archäologischem und historischem Gebiet geschult, er muß selber noch ein Schüler de Waals sein, er muß endlich durch bewährte römische Beziehungen und Kenntnis der wissenschaftlichen Hilfsmittel Roms imstande sein, die umfangreiche Arbeit de Waals fortzusetzen und die Gelehrtenschule des Campo Santo nicht nur weiterzuführen, sondern auch auszubauen.“ Der von Hartmann um sein Votum befragte Franz Ehrle hielt Kirsch jedoch für zu weich, um die im Campo Santo nötigen Reformen durchzuführen[17]. Auch müsse der Rektor nicht unbedingt Historiker sein. Faulhaber drängte aus verständlichen Gründen auf einen Reichsdeutschen: „Der Campo Santo ist ein so wesentliches Stück der deutschen Kolonie in Rom, daß sein Rektorat aus nationalen Gründen nur mit einem Deutschen besetzt werden kann. Das Rektorat des Campo Santo ist die einzige höhere Stelle in Rom, die auf Vorschlag von deutschen Bischöfen besetzt wird; man würde es diesseits und jenseits der Alpen sehr verschieden beurteilen, wenn die deutschen Bischöfe für diese einzige Stelle einen Nichtdeutschen in Vorschlag bringen.“[18] Hartmann wies auf die vielfältigen Aufgaben des Rektors für Deutschland hin, die man nicht auf die Förderung der Wissenschaft reduzieren könne. Es werde „namentlich in der nächsten Zeit auch eine sehr wichtige Aufgabe des Rektors sein,

---

[12] Als mögliche Kandidaten waren die Privatdozenten Franz Dorfmann / Wien, Alois Hudal / Graz sowie Sekretär Franz Gleiß / St. Pölten genannt worden; so 13. September 1917 Brenner an Kaltner: EBAS.

[13] So 4. September 1917 Kaltner an Faulhaber. Dabei berief er sich auf das österreichische Protektorat, das durch die Ereignisse von 1866 und 1870 nicht berührt worden sei. Darauf 15. September 1917 Faulhaber an Kaltner: „Die Tatsache des Protektorates kann gewiß nicht illusorisch sein, muß aber nicht notwendig reale nationale Rechtsbürgschaften in sich schließen ...“: KFA.

[14] 10. November 1917 Faulhaber an Hartmann: GVK.

[15] So 30. Juni 1917 Faulhaber an Hartmann: GVK.

[16] 6. August 1919 Dr. Weinand etc. an Hartmann, Faulhaber, Rieder: GVK, KFA.

[17] So 10. September 1919 Ehrle an Hartmann: GVK.

[18] 15. August 1919 Faulhaber an Weinand; Kopie: GVK.

die nationalen deutschen Interessen auf kirchlichem Gebiet mit Geschick und Tatkraft zu vertreten"[19]. Auch Faulhaber wünschte keine exklusive Konzentration des Kollegs auf die Wissenschaftspflege, was ja auch unter de Waal nie der Fall gewesen war. Er schrieb an Hartmann: „Mit Pater Ehrle, der in dieser Woche nach Rom zurückreist, habe ich gesprochen, daß der erwählte Rektor im voraus zu verpflichten wäre, daß er dem Campo Santo nicht bloß den Charakter einer wissenschaftlichen Kolonie, sondern auch die Würde eines deutschen Priesterhauses wahre."[20] Ende 1919 kam es dann zu einer raschen Einigung über die Person des künftigen Rektors, zumal der neue Salzburger Fürsterzbischof, Ignatius Rieder (1918–1934), angesichts der veränderten Lage seines Heimatlandes keinen österreichischen Anspruch mehr geltend machte. Am 28. Oktober 1919, wenige Tage vor seinem Tod (11. November 1919), präsentierte Hartmann dem Protektor im Einvernehmen mit seinen Kollegen die Kölner Geistlichen Dr. Emmerich David und Dr. Bernhard Custodis (Pfarrer in Bonn/Sankt Elisabeth)[21]. Die Wahl Vannutellis fiel auf den an erster Stelle stehenden David[22]. Dieser reiste sofort nach Rom ab und übernahm am 1. Februar 1920 die Leitung von Erzbruderschaft und Kolleg.

Das Rektorat Davids

David fand eine in vielfacher Hinsicht schwierige Situation vor. Stoppa hatte zwar das Vermögen korrekt verwaltet, aber die in Wertpapieren fundierten Stiftungen waren verloren. Außerdem waren die Spenden deutscher Rompilger, auf die das Kolleg stets angewiesen war und die den großartigen Ausbau unter de Waal ermöglicht hatten, seit Jahren ausgeblieben. Ein 1920 vom Kölner Dompropst Dr. Arnold Middendorf ins Leben gerufener „Verein von Freunden des Campo Santo" verlor seine Mittel durch die Inflation. So blieb die zehnjährige Amtszeit Davids ständig von wirtschaftlichen Sorgen überschattet. Jetzt half freilich im Gegensatz zur Ära de Waals die deutsche Reichsregierung durch einen Gehaltszuschuß für den Rektor und später durch einen Betriebskostenzuschuß für das Kolleg. Darin kam zum Ausdruck, daß die österreichischen Ansprüche endgültig der Vergangenheit angehörten. Damals wurden freilich eine Zeitlang belgische Ansprüche auf die Stiftung laut, doch wurden diese niemals so nachdrücklich und jedenfalls nicht literarisch geltend gemacht, wie das von niederländischer Seite bei der Anima geschah[23].

---

[19] 29. September 1919 Hartmann an Weinand: GVK.

[20] 15. Oktober 1919 Faulhaber an Hartmann: GVK. Auch in diesem Punkte war er mit dem Kölner Erzbischof einig, der die „festere Hausordnung der Anima zur intensiveren Pflege des kirchlichen bzw. priesterlichen Lebens" auch für den Campo Santo wünschte; 28. September 1919 Hartmann an Faulhaber: KFA. [21] GVK.

[22] Zu dessen Lebensweg und Charakterisierung s. S. 174ff.

[23] Die Diskussion um evtl. niederländische Ansprüche an die Anima war durch *J. Schmidlin*, Geschichte der deutschen Nationalkirche in Rom S. Maria dell'Anima (Freiburg 1906) ausgelöst worden und hat nicht nur vor dem Krieg, sondern auch 1920 ein Nachspiel gehabt. Der Heilige Stuhl hat damals eine Untersuchungskommission bestellt, die die Ansprüche der einzelnen Nationen überprüfen sollte. Am 26. Juli 1920 schrieb Ritter von Groenesteyn an den Außenminister, F. Ehrle und M. Brunner als Vertreter Deutschlands und Österreichs in dieser Kommission seien mit dem Verlauf der Verhandlungen sehr zufrieden. „Sie glauben, aus dem sehr langsamen Tempo, mit dem Belgien vorgeht, den Schluß ziehen zu dürfen, daß der belgische Vertreter in Verlegenheit ist, für die anfangs sehr weitgesteckten Ziele die nötigen historischen Grundlagen nachzuweisen": GSM, MA 10 1057.

David versuchte sofort und mit beträchtlicher Energie eine Lösung der zahlreichen Probleme, auf die er in Rom stieß. 1920 gewann er für die Betreuung der Hauswirtschaft des Kollegs und der Sakristei Schwestern der christlichen Liebe aus dem Paderborner Mutterhaus. Zunächst kamen drei Ordensfrauen nach Rom. Im Laufe der Jahre stieg ihre Zahl bis auf acht. Für die Qualität und Wirtschaftlichkeit der Haushaltsführung sowie für die Atmosphäre im Kolleg waren sie von kaum zu überschätzender Bedeutung[24]. Der Kölner Erzbischof und spätere Kardinal Joseph Schulte (1920–1941), der die Schwestern vermittelt hatte, blieb übrigens dem Campo Santo eng verbunden und hat ihm manche Hilfe zugewandt.

Im November 1920 veranlaßte David eine Neukonstituierung des Verwaltungsrates. Seitdem nahmen die katholischen Vertreter der deutschsprachigen Staaten beim Heiligen Stuhl, der österreichische Botschafter und Papsthistoriker Ludwig von Pastor (1921–1928) und sein Nachfolger Rudolf Kohlruß (1929–1938), ferner der bayerische Gesandte Ritter von Groenesteyn (1909–1934) wieder regelmäßig an den Sitzungen teil, während der deutsche Vatikangesandte Diego von Bergen (1919–1943) als Protestant satzungsgemäß ausgeschlossen blieb. Indirekt war die deutsche Gesandtschaft freilich durch den 1923 kooptierten Geistlichen Botschaftsrat Prälat Joseph Steinmann durchaus in diesem Gremium vertreten.

Schwer lasteten auf der Stiftung die Konsequenzen des deutschen Währungsverfalls sowie die eigenen Vermögensverluste. Daher mußte der Verwaltungsrat 1921, um nur die notwendigsten Reparaturen vornehmen zu lassen, einige Stücke der Gemäldesammlung verkaufen, was ihm eine nachdrückliche Rüge des italienischen Unterrichtsministeriums eintrug, das nun ein Inventar sämtlicher Kunstwerke verlangte[25]. Die wirtschaftlichen Hintergründe machen es verständlich, warum das Priesterkolleg, das vor dem Ersten Weltkrieg etwa ein Dutzend Mitglieder gezählt hatte, nur langsam reaktiviert werden konnte. In den ersten Jahren nach dem Weltkrieg überwogen nichtdeutsche Mitglieder. Erst nach dem Heiligen Jahr 1925, das dem Kolleg zwar viel Arbeit, aber auch erhebliche Hilfen und Impulse brachte, nahm die Zahl der deutschen Wissenschaftler wieder kräftig zu.

Das energische Zupacken Davids blieb naturgemäß nicht unwidersprochen; Styger, der letzte Mitarbeiter de Waals, an dem er auch das Maß für die Fortführung des Campo Santo nahm, monierte z.B. im November 1920, im Kolleg geschehe zuwenig für die Wissenschaft: „Ein steriles Vegetieren muß der Campo Santo führen. Es ist selbstverständlich, daß die Besetzung der Rektorstelle durch einen Fachmann die erste Bedingung für eine neue Blütezeit wäre.“[26] Auch Steinmann meinte gelegentlich, David sei „recht jugendlich [38 Jahre] und unerfahren“[27].

David war in der Tat kein zünftiger Historiker. Aber die wissenschaftliche Aktivität des Kollegs war unter seinem Rektorat sehr beachtlich. Sie spiegelt sich u.a. im Protokollbuch der wissenschaftlichen Vorträge am Samstagabend, der Sabbatinen, die der Rektor wieder einführte, wenngleich die Zahl dieser traditionsreichen Veranstaltungen

[24] Chronik der Schwesternniederlassung im Campo Santo. Oberinnen waren seitdem: Alfredis Schreiber (1920–27), Ehrentraud Kothe (1927–35), Euthymia Meier (1935–47), Rupertilla Starke (1947–49), Emma Beverungen (1949–54), Albertis Pützer (1954–66), Martina Borgschulze (1966–70), Henrietta Leonhardt (seit 1970).

[25] Belege im Protokollbuch des Verwaltungsrates: ACS.

[26] 7. November 1920 Styger an v. Bergen: AA 646. Vgl. noch 1937 *Arthur de Waal* 95f.

[27] 23. März 1921 Steinmann an Bertram; Kopie: GVK.

zunächst bescheiden blieb und an die alte Regelmäßigkeit nicht herankam[28]. Im Grunde hing zwar nicht alles, aber doch Entscheidendes an der Zahl der deutschen Kollegsmitglieder. Ihre Unterrepräsentanz sollte bis in die Gegenwart nicht mehr abklingen. Damals schrieb die deutsche Vatikangesandtschaft an das Auswärtige Amt: „Es ist eine Tatsache, die sich nicht ableugnen läßt, daß wir in bezug auf die Zahl der in Rom tätigen Geistlichen hinter allen Ländern zurückstehen. Jede Gelegenheit für deutsche Theologen, mit der Welt des Vatikan in Verbindung zu treten, muß genutzt werden, um die Kenntnis von Deutschland und das Interesse an seiner Wiederaufrichtung zu fördern."[29] Ein Zeichen der Konsolidierung war das Wiedererscheinen der „Römischen Quartalschrift" seit 1922.

Auch um die Wiederbelebung der Erzbruderschaft erwarb David sich beträchtliche Verdienste. Die Gottesdienste waren ohnehin, wenn auch mit kriegsbedingten Einschränkungen, stets fortgesetzt worden, doch der Rektor setzte erst Jahre nach seinem Amtsantritt eine ernsthafte Reaktivierung der alten Gemeinschaft durch. 1915 hatte die Generalversammlung „vorläufig" auf die Neuwahl eines Camerlengo verzichtet. Erst im Frühjahr 1922 wählte sie dann auf Vorschlag des Rektors Joseph Albrecht für dieses Amt. Neue Mitglieder wurden dagegen erst seit 1924 wieder aufgenommen. David legte Wert darauf, daß sich die deutschen Mitglieder des Kollegs hier anschlossen. Ein besonders kräftiger Aufschwung läßt sich nach 1927 feststellen, als die Stiftung infolge der 50-Jahr-Feier des Kollegs stärker in den Blick der Öffentlichkeit trat[30]. Seitdem sandte David wie sein Vorgänger wieder gedruckte Jahresberichte an alle Freunde des Campo Santo und an die ehemaligen Mitglieder des Kollegs.

Das Heilige Jahr 1925 mit seinen für die damalige Zeit großen Pilgerzahlen hatte dem Campo Santo neben vieler Arbeit[31] auch eine Reihe von Zuwendungen gebracht, die die Aufnahme neuer Studierender ermöglichten. So entstanden z.B. einige neue Kaplaneistiftungen. Ein römischer Studienaufenthalt war ja den meisten Geistlichen nur möglich, wenn das Kolleg ihnen einen Freiplatz gewährte oder anderweitige Zuwendungen vermittelte. Von Deutschland aus wurden nur die Stipendiaten der Görres-Gesellschaft finanziert. Das Kolleg zählte um die Mitte des Jahrzehnts ca. 16 Mitglieder.

Das für die äußere Geschichte der Stiftung einschneidendste Ereignis der Ära David bildete der Abschluß der Lateranverträge vom 11. Februar 1929 mit den Bestimmungen über die Gründung der souveränen Vatikanstadt[32]. Der Campo Santo war dieser zwar nicht zugeschlagen, genoß aber nun wie der Palast des Heiligen Offiziums das Privileg der Exterritorialität. Die unmittelbaren Folgen des neuen Status bestanden freilich in Bauverpflichtungen. Im Zuge der Grenzbegradigung mußte der Campo Santo nämlich einen über die Friedhofsmauer beim Oratorium in das Gebiet des neuen Vatikanstaates hineinragenden Gebäudeteil abtreten, wodurch die von de Waal geschaffenen Katakombennachbildungen sowie einige Wohnräume verlorengingen. Da von vatikanischer Seite außerdem der Wunsch nach einer würdigeren Gestaltung der Gebäude des Campo Santo geäußert wurde, entschloß sich der Verwaltungsrat zu einem Neubau des Traktes an der Via Teutonica. Die Arbeiten leitete der Architekt R. Setacci.

---

[28] ACS, Libro 85. Für die späteren Jahre vgl. dagegen S. 176.

[29] 18. Mai 1922 ein Mitarbeiter v. Bergens an das Auswärtige Amt: AA 646.

[30] David äußerte am 21. Juni 1927 vor dem Verwaltungsrat die Möglichkeit, „die Bruderschaft in nationaler und religiöser Hinsicht neu zu beleben". Seit 1928 wurden die Andachten wieder in deutscher Sprache gehalten.

[31] Der Rektor vermittelte in diesem Jahr allein 1700 Audienzen für Einzelpilger.

[32] Dazu S. 187–203.

Berufung von Rektor Stoeckle

Bald nach dem Abschluß dieser Arbeiten vollzogen sich wichtige Personalveränderungen. Den Auftakt machte der Tod des um die Stiftung hochverdienten V. Vannutelli am 9. Juli 1930. Fast gleichzeitig erhielt der Rektor einen Ruf als Mitglied des Metropolitankapitels nach Köln, wo er im Frühjahr 1931 Generalvikar wurde[33]. In seiner zehnjährigen Amtszeit hatte er die Stiftung de Waals in durchaus eigenständiger Weise fortgeführt. In einem deutschen Gesandtschaftsbericht hieß es dazu: „Bei dieser Aufbauarbeit wurden ... die Grenzen zwischen dem Vermögen der der ‚Natio Teutonica' zustehenden alten Stiftung und den neueren, ausschließlich für das Priesterkollegium bestimmten Vermögensbestandteilen im Gegensatz zu früher klarer festgelegt. Damit erscheint tatsächlich für die Zukunft eine Bestreitung des spezifisch deutschen und vorwiegend reichsdeutschen Charakters des Priesterkollegiums ... unmöglich."[34]

Das Statut bestimmte zwar, daß der neue Protektor vom Papst zu ernennen war, über die Initiative zu dessen Berufung und vor allem über die Auswahl der entsprechenden Persönlichkeit sagte es jedoch nichts. So fiel David zum Abschluß seiner römischen Tätigkeit die Aufgabe zu, einen Kardinal für dieses Amt zu gewinnen. Er war der Meinung, daß man nicht umhinkönne, Franz Ehrle (1845–1934), dem einzigen deutschen Kurienkardinal, Mitglied der Gesellschaft Jesu, Bibliothekar und Archivar der Heiligen Römischen Kirche, dieses Amt anzutragen, obwohl der hochangesehene Gelehrte bereits im 85. Lebensjahr stand[35]. Für Ehrle sprach auch die Tatsache, daß er Ehrenpräsident der Görres-Gesellschaft war, deren Römisches Institut sich im Campo Santo befand. Er selbst war freilich der Meinung, daß Kardinalstaatssekretär E. Pacelli als Protektor der Anima zugleich das Protektorat des Campo Santo übernehmen sollte. Pius XI. entschied sich jedoch Anfang September 1930 für Ehrle (Ernennung am 9. September). Wie mühsam diese Entscheidung zustande gekommen war, darüber schrieb David an Schulte: „Einen Monat lang habe ich zwischen den Eminenzen Ehrle und Pacelli hin und her wandern müssen, um immer wieder im Auftrage des einen der hohen Herren dem anderen darzulegen, daß dieser andere der geeignetere Protektor des Campo Santo sei."[36] Ehrle wandte der Stiftung seitdem ein Übermaß an Fürsorge zu und dehnte seine Kompetenzen so weit aus, daß sein Protektorat zu einer Belastung wurde. Das sollte sich gleich bei den verwickelten Bemühungen um die Neubesetzung des Rektorpostens zeigen.

Da Schulte 1920 einen Kandidaten aus dem Erzbistum Köln vorgeschlagen hatte, überließ er diesmal seinem Münchener Kollegen die Initiative bei der Auswahl. David nannte Faulhaber im Auftrage Ehrles eine ganze Reihe möglicher Kandidaten, die ausnahmslos aus dem Priesterkolleg hervorgegangen waren[37]. Sein eigener Favorit war der kaum 30jährige Archäologe Dr. Josef Montebaur aus dem Bistum Trier, der dem Kolleg seit 1926 angehörte. Der bayerische Vatikangesandte Ritter von Groenesteyn drängte da-

---

33 5. Juli 1930 Schulte an Faulhaber: David habe ihm schon früher erklärt, er möchte nach 10jährigem Romaufenthalt wieder eine Tätigkeit in der Heimat übernehmen: KFA.

34 13. August 1930 Gesandtschaft an Auswärtiges Amt: AA 646.

35 ACS, Faszikel: Rektorberufung und Weggang von David; ebd. ein ausführlicher Bericht über die Neubesetzung von J. Pohl. Ferner: AA 646, 647; Protokollbuch des Verwaltungsrates: ACS.

36 24. September 1930 David an Schulte: GVK.

37 David hatte u. a. H. Jedin, H. Hugo, A. Kalsbach, P. Arendt, J. Wenner, Th. Klauser und später noch J. Schmidlin genannt. So 13. Oktober 1930 Faulhaber an Ehrle; Kopie: GVK.

gegen auf die Berücksichtigung eines Bayern, nachdem das Rheinland bereits zwei Rektoren gestellt habe. In diesem Sinn hat sich auch seine Regierung bei Faulhaber verwandt[38]. Dem Erzbischof lag damals schon die Bewerbung des Augsburger Domvikars Dr. iur. can. Adam Birner (1897–1940) vor[39], den Faulhaber schließlich auch im Einverständnis mit der Bayerischen Bischofskonferenz und mit seinen Kölner und Salzburger Kollegen präsentierte[40]. Birner war 1924/26 als Animakaplan in Rom gewesen, wo er sich als Pilgerführer, nicht aber als Wissenschaftler einen Namen gemacht hatte. Gerade auf die wissenschaftliche Qualität legte Ehrle jedoch größten Wert. Das ausführliche Schreiben, in dem er Faulhabers Kandidaten ablehnte, ist in dieser Hinsicht aufschlußreich[41]: „... werden Eminenz wohl begreifen, daß die Ernennung des Herrn Dr. Birner nicht geringe Schwierigkeiten bereiten könnte, zumal sein Doktorat in Kirchenrecht, wie es in der Anima üblich ist, auf Hilfsleistung in bischöflichen Kanzleien abzielt. Im Campo Santo soll der Rektor die bereits in Deutschland doktorierten und in historischen oder archäologischen Universitätsseminarien vorgebildeten Herren zu weiteren literarischen Leistungen anleiten und mit ihnen die vom Campo Santo herausgegebene ‚Römische Quartalschrift' an der Seite des Msgr. Kirsch, Professor von Freiburg i. Schw. und Direktor des Päpstlichen Archäologischen Instituts, füllen und auf der Höhe halten. Er muß also bei seinen Kollegen durch priesterliche Reife und wissenschaftliche Überlegenheit das ihm nötige Ansehen gewinnen und bewahren. Dies alles dürfte Eminenz erklären, daß ich das Bedürfnis fühlte, einen dem Sinne und Buchstaben der geltenden Statuten mehr entsprechenden Kandidaten zu finden... Eine nicht nur durch würdige priesterliche Haltung, sondern auch durch literarische Leistungen imponierende Persönlichkeit ist jetzt auch deshalb erforderlich, da zwei Mitglieder auch an dem Preußischen Historischen und dem Deutschen Archäologischen Institut arbeiten und der Rektor des Campo Santo sein Institut in der internationalen Vereinigung vertreten muß, zu der sich die nationalen Institute, selbst das französische, amerikanische, schwedische etc. zusammengeschlossen haben." Im übrigen war der erst 33jährige Birner nach Ehrle zu jung und charakterlich unausgereift[42]. Die hohen Erwartungen des Protektors bezüglich des künftigen Rektors sollten sich freilich nicht erfüllen, da eine Persönlichkeit von dem an sich wünschenswerten Profil, das Ehrle skizziert hatte, gar nicht zur Verfügung stand. Faulhaber nahm die Ablehnung Birners zur Kenntnis, würdigte auch die Intentionen Ehrles, war aber vorerst nicht bereit, auf seinen Kandidaten zu verzichten[43]. In Berlin beurteilte man das entschiedene Durchgreifen des Protektors positiv. Freytag, der zuständige Fachreferent im Auswärtigen Amt, schrieb damals an den deutschen Gesandten: „Es scheint mir für die Neubesetzung der Stelle von großem Wert zu sein, daß Kardinal Ehrle selbst durch sein Eingreifen die Bedeutung des Rektorats in wissenschaftlicher und repräsentativer Hinsicht selbst anerkannt hat."[44]

---

[38] Korrespondenzen: GSM, MA 10 1057. 27. September 1930 Min. Goldenberger an Faulhaber: KFA. [39] 7. September 1930 Birner an Faulhaber: KFA.

[40] 15. September 1930 Faulhaber an Schulte: Birner mache den Eindruck „eines gutbegabten, frommen und dabei autoritativ auftretenden Priesters": KFA. Das Konferenzprotokoll berichtet nichts darüber. Danach beschlossen die Bischöfe lediglich, auch in Zukunft geeignete Geistliche zum Studium nach Rom, u. a. auch in den Campo Santo zu entsenden. – *L. Volk*, Akten Kardinal Michael von Faulhabers 1917–1945, Bd. I: 1917–1934 (Mainz 1975) 489–501.

[41] O.D. [6. Oktober 1930] Ehrle an Faulhaber: KFA.

[42] Dazu: 14. Juli 1931 Montebaur an Grabmann: KFA.

[43] 13. und 30. Oktober 1930 Faulhaber an Ehrle: KFA, GVK.

[44] 31. Oktober 1930 Freytag an v. Bergen: AA 646.

Die Angelegenheit komplizierte sich, weil David nicht länger in Rom bleiben und seine Kölner Stelle antreten wollte. Unmittelbar vor seiner Abreise (24. Oktober) fand sich eine eigenartige Notlösung. Ehrle ernannte nämlich J. P. Kirsch, der bereits 1919 einmal als Kandidat für das Rektorenamt genannt worden war, zum stellvertretenden Rektor und Primicerius der Erzbruderschaft. Damit ließ er ein altes, im geltenden Statut nicht mehr vorgesehenes Amt wiederaufleben, dessen Inhaber einst zwischen dem Protektor und dem Rektor zu vermitteln hatte. Montebaur sollte die Redaktion der „Römischen Quartalschrift", J. Pohl die wirtschaftliche Leitung des Hauses übernehmen.

Ehrle begann nach der Abreise Davids erneut die Suche nach einem Rektor. Eine nochmalige Konsultation der drei Erzbischöfe lehnte er „unter Berufung auf seine persönliche Verantwortung" ab[45]. Er bot die Stelle auf Anregung des Präsidenten der Görres-Gesellschaft Heinrich Finke[46] zunächst dem Breslauer Privatdozenten Dr. Hubert Jedin an, doch lehnte dieser unter Hinweis auf seine akademischen Laufbahnwünsche ab. Auch Dr. Paul Arendt, ebenfalls Kirchenhistoriker und damals Domvikar in Frauenburg, stand zur Debatte, während Pacelli bis zum Februar 1931 auf die Berufung von Ludwig Kaas hoffte. Montebaur gab unterdessen die Hoffnung auf seine eigene Ernennung, die sein Heimatbischof Rudolf Bornewasser unterstützte[47], nicht auf. Sie scheiterte, als weit zurückliegende kritische Äußerungen aus seinem Mund zur vatikanischen Politik bekannt wurden.

Die Angelegenheit der Neubesetzung war verfahren, weil Ehrle sein Protektorat überstark betonte und die drei Erzbischöfe nach der ersten Konsultation nicht mehr gehört hatte. Verstimmungen aller Beteiligten belasteten die Lage zusätzlich. Da schien sich im Frühjahr 1931 eine Lösung anzubahnen. Ende 1930 hatte der Altcamposantiner Dr. Josef Henseler, Studienrat in Hoechst, bei Kirsch angefragt, ob wohl für ihn als Kunsthistoriker eine Bewerbung für das Amt des Rektors Aussicht auf Erfolg habe. Auf Anregung von Kirsch kam er dann nach Rom, um persönlich mit Ehrle zu verhandeln. Dieser sicherte ihm die Bestellung zum Prorektor – also auf Probe – zu. Doch selbst diese halbe Ernennung ließ der Kardinal sich erst nach vielen Bemühungen abringen. An eine eigentliche Führung der Rektoratsgeschäfte war unter dem mächtigen und machtgewohnten Mann, der sich selbst als eigentlichen Rektor ansah, ohnehin nicht zu denken. Henseler war trotz dieser peinlichen Verhältnisse zur Übernahme bereit und bemühte sich nun um die Sicherung der ihm aus seiner Schultätigkeit in Deutschland entstandenen Versicherungsansprüche. Für dieses Anliegen brachte Ehrle kein Verständnis auf. Aber mehr noch störte diesen der Umstand, daß Henseler einen Kraftwagen besaß. Am 22. Juni 1931 ließ er ihn wissen, daß er ihn nicht über den 1. August hinaus als Prorektor bestätigen werde.

Diese Vorgänge um Henseler, der inzwischen das Vertrauen von Erzbruderschaft und Kolleg gewonnen hatte, empfand man allenthalben als peinlich. Pius XI. soll daran gedacht haben, Ehrle um die Niederlegung des Protektorates zu bitten. Dieser ging jedoch auf eine entsprechende Anregung nicht ein, und der Papst selbst scheute sich, den hochverdienten Wissenschaftler, dem er selbst so viel verdankte, zur Resignation aufzufordern[48]. So blieb alles beim alten. Der deutsche Gesandte wies in einem Bericht auf die

---

[45] So 18. Dezember 1930 v. Bergen an Freytag: AA 646.

[46] Vgl. S. 152.

[47] So 1. Dezember 1930 Bornewasser an Schulte: GVK.

[48] So 13. Juli 1931 Meyer-Rodehüser an Auswärtiges Amt; 28. Juli v. Bergen an Terdenge: AA 646.

„katastrophale Gedächtnisschwäche“ Ehrles hin, der „in einer durchaus ehrlichen, aber sachlich nicht begründeten Überspannung seines Verantwortungsgefühles“ die Grenzen zwischen dem „Protegieren“ und dem „Regieren“ ignoriere[49]. Den Ausweg aus dieser verfahrenen Situation wies schließlich der Gesandte Ritter von Groenesteyn, der den Münchener Dogmatiker Martin Grabmann, der Ehrle als Forscher seit Jahrzehnten nahestand, um die Benennung eines bayerischen Kandidaten bat[50]. Grabmann reagierte unverzüglich und empfahl neben Dr. Fuchs (Würzburg) den Münchener Stiftsvikar Dr. Hermann Maria Stoeckle, auf den die Wahl schließlich fiel[51]. Er bewog auch Faulhaber, von der Kandidatur Birners abzulassen[52]. Als Ehrle den Erzbischof um eine Stellungnahme zur Kandidatur Stoeckles bat, erhielt er von Faulhaber jedenfalls eine im ganzen positive Antwort, die freilich jene Schwäche nicht verschwieg, die die späte Amtszeit Stoeckles so schwer überschatten sollte[53]. Nach Faulhaber war Stoeckle „ein untadeliger Priester aus einer musterhaft katholischen, sehr angesehenen Familie... fleißig und gewissenhaft“. Der Klerus schätze ihn dagegen wegen vieler Eigenarten nicht. Dennoch sprach Faulhaber sich, wenn auch mit Einschränkungen, eindeutig für ihn aus[54]. Stoeckle selbst nahm das Angebot sofort an[55]. Seine Ernennung durch Ehrle erfolgte am 21. August 1931[56]. Am 15. September traf er in Rom ein, während der über den unkorrekten Besetzungsmodus empörte Montebaur, der sich um die interimistische Leitung sehr verdient gemacht hatte, das Kolleg verließ, um eine Stelle bei der Deutschen Bibliothek in Leipzig anzutreten.

Das Rektorat Stoeckles (1931–1954)

Hermann Stoeckle war am 9. März 1888 in Bayreuth als Sohn des späteren Landgerichtspräsidenten Andreas Stoeckle und dessen Ehefrau Hedwig geboren[57]. Nach Gymnasialstudien in Augsburg, St. Stephan (1899–1907), wo er u. a. ausgezeichnete Kenntnisse der lateinischen Sprache erwarb, studierte er in München Theologie und Rechtswissenschaften. Am 29. Juni 1912 wurde er zum Priester für das Erzbistum München-Freising

---

[49] 28. Juli 1931 v. Bergen: AA 646.

[50] 4. Juli 1931 Ritter von Groenesteyn an Grabmann; GSM 877: „Schade, wenn auf diese Weise diesmal wieder kein Bayer den Posten erhalten sollte, und darum erlaube ich mir, mich in Erinnerung an unsere Aussprache über diese Frage an Sie ... zu wenden, wenn Sie einen geeigneten Kandidaten in Bayern wüßten, Sie bittend, einen solchen dem Kardinal Ehrle vorzuschlagen.“

[51] 15. Juli 1931 Grabmann an Ritter von Groenesteyn über Stoeckle: „Er hat sehr gute Formen, ist freundlich und liebenswürdig und ist auch historisch gebildet“: a. a. O.

[52] 15. Juli 1931 Grabmann an Ritter von Groenesteyn: a. a. O. 18. Juli 1931 Grabmann an Faulhaber: KFA.

[53] 8. August 1931 Faulhaber an Ehrle; Entwurf: KFA.

[54] „Für mich ist ein glattes Ja außerordentlich schwer, da ich ihm bei aller Achtung vor seinen persönlichen und wissenschaftlichen Qualitäten die Beweglichkeit in Verwaltungsfragen nicht zutraue. Er ist ein so langsamer Paragraphenfuchser und Umstandskrämer, daß ich nicht mehr zu seinen Sitzungen komme. In seinen äußeren Formen würde er, wenn auch etwas steif und zeremoniell, keinen Anstoß erregen“: KFA.

[55] 14. August 1931 Faulhaber an Stoeckle und: 15. August 1931 Stoeckle an Faulhaber: KFA.

[56] 13. August 1931 Ehrle an Faulhaber: „Da mir Ihr so gewichtiges Urteil alles Wesentliche vollauf verbürgte, so machte ich eine Wallfahrt zu U. L. Frau vom Campo Santo. Sie gab mir Mut, das relativ geringe Risiko zu wagen“: KFA.

[57] Über die Person und die Ära Stoeckle zahlreiche chronologisch geordnete Stücke in ACS: Nachlaß Stoeckle.

geweiht. Anschließend war er bis 1917 Kaplan bei den Barmherzigen Schwestern in München, wo er zugleich Muße für seine theologischen und juristischen Studien fand. 1917/18 folgte ein Zwischenspiel als Militärseelsorger in Flandern. Im August 1918 nominierte ihn dann der letzte bayerische König zum Chorvikar der Münchener Hofkirche St. Kajetan, wo er bis 1931 blieb. Diese Stelle, die ihm an sich wenig behagte, bot ihm die Möglichkeit, 1923 bei E. Eichmann mit der Arbeit „Die kirchenrechtliche Verfassung des Fürstentums Freising unter den drei letzten Fürstbischöfen" (München 1929) zum Doktor der Theologie zu promovieren. Er setzte seine Studien vorübergehend als Animakaplan (1924) fort, um dann nach München zurückzukehren. Stoeckle schien für die vielseitige Aufgabe in Seelsorge, Wissenschaft und Repräsentanz, wie sie mit dem Campo Santo verbunden war, durchaus geeignet. Namentlich auf die Repräsentanz hat der für traditionelle Konventionen begeisterte Mann, der zu seiner Münchener Studentenverbindung Aenania zeitlebens starken Kontakt behielt, fast übertriebenen Wert gelegt. Eine wissenschaftliche Veröffentlichung hat er dagegen nach seiner Dissertation trotz aller Absichtserklärungen nicht mehr vorgelegt. Die Kollegverwaltung, für die damals noch keine Hilfskraft zur Verfügung stand, mußte ihn völlig absorbieren. Stoeckles Rektorat (1931–1954) war von der politischen Entwicklung in Deutschland überschattet. Daher zieht sich durch jene Jahre die ständige Sorge um den wirtschaftlichen und wissenschaftlichen Fortbestand des Hauses, in dem während des Krieges u.a. politisch Gefährdete eine Zuflucht fanden. Nach dem Krieg hat Stoeckle dagegen durch seine Passivität den Fortbestand des Campo Santo Teutonico ernsthaft gefährdet.

Erzbruderschaft, Kolleg und Protektor empfingen den neuen Rektor ohne Vorbehalt und mit aller Freundlichkeit. Selbst der Protektor, der doch auf einen Wissenschaftler von Rang gehofft hatte, war mit seiner Amtsführung zufrieden, zumal Stoeckle sich der Administration mit Nachdruck annahm. Ehrle erteilte nach wie vor weitgehende Direktiven, die wohl berücksichtigt sein wollten. Stoeckle erkannte, daß die starke Beanspruchung durch Verwaltungsaufgaben einen engagierten Wissenschaftler nicht fesseln konnte. Außerdem war er mit Vermittlungsaufgaben für Pilger, mit Agenziegeschäften für deutsche, eine Zeitlang auch für amerikanische Bistümer, durch gelegentliche Hilfsarbeiten für vatikanische Behörden, als Konsultor im Missionsrat der Propaganda und schließlich durch gottesdienstliche, seelsorgliche und repräsentative Aufgaben beansprucht. Auch die Bauunterhaltung des Kolleggebäudes, das umfassender Reparaturen bedurfte, die man aber aus Geldmangel nur notdürftig ausführen konnte, forderte seine Aufmerksamkeit. Dabei war das Kolleg fast ausschließlich auf die Pensionseinnahmen angewiesen, denn das Stiftungsvermögen der Erzbruderschaft konnte sich nach den Verlusten durch den Ersten Weltkrieg im Grunde nicht mehr erholen. Unter diesen Umständen war der jährliche Betriebskostenzuschuß, den das Auswärtige Amt bis 1937 zahlte, hoch willkommen (1932: 2000 RM; 1933: 3000 RM; 1937: 1200 RM „für kirchliche Deutschtumspflege im Ausland"). Für Stoeckle bedeutete diese Akkumulation vielfältiger Aufgaben eine Belastung, der er in den ersten Jahren seines Rektorates nur mit großer Anstrengung, später aber nicht mehr gewachsen war.

Besonders problematisch war die Situation des Priesterkollegs. De Waal hatte es für deutsche Geistliche gegründet, die sich in Rom zur Vertiefung ihrer Studien, vornehmlich in christlicher Archäologie und Kirchengeschichte, aufhielten. Über diese beiden Disziplinen hinaus ist freilich das ganze Spektrum theologischer Fächer stets vertreten gewesen. Gleich zu Beginn von Stoeckles Rektorat verschlechterte sich die Situation erheblich, und sie sollte sich im Grunde, wenngleich aus unterschiedlichen Motiven, bis zum Ende seiner Amtszeit nicht mehr bessern. Infolge der deutschen Wirtschaftskrise verringerte sich nämlich seit 1931 die Zahl der reichsdeutschen Studierenden stark, und nach der Eröffnung des holländischen Kollegs (1931) verließen auch die niederländischen Studierenden den Campo Santo. Die wirtschaftliche Situation zwang den Rektor jedoch zur Besetzung aller Plätze. Daher zählte die Kommunität im Studienjahr 1931/32 unter ihren 20 Mitgliedern erstmals neun US-Amerikaner. Daneben zählte das Kolleg fünf Mitglieder aus dem Gebiet des Deutschen Reiches und drei aus anderen deutschsprachigen Ländern.

Obwohl Stoeckle im Sommer 1932 eine mehrmonatige Deutschlandreise unternahm, bei der er mit Bistumsverwaltungen und Hochschullehrern Kontakte suchte, um Geistliche für das Kolleg zu gewinnen, verschob sich die nationale Zusammensetzung der Kommunität nur vorübergehend noch einmal zugunsten der deutschsprachigen Gruppe. Daneben stellten englischsprachige Geistliche aus den USA, aus Kanada, England, Neuseeland und Irland bis zum Kriegsbeginn einen ansehnlichen Anteil der Kommunität. Unter den Deutschsprachigen waren die Schweiz stets mit einigen Mitgliedern, Österreich und Luxemburg dagegen nur vereinzelt vertreten. Außerdem verschob sich das Schwergewicht der Disziplinen von der christlichen Archäologie und Kirchengeschichte zum Kirchenrecht, wenngleich die großen durch die Görres-Gesellschaft geförderten Projekte stets durch einzelne Forscher vertreten blieben. Die traditionellen Sabbatinen, die vom November bis Mai an jedem Samstagabend die Mitglieder des Kollegs vereinigten, wurden auch unter Stoeckle fortgesetzt. Das Protokollbuch[58] berichtet von Referaten der Kollegsmitglieder wie auch von Gästen, die stets in deutscher Sprache vortrugen. Neben Forschungsberichten fehlte es auch nicht an allgemeinbildenden Vorträgen und Reiseschilderungen.

Die politische Entwicklung Deutschlands nach 1933 warf ihre Schatten auch auf das Kolleg. Das Heilige Jahr 1933 führte zwar noch einmal viele Pilger nach Rom, denen sich die Mitglieder des Kollegs als Führer zur Verfügung stellten[59]. Im Gegensatz zu 1925 blieben die großen Spenden jedoch aus, und das Kolleg mußte sogar erhebliche Lasten für die Pilger tragen[60]. Die Situation spitzte sich aber erst durch die deutschen Bestimmungen über die Devisenbewirtschaftung vom Jahre 1934 zu. Dadurch konnten z.B. die Agenziegebühren, für die das Kolleg bei den vatikanischen Behörden in Vorlage gehen mußte, nicht mehr transferiert werden. Auch einige Kollegiaten wurden betroffen. Stoeckle schrieb dazu an die Deutsche Botschaft: „Die derzeitige Handhabung der deutschen Devisengesetzgebung wirkt sich für den Weiterbestand unseres Kollegs sehr bedrohlich aus. Drei von meinen reichsdeutschen Mitgliedern sitzen hier völlig mittellos, weil sie sich von ihren Geldquellen in der Heimat abgeschnitten sehen; zwei von ihnen sind im Auftrag der Görres-Gesellschaft hier, um wichtiges Schrifttum des Trienter Konzils herauszugeben. Die anderen reichsdeutschen Herren werden sich bald in ähnlicher Verlegenheit sehen, so wie die wenigen Gelder, über die sie noch verfügen, aufgezehrt sind. Am schlimmsten ist, daß unter diesen Umständen der Zuzug von Deutschland für unser Kolleg unterbunden wird. Wollen wir es nicht einfach untergehen lassen, sondern erhalten, sind wir gezwungen, mehr als bisher Ausländer aufzunehmen. Das hat aber,

[58] ACS, Libro 86.

[59] Vgl. ACS, Mazzo LI/No. 3; Mazzo LII/No. 1. In diesem Jahr wurden auch sieben deutsche Pilger auf dem Campo Santo beigesetzt.

[60] Im ersten Halbjahr 1934 gab es z.B. 700 Mittagessen an deutsche Romreisende aus.

vom deutschen Standpunkt aus gesehen, die peinliche Folge, daß der Ausländereinfluß innerhalb der Gemeinschaft überwiegen und ihre Geisteshaltung in eine uns unerwünschte fremde Richtung drängen wird. Es wird nicht lange dauern, und wir haben unser Haus als deutsche Kulturstätte in Rom verloren."[61] Stoeckle hob gegenüber der Deutschen Botschaft die vaterländischen und kulturellen Aufgaben des Campo Santo immer wieder hervor[62], doch war unter dem nationalsozialistischen Regime keine ernsthafte Hilfe mehr zu erwarten. Die finanzielle Isolierung des Kollegs, die rückläufigen Einkünfte aus dem Bruderschaftsvermögen[63] und den Kaplaneistiftungen machten die Situation immer prekärer. Angesichts dieser Lage wiederholte Stoeckle seine Bemühungen – auch für einzelne besonders bedrängte Kollegsmitglieder – mehrfach. Dabei führte er gegenüber der Deutschen Botschaft, auf deren Wohlverhalten er doch angewiesen blieb, eine erstaunlich freimütige Sprache. Nicht nur der persönliche Verbleib der einzelnen Wissenschaftler – so führte er ihr gegenüber aus –, auch das Ansehen Deutschlands stehe auf dem Spiele[64]: Wenn die von Deutschland her finanzierten Kollegsmitglieder durch die Devisensperre weiter behindert würden, sinke die Zahl der deutschen Kollegiaten unweigerlich auf vier herab. „Wir stehen alsdann vor der Frage, ob wir unser Haus schließen oder durch Aufnahme von Ausländern wirtschaftlich erhalten sollen." Aber Stoeckles Plädoyer für eine „stille, unaufdringliche, tiefgreifende und erfolgreiche Werbung für unser Deutschtum" durch wissenschaftlich tätige Geistliche hatte kaum einen Erfolg. Dem pensionierten Trierer Geistlichen und Ehrenskriptor am Vatikanischen Archiv Joseph Marx wurde zwar bald der Umtausch eines Teiles seiner Pension gestattet, aber für die übrigen Kollegsmitglieder blieben die Schwierigkeiten unverändert. Dabei fiel auf das Kolleg kein Vorwurf mangelnder vaterländischer Gesinnung, denn seine reichsdeutschen Mitglieder beteiligten sich sowohl an den Reichstagswahlen wie auch an den befohlenen Sammlungen für die Nothilfe. Die Finanznot wirkte sich auch auf den wissenschaftlichen Austausch hemmend aus, denn es kamen weniger Gäste nach Rom. In dieser Hinsicht machte sich die 1937 vom Reichsunterrichtsministerium verordnete Genehmigungspflicht für Studienreisen ins Ausland weiter erschwerend bemerkbar.

Die Gottesdienste der Erzbruderschaft wurden von dieser Entwicklung nicht betroffen. Zu den Prozessionen an Fronleichnam und zu Ehren der römischen Protomartyrer, ferner zum Totengedenken an Allerheiligen und zum Jahresschluß versammelte sich nach wie vor eine stattliche Gemeinde. Anfang 1938 formulierte Stoeckle wiederum sehr offene Überlegungen zum „Ausfall Deutschlands auf dem Gebiet der religiösen Betätigung vor der italienischen Öffentlichkeit", die er der Deutschen Botschaft zuleitete[65]. Das Ausbleiben deutscher Pilgerzüge, so führte er hier aus, vor allem aber die „Bekämpfung der Religion, insbesondere der katholischen, durch die derzeitige Reichsregierung" gefährde das Ansehen Deutschlands aufs schwerste. Auch das deutsch-italienische Bündnis werde dadurch belastet, denn der gesteigerte Austausch von Staatsbesuchen (1937 Mussolini in Berlin, 1938 Hitler in Rom) finde seinen Widerhall

[61] 7. Januar 1935 Stoeckle an die Deutsche Botschaft beim Heiligen Stuhl: ACS.

[62] Vielleicht ist auch der Beschluß des Verwaltungsrates vom 31. März 1934 in diesem Zusammenhang zu sehen, wonach die italienischen Inschriften der Kreuzwegstationen durch deutsche ersetzt werden sollten: Protokollbuch des Verwaltungsrates, ACS.

[63] Die Mietpreise der Wohnhäuser blieben hinter der übrigen Kostensteigerung weit zurück.

[64] 1. Februar 1935 Stoeckle an die Deutsche Botschaft beim Heiligen Stuhl: ACS. Die Stipendiaten der Görres-Gesellschaft erhielten damals monatlich 80 RM.

[65] 18. Januar 1938 Stoeckle an die Deutsche Botschaft beim Heiligen Stuhl: ACS.

nur in der Presse, „wo er befohlen ist und befohlen werden kann, nicht aber in den Volksmassen. Sie verharren in der Ablehnung des Dritten Reiches als einer Macht, die die Kirche bekämpft." In diese Lücke, fuhr Stoeckle fort, trete das laizistische Frankreich. Das gelte zugleich von den äußeren Missionen, wo die deutschen Kräfte durch Verwaltungsanordnungen der Reichsregierung (Verbot der Devisenausfuhr) schwer behindert würden. Aus der Sicht des obersten Missionsrates stehe das Reich an der Seite „der kommunistischen Staaten Rußland, Mexiko und Rotspanien. Die Erörterung dieser seiner Haltung in den Sitzungen des genannten Päpstlichen Werkes, wo in den Vertretern der einzelnen Länder die ganze Kulturwelt vereint ist, bedeutet jedesmal eine Bloßstellung des Dritten Reiches vor der Welt. Es erscheint als kulturkämpferische Macht." Ob der jährliche Reichszuschuß für das Kolleg seit 1938 wegen dieser kritischen Stellungnahme eingestellt wurde, ist nicht zu überprüfen.

Etwa ein halbes Dutzend deutscher Geistlicher blieb auch nach dem Kriegsausbruch stets im Campo Santo. Obwohl manchen deutschen Antragstellern die Ausreise nach Rom verweigert wurde und die überseeischen Kollegiaten seit dem Kriegsausbruch ganz ausblieben, setzte das Kolleg seine Arbeit im Gegensatz zu anderen römischen Studienhäusern fort. Die Sabbatinen wurden freilich nach Beginn des Krieges nur noch mit großen Einschränkungen fortgeführt. Zeitweise drohten sie ganz zu versanden. An die Stelle der amerikanischen und australischen Studierenden traten seit 1940 italienische Kurialbeamte aus dem Heiligen Offizium und Südtiroler Missionare der Kongregation von Mill-Hill. Der Appell des Rektors an die Reichsregierung um die Zulassung deutscher Geistlicher führte jetzt sogar zu einem bescheidenen Erfolg. Zu Beginn des Jahres 1941 bat nämlich der Reichsminister für Wissenschaft, Erziehung und Volksbildung theologische Fakultäten um die Benennung „katholischer Geistlicher, die an deutschen Lehranstalten wissenschaftlich geschult sind, zum Weiterstudium in Rom ... zur Sicherung des deutschen Charakters des Campo Santo Teutonico ..."[66] Die staatlichen Recherchen führten freilich nicht zu dem erwarteten Erfolg. Die wenigen Kollegiaten der Kriegsjahre wurden vielmehr bis auf die Stipendiaten der Görres-Gesellschaft von ihren Bischöfen ausgewählt und entsandt. Um der Einberufung zum Militärdienst zu entgehen, mußten sie neben ihren Studien zusätzliche Aufgaben übernehmen.

Im Kolleg blieb unterdes kein Platz frei, denn an die Stelle der ausbleibenden Geistlichen trat nach dem Ende des faschistischen Regimes und der Besetzung Roms durch die deutschen Truppen seit dem Herbst 1943 eine Reihe von Flüchtlingen, die im Schatten von Sankt Peter und auf exterritorialem Gebiet sowohl Schutz vor Bombenangriffen wie auch vor dem Zugriff der deutschen und italienischen Behörden suchten[67]. Dabei handelte es sich u. a. um Antifaschisten und katholische Nichtarier. Die neuen Bewohner gehörten zum geringsten Teil der Erzbruderschaft an. Die meisten von ihnen mußten auf Bitten des Staatssekretariates oder des Protektors aufgenommen werden, denn während der neun Monate dauernden Besetzung Roms verbreiteten die Übergriffe der Gestapo allenthalben eine Atmosphäre der Unsicherheit[68]. Als die alliierten Truppen

---

[66] Zit. in: 7. Januar 1941 G. Engelhardt an Stoeckle: ACS.

[67] Rund 50 Personen haben während der folgenden Zeit zusätzlich Unterkunft im Campo Santo gefunden. Unmittelbar von den Kriegsereignissen wurde der Campo Santo nur einmal, und zwar am 5. November 1943, betroffen, als in der Nähe niedergehende Bomben einige Scheiben zerstörten.

[68] Dazu Bericht der ehemaligen Oberin M. Emma Beverungen vom September 1975. Ebd. das folgende Zitat: ACS. Aufschlußreich auch: *J. P. Gallagher,* Der Monsignore und der Standartenführer (Graz 1965).

gegen Rom vorrückten, wurden italienische Hilfskräfte für die Schaffung von Verteidigungsanlagen ausgehoben. Vor dieser Zwangsarbeit begann Anfang 1944 ein neuer Ansturm von Flüchtlingen in die Vatikanstadt. Stoeckle mußte auf Bitten hoher Stellen das damalige Oratorium zur Unterbringung von einem Dutzend junger Italiener bereitstellen. Große Unruhe machte den Flüchtlingen die Sorge vor einem möglichen Eingriff deutscher Stellen in das Kolleg. „Alle nur denkbaren Flucht- und Ausweichmittel wurden ausgesonnen und beraten. Leitern und Seile wurden beschafft, um damit von einem Fenster aus über die Mauern des Friedhofs sich zum Innern des Vatikans hin zu retten." Die exterritoriale Lage des Hauses erwies sich jedoch als zuverlässiger Schutz. Die deutschen Besatzungstruppen haben nämlich den Vatikan wie die übrigen exterritorialen Enklaven korrekt respektiert. Die Päpstliche Kommission für den Vatikanstaat hatte aus Sorge vor möglichen Schwierigkeiten bereits 1942 das Gittertor des Friedhofes als unbewachten Eingang zum vatikanischen Staatsgebiet und das Tor am Eingang der Via della Sagrestia an den Kolonnaden geschlossen[69]. Dadurch wurde die Insellage des Campo Santo, die zugleich seine Sicherheit garantierte, besonders unterstrichen. Im Interesse der persönlichen Sicherheit nahmen die Bewohner Beschränkung ihrer Bewegungsfreiheit und auch strenge Kontrolle aller Hausbesucher jedoch in Kauf.

Sehr große Probleme brachte naturgemäß die Verpflegung der Hausbewohner mit sich, zumal als deren Zahl sich durch den Flüchtlingszustrom vermehrte. Stoeckle selbst hat in dieser Sache ausgedehnte Verhandlungen mit Kardinal Canali, dem päpstlichen Delegaten für die Verwaltung des Vatikanstaates, geführt. Die Hauptlast lag jedoch bei den Ordensschwestern, die in diesen Notzeiten manchen außerordentlichen Weg zur Lebensmittelbeschaffung fanden und notfalls auch zugunsten der anderen Hausbewohner hungerten.

Der Campo Santo hatte weder vor noch nach 1944 unter direkter Behelligung zu leiden. Er nahm nur an der allgemeinen Not der römischen Bevölkerung teil, war aber durch die Lieferungen aus dem Vatikan besser versorgt. Als die Flüchtlinge seit dem Herbst 1944 das Kolleg nach und nach verließen, kam es zu neuen Belastungen, insbesondere zu einer rasch voranschreitenden Inflation, die bald alle Stiftungen schmelzen ließ.

Im Leben und in der Verwaltung der Erzbruderschaft kam es während der frühen Amtsjahre Stoeckles zu keinen besonderen Vorkommnissen. Nur die Zusammensetzung des Verwaltungsrates erfuhr einschneidende Änderungen. Nach dem Statut haben die diplomatischen Vertreter Österreichs, Deutschlands und Bayerns beim Heiligen Stuhl „stets freien Zutritt zu den Sitzungen sowie Stimmrecht, vorausgesetzt, daß sie römisch-katholischer Religion" sind. Seit der Aufgabe der bayerischen (1934) und der österreichischen Vatikangesandtschaft (1938) und nach dem Tode Steinmanns (1939), der keinen Nachfolger erhielt, saß im Verwaltungsrat kein diplomatischer Vertreter mehr. Stoeckle berichtete dennoch an den deutschen Botschafter, der ihm zunächst noch manche Vergünstigungen vermittelte, stets über das Leben der Erzbruderschaft und die Arbeiten des Kollegs.

Die Aufgaben des Verwaltungsrates bestanden und bestehen auch heute noch in der Rechtsvertretung und Vermögensverwaltung des Campo Santo. Beide Aufgaben hat er unter Stoeckle mit Ernst wahrgenommen. Als die Stiftung 1930 im Zuge neuer Straßenbauten ein Haus in der Via Montanara abtreten mußte, erwarb der Verwaltungsrat auf dem Monte Sacro ein neues Grundstück und baute dort für den Verkaufserlös ein Wohn-

---

[69] Protokollbuch Verwaltungsrat 202. Vgl. auch S. 196.

haus. 1940 investierte er wegen der unsicheren wirtschaftlichen und politischen Entwicklung das gesamte Barvermögen der Erzbruderschaft in einem zweiten Miethaus an der gleichen Stelle. Die von David so mühsam aufgebauten Studienkaplaneistiftungen fielen dagegen der Geldentwertung zum Opfer.

Während die nationalsozialistische Reichsregierung vom Campo Santo wenig Notiz nahm, besaß die Partei unter den Deutschrömern einen gewissen Einfluß. Zwei Bruderschaftsmitglieder wandten sich z.B. 1941 mit der Beschwerde an den deutschen Botschafter, Stoeckle wahre den deutschen Charakter der Stiftung nicht ausreichend. Anlaß war die Berufung eines Italieners zum Administrator gewesen[70]. Außerdem hatte Stoeckle die von de Waal über dem Eingang angebrachte Inschrift „Pilgerhaus zum deutschen Gottesacker von der Heiligen Schmerzensmutter Maria" durch die neue Inschrift „Campo Santo Teutonico" ersetzt, da er fürchtete, das Kolleg könne den großen Zustrom von Pilgern nicht mehr betreuen. Auch schloß er für den weiteren Verlauf des Krieges Verwicklungen für den deutschen Campo Santo nicht aus. Dem sollten der italienische Name, aber auch der Hinweis darauf entgegenwirken, daß es sich hier um einen Friedhof handelte, vor dem die Italiener eine eigenartige Scheu hätten. Obwohl diese Beschwerden ohne Folgen blieben, offenbarte der Vorfall doch die Unzufriedenheit eines Teiles der Brüder mit dem Rektor. Die Kläger drückten zwar bei der Generalversammlung im November 1941 ihr Bedauern über die Folgen ihres Schrittes aus, aber ein Jahr später trafen sich einige der ein Jahr zuvor gewählten Amtsträger ohne den Rektor und klagten über den andauernden Niedergang der Erzbruderschaft, der ihren Fortbestand ernsthaft gefährde[71]. Die Versammelten verzichteten freilich auch nicht auf Selbstkritik. Vor allem das Dotenwesen und die für die regelmäßige Teilnahme am Gottesdienst ausgezahlten Präsenzgelder („Zecchinen"), die nach dem Zweiten Weltkrieg nicht mehr auflebten, empfand man z.T. als anstößig. Als dringendes Desiderat wurde die Gründung eines Sozialfonds für notleidende Mitglieder genannt. Vor allem aber sollte der Verwaltungsrat durch die satzungsgemäße Zuwahl neuer Mitglieder verstärkt werden. Aber das Gegenteil trat ein, denn der Rektor berief dieses Gremium seitdem nicht mehr ein.

Unter diesen Umständen bedeutete es viel, daß der Campo Santo seit 1939 in Camillo Caccia Dominioni einen wohlgesinnten Protektor besaß. Nach dem Tode Ehrles (31. März 1934) hatte Stoeckle begreiflicherweise nicht auf die rasche Bestellung eines Nachfolgers gedrängt, und als der Gesundheitszustand Pius' XI. sich 1937 verschlechterte, war ihm das ein willkommener Anlaß, die Lösung der Frage erneut hinauszuschieben, damit die Erzbruderschaft die anläßlich der Ernennung fällige Taxe nicht nach kurzer Zeit noch einmal zahlen mußte[72]. Anfang 1938 schrieb Stoeckle: „Für unser Haus wird jetzt die Frage eines neuen Protektors zu lösen sein. Ich kann sie nicht länger mehr vertagen. Wir brauchen diese oberste Spitze zu sehr aus Gründen unserer Verwaltung und unserer Wirtschaft. Ich möchte es nicht darauf ankommen lassen, daß ich ein paar Rechtsakte setzen muß, die nachträglich angefochten werden könnten. Wahrscheinlich werde ich in den nächsten Wochen einmal zu Kardinal Schulte nach Köln fahren, um mich mit ihm zu besprechen. Er, der einzige deutsche Bischof, der sich näher um uns bekümmert, will in dieser Frage gehört sein."[73] Stoeckles Wahl fiel auf den ihm geistes-

[70] 6. und 9. Juli 1941 Stoeckle an die Deutsche Botschaft: ACS.
[71] Protokoll vom 22. November 1942: ACS.
[72] 6. Januar 1937 Stoeckle an Eichmann: ACS. Die Taxe betrug damals 3000 Lire.
[73] 11. Januar 1938 Stoeckle an Eichmann: ACS.

verwandten Caccia Dominioni, der seit 1921 als päpstlicher Maestro di Camera fungiert hatte[74]. Seine Ernennung erfolgte unmittelbar nach der Inthronisation Pius' XII.

Der Einmarsch der Alliierten in die Ewige Stadt und das Kriegsende entlasteten den Campo Santo zwar von den Flüchtlingen, die hier eine Zuflucht gesucht hatten. Aber die Bewegungsfreiheit des Hauses blieb doch weiterhin sehr beschränkt. Der Rektor konnte z. B. Gäste nur nach vorheriger Genehmigung durch die vatikanischen Behörden aufnehmen. Aus der Not heraus mußte er jetzt noch mehr italienischen Mitarbeitern der päpstlichen Behörden die Gastfreundschaft des Hauses einräumen. Drückend waren vor allem die inflationsbedingte wirtschaftliche Not und die krasse Erhöhung aller Preise.

Stoeckle war sich durchaus bewußt, daß dem Campo Santo nach dem Krieg eine wichtige Aufgabe für die Kirche in der Heimat zufallen konnte. Er hat denn auch wie schon vor dem Krieg – und nicht nur für jene Bistümer, deren Agenzie er wahrnahm, sondern auch für zahlreiche Einzelpersonen – eine Fülle von Vermittlungen geleistet. Dieser Aufgabe war er jedoch nicht mehr gewachsen, selbst wenn man berücksichtigt, daß ihm für die Verwaltung und alle damit verbundenen Arbeiten – von der Administration des Stiftungsvermögens abgesehen – keine Hilfskraft zur Verfügung stand. Daß er seit 1938 das Totenbuch nicht mehr geführt und seit 1942 den Verwaltungsrat nicht mehr einberufen hatte, war unentschuldbar. Daher konnte die Kritik von seiten der jüngeren und unternehmungsfreudigeren Kollegsmitglieder nicht ausbleiben. Auch unter Altcamposantinern empfand man den Niedergang des Kollegs als unerträglich. Auf diesem Hintergrund ist jene „Denkschrift für die Neuordnung des Campo Santo Teutonico in Rom“ zu sehen, die um die Wende zum Jahre 1946 in Bonn unter der Federführung von Theodor Klauser und Werner Schöllgen entstand und der 20 weitere Altcamposantiner, meist Universitätsprofessoren, zustimmten[75]. Die Autoren wiesen auf die wissenschaftlichen Leistungen des Kollegs unter dem Gründungsrektor und seinem ersten Nachfolger hin und fuhren dann fort, es sei „zu befüchten, daß mit dem Namen des jetzigen Rektors umgekehrt die allgemeine Auflösung dieser Leistungsgemeinschaft und dieser großen Tradition verbunden“ bleibe, „wenn nicht unverzüglich zu einer Reform geschritten“ werde. Der Abstieg des Kollegs spiegele sich in der Auflösung des wissenschaftlichen Gemeinschaftslebens innerhalb des Priesterkollegiums. Daß im Campo Santo begabte und selbständige Köpfe verschiedener Veranlagung und Fachrichtung viele Monate in ständigem geistigem Austausch miteinander lebten und daß sie, insbesondere bei den unvergeßlichen Samstagabendsitzungen, den ‚Sabbatinen‘, ihre wissenschaftlichen Gedanken im Feuer einer kameradschaftlichen, von einem geistig bedeutenden Rektor sachkundig gesteuerten Diskussion erproben und läutern konnten, das machte einst den Reiz, die Fruchtbarkeit und die erziehliche Wirkung der im Priesterkollegium verbrachten Jahre aus. Heute dagegen und schon seit Jahren ist der Campo Santo, wie die Unterzeichneten selbst beobachten konnten oder von zuverlässigen Berichterstattern erfuhren, von einem Fremdenheim für Priester kaum noch zu unterscheiden; ein geistiger Zusammenhang und Austausch besteht nur noch innerhalb kleinerer Gruppen von Hausgenossen: die ‚Sabbatinen‘ sind periodenweise völlig in Vergessenheit geraten; die wissenschaftliche Fruchtbarkeit des Kollegiums ist immer weiter zurückgegangen. Und das alles, weil die geringe Initiative des jetzigen Rektors, seine Interesselosigkeit gegenüber wissenschaftlichen Fragen, sein Aufgehen in reinen Äußerlichkeiten, sein gekün-

[74] Über Stoeckles Initiative in dieser Sache: 27. Dezember 1938 Schulte an Stoeckle: GVK.

[75] Die am 15. Januar 1946 von Schöllgen und Klauser unterzeichnete Ausfertigung nebst Verzeichnis der Adhärenten in: KFA.

steltes Wesen wie ein lähmender Druck auf dem Haus liegt." Auch das allmähliche Versanden der „Römischen Quartalschrift" und die verminderte Reputation des Hauses gingen auf sein Konto. Die Autoren wollten die ungünstigen Zeitverhältnisse nicht als Entschuldigung gelten lassen: „Zusammenfassend muß festgestellt werden, daß der jetzige Rektor seine Tätigkeit fast ausschließlich der Erledigung seiner Kurialgeschäfte gewidmet hat, während er für die wissenschaftliche Arbeit und damit für die Hauptaufgabe des Priesterkollegiums von vornherein weder Befähigung noch Neigung mitbrachte. Er hat so, ohne daß eine persönliche Schuld behauptet werden soll, im entscheidenden Punkt versagt." Die Autoren entwarfen ein imponierendes Bild von jener großen kulturpolitischen Aufgabe, die der Campo Santo als einziges noch funktionierendes deutsches Auslandsinstitut erfüllen könne, und umrissen jene außerordentlich vielseitigen Qualifikationen auf seelsorglichem, wissenschaftlichem, gesellschaftlichem und administrativem Gebiet, deren ein neuer Rektor bedürfe. Sie bezeichneten vor allem eine ihrer Meinung nach dafür geeignete Persönlichkeit. Als Kardinal Joseph Frings, an den die Denkschrift sich in erster Linie richtete, im März 1946 in Rom weilte, verwandte er sich beim Staatssekretariat in diesem Sinne[76]. Faulhaber bot Stoeckle gleichzeitig die Stelle eines Dekans beim Stift St. Kajetan in München an[77]. Doch dieser erkannte bald die Hintergründe des Münchener „Angebotes" und sträubte sich gegen seine verhüllte Abberufung. Auch Caccia Dominioni und der damalige Substitut Montini ließen sich nicht für eine Ablösung Stoeckles gegen dessen eigenen Willen gewinnen. Beiden stand dabei wohl das Entgegenkommen des Rektors bei der Aufnahme von Flüchtlingen vor Augen. Der sachlich wohlbegründete Versuch zur Neubesetzung des Rektorates endete mit einer tiefen Verbitterung Stoeckles. Bei Frings stand das Urteil über den Rektor nun allerdings fest, und bezeichnenderweise schlug er nach dem Tode des Protektors ohne Konsultation Stoeckles dem Heiligen Stuhl die Ernennung des Präfekten der Studienkongregation, Giuseppe Pizzardo, als Nachfolger vor. Diese erfolgte am 2. Januar 1948. Pizzardo nahm am 29. Juni Besitz von der Kirche.

Große Probleme ergaben sich unterdes immer noch aus der Zusammensetzung der Hausbewohner. Die politischen Flüchtlinge hatten das Kolleg zwar bald nach den Kriegsereignissen verlassen, aber die hier wohnenden Kurialbeamten behielten ihren Wohnsitz noch lange bei. Daraus ergaben sich allerlei Unzuträglichkeiten, weil dieser Personenkreis sich nicht in die Kommunität integrieren ließ und an deren Pflichten nicht teilhaben wollte und konnte. Daher empfahl der Präsident der Päpstlichen Kommission für die Vatikanstadt, Kardinal Canali, dem Rektor 1946 dringend, nur noch studierende Priester aufzunehmen, damit der Charakter des Kollegs als Studienzentrum nicht verlorengehe. Stoeckle hat diese Empfehlung beherzigt, in einzelnen Fällen jedoch auch später noch auf Bitten vatikanischer Behörden Beamte aufgenommen. Schmerzlich blieb vor allem das Defizit deutscher Studierender, die aus finanziellen und aus administrativen Gründen (Paßschwierigkeiten) nicht leicht nach Rom kamen. Den Finanzproblemen hat der Heilige Stuhl in einzelnen Fällen durch die Zahlung des Pensionspreises abgeholfen[78]. Die alten Studienstiftungen (Kaplaneien) waren dagegen durch die Inflation völlig entwertet[79]. Am 20. Dezember 1946 traf als erstes deutsches Kollegsmitglied nach dem Krieg

[76] Dazu ausführlich, aber einseitig: 23. März 1948 Stoeckle an David: ACS.

[77] 30. Mai 1946 Faulhaber an Stoeckle: ACS.

[78] Die durch die Inflation aufgeblähten Pensionspreise betrugen monatlich 1945: 2500 Lit.; Mai 1946: 7000 Lit.; April 1947: 10000 Lit.; Januar 1948: 22500 Lit.

[79] Deren monatlicher Ertrag belief sich 1946 nur noch auf 650 Lit.

Dr. August Franzen aus Bonn ein. Im übrigen wohnte in diesen schweren Jahren eine Reihe schweizerischer und englischsprachiger Priester im Hause. Deutsche konnte Stoeckle nur aufnehmen, wenn die Finanzierung gesichert war, und diese Frage bereitete viele Probleme. Im Interesse der größtmöglichen Wirtschaftlichkeit wurde damals die Zahl der Gästezimmer reduziert und die der ständigen Kollegsmitglieder erhöht. Einzelne Bischöfe, Hochschullehrer und Altcamposantiner wurden dagegen nach wie vor als Gäste aufgenommen. Namentlich in Erzbischof Lorenz Jaeger von Paderborn, für den Stoeckle 1946 das Pallium stellvertretend entgegengenommen hatte, erwuchs dem Campo Santo ein Freund, der dem stets bedrängten Kolleg wiederholt seine Unterstützung geschenkt hat.

Im Heiligen Jahr 1950 wurde Stoeckle noch einmal Vorsitzender des deutschen Pilgerbüros. Seitdem zeigte sich bei ihm ein zunehmender Kräfteverfall, der seine Ablösung unvermeidbar machte, wollte man den Campo Santo in eine bessere Zukunft hinüberretten. Daher bemühte sich sein Heimatbischof Kardinal Wendel seit 1953 für ihn um ein Kanonikat an St. Peter. Die Ernennung Stoeckles auf diese Stelle erfolgte am 11. Mai 1954.

Das Rektorat Schucherts (1954–1961)

Bei der Neubesetzung des Rektorates wiederholten sich auch 1954 die früheren Schwierigkeiten, denn der als Nachfolger Stoeckles vorgesehene Dr. August Schuchert (Mainz) erwartete vor der Amtsübergabe verständlicherweise eine förmliche Ernennung[80]. Diese verzögerte sich jedoch aus bürotechnischen Gründen noch bis zum Herbst. Auf Drängen des Geistlichen Botschaftsrates Dr. Josef Höfer von der deutschen Vatikanbotschaft, der sich um die Neubesetzung und die Überwindung aller damit verbundenen Schwierigkeiten große Verdienste erwarb, kam Schuchert im Oktober 1954 persönlich nach Rom. Jetzt endlich stellte Pizzardo die Ernennungsurkunde aus, während Stoeckle, der seinem designierten Nachfolger durchaus herzlich begegnete, nicht aus dem Kolleg ausziehen und die Amtsübergabe hinausschieben wollte. Erst eine kategorische Intervention von Wendel half hier weiter. Nachdem Schuchert am 22. Oktober in Mainz aus der Hand seines Heimatbischofs die Ernennungsurkunde erhalten hatte, traf er am 15. November in Rom ein, um die Geschäfte zu übernehmen. Am 13. Februar 1955 führte Pizzardo ihn feierlich in sein Amt ein, während Stoeckle zur gleichen Stunde von seinem Kanonikat Besitz ergriff.

August Schuchert[81] war am 5. Juli 1900 in Mainz geboren. Das reiche geistige und künstlerische Erbe seiner Heimatstadt hat ihn tief geprägt. So blieb er nicht nur zeit seines Lebens ein dezidierter Mainzer, der zahlreiche Verbindungen zwischen der Ewigen Stadt und seiner Heimat knüpfte; er besaß auch ein besonderes Gespür für das historisch und künstlerisch Gewachsene und für die damit verbundene Präsentation. Nach kurzen Seelsorgsjahren war er 1930/33 zum Studium am Päpstlichen Archäologischen Institut im Campo Santo gewesen. Seine Dissertation beschäftigte sich mit der Entstehung der Apsis von S. Maria Maggiore. Anschließend war er in der Pfarrseelsorge und im höheren Schuldienst des Bistums Mainz, seit 1942 als Diözesankonservator und Direktor des Dom- und Diözesanmuseums tätig gewesen, womit während des Bomben-

---

80 Dazu und zum folgenden Tagebuch Schuchert, ferner Notizen in: ADB.

81 *L. Lenhardt* in: AMrhKG 14 (1962) 537f; *J. E. Gugumus* in: RQ 59 (1964) 125f; Bibliographie in: Mainzer Jahrbuch 8 (1958/60) 361–380.

krieges besondere Probleme verbunden waren. 1945 hatte Schuchert das Mainzer Bistumsblatt „Glaube und Leben“ und 1946 das „Jahrbuch für das Bistum Mainz“ gegründet. Seit 1948 wirkte er zugleich als Lehrbeauftragter für Christliche Archäologie, kirchliche Kunstgeschichte und Denkmalpflege an der Theologischen Fakultät Mainz, die ihn 1954 zum Honorarprofessor ernannte.

Schuchert war also durch seinen Werdegang, der in glücklicher Synthese Seelsorge und wissenschaftliche Wirksamkeit verband, auf sein Amt gut vorbereitet. Daß er von Rom aus auch in Mainz eine Reihe von Verpflichtungen beibehielt, erwies sich im Laufe der Jahre freilich als allzu schwere Belastung, denn der Campo Santo forderte den ganzen Mann. Der neue Rektor hat sich unverzüglich an die Revitalisierung der Erzbruderschaft und des Verwaltungsrates gemacht und dadurch die wieder einmal gefährdete Stiftung konsolidiert. Während der letzten Amtsjahre Stoeckles waren zwar die Gottesdienste nach altem Herkommen pünktlich gehalten, aber seit 1943 keine neuen Mitglieder mehr in die Gemeinschaft aufgenommen worden[82]. Ende 1951 notierte der Zeremoniar in sein Tagebuch: „Die Beteiligung der Bruderschaft am religiösen Leben ist kläglich. Der Kreuzweg, meist vom Zeremoniar vorgebetet, wird durchweg von zwei Bruderschaftsmitgliedern besucht. Zu den Messen in der Allerseelenoktav erscheint niemand.“ Der Verwaltungsrat war seit 1942 nicht mehr zusammengetreten, und trotz des Drängens verschiedener Bruderschaftsmitglieder war seitdem auch keine Generalversammlung mehr einberufen worden. Der seit 1941 als Administrator fungierende Dr. Bosmann hatte zwar die Verwaltung des Stiftungsvermögens korrekt wahrgenommen, aber einen förmlichen Haushalt hatte er seit 1943 nicht mehr aufgestellt, und die Rendite des Immobilienbesitzes war minimal. Außerdem befanden sich Kolleg und Kirche in desolatem Bauzustand.

Am 28. November 1954, also noch vor der öffentlichen Amtseinführung Schucherts, fand im Kapitelsaal erstmals wieder eine Generalversammlung statt, an der sich 14 Brüder beteiligten[83]. Größer war die Besucherzahl auch während der ganzen Ära Stoeckle nie gewesen, doch sollte sich die Aktivität in diesem Punkt während der folgenden Jahre erheblich verstärken. Am 8. Dezember 1954 investierte Schuchert nach mehr als einem Jahrzehnt erstmals wieder 14 neue Mitglieder und zehn Devotionsschwestern. Dieser Zustrom hielt während der folgenden Jahre kontinuierlich an. Es gelang dem Rektor, auch angesehene Wissenschaftler und Diplomaten für die Mitgliedschaft zu gewinnen. Auch die Mitglieder des Priesterkollegs traten, soweit sie dem deutschen Kulturbereich angehörten, der Gemeinschaft nun wieder regelmäßig bei.

Von größter Wichtigkeit war die Neukonstituierung des Verwaltungsrates, der am 28. Juli 1955 erstmals nach 13jähriger Unterbrechung wieder zusammentrat[84]. Der Rektor übernahm satzungsgemäß den Vorsitz; außerdem war der österreichische Botschafter beim Heiligen Stuhl Baron Joseph von Kripp anwesend, während der deutsche Vatikanbotschafter Wolfgang Jaenicke (1954–1957) sich als Protestant durch Botschaftsrat Höfer vertreten ließ. Dieser hatte schon früher das Interesse der Botschaft am Verwaltungsrat betont und an den designierten Rektor geschrieben: „Dadurch wird Ihnen außer der moralischen Hilfe, welche die Botschaft geben kann, auch ein sachlicher

[82] So das Tagebuch des Zeremoniars 1940–1952: ACS, Libro 75. Lediglich am 3. Februar 1952 erfolgte eine Ausnahme. Damals nahm Stoeckle zwei Kollegsmitglieder auf. Dazu notierte der Zeremoniar: „Beteiligung der Herren des Hauses war schlecht.“

[83] Protokollbuch der Generalversammlungen seit 1954: ACS.

[84] Protokollbuch des Verwaltungsrates: ACS.

Beistand gegen die oft divergierenden Tendenzen der Bruderschaftsmitglieder und gegenüber anderen Einflüssen, die unter Umständen die Tätigkeit des Rektors einschränken könnten, gesichert."[85] Erst Jaenickes Nachfolger Rudolf Graf von Strachwitz (1957–1961) wurde als Katholik persönliches Mitglied. Satzungsgemäß wurden Msgr. Joseph Damen, Rektor des Niederländischen Kollegs, als Vertreter der niederländischen Interessen, und Msgr. Joseph Devrode, Rektor des Belgischen Kollegs, als Vertreter der flämischen Interessen, in den Rat berufen. Dazu kam als Mitglied der Bruderschaft der Camerlengo Maurizio Frielingsdorf. Vom alten Verwaltungsrat waren noch die Mitglieder A. Schaedel und A. Rasetschnig vertreten. Das neubegründete Gremium nahm seine satzungsgemäße Funktion als Rechtsvertreter und Vermögensverwalter des Campo Santo seitdem wieder wahr, während die von der ersten Generalversammlung gewählten Amtsträger nunmehr unter dem Vorsitz des Rektors zu einem in der Satzung zwar nicht vorgesehenen, aber den Bedürfnissen der Erzbruderschaft angemessenen Vorstand zusammentraten.

Einen Höhepunkt des Rektorates Schuchert bildete der Besuch des ersten Präsidenten der Bundesrepublik Deutschland, Professor Dr. Theodor Heuss', am 28. November 1957 anläßlich eines Staatsbesuches im Vatikan. Bei dieser Gelegenheit stiftete Heuss ein Bronzeportal für die Kirche. Im Rahmen eines von ihm ausgeschriebenen Wettbewerbes erhielt der Kölner Bildhauer Elmar Hillebrand den Auftrag. Am 22. Juni 1959 wurde das Portal durch Kardinalprotektor Pizzardo seiner Bestimmung übergeben[86]. Die Stiftung des Bundespräsidenten war das spektakulärste unter jenen Geschenken, die dem Campo Santo unter Schuchert von vielen Seiten zugewandt wurden. Es gelang diesem nämlich, zugleich mit der Wiederbelebung der Bruderschaft durch eine intensive Öffentlichkeitsarbeit und die bereits erwähnte Pflege der Beziehungen zu Deutschland der alten Stiftung viele neue Freunde zu gewinnen. Der Campo Santo verlieh seinerseits an besonders verdiente Freunde und Förderer eine neugestiftete Ehrenmedaille mit ihrem Wappen[87].

Einen Teil der Öffentlichkeitsarbeit bildete die von Schuchert intendierte Erschließung und Präsentation des reichen geschichtlichen Erbes der Stiftung. 1958 veröffentlichte er einen Kunstführer, den B. Hanssler 1974 neu bearbeitete[88]. Grundlegender war die Überprüfung und Neuordnung des reichen historischen Archives, wofür Schuchert den Direktor des Koblenzer Staatsarchivs, Aloys Schmidt, gewann. Die Arbeiten wurden

---

[85] 2. November 1954 Höfer an Schuchert: ADB.

[86] Dazu: *L. Völkl* in: Jahrbuch für das Bistum Mainz 8 (1958/60) 325–332.

[87] Bisher wurde diese Ehrenmedaille an folgende Persönlichkeiten verliehen; in Gold: Bundespräsident Professor Dr. Theodor Heuss (1957), Joseph Kardinal Frings/Köln (1959), Papst Johannes XXIII. (1961), Bischof Dr. Franz Hengsbach/Essen, Dr. Alfried Krupp von Bohlen und Halbach/Essen, Dr. Berthold Beitz/Essen (1966), Julius Kardinal Döpfner/München, Bundesminister Georg Leber/Bonn (1975); in Silber: Professor Dr. Paul Egon Hübinger/Bonn, Botschafter Rudolf Graf von Strachwitz, Botschafter Baron Joseph von Kripp (1959), Oberbürgermeister Theo Burauen/Köln, Professor Friedrich Vordenberge/Köln, Otto Schmidtgen/Mainz, Bernhard Bossmann/Mainz (1961), Professor Dr. Leonhard Küppers/Düsseldorf, Dipl.-Ing. Peter Pixis/Garmisch-Partenkirchen, Karl Wienzek/Essen, Professor Dr. Carl Hundhausen/Essen (1966), Rektor Professor Dr. Johannes Emil Gugumus (1970), Professor Dr. Hubert Jedin/Bonn, Professor Dr. Johannes Overath/Köln, Comm. Anton Schaedel/Rom (1975).

[88] *A. Schuchert,* Der Campo Santo Teutonico in Rom (Rom o. J. [1958]); *B. Hanssler,* Der Campo Santo Teutonico in Rom (München 1974).

1960 begonnen, konnten aber erst 1967 im Druck vorgelegt werden[89]. Den Höhepunkt von Schucherts Wirksamkeit bildete die glanzvolle 500-Jahr-Feier der Erzbruderschaft am 22. Oktober 1961[90]. Bei dieser Gelegenheit konnte sich die unter ihm zu neuem Leben erstandene Gemeinschaft eindrucksvoll präsentieren.

Während Schuchert die Neubelebung der Erzbruderschaft gelang, ließen sich seine Intentionen hinsichtlich des Priesterkollegs nicht ganz realisieren. Die Zahl deutschsprachiger Kollegsmitglieder, für die das Haus primär gedacht war, blieb gering. Daher konstatierte der Rektor 1960 resigniert: „Wir sind in der Gefahr, aus einem wissenschaftlichen Kolleg eine internationale Fremdenpension zu werden."[91] Andererseits gelang es Schuchert, den Campo Santo in neuer Weise zu einem Kristallisationspunkt für deutsches wissenschaftliches Streben zu machen, und dieser neue Weg entsprach ihm, der nicht eigentlich Wissenschaftler im strengen Sinne des Wortes, wohl aber ein begabter Vermittler war, ganz besonders. In bewußter Anlehnung an de Waal veranstaltete er seit 1959 in Zusammenarbeit mit dem Römischen Institut der Görres-Gesellschaft Studientagungen für Religionslehrer höherer Schulen. Der erste dieser Kurse fand unter dem Titel „Die Anfänge der Römischen Kirche in der paganen Umwelt" Ostern 1959 statt. Nach seinem Tode wurden sie unter der Federführung des Römischen Instituts fortgesetzt.

Anfänge der Restaurationsarbeiten

Schuchert hat nicht nur Erzbruderschaft und Kolleg reaktiviert, ihm blieb es auch vorbehalten, die ersten Schritte zu der dringend nötigen Sicherung und Restauration des komplizierten Baugefüges von Kirche und Kolleg einzuleiten, das sich seit Jahren in einem desolaten Zustand befand. Auf Weisung des Bundesaußenministers Heinrich von Brentano nahm der Münchener Regierungsbaumeister Sepp Huf im Sommer 1960 eine eingehende Besichtigung der Gebäude vor. An seine Empfehlungen[92] knüpfte der Kölner Diözesanbaumeister Wilhelm Schlombs an, der für mehr als ein Jahrzehnt eine ausschlaggebende Rolle bei den Bau- und Restaurationsarbeiten spielen sollte. In seinem damaligen Gutachten heißt es: „Erfreulicherweise zeigt die Kirche, die nun bereits 450 Jahre steht, keine Anzeichen für eine Gefährdung ihrer Standsicherheit, insbesondere keine, die eine Unterfangung erforderlich machen könnten. Die an der Ost- und Südseite und in einer Büchereiwand sichtbaren Risse müssen untersucht werden. Falls das Bauwerk noch Bewegung zeigt, kann bei seinen geringen Abmessungen mit Ankern, z.B. Ringankern, oder ähnlichen Mitteln ein ausreichendes Ergebnis erzielt werden." Gerade in diesem Punkte sollten die folgenden Jahre jedoch manche Überraschung bringen. Schlombs empfahl vorrangig die Beseitigung von Feuchtigkeitsquellen in der Kirche. Darüber hinaus umriß er jedoch schon jenes Ziel, das während der folgenden Jahre, wenngleich mit vielen Modifikationen, verwirklicht wurde: „Wenn kein neues Gelände

---

[89] *A. Schmidt,* Das Archiv des Campo Santo Teutonico nebst geschichtlicher Einleitung (Freiburg 1967) = RQ 31. Supplementheft.

[90] Gründungsjahr ist nach K. A. Fink (RQ 44 [1936] 223) 1450. Die von Schuchert einberufene Feier war also eigentlich eine nachträgliche Sache.

[91] 6. Mai 1960 Schuchert an Bischof Stangl: ACS.

[92] 20. August 1960 S. Huf: „Untersuchungen über den Bauzustand und die Restaurationsmöglichkeiten etc.": ACS Mazzo XXXXIII/No. 2. Die im folgenden geschilderten Vorgänge nach den Bauakten in ACS.

hinzugewonnen werden kann, sollte erwogen werden, den gesamten westlichen Nebentrakt [an der Via Teutonica] abzureißen und durch einen gleich großen, aber ein Geschoß mehr enthaltenden Bau zu ersetzen, in dem Bücherei, Vortragsraum, Bruderschaftsraum, Klausur und 14–16 Einzelzimmer nach modernen Gesichtspunkten untergebracht werden könnten. Bei dem verbleibenden Kirchentrakt müßten Außen- und Innenputz der Kirche insgesamt entfernt und neu aufgebracht, die Ost- und Südmauer trockengelegt und alle Dächer neu eingedeckt werden. Dabei wird ein Teil der romantischen Aufbauten entfernt und die Anlage der Terrasse überprüft werden müssen." Außerdem bedürfte der Bau neuzeitlicher sanitärer und elektrischer Installationen. Für die Sofortmaßnahme nannte Schlombs einen Bedarf von 10 000 DM, für eine gründliche Neugestaltung 900 000 DM.

Der Verwaltungsrat erklärte sich am 12. Dezember 1960 mit diesen Maßnahmen prinzipiell einverstanden. Er ging selbstverständlich davon aus, daß er als Rechtsvertreter der Stiftung Träger der Arbeiten sein werde[93]. In diesem Punkte hat es auch nicht an anderen Vorschlägen gefehlt. So empfahl der deutsche Vatikanbotschafter von Strachwitz z.B. die Gründung eines Aktionskomitees aller an der Renovierung interessierten Instanzen (Erzbruderschaft, deutsche, österreichische und schweizerische Regierung).

Das Jahr 1961 war der Planung des neuen Flügels durch Architekt Dr. Silvio Galizia gewidmet, der dabei engen Kontakt zu Schlombs hielt. Galizia hatte sich beim Bau zahlreicher geistlicher Institute in Rom einen Namen gemacht. Vom Erzbistum Köln, dessen Generalvikar J. Teusch damals die Großprojekte der Deutschen Bischofskonferenz betreute, erhielt der Campo Santo in der nun beginnenden Bauphase wiederholt großzügige Finanzhilfen, denn in Köln war man sich der Bedeutung der Stiftung wohl bewußt. Im Sommer 1961 genehmigte die Fuldaer Bischofskonferenz einen Zuschuß von 1,2 Mio. DM für den geplanten Neubau, zahlbar in zwei Jahresraten. Teusch forderte, daß die Görres-Gesellschaft als Gegenleistung die neugeschaffenen Bibliotheksräume mietfrei, lediglich gegen Ersatz der laufenden Unkosten für Reinigung und Heizung, erhielt. Andererseits sicherte er die Bereitstellung der eventuell zusätzlich für die Einrichtung des Neubaues erforderlichen Mittel zu. Diese Modalitäten akzeptierte der Verwaltungsrat am 27. November 1961. Wenige Wochen später erlitt der Rektor einen Schlaganfall. Schwer krank ließ er sich in seine Heimat bringen, wo er am 24. Mai 1962 starb.

Ein allzu häufiger Wechsel der für die Baumaßnahmen hauptverantwortlichen Persönlichkeiten sollte während der nachfolgenden Jahre die ohnehin schwierigen Arbeiten belasten. Vorerst fand sich der Generalsekretär von Caritas Internationalis, Msgr. Carlo Bayer, auf Bitten von Frings zum Vorsitz der neuzubildenden Baukommission und zur kommissarischen Leitung des Kollegs bereit. Das noch von Schuchert für eine Ausstellung in der Villa Hügel (Essen) zugesagte Kunstgut wurde im Mai dahin überführt[94]. Die Ausstellung „Frühchristliche Kunst aus Rom" war vom 3. September bis 15. November 1962 geöffnet[95]. Anschließend wurden die Kunstwerke in Mainz, Mecheln, Utrecht und Wien gezeigt.

Im Januar 1962 war eine Einigung über die künftige Gestaltung der Fassade zum

[93] So auch Schlombs in seinem erwähnten Gutachten vom 18. November 1960: „Der Verwaltungsrat der Bruderschaft unter Vorsitz des Rektors kann als ein für die Durchführung baulicher Maßnahmen geeigneter Träger angesehen werden."

[94] Weiteres Kunstgut wurde in den Palazzo dei Convertendi ausgelagert.

[95] Ausstellungskatalog: „Frühchristliche Kunst aus Rom", Essen 1962.

Friedhof erfolgt, wobei der Vatikan die Einfügung des Neubaues in die Umgebung, der Campo Santo dagegen erheblichen Raumgewinn erzielte. Daraufhin sprachen die vatikanischen Behörden im Juni 1962 die Baugenehmigung aus. Bald danach begann der Abbruch des alten Baubestandes an der Via Teutonica. Bei der Ausschachtung und Fundierung stieß man jedoch auf nicht vorhergesehene Probleme, denn nicht nur der ungewöhnlich starke Grundwasserzufluß vom vatikanischen Hügel, sondern auch die Entdeckung mittelalterlicher Baureste, darunter eines Beinhauses von 50 m³, führten zu unvermeidlichen Verzögerungen. Außerdem mußten die Grundpfeiler wegen der starken Schicht Kulturschuttes in eine Tiefe von durchschnittlich 26 m und in Einzelfällen bis zu 31 m eingesenkt werden. Eine Überschreitung des Kostenvoranschlages und erhebliche Verzögerungen waren unvermeidlich.

Rektor Gugumus (1963–1970)

Inzwischen war nach fast anderthalbjähriger Vakanz im Dezember 1963 Professor Dr. Johann Emil Gugumus als neuer Rektor eingeführt worden. Gugumus war am 13. Dezember 1910 in Ludwigshafen geboren. Nach der Priesterweihe (1935) hatte er in der Seelsorge, in der Bistumsverwaltung und schließlich im höheren Schuldienst gearbeitet, den er 1958/60 durch einen römischen Studienaufenthalt im Campo Santo unterbrochen hatte. Seit 1962 war er Professor für Religionspädagogik an der Pädagogischen Hochschule in Landau. Gugumus hatte 1949 in Heidelberg mit der Arbeit „Studien zur Geschichte der Speyrer Bischöfe im Zeitalter des Investiturstreites" zum Dr. phil. promoviert. Der Erforschung der heimatlichen Kirchengeschichte galt auch später sein Hauptinteresse.

Bei seinem Amtsantritt im Oktober 1963 befand der Campo Santo sich in einer ernsten Situation, denn die von der Bischofskonferenz bereitgestellten Mittel waren verbraucht, das Ende der Arbeiten jedoch noch nicht abzusehen. In dieser schwierigen Situation half die Bischofskonferenz mit einer Summe von weiteren 880000 DM nach dem Schlüssel „K", d.h. unter einer Beteiligung des Erzbistums Köln mit 60%. Im Hinblick auf die wissenschaftlich-kulturelle Bedeutung des Kollegs und seiner Kunstsammlungen sagte Ende 1965 auch die deutsche Bundesregierung einen einmaligen Zuschuß von 150000 DM zu. Außerdem gab die Bischofskonferenz noch einen, wie Teusch betonte, unwiderruflich letzten Zuschuß von 350000 DM.

Nachdem das Museum frühchristlicher Kunst, das zugleich als Vortrags- und Empfangssaal für öffentliche Veranstaltungen gedacht war, mit Hilfe der Stiftung Villa Hügel eingerichtet worden war, wurde der Neubau am 8. Mai 1966 durch den Kardinalprotektor im Rahmen einer kleinen Feierstunde eingeweiht. Am 9. Mai empfing Paul VI. dann im kleinen Thronsaal folgende Personen in privater Audienz: Kardinalprotektor Pizzardo, Rektor Gugumus, den Verwaltungsrat und seitens der Görres-Gesellschaft die Professoren J. Spörl, H. Conrad und U. Instinsky sowie W. Schlombs und C. Hundhausen.

Daß sich an den Neubau eine Restauration des Kirchen- und Turmtraktes anschließen mußte, war von Anfang an klar. Unvorhersehbar war jedoch, wie gefährdet dieses Konglomerat aus verschiedenen Bauepochen eigentlich war und welche Konsequenzen sich aufdrängten, sobald man hier einmal mit der Sanierung begann. Teusch und Frings zweifelten freilich an der Aktivierung des Priesterkollegs. Damit trafen sie einen ganz entscheidenden Punkt der Campo-Santo-Problematik. Denn das Kolleg hatte seit den 30er Jahren seinen Charakter als wissenschaftliche Begegnungsstätte weithin verloren. Während des Konzils (1962–1965) erlebte es zwar noch einmal eine Blüte, und vorübergehend wurde es sogar zu einem Treffpunkt der deutschsprachigen Konzilsväter. Danach trat seine schwierige Lage jedoch offen zutage. Dazu kamen neue Finanzprobleme, denn der Betrieb des großzügig gestalteten Neubaues verursachte Kosten, die durch die Pensionspreise nicht mehr zu decken waren[96]. Außerdem ergab sich bei der Schlußabrechnung des Neubaus ein Fehlbedarf von ca. 30 Mio. Lire. Diesmal lehnte die Bischofskonferenz die Übernahme der Kosten ab[97]. Teusch deutete auch schon einen Gedanken an, der später, als er ihn förmlich vortrug, zu einer heftigen Kontroverse führen sollte: Falls die Erzbruderschaft das Haushaltsdefizit des Kollegs nicht ausgleichen könne, müsse dieses in die Trägerschaft der Deutschen Bischofskonferenz übergehen[98]. Zur Finanzierung der dringendsten Reparaturen am Altbau erklärte diese sich zwar auch jetzt bereit, dagegen sollte die Restauration der Kirche von der Erzbruderschaft getragen werden.

In dieser schwierigen Situation mußte der Verwaltungsrat eines der vier Wohnhäuser aus dem Besitz der Erzbruderschaft (Vicolo dei Granari 13) verkaufen (14 Mio. Lire). Spürbare Hilfe leistete jetzt auch die österreichische Regierung (4,8 Mio. Lire). Gugumus wandte sich außerdem im Laufe des Jahres 1968 mit der Bitte um Kleinstzuschüsse bzw. Darlehen an die einzelnen deutschen Bistümer. Auf diese Weise brachte er 112 000 DM zusammen. Von größerer Tragweite wurde jedoch die Realisierung des schon seit einigen Jahren erwogenen Fördervereins. Die konstituierende Sitzung des „Vereins der Freunde und Förderer des deutschen Kollegs am Campo Santo in Rom" fand am 17. Juli 1968 in Köln statt[99]. Die Satzung nannte als Vereinszweck „Unterstützung und Förderung" insbesondere der „wissenschaftlichen und religiösen Einrichtungen des Kollegs ... und der dort studierenden Deutschen". Trotz dieser ganz auf das Kolleg gerichteten Zielsetzung sollte der Verein tatsächlich später den gesamten Campo Santo in sein Förderungsprogramm einbeziehen. 1971 erfolgte in Verbindung mit dem Verein die Gründung eines Kuratoriums, das seine Aktivität auf die Finanzhilfe für die Sicherung und Renovierung von Kirche und Altbau konzentrierte.

Restauration von Kirche und Altbau

Neben dem eleganten und in jeder Hinsicht bestens ausgestatteten Neubau mußten auch der Turmtrakt und der Prälatengang mit einem Minimum an modernem Komfort ausgestattet werden. Daher beschloß der Verwaltungsrat am 26. April 1968 die Aufnahme eines Darlehens von 20 Mio. Lire, obwohl die Lage der Erzbruderschaft sehr kritisch war. Sie hatte für den Neubau ihr gesamtes Bargeld verausgabt, ihre Wertpapiere veräußert und eines ihrer Häuser verkauft. Die Bischofskonferenz zeigte sich jedoch für die Belange des Campo Santo auch jetzt wieder aufgeschlossen, sobald die maßgebenden Persönlichkeiten über die ernste Situation nur hinreichend informiert waren. Teusch machte die Zahlung eines Zuschusses von 200 000 DM freilich davon abhängig, daß das Kolleg nicht ohne Zustimmung der Bischofskonferenz umgewandelt werde und daß die

---

[96] Während das Kolleg bis 1965 jährlich einen geringen Überschuß erwirtschaftete, trat seit 1966 ein jährliches Defizit ein.

[97] Die definitive Abnahme des Neubaues erfolgte wegen verschiedener Mängelrügen erst am 25. Januar 1968. Am 14. März 1968 sprach Döpfner die Entlastung Bayers aus.

[98] Protokoll der Sitzung vom 4. November 1967 im Campo Santo; Teilnehmer: Teusch, Forster, Gugumus, Bayer, Schulz.

[99] Quellen im Archiv des Vereins der Freunde und Förderer/Köln und in ACS.

Jahresrechnungen von Erzbruderschaft und Kolleg künftig zur Prüfung vorgelegt würden.

Alarmierender als alle vorhergesehenen Bauschäden wurde dann die Absenkung des Turmtraktes, die Ende 1968 eintrat und Versetzungsrisse an den Anschlußstellen zum Kirchentrakt hervorrief. Untersuchungen ergaben eine mangelnde Fundierung des Baukörpers. Da die Fundamente außerdem von Grundwasser (mittlere Schwankungen 40–60 cm) unterspült wurden, war ernste Gefahr gegeben. Diese Schäden traten zu einem Zeitpunkt auf, als der Bau einer Tiefgarage in unmittelbarer Nachbarschaft des Campo Santo das in Jahrtausenden aufgeschüttete Gelände und seine Grundwasserverhältnisse störte. Auch der Braccio di Carlo Magno und der Palast des Heiligen Offiziums waren betroffen.

Nach Lage der Dinge waren die Unterfangung der Fundamente des Turmtraktes und der Verbund der Kirchenpfeilerfundamente unvermeidlich. Der Verwaltungsrat folgte denn auch in seiner Sitzung vom 14. Mai 1969 entsprechenden Vorschlägen seines Mitgliedes Vizerektor Dr. W. Schulz, erklärte sich jedoch außerstande, die Kosten (75,6 Mio. Lire) aufzubringen. Er beauftragte den Vizerektor mit entsprechenden Zuschußverhandlungen bei der Bischofskonferenz. Außerdem beschloß der Verwaltungsrat am 9. Dezember 1968 im Interesse klarer Zuständigkeiten prinzipiell „trotz der sich daraus ergebenden großen Schwierigkeiten und Kompetenzfragen" die Erarbeitung neuer Statuten, die der Bischofskonferenz ein größeres Mitspracherecht einräumen sollten.

In die nun folgende Phase schwieriger Planungen und Arbeiten fiel wiederum ein Wechsel im Rektorenamt, denn seit dem Frühjahr 1949 zeichnete sich ab, daß die Ablösung von Gugumus aus gesundheitlichen Gründen unerläßlich war. Diesmal erfolgte die Neubesetzung relativ schnell. Am 20. Oktober 1969, als Gugumus noch amtierte, bezeichnete der Münchner Erzbischof Julius Kardinal Döpfner nach Verständigung mit seinen Kölner und Salzburger Kollegen dem Vorstand Prälat Bernhard Hanssler als Kandidaten für den Rektorenposten. Dessen Ernennung nahm am 1. April 1970 anstelle des geschäftsunfähigen Pizzardo Kardinal Garrone, dessen Nachfolger als Präfekt der Kongregation für das christliche Bildungswesen, vor. Die Einführung folgte am 30. April. Hanssler war am 23. März 1907 in Tafern/Bodensee geboren und nach der Priesterweihe (Rottenburg 1932) zunächst Pfarrseelsorger, später Studentenseelsorger in Tübingen gewesen. 1956 wurde er Direktor des bischöflichen Studienförderungswerkes „Cusanuswerk". Von 1957 bis 1963 war er Geistlicher Direktor des Zentralkomitees der deutschen Katholiken, danach Bischöflicher Assistent in der gleichen Stellung.

In der gleichen Sitzung, in der Gugumus dem Verwaltungsrat seine Demissionierung bekanntgab (25. November 1969), beschloß dieser, mit der statischen Untersuchung des Gebäudekomplexes Nachforschungen über die künstlerisch-architektonische Beschaffenheit der Kirche zu verbinden. Die architektonische Leitung sollte Professor Dr. B. Appolonj Ghetti übernehmen, der sich als Restaurator in Unteritalien einen Namen gemacht hatte. Dabei war an eine umfassende Renovierung der Kirche gedacht, damit der Frührenaissancebau, von seinem „nicht besonders eindrucksvollen Nazarenerschmuck befreit", in seiner ursprünglichen Raumgestalt voll zur Geltung komme. Damit war ein Programm umrissen, das einige Jahre später zu einer paradigmatischen Kontroverse mit interessierten Kunsthistorikern über die Prinzipien und Ziele der Denkmalpflege führen sollte. Für die Finanzierung dachte man auch diesmal wieder an die Bischofskonferenz und zugleich an die deutsche Bundesregierung. Da schlugen am 29. Oktober 1970 Teusch und der Sekretär der Bischofskonferenz Dr. K. Forster anläßlich eines Rombesuches die Überführung des Kollegs in die Trägerschaft des Verbandes der deutschen Diözesen e. V. vor. Der Friedhof sollte Eigentum der Erzbruderschaft bleiben und ebenso die Benutzung von Kirche und Bruderschaftsräumen in keiner Weise gemindert werden. Als Begründung gaben die Vertreter der Bischofskonferenz die enormen Zuschüsse zum Bau, aber auch zum laufenden Kollegsbetrieb an, die jene bis dahin geleistet hatte und auch weiter aufbringen sollte. Der Verwaltungsrat lehnte diesen Vorschlag unter Hinweis auf das Statut vom 21. November 1876 und die Lateranverträge ab. Außerdem bilde er selbst einen ausreichenden Garanten für die Zweckbestimmung der Stiftung. Wenn eine Änderung der Besitzverhältnisse also weder zweckmäßig noch notwendig, ja im Gegenteil höchst gefährlich sei, so sei doch ein stärkeres Engagement der deutschen Bischöfe erwünscht. Dies müsse vornehmlich in der Entsendung studierender Priester bestehen, womit zugleich ein Beitrag zur wirtschaftlichen Gesundung des Kollegs geleistet werde. Die Anliegen der Bischofskonferenz könnten ferner durch einen ständigen Vertreter im Verwaltungsrat wahrgenommen werden.

Im Gegensatz zur Bischofskonferenz, die sich bezüglich neuer Zusagen diesmal verständlicherweise zurückhielt, zeigte sich nun die deutsche Bundesregierung entgegenkommend. Im Dezember 1970 bewilligte sie für die Restauration von Kirche und Altbau ein Drittel des erforderlichen Gesamtbedarfes von 2,4 Mio. DM, also 800000 DM. Voraussetzung war, daß der Träger und die Bischofskonferenz ebenfalls je ein Drittel aufbrachten. Die Bischofskonferenz genehmigte nun zwar im Frühjahr 1971 ebenfalls 800000 DM, doch wünschte sie vor der Freigabe dieser Mittel eine vertragliche Klärung über ihre künftige Beziehung zum Campo Santo. In dem Vertragsentwurf, den Teusch dem Rektor am 12. Mai 1971 zusandte, hieß es: „Die Bruderschaft verpflichtet sich, den Charakter des Campo Santo als deutschsprachigen und flämischen (niederländischen) Priester-Studienkollegs dauernd zu gewährleisten. Sie räumt ein, daß jede Änderung dieses Charakters der schriftlichen Zustimmung der Konferenz der deutschen Bischöfe bedarf.“ Weitere Punkte betrafen das Informations- bzw. Mitspracherecht des Verbandes in allen wesentlichen ökonomischen und rechtlichen Fragen. Man darf bezweifeln, ob dieser Entwurf glücklich war. Das damit intendierte Anliegen war sehr verständlich. Die Verhandlungen über diesen Entwurf endeten jedoch ergebnislos. Im Juni gab Döpfner den Zuschuß dann frei, wodurch auch die Mittel der Bundesregierung verfügbar wurden. Während diese sich ausdrücklich den Verzicht auf eventuelle Nachforderungen bescheinigen ließ, betonte der Vorsitzende der Bischofskonferenz, daß die Erzbruderschaft als Träger aus der Verpflichtung zur Eigenleistung nicht entlassen werden könne. Das akzeptierte der Verwaltungsrat am 13. Juli 1971. Er ging dabei von der Voraussetzung aus, daß diese Eigenleistung weitgehend durch Spenden des Vereins der Freunde und Förderer aufgebracht werde. Auch an die Mitglieder der Erzbruderschaft erging Ende 1971 ein Spendenaufruf.

Am 31. März 1971 hatte der Verwaltungsrat zur Beaufsichtigung der Arbeiten eine Baukommission berufen[100]. Diese wählte den mit der Geschichte des Baues gut vertrauten Schulz zum Vorsitzenden. Am 10. Juni erfolgte die Auftragserteilung an Appo-

[100] Deren Aufgaben ... wurden am 5. Mai 1971 folgendermaßen umschrieben: „... die Baukommission [arbeitet] im Rahmen der Beschlüsse des Verwaltungsrates, dem gegenüber sie berichtspflichtig ist. Sie hat darauf zu achten, daß sich die Ausgaben im Rahmen des Finanzierungsplanes bzw. der verfügbaren Mittel bewegen. Der Auftrag erstreckt sich auf die Überwachung der Planungen und Kalkulationen. Sie überwacht außerdem die Einhaltung der Fristen und etwaiger Auflagen. Vor allem obliegt ihr die Kostenprüfung und die Erstattung eines Schlußberichtes samt Finanzbericht für die Abnahme der Arbeiten.“

lonj Ghetti, den Statiker Guerrieri und den Bauunternehmer G. Galli „in economia", d.h. zu Bedingungen, die die Unterbrechung der Arbeiten beim Mangel von Mitteln jederzeit möglich machten. Anfang Juli 1971 wurde die Kirche geräumt. Im Winter 1971/72 wurden die Stabilisierung der Fundamente und des Mauerwerkes im Turm- und Kirchentrakt durchgeführt und die Pläne zur weiteren Gestaltung des Gebäudekomplexes entwickelt. Den durch Aushub im Kircheninnern gewonnenen Raum beschloß man nicht mehr zuzuschütten, sondern kryptaartig auszubauen. Unterschiedliche Auffassungen über die Gestaltung des Kircheninnern führten dann im Frühjahr und Sommer 1972 zu einer spektakulären Debatte.

Am 17. März 1972 besichtigten auf Einladung des Vorsitzenden der Baukommission u.a. Graf Metternich, Prof. Lotz, Dr. Daltrop zusammen mit Appolonj Ghetti und Vertretern der Bundesbaudirektion und der beteiligten Firmen den Bau. Dabei traten erhebliche Differenzen zutage. Metternich und Lotz als Sachverständige für Denkmalpflege äußerten jedenfalls in einer Denkschrift schwerste Bedenken gegen die geplante Neugestaltung des Kircheninnern. Zwischen der Konzeption des leitenden Architekten und der der beiden Kunsthistoriker schien in der Tat ein Kompromiß kaum möglich. Der Architekt wollte nämlich das Innere der Kirche „als ein Denkmal der sakralen Quattrocento-Architektur Roms repristinieren". Daher sollten das Ziegelmauerwerk unverputzt bleiben und beschädigte Stellen mit alten Ziegeln ausgeflickt werden. Außerdem war, um die zugemauerten Chorfenster wieder zur Geltung zu bringen, die Beseitigung des spätbarocken Altaraufbaues aus Marmor vorgesehen. Die beiden Gutachter hoben demgegenüber den historisch gewachsenen organischen Charakter der Kirche als Gesamtkunstwerk und als Kristallisationspunkt der katholischen Deutschrömer hervor. Es sei abwegig, „alles, was lebendige Geschichte in einem halben Jahrtausend aus ihr gemacht" habe, „zu eliminieren". Im übrigen dürfe die Kirche nicht „Objekt irgendwelcher historisierender oder anderer Experimente" werden. Sie sei vielmehr in erster Linie als Andachtsstätte und als ein Stück deutscher Heimat in Rom zu behandeln. Mit den zeitgemäßen liturgischen Forderungen lasse sich das wohl vereinbaren. Lotz und Metternich forderten eine sorgfältige Erneuerung des Verputzes von Wänden und Gewölben sowie die farbige Behandlung der Wandflächen und die Gestaltung des Bodens nach künstlerischen Aspekten. Außerdem müßten möglichst viele Ausstattungsstücke und insbesondere der spätbarocke Altaraufbau erhalten bleiben, denn der geplante Abbruch sei durch die Wiederöffnung der gotischen Biforien der Chorapsis, die in Rom keinesfalls singulär seien, nicht zu rechtfertigen. Auf die Ausmalung des 19. Jahrhunderts und den Gipsabguß der Achtermann-Pietà könne man dagegen verzichten.

Diese Denkschrift löste beim Verwaltungsrat und der Baukommission größte Erbitterung, bei der Bischofskonferenz dagegen den von seinen Autoren beabsichtigten Alarm aus. Für sie war diese Aktion ein fast verzweifelter Schritt gegen eine ihrer Ansicht nach unvertretbare Vernichtung gewachsenen Kulturgutes. Der weitere Verlauf der Diskussion kann hier nicht nachgezeichnet werden. Das von Appolonj Ghetti entwickelte Konzept konnte sich jedenfalls durchsetzen, obwohl auch verschiedene Anregungen der Kritiker berücksichtigt wurden[101].

Der rapide Verfall der italienischen Lira seit dem Herbst 1973, aber auch die Durchführung ursprünglich nicht vorgesehener Arbeiten (Neugestaltung der Friedhofsfassade) führten im Jahre 1974 zur letzten Krise der Restaurationsarbeiten. Am 27. März 1974

[101] Die Restaurationsarbeiten sollen demnächst in einer Publikation über die Kirche ausführlicher dargestellt werden.

orientierte der Administrator die Baukommission darüber, daß sich die Gesamtkosten nicht wie im Voranschlag auf 360 Mio. Lire, sondern auf ca. 580 Mio. Lire belaufen würden. Nun hatte zwar Dr. G. Teramo, der seit Menschengedenken größte Wohltäter der Erzbruderschaft, dieser mittlerweile Schenkungen von ca. 100 Mio. Lire zugewandt. Dennoch belief sich das zu erwartende Defizit auf rund 85 Mio. Lire. Unter den verschiedenen für die Aufbringung dieser Summe möglichen Instanzen kam zuguterletzt nur die Deutsche Bischofskonferenz in Frage. Obwohl deren Hilfe ungewiß war, beschloß der Verwaltungsrat am 18. April 1974, die Bauarbeiten unter allen Umständen abzuschließen. Im Hinblick auf das bevorstehende Heilige Jahr 1975, in dem der Rektor die Leitung der deutschen Pilgerstelle übernehmen sollte, konnte die älteste deutsche Nationalstiftung Roms keine Ruine bleiben. Hanssler nahm nun die demütigende Aufgabe auf sich und bat den Vorstand der Diözesen Deutschlands am 17. Mai 1974 nochmals um eine Beihilfe in Höhe von 400000 DM. Er konnte bei dieser Gelegenheit auf die bedeutende Eigenleistung der Erzbruderschaft durch Spendeneinkommen (ca. 350000 DM) und von seiten des Vereins der Freunde und Förderer (bis dahin 240000 DM) hinweisen. Da die Fertigstellung der Kirche und des Kollegs nun einmal unerläßlich war, stellte der Verband den erbetenen Betrag zur Verfügung. Anläßlich der Einführung des Verfassers[102] als neuer Rektor konnte die wiedererstandene Kirche am 23. Februar 1975 dann erstmals und seitdem regelmäßig wieder benutzt werden. Die Konsekration nahm der Vorsitzende der Deutschen Bischofskonferenz, Julius Kardinal Döpfner, am 7. Dezember 1975 vor. Am Vorabend, dem 6. Dezember, hatte Erzbischof Dr. Johannes Joachim Degenhardt von Paderborn als Mitglied des Kuratoriums im Verein der Freunde und Förderer die neue Orgel eingeweiht. Diese, ein Geschenk des Vereins, war von der Firma R. Seifert (Kevelaer) gebaut worden[103].

Verzeichnis der abgekürzt zitierten ungedruckten Quellen

Archiv des Campo Santo Teutonico (zit.: ACS)
Chronik de Waal 1873–1917
Nachlaß Stoeckle 1931–1954
Tagebuch Schuchert 1954–1959
Protokollbuch des Verwaltungsrates 1917ff.

Registratur des Erzbischöflichen Generalvikariates Köln (zit.: GVK)
Cabinetts-Registratur XIII: Studium und Ausbildung der Kleriker,
in specie: deutsche Nationalstiftung vom Campo Santo in Rom

Kardinal Faulhaber Archiv Erzbischöfliches Haus München (zit.: KFA)
1400: Campo santo

---

[102] Erwin Gatz, geb. 4. Mai 1933 Aachen, 1953–60 Studium Theologie und Geschichte Bonn, München, Aachen, Priesterweihe 1960 Aachen, bis 1971 Seelsorgsdienst, 1970 Habilitation für mittlere und neuere Kirchengeschichte Bonn, 1973 apl. Prof. Bonn.

[103] Zur Finanzierung der Bauarbeiten haben außer der Erzbruderschaft als Träger seit 1961 folgende Instanzen beigetragen:
Deutsche Bischofskonferenz 3930000 DM
Deutsche Bundesregierung 950000 DM
Österreichische Bundesregierung 4800000 Lit. = ca. 35000 DM
Verein der Freunde und Förderer (bis Sept. 1976) 429635,75 DM
Spende Teramo 100000000 Lit. = ca. 400000 DM
Spenden einzelner Bruderschaftsmitglieder ca. 5500000 Lit. = ca. 45000 DM

Erzbischöfliches Konsistorialarchiv Salzburg (zit.: EBAS)
Akten 20/71, EB Kaltner

Politisches Archiv des Auswärtigen Amtes Bonn (zit.: AA)
Vatikanbotschaft 646: Campo Santo 1917–1933
ebd. 647: Besetzung des Rektorenpostens des Campo Santo Teutonico 1930/1931. Rektoren-Personalien.

Geheimes Staatsarchiv München (zit.: GSM)
MA 10 1057: Die deutschen Nationalinstitute der Anima and des Campo Santo in Rom, Bd. II: 1919–1932.
Bayerische Gesandtschaft Päpstlicher Stuhl Nr. 877.

Archiv der Deutschen Botschaft beim Heiligen Stuhl (zit.: ADB)
82/17: Campo Santo Teutonico

Verzeichnis der Kollegsmitglieder 1928–1977

Aufgestellt von
PIERRE LOUIS SURCHAT und NORBERT KLINKENBERG

Das in der Festschrift zur 50-Jahr-Feier des Kollegs (RQ 35, 1927) von E. David veröffentlichte Verzeichnis der Kollegsmitglieder wird hiermit fortgesetzt. Im Gegensatz zu David, der sich auf zuverlässig geführte Listen und Amtsbücher stützen konnte, war die Quellenlage für die letzten fünfzig Jahre ungleich schlechter. Dies gilt insbesondere für den Zeitraum von 1930 bis 1954. Vollständigkeit in den Angaben und Daten ließ sich daher nicht erreichen. In das Verzeichnis wurden nur Kollegsmitglieder im strengen Sinn des Wortes aufgenommen, d. h. Studierende, die dem Kolleg mindestens ein ganzes Studienjahr lang angehörten. Daneben ist dem Kolleg eine große Zahl von Gästen durch wiederholte, oft lang dauernde Aufenthalte freundschaftlich verbunden. Ihre Namen sind, soweit sie sich ermitteln ließen, in einem weiteren Verzeichnis enthalten. Für unsere Aufstellung bildeten Vorarbeiten von J. E. Gugumus, ferner die von mehreren Altcamposantinern sowie von kirchlichen Dienststellen ermittelten Daten eine wesentliche Hilfe. Allen sei bestens gedankt.

Im folgenden Verzeichnis bedeutet PW Priesterweihe, dahinter ist das Heimatbistum genannt. Unter CST ist die Dauer der Zugehörigkeit zum Kolleg mitgeteilt. Sem. bedeutet Seminarist. Auf die Mitteilung von Titeln wurde verzichtet.

Acerra, Angelo OSB, CST 1953–54, Saint Bernards Abbey Alabama/USA.

Acuña, Cruz, geb. 1917, gest. 1971, PW 1941 (Hermosillo/Mexiko), CST 1954–55 Bibelwissenschaft, Prof. Exegese Priesterseminar Hermosillo.

Amadio, Anselmo OSB, geb. 1927, PW 1955, CST 1957–58 Theologie, Holy Cross Abbey Canon City/USA.

Ammer, Josef, geb. 1954, Sem. (Regensburg), CST seit 1976 Theologie.

Angenendt, Arnold, geb. 1934, PW 1963 (Münster), CST 1973–75 Kirchengeschichte, Univ.-Prof. Kirchengeschichte Bochum.

Arendt, Paul, geb. 1892, gest. 1974, PW 1915 (Ermland), CST 1925 – ca. 30 Kirchengeschichte, Superior Schwäbisch Gmünd.

Arnold, Peter, geb. 1916, PW 1941 (Raphoe/Irland), CST 1952–54 Pfarrer Tamney/Letterkenny.

Ashworth, Louis, geb. 1912, PW 1938 (Salford/GB), CST 1949, 1955–60, Päpstl. Staatssekretariat.

Bäumer, Remigius, geb. 1918, PW 1948 (Paderborn), CST 1956–57 Kirchengeschichte, Univ.-Prof. Kirchengeschichte Freiburg i. Br.

Barion, Johannes, geb. 1899, gest. 1973, PW 1924 (Köln), CST 1928–30 Kirchenrecht, em. Univ.-Prof. Kirchenrecht Bonn.

Barrett, Matthew, geb. 1935, PW 1969 (Dublin), CST 1969–72 Theologie.

Barwig, Regis N.-J. OSB, geb. 1932, PW 1959, CST 1959–61, 1964 Pastoraltheologie, Prior Oshkosh/USA.

Basič, Franjo, geb. 1942, PW 1970 (Belgrad), CST 1971–76 Soziologie.

Bastnagel, Clement, geb. 1896, gest. 1970, PW 1923 (Indianapolis/USA), CST 1930–32 Kirchenrecht, em. Univ.-Prof. Kirchenrecht Washington.

Baumann, Anton, geb. 1919, PW 1945 (St. Gallen), CST 1948–51 Kirchenrecht, Anstaltspfarrer Wil/CH.

Baumeister, Theofried OFM, geb. 1941, PW 1966, CST 1973–74 Christl. Archäologie, Univ.-Prof. Alte Kirchengeschichte Mainz.

Baur, Joh. Chrysostomus OSB, geb. 1876, gest. 1962, PW 1901 (Seckau), CST 1953–55 Patristik.

Baus, Karl, geb. 1904, PW 1929 (Trier), CST 1938–43 Kirchengeschichte, em. Univ.-Prof. Alte Kirchengeschichte Bonn.

Bauschke, Hubert, geb. 1930, PW 1957 (Görlitz), CST 1966–69 Kirchenrecht, Offizial und Domkapitular Görlitz.

Bayer, Carlo, geb. 1915, gest. 1977, PW 1940 (Breslau), CST 1946–63, Generalsekretär des Europäischen Hilfsfonds.

Bergant, France, geb. 1931, PW 1960 (Ljubljana), CST 1972–73 Bibelwissenschaft, Slowenenseelsorger London.

Berndorff, Paul Georg, geb. 1913, PW 1938 (Köln), CST 1940–46 Kirchenrecht, Pfarrer Köln.

Bernhard, Hans, geb. 1929, PW 1954 (Limburg), CST 1953–54 Kirchenmusik, Domkapellmeister Limburg.

Berning, Wilhelm, geb. 1904, PW 1931 (Osnabrück), CST 1932–34 Kirchengeschichte, Pfarrer Hamburg.

Bewerunge, Norbert, geb. 1932, PW 1958 (Mainz), CST 1960–61 Christl. Archäologie, Pfarrer Viernheim.

Birkner, Joachim Rudolf, geb. 1904, gest. 1956, PW 1929 (München-Freising), CST 1930–40 Kirchengeschichte, Pfarrer Fürholzen.

Biscontin, Gioacchino, geb. 1942, PW 1966 (Concordia-Pordenone), CST seit 1975, Schriftleiter „Parola di Dio“, Rom.

Bölle, Alfred, geb. 1928, PW 1954 (Basel), CST 1958–62 Kirchenrecht, Offizial Solothurn.

Börsting, Heinrich, geb. 1900, gest. 1969, PW 1926 (Münster), CST 1928–30 Paläographie, Bistumsarchivar Münster.

Bonné, Jakob, geb. 1903, gest. 1957, PW 1928 (Köln), CST 1935–36 Kirchengeschichte, Rektoratspfarrer Porz-Gremberghoven.

Boxel van, Hendrik, geb. 1908, PW 1940 (Roermond), CST 1939–40 Kirchenrecht, Prof. Kirchenrecht Priesterseminar Rolduc.

Bretzler, Heinrich, geb. 1899, gest. 1971, PW 1924 (Limburg), CST 1934–37 Christl. Archäologie, Pfarrer i.R.

Breuning, Wilhelm, geb. 1920, PW 1948 (Trier), CST 1954–57 Dogmengeschichte, Univ.-Prof. Dogmatik Bonn.

Bronneberg, Frans, geb. 1946, PW 1975 (Roermond), CST seit 1976 Bibelwissenschaft.

Brugger, Hans, geb. 1912, PW 1937 (Mill Hill), CST 1939–45 Missiologie, Schriftleiter Brixen.

Bussy, Bernard, geb. 1910, PW 1936 (Westminster/GB), CST 1939–40 Kirchenrecht, Pfarrer North Watford.

Carroll, Denis, geb. 1939, PW 1966 (Dublin), CST 1968–69 Theologie, Vikar u. Religionslehrer Dublin.

Carroll, James Patrick, geb. 1908, PW 1931 (Sydney/Australien), CST 1933–36 Kirchenrecht, Weihbischof Sydney.

Charlier, Peter, geb. 1939, gest. 1971, PW 1964 (Aachen), CST 1967–71 Bibelwissenschaft, Vizerektor.

Claassens, Petrus J. M., geb. 1904, PW 1929 ('s-Hertogenbosch), CST 1930–31 Theologie, em. Pfarrer Helvoirt.

Clementi, Johann, geb. 1917, PW 1942 (Mill Hill), CST 1945–48 Kirchenrecht, Missionar Jesselton (Nord-Borneo).

Coen, George (Houston/USA), CST 1930–31 Theologie.

Crossland, Edward Francis (Toronto/Canada), CST 1936–39 Bibelwissenschaft.

Csábi, Josef, geb. 1926, PW 1951 (Esztergom/Ungarn), CST 1966–69 Kirchenrecht, Defensor vinculi Köln.

Cüppers, Clemens, geb. 1907, PW 1935 (Köln), CST 1937–41 Kirchenrecht, Offizialsnotar Köln.

Curtin, Jerome, geb. 1918, PW 1943 (Dublin), CST 1948–49 Kirchenrecht, Rektor Priesterseminar Dublin.

Curtin, Maurice CSSp., geb. 1913, PW 1939, CST 1966–67 Philosophie, Univ.-Prof. Philosophie Dublin.

Curtis, Richard (San Francisco/USA), CST 1932–34.

Dähler, Franz, CST 1949–50.

Damen, Bernard, geb. 1906, gest. 1951, PW 1930 (Haarlem), CST bis 1931 Kirchenrecht.

Dassmann, Ernst, geb. 1931, PW 1957 (Münster), CST 1964–66 Kirchengeschichte, Christl. Archäologie, Univ.-Prof. Alte Kirchengeschichte Bonn.

David, Emmerich, geb. 1882, gest. 1953, PW 1905 (Köln), CST Rektor 1920–30, em. Generalvikar Köln.

Davies, John, geb. 1928, PW 1960 (Arundel and Brighton/GB), CST 1968–69 Kirchenrecht, Pfarrer Hove.

Diamond, Gerard James, geb. 1942, PW 1967 (Melbourne/Australien), CST 1973–74 Bibelwissenschaft.

Di Maggio, Salvatore, geb. 1948, PW 1973 (Salerno), CST 1974–75 Bibelwissenschaft.

Dine, Paul, geb. 1931, PW 1957 (Southwark/GB), CST 1957–61 Bibelwissenschaft.

Dolinar, France, geb. 1941, PW 1967 (Ljubljana), CST seit 1968 Kirchengeschichte.

Donckel, Emil, geb. 1904, PW 1931 (Luxemburg), CST 1931–33, 1936–38 Christl. Archäologie, em. Prof. Kirchengeschichte Priesterseminar Luxemburg.

Donderer, Michael, geb. 1950, CST 1974–75, seit 1976 Archäologie.

Ebner, Fritz, geb. 1920, PW 1944 (Trient), CST 1946–47 Dogmatik, Prof. Philosophie Priesterseminar Brixen.

Egan, Martin, geb. 1895, gest. 1973, PW 1921 (Wheeling-Charleston/USA), CST 1930–31 Kirchenrecht.

Eising, Hermann, geb. 1908, PW 1932 (Münster), CST 1950–51 Exegese Altes Testament, Univ.-Prof. Altes Testament Münster.

Elfers, Heinrich Bernhard, geb. 1896, PW 1925 (Paderborn), CST 1927–30 Bibelwissenschaft, em. Univ.-Prof. Liturgik u. Homiletik Münster.

Emminghaus, Johannes, geb. 1916, PW 1947 (Paderborn), CST 1950–52 Christl. Archäologie, Univ.-Prof. Liturgiewissenschaft u. Sakramententheologie Wien.

Fabbri, Quinto, geb. 1936, PW 1959 (Forlì/Italien), CST 1972–75 Fundamentaltheologie, Domkapitular Forlì.

Farkas, Geza, geb. 1921, gest. 1969, PW 1960 (Veszprém/Ungarn), CST 1960–61, Addetto Sakramentenkongregation.

Fennell, John Denis, geb. 1928, PW 1954 (Dublin), CST 1956–57 Kirchenrecht.

Ferrari, Guy OSB, geb. 1924, gest. 1965, PW 1948, CST 1959–60 Christl. Archäologie, Abtei San Meinrad Indiana/USA.

Fink, Karl August, geb. 1904, PW 1928 (Freiburg i. Br.), CST 1929–35, 1938–39 Kirchengeschichte, em. Univ.-Prof. Kirchengeschichte Tübingen.

Fitzgerald, William, geb. 1934, PW 1959 (Dublin), CST 1959–61 Kirchenrecht, Abteilungsleiter Religion Irisches Radio.

Flynn, Vincent, geb. 1901, gest. 1956, PW 1927 (St. Paul/USA), CST um 1935 Kirchenrecht.

Fooks, Thomas Philip, geb. 1917, PW 1944 (Southwark/GB), CST 1973–76 Bibelwissenschaft, Prof. Biblische Theologie Priesterseminar Westminster.

Forristal, Laurence, geb. 1931, PW 1955 (Dublin), CST 1957–60 Kirchenrecht, Pfarradministrator Dublin.

Foucher, Daniel, geb. 1929, PW 1953 (Nantes), CST 1967–68 Bibelwissenschaft, Religionslehrer Saint-Sébastien-sur-Loire.

Frankl, Karl Heinrich, geb. 1938, PW 1962 (Klagenfurt), CST 1968–69, seit 1975 Kirchengeschichte.

Franzen, August, geb. 1912, gest. 1973, PW 1937 (Köln), CST 1946–49 Kirchengeschichte, Univ.-Prof. Kirchengeschichte Freiburg i. Br.

French, Howard John (Cincinnati/USA), CST 1947.

Ganzer, Klaus, geb. 1932, PW 1957 (Rottenburg), CST 1963–65 Kirchengeschichte, Univ.-Prof. Kirchengeschichte Würzburg.

Gatz, Erwin, geb. 1933, PW 1960 (Aachen), Rektor seit 1975.

Geerdinck, Johannes A., geb. 1902, PW 1926 (Utrecht), CST 1926–29 Kirchenrecht, em. Generalvikar u. Offizial Utrecht.

Ghisler, Ulrich, geb. 1938, CST 1969–71 Dogmatik, Gymnasiallehrer Baden/CH.

Gillessen, Herbert, geb. 1940, Sem. (Berlin), CST seit 1976 Theologie.

Glatthaar, Gustav, geb. 1906, PW 1930 (Feldkirch), CST 1930–31 Theologie, Generalvikar Feldkirch.

Grabner, Donald Raymond OSB, geb. 1928, PW 1954 (Missouri/USA), CST 1956–57 Theologie, Prof. Theologie Missouri.

Granville, James (Halifax/Canada), CST 1937–39 Kirchenrecht.

Grau, William, geb. 1905, PW 1934 (Sioux Falls/USA), CST 1934–38 Theologie, Seelsorger.

Grebner, Christian, geb. 1951, Sem. (Würzburg), CST seit 1976 Kirchengeschichte.

Greehy, John Joseph, geb. 1931, PW 1956 (Dublin), CST 1957–61 Bibelwissenschaft, Prof. Exegese Priesterseminar Dublin.

Grichting, Paul, geb. 1923, PW 1948 (Sitten), CST 1948–52 Kirchengeschichte, Kaplan der Päpstlichen Schweizergarde.

Groß, Bruno, geb. 1900, gest. 1946, PW 1924 (Ermland), CST 1925–27 Kirchenrecht, Domkapitular Frauenburg.

Grossouw, Wilhelm, geb. 1906, PW 1930 ('s-Hertogenbosch), CST um 1930 Bibelwissenschaft, Univ.-Prof. Nijmegen.

Gründel, Johannes, geb. 1929, PW 1952 (Prag-Glatz), CST 1955–57 Geschichte der Moraltheologie, Univ.-Prof. Moraltheologie München.

Gugumus, Johannes Emil, geb. 1910, PW 1935 (Speyer), CST 1958–60 Kirchengeschichte, Rektor 1963–70, Bistumsarchivar Speyer.

Haas, Wolfgang Friedrich, geb. 1948, PW 1974 (Chur), CST seit 1975 Kirchenrecht.

Haffner, Franz, geb. 1931, gest. 1974, PW 1957 (Speyer), CST 1961–62 Archivistik, Bistumsarchivar Speyer.

Hagedorn, Gerd, geb. 1937, PW 1968 (Köln), CST seit 1972 Ostkirchenkunde.

Haggenay, Heinrich, geb. 1904, gest. 1964, PW 1931 (Paderborn), CST 1935–38 Theologie, Pfarrer Westenfeld.

Hahn, Josef Peter, geb. 1907, gest. 1963, PW 1932 (Köln), CST 1934–37 Kirchenrecht, Studienrat i. R.

Hamelbeck, Winfried, geb. 1935, PW 1962 (Köln), CST 1966–69 Sozialwissenschaften, Pfarrer Köln.

Hammermayer, Ludwig, geb. 1928, CST 1953–60 Geschichte, Univ.-Prof. Geschichte München.

Hannan, George Joseph (Australien), CST 1939–40.

Hanssen, Antonius, geb. 1906, gest. 1958, PW 1930 (Roermond), CST 1930–31 Kirchenrecht, Bischof von Roermond.

Hanssler, Bernhard, geb. 1907, PW 1932 (Rottenburg), CST Rektor 1970–74, Rektor i. R.

Hansteen-Knudsen, Ivar, geb. 1912, PW 1942 (Oslo), CST 1943–45 Kirchenrecht.

Hasler, August, geb. 1937, PW 1965 (St. Gallen), CST 1967–68 Addetto Sekretariat für die Einheit der Christen, Stipendiat Deutsches Historisches Institut Rom.

Haubst, Rudolf, geb. 1913, PW 1937 (Trier), CST 1950–52 Philosophie, Univ.-Prof. Dogmatik Mainz.

Henseler, Josef, geb. 1895, gest. 1954, PW 1911 (Limburg), CST 1931 Prorektor, Studienrat i. R.

Hentze, Willi, geb. 1938, PW 1964 (Paderborn), CST 1968–72 Dogmatik, Erzbischöfl. Kaplan Paderborn.

Hesse, Helmut, geb. 1946, CST 1970–72 Kirchenmusik, Kantor.

Hiester, Richard C., geb. 1911, PW 1937 (Denver/USA), CST 1938–41 Kirchenrecht.

Hoban, James (Cincinnati/USA), CST 1932–34.

Hoberg, Hermann, geb. 1907, PW 1933 (Osnabrück), CST 1938–61 Kirchengeschichte, Vizepräfekt Vatikan. Geheimarchiv.

Hofer, Maurice, geb. 1904, PW 1929 (San Antonio/USA), CST 1929–32 Bibelwissenschaft.

Hofmann, Karl, geb. 1900, gest. 1954, PW 1924 (München-Freising), CST 1940–42 Kirchenrecht, Univ.-Prof. Kirchenrecht Tübingen.

Honselmann, Klemens, geb. 1900, PW 1925 (Paderborn), CST 1941–42 Kirchengeschichte, em. Prof. Kirchengeschichte Paderborn.

Hover, Gerardus, geb. 1948, PW 1976 (Roermond), CST seit 1976 Moraltheologie.

Hüßler, Georg, geb. 1921, PW 1951 (Freiburg i. Br.), CST 1954–57 Moraltheologie, Präsident Deutscher Caritasverband und Caritas Internationalis.

Hulme, Anthony (GB), CST 1948–49.

Iserloh, Erwin, geb. 1915, PW 1940 (Münster), CST 1947–50 Kirchengeschichte, Univ.-Prof. Kirchengeschichte Münster, Domkapitular.

Jahn, Alfred, geb. 1913, gest. 1964, PW 1939 (Mill Hill), CST 1939–41 Theologie.

Jaitner, Klaus, geb. 1942, CST 1971–72 Kirchengeschichte, Assistent Deutsches Hist. Institut Rom.

Jedin, Hubert, geb. 1900, PW 1924 (Breslau), CST 1926–30, 1933–36, 1939–49 Kirchengeschichte, em. Univ.-Prof. Kirchengeschichte Bonn.

Jeker, Felix, geb. 1944, PW 1970 (Yungchow/China), CST 1973–74 Kirchenrecht, Religionslehrer Arlesheim/CH.

Jobst, Egon, geb. 1950, Sem. (Regensburg), CST 1975–76 Theologie.

Jockenhövel, Klaus Georg, geb. 1942, PW 1968 (Oslo), CST 1969–71 Kirchengeschichte, Univ.-Assistent Würzburg.

Jordanits, Zoltan, geb. 1937, PW 1962 (Eger), CST 1967–68 Kirchenrecht, Kaplan Wien.

Kalinski, Eugenio Eduardo OSB, geb. 1934, PW 1960, CST 1960–62 Theologie, Dekan Oshkosh/USA.

Kalsbach, Adolf, geb. 1888, gest. 1974, PW 1911 (Köln), CST 1922–29 Christl. Archäologie, Pfarrer i.R. Libur.

Kempf, Theodor Konrad, geb. 1913, PW 1939 (Trier), CST 1941–42 Christl. Archäologie, Direktor Dommuseum, Bistumsbeauftragter für Archäologie Trier.

Kennedy, Kevin, geb. 1933, PW 1961 (Dublin), CST 1964–69 Kirchengeschichte, Prof. Kirchengeschichte Priesterseminar Dublin.

Kenny, John, geb. 1911, CST 1937–40 Kirchenrecht.

Kenny, Patrick, CST 1952.

Kilfoil, Patrick, geb. 1911, PW 1937 (Indianapolis/USA), CST 1938–39 Kirchenrecht, em. Pfarrer Indianapolis.

Kilfoil, Thomas J., geb. 1905, PW 1929 (Indianapolis/USA), CST 1931–33 Theologie, em. Pfarrer Indianapolis.

Kirsch, Johann Peter, geb. 1860, gest. 1941, PW 1884 (Luxemburg), CST 1931–33, Rektor Päpstl. Archäol. Institut Rom.

Klauser, Theodor, geb. 1894, PW 1918 (Paderborn), CST 1925–27, 1931–34 Liturgiegeschichte, em. Univ.-Prof. Alte Kirchengeschichte, Christl. Archäologie, Liturgiegeschichte Bonn.

Klinkenberg, Norbert Leonhard, geb. 1952, CST seit 1976 Kirchengeschichte, Assistent Röm. Institut Görres-Gesellschaft.

Klöters, Gert, geb. 1928, CST 1958–61 Klassische Philologie, Studiendirektor Mönchengladbach. [sionar.

Klotzner, Josef, geb. 1918, PW 1942 (Mill Hill), CST 1942–46 Kirchengeschichte, Mis-

Knapp, Franz Leonhard, geb. 1929, PW 1954 (Mainz), CST 1973–74, Referent Katholisches Auslandssekretariat Bonn.

Knoch, Wendelin, geb. 1943, PW 1969 (Köln), CST seit 1977 Dogmatik.

Knox, James Robert, geb. 1914, PW 1941 (Perth/Australien), CST 1949–50 Theologie, Kardinal, Präfekt Sakramentenkongregation.

Koep, Leo, geb. 1915, gest. 1964, PW 1940 (Köln), CST 1954–55 Christl. Archäologie, Univ.-Prof. Pastoraltheologie u. Liturgiewissenschaft Freiburg i. Br.

Körbel, Kurt, geb. 1930, gest. 1969, PW 1968 (Korfu/Griechenland), CST seit 1959 Christl. Archäologie.

Kötting, Bernhard, geb. 1910, PW 1934 (Münster), CST 1949–50 Christl. Archäologie, Univ.-Prof. Alte Kirchengeschichte, Christl. Archäologie, Patrologie Münster, Domkapitular.

Kollwitz, Johannes, geb. 1903, gest. 1968, PW 1928 (Paderborn), CST 1932–38 Christl. Archäologie, Univ.-Prof. Freiburg i. Br.

Kottje, Raymund, geb. 1926, PW 1954 (Köln), CST 1963–64 Kirchengeschichte, Univ.-Prof. Geschichte Augsburg.

Kraljič, Vinko, geb. 1934, PW 1960 (Maribor), CST 1967–70 Kirchenmusik, Pfarrer Frankfurt a. M.

Krašovec, Jože, geb. 1944, PW 1969 (Maribor), CST 1970–73, 1974–76 Bibelwissenschaft, Prof. Exegese Altes Testament Priesterseminar Maribor.

Krasznay, Eugen, geb. 1909, PW 1932 (Esztergom/Ungarn), CST 1949–50 Theologie, Ungarnseelsorger Luzern.

Krollak, Stanislaus (Rochester/USA), CST 1931 Philosophie.

Künzle, Paul, geb. 1906, gest. 1968, PW 1936 (St. Gallen), CST 1950–52 Kirchengeschichte, Direktor Abteilung Christl. Ikonographie Vatikan. Bibliothek.

Kuhn, Alois, geb. 1904, PW 1930 (Rottenburg), CST 1937–39 Philosophie u. Theologie, em. Pfarrer Stuttgart.

Kunstelj, Ignazio, geb. 1908, PW 1933 (Ljubljana), CST 1968–70, Slowenenseelsorger London.

Kunstmann, Josef, geb. 1904, PW 1929 (Augsburg), CST 1952–55 Christl. Archäologie, Diözesanreferent für Sakralkunst Augsburg.

Ladomersky, Nikolaus, geb. 1910, PW 1934 (Eperjes/Ungarn), CST seit 1945, em. Bibliothekar Propaganda Fide.

Lafferty, Claiborne, geb. 1901, PW 1935 (Little Rock/USA), CST 1939–40 Kirchenrecht.

Lampart, Albert, geb. 1928, PW 1954 (Basel), CST 1958–61 Orientalische Theologie, Religionslehrer Reussbühl/CH.

Landivar, Cesare, geb. 1932, PW 1968 (Portoviejo/Ecuador), CST 1972–73 Theologie, Prof. Priesterseminar Portoviejo.

Lane, Dermot Anthony, geb. 1941, PW 1967 (Dublin), CST 1967–70 Theologie, Dozent Priesterseminar Dublin.

Leahy, Desmond, geb. 1910, gest. 1974, PW 1935 (Arundel and Brighton/GB), CST 1935–40 Bibelwissenschaft, Kanonikus Arundel.

Leahy, Patrick, geb. 1916, PW 1940 (Dublin), CST 1949–50 Dogmatik, Pfarrer Dublin.

Lebar, Jože, geb. 1940, PW 1967 (Maribor), CST 1968–74 Soziologie.

Leis, Cletus Harry, geb. 1928, PW 1953 (Armidale/Australien), CST 1956–57 Dogmatik.

Lengsfeld, Peter, geb. 1930, PW 1955 (Breslau), CST 1956–58 Ökumenische Theologie, Univ.-Prof. Ökumenische Theologie Münster.

Lennon, John, CST 1940–41 Kirchenrecht.

Leonhard, William, gest. 1961 (Sydney/Australien), CST 1935–39, Professor St. Patrick's College Manly/Australien.

Lipovšek, Stanko, geb. 1943, PW 1968 (Maribor), CST 1972–76 Liturgiewissenschaft, Pfarrer Ljubljana.

Loeff, Johannes J., geb. 1903, PW 1928 ('s-Hertogenbosch), CST 1930–31 Kirchenrecht, em. Prof. Rechtsphilosophie Tilburg.

Lokuang, Stanislaus, geb. 1911, PW 1936 (Hengchow/China), CST 1943–46, Erzbischof Taipeh/Taiwan.

Lopez Gallo, Pedro, geb. 1927, PW 1951 (Vera Cruz/Mexiko), CST 1953–56 Theologie, Skriptor Kleruskongregation.

Magyary, Julius von, geb. 1901, PW 1924 (Esztergom/Ungarn), CST 1938–58, Geistlicher Botschaftsrat der Botschaft des Malteserordens beim Heiligen Stuhl.

Maher, Colin Paul OSB, geb. 1925, PW 1953, CST 1956–57 Philosophie, Prior Hsin Chuang/Taiwan.

Maier, Jean Louis, geb. 1928, PW 1953 (Lausanne-Genf-Fribourg), CST 1961–62 Patrologie.

Maier, Konstantin, geb. 1949, Sem. (Rottenburg), CST 1975–76 Kirchengeschichte.

Makovec, Bogdan, geb. 1928, PW 1953 (Ljubljana), CST 1967 Soziologie.

Maloney, David M., geb. 1912, PW 1936 (Denver/USA), CST 1937–40 Kirchenrecht, Bischof Wichita/USA.

Manning, Timothy, geb. 1909, PW 1934 (Cork/Irland), CST 1935–37 Kirchenrecht, Kardinal, Erzbischof Los Angeles.

Manser, Johann Anton, geb. 1923, PW 1949 (St. Gallen), CST 1949–51 Kirchenrecht, Pfarrer Quarten.

Markthaler, Paul, geb. 1899, gest. 1930, PW 1924 (Augsburg), CST 1925–30 Christl. Archäologie.

Martin, Diarmoid, geb. 1945, PW 1969 (Dublin), CST 1969–73, seit 1974 Moraltheologie, Redakteur „Osservatore Romano" englische Ausgabe.

Marx, Joseph, geb. 1870, gest. 1953, PW 1895 (Trier), CST 1926–53, Ehrenskriptor Vatikan. Geheimarchiv.

Mathes, Richard Karl, geb. 1940, PW 1976 (Essen), CST 1969–73, 1974–76 Kirchengeschichte, Kaplan Bochum.

Maurenbrecher, Carl Peter, geb. 1937, PW 1964 (Aachen), CST 1965–68 Patristik, Kaplan Aachen.

Mazzanti, Giorgio, geb. 1948, PW 1973 (Pesaro), CST 1973–75 Theologie, Kaplan Pesaro.

McAniff, James C., geb. 1909, PW 1933 (Rochester/USA), CST 1935–38 Kirchenrecht, Pfarrer Rochester, Generalvikar i. R.

McCarthy, Fachtna, geb. 1948, PW 1973 (Dublin), CST seit 1973 Fundamentaltheologie.

McCarthy, Jerome, geb. 1942, PW 1967 (Dublin), CST 1967–71 Dogmatik.

McFadden, Bartley CSC, geb. 1936, PW 1963, CST 1974–76 Theologie u. Philosophie, Prof. Philosophie Nord-Easton/USA.

McGee, James A., geb. 1906, PW 1931 (San Francisco/USA), CST 1933–34, Pfarrer San Francisco.

McGreath, Francis (Cincinnati/USA), CST 1947.

McMahon, James Ardle, geb. 1924, PW 1949 (Dublin), CST 1950–52, 1953–54 Kirchenrecht, Pfarrer Dublin.

McManus, Patrick, geb. 1944, PW 1969 (Dublin), CST 1969–72 Kirchenrecht, Kaplan Dublin.

McNamara, Elmar, geb. 1919, PW 1933 (Rochester/USA), CST 1936–38 Bibelwissenschaft, Pfarrer New York.

Mead, Denis Thomas OSB, geb. 1930, PW 1955, CST um 1958 Kirchenrecht, St. Benedicts Abbey Atchison, Kansas/USA.

Mehlmann, Johannes OSB, geb. 1914, PW 1938, CST 1954–56 Bibelwissenschaft, Prof. Exegese Abtei São Benito, São Paulo/Brasilien.

Mempin, Ferdinand, geb. 1919, PW 1945 (Manila), CST 1945–51 Kirchenrecht, Direktor Caritas Manila.

Mengis, Gustav, geb. 1916, PW 1941 (Sitten), CST 1947–49 Kirchenrecht, Pfarrer Visp/CH.

Michel, Herbert, geb. 1934, PW 1960 (Köln), CST 1974–75 Rektor ad interim, Direktor im Generalvikariat Köln.

Miko, Norbert, geb. 1915, gest. 1963, PW 1939 (Linz), CST 1958–60 Kirchengeschichte, Univ.-Dozent Kirchengeschichte Salzburg.

Miller, Francis (Chicago/USA), CST 1931–34 Theologie.

Miller, Karl, geb. 1938, PW 1964 (Augsburg), CST 1967–72 Kirchenrecht, Domvikar Augsburg.

Mischlewski, Adalbert, geb. 1919, PW 1954 (Augsburg), CST 1964–66 Kirchengeschichte, Gymnasiallehrer Grafing.

Molitor, Matthias Joseph, geb. 1903, PW 1929 (Köln), CST 1936–37 Exegese Neues Testament, em. Prof. Neues Testament Bamberg.

Montebaur, Josef, geb. 1895, gest. 1937, PW 1918 (Trier), CST 1926–31 Christl. Archäologie, Bibliothekar Deutsche Bücherei Leipzig.

Moverley, Gerald, geb. 1922, PW 1946 (Leeds/GB), CST 1952–54 Kirchenrecht, Weihbischof Leeds.

Müller, Heinrich, geb. 1867, gest. 1943, PW 1891 (Bamberg), CST 1932–34 Bibelwissenschaft, Studienrat i. R.

Müller, Klaus, geb. 1955, Sem. (Regensburg), CST seit 1976 Theologie.

Mulligan, Francis J., geb. 1896, gest. 1952, PW 1929 (Dubuque/USA), CST 1931–33 Kirchenrecht, Pfarrer u. Offizial Dubuque.

Murray, Donal, geb. 1940, PW 1966 (Dublin), CST 1968–69 Moraltheologie, Prof. Moraltheologie Priesterseminar Dublin.

Murray, John Firmian, geb. 1929, PW 1954 (Dublin), CST 1954–56 Dogmatik, Vikar Clontarf.

Nacke, Ewald, geb. 1938, PW 1965 (Münster), CST 1970–73 Patrologie u. Dogmengeschichte, Rektor Aspel/Ndrh.

Niedenzu, Harald, geb. 1945, PW 1970 (Freiburg i. Br.), CST 1966–67 Theologie, Vikar Waldshut.

Nolan, John, geb. 1926, PW 1951 (Dublin), CST 1954–56 Theologie, Univ.-Dozent Psychologie Dublin.

Nußbaum, Karl Otto, geb. 1923, PW 1950 (Köln), CST 1957–59 Liturgiewissenschaft, Univ.-Prof. Liturgiewissenschaft Bonn.

O'Connell, John, geb. 1933, PW 1957 (Dublin), CST 1957–61 Theologie, Kurat Bray.

O'Connor, Daniel (Waterford/USA), CST 1952–54 Bibelwissenschaft.

O'Connor, John, CST 1939–40 Kirchenrecht

O'Donnel, Joseph, geb. 1910, PW 1935 (Philadelphia/USA), CST 1938–39 Bibelwissenschaft, Pfarrer Reading.

O'Flaherty, Hugh, geb. 1898, gest. 1963, PW 1923 (Kerry), CST 1938–49, Sommista Hl. Offizium.

Ojnik, Stanko, geb. 1932, PW 1956 (Maribor), CST 1965–66 Kirchenrecht, Prof. Kirchenrecht Priesterseminar Maribor-Ljubljana.

O'Mahony, Dermot, geb. 1935, PW 1960 (Dublin), CST 1960–64 Kirchenrecht, Weihbischof Dublin.

O'Shea, Martin, geb. 1951, PW 1976 (Dublin), CST seit 1976 Moraltheologie.

Padilla, Jesus, geb. 1924, PW 1950 (Guadalajara/Mexiko), CST 1954–56 Soziologie, Redakteur Diözesanzeitschrift Guadalajara.

Paetz, Michael Peter, geb. 1949, Sem. (Essen), CST 1973–74 Theologie.

Perler, Othmar, geb. 1900, PW 1925 (Lausanne-Genf-Fribourg), CST 1929–32 Christl. Archäologie, em. Univ.-Prof. Christl. Archäologie u. Patristik Fribourg.

Pfeilschifter, Georg, geb. 1901, PW 1925 (München-Freising), CST 1927–29 Kirchengeschichte, em. Univ.-Prof. Kirchengeschichte Würzburg.

Poeschke, Joachim, geb. 1945, CST 1970–71 Kunstgeschichte.

Pohl, Johannes, geb. 1904, gest. 1960, PW 1927 (Köln), CST 1929–32 Bibelwissenschaft, Verlagslektor Wiesbaden.

Post, Regnerus R., geb. 1894, gest. 1968, PW 1919 (Utrecht), CST 1930–37 Sekretär Niederländisches Historisches Institut, Univ.-Prof. Kirchengeschichte Nijmegen.

Puskarič, Duro, geb. 1945, PW 1971 (Belgrad), CST 1973–75 Patrologie.

Quasten, Johannes, geb. 1900, PW 1926 (Münster), CST 1927–29, em. Univ.-Prof. Christl. Archäologie, Patristik, Geschichte der christl. Antike Washington.

Quinlan, Leo, geb. 1933, PW 1957 (Dublin), CST 1967–69 Kirchenrecht, Schulreferent Dublin.

Quint, Johannes, geb. 1900, PW 1927 (Ermland), CST 1928–31 Kirchenrecht, Studienprofessor i.R. Tutzing.

Raab, Heribert, geb. 1923, CST 1955–57 Kirchengeschichte, Univ.-Prof. Geschichte Fribourg.

Raubar, Bojan, geb. 1936, PW 1962 (Koper), CST 1968–71 Moraltheologie, Dompfarrer Koper.

Reddington, John, geb. 1913, PW 1937 (Rochester/USA), CST 1937–40 Theologie, Pfarrer New York.

Reidy, Maurice, geb. 1943, PW 1968 (Dublin), CST 1969–73 Moraltheologie, Prof. Moraltheologie Priesterseminar Dublin.

Reilly, Anthony, geb. 1948, PW 1973 (Dublin), CST 1973–74 Theologie, Kaplan Dublin.

Reinelt, Heinz, geb. 1925, PW 1953 (Breslau), CST 1955–58 Bibelwissenschaft, Prof. Biblische Theologie Fulda.

Rink, Othmar, geb. 1915, PW 1939 (Mill Hill), CST 1940–42, 1946–49, 1966–73 Kirchenrecht, Missionar.

Robert, Jean de la Croix (Gabriel) OSB, geb. 1934, PW 1963, CST 1967–68 Bibelwissenschaft, Abt Saint Guénolé in Landévennec.

Rogger, Igino, geb. 1919, PW 1945 (Trient), CST 1947–51 Kirchengeschichte, Prof. Kirchengeschichte Priesterseminar Trient, Domkapitular.

Rohmann, Alfons, geb. 1909, gest. 1969, PW 1933 (Hildesheim), CST 1934–37 Kirchenrecht, Offizial u. Domkapitular Hildesheim.

Ruhland, Franz, geb. 1954, Sem. (Regensburg), CST 1975–76 Theologie.

Ruppert, Lothar August Josef, geb. 1933, PW 1960 (Fulda), CST 1965–66 Exegese Altes Testament, Univ.-Assistent Münster.

Ryan, Dermot, geb. 1924, PW 1950 (Dublin), CST 1951–54 Bibelwissenschaft, Erzbischof von Dublin.

Sandel, Josef, geb. 1884, gest. 1965, PW 1908 (Rottenburg), CST 1958–59 Bibelwissenschaft, Pfarrer Neckarsulm.

Scharf, Harald Robert, geb. 1954, Sem. (Regensburg), CST 1975–76 Theologie.

Schelkle, Karl Hermann, geb. 1908, PW 1932 (Rottenburg), CST 1936–37 Christl. Archäologie, Univ.-Prof. Neues Testament Tübingen.

Schindler, Peter, geb. 1892, gest. 1967, PW 1917 (Kopenhagen), CST 1946–64 Schriftsteller.

Schlafke, Jakob, geb. 1912, PW 1938 (Köln), CST 1957–59 Kirchenrecht, Domkapitular, Personalreferent Köln.

Schmidt, Hans, geb. 1930, CST 1961–62 Kirchengeschichte, Univ.-Dozent München.

Schneider, Alfons Maria, geb. 1896, gest. 1952, PW (Freiburg i. Br.), CST 1926–27 Christl. Archäologie, ao. Prof. Byzantinistik u. Christl. Archäologie Göttingen.

Schuchert, August, geb. 1900, gest. 1962, PW 1926 (Mainz), CST 1930–33 Christl. Archäologie, Rektor 1954–62.

Schuler, Johann, geb. 1908, PW 1935 (Chur), CST 1946–47 Kirchengeschichte, em. Staatsarchivar Uri/CH.

Schulz, Winfried, geb. 1938, PW 1964 (Berlin), CST 1965–70 Kirchenrecht, Univ.-Prof. Kirchenrecht Paderborn.

Schut, Cornelius, geb. 1878, gest. 1941, PW 1907 (Mill Hill), CST 1939–41, Generalprokurator.

Seidlmayer, Michael, geb. 1912, gest. 1961, CST um 1929 Kirchengeschichte, Univ.-Prof. Geschichte Würzburg.

Semmler, Josef, geb. 1928, CST 1957–59 Kirchengeschichte, Univ.-Prof. Geschichte Düsseldorf.

Senders, Martin, geb. 1914, PW 1938 (Mill Hill), CST 1939–40 Kirchenrecht, Generalsekretär.

Shanahan, Daniel, geb. 1922, PW 1945 (London), CST 1951–52 Kirchenrecht.

Sheehy, Gerard, geb. 1923, PW 1948 (Dublin), CST 1948–51 Kirchenrecht, Offizial Dublin.

Sheehy, Maurice, geb. 1928, PW 1953 (Dublin), CST 1954–57 Kirchengeschichte, Univ.-Dozent Paläontologie Dublin.

Sloane, Charles O'Connor, geb. 1900, PW 1931 (New York), CST 1933–35 Bibelwissenschaft, em. Pfarrer New York.

Smit, Leonardus, geb. 1905, PW 1930 (Breda), CST 1930–31 Theologie, em. Pfarrer Oosterhout.

Snedden, Owen Noel, geb. 1917, PW 1941 (Auckland/Neuseeland), CST 1942–44 Theologie, Weihbischof Wellington/Neuseeland.

Söhngen, Gottlieb, geb. 1892, gest. 1971, PW 1917 (Köln), CST 1930–ca. 32 Fundamentaltheologie, em. Univ.-Prof. Fundamentaltheologie München.

Soto, Francisco, geb. 1927, PW 1951 (Jalapa/Mexiko), CST 1952–54 Bibelwissenschaft, Redakteur „Servir" Jalapa.

Stachnik, Richard, geb. 1894, PW 1917 (Danzig), CST 1956–57, 1959–60, Studienrat i.R.

Stakemeier, Eduard, geb. 1904, gest. 1975, PW 1929 (Paderborn), CST 1932–35, em. Prof. Fundamentaltheologie, Vergleichende Religionswissenschaft u. Konfessionskunde Theol. Fak. Paderborn.

Stegmüller, Friedrich, geb. 1902, PW 1925 (Freiburg i.Br.), CST 1933–35 Dogmatik, em. Univ.-Prof. Dogmatik Freiburg i.Br.

Steinberg, Josef, geb. 1904, PW 1929 (Köln), CST 1935–37 Exegese Altes Testament, Orientalistik, Akademiedirektor i.R., Domkapitular Köln.

Steiner, Luke Joseph OSB, geb. 1930, PW 1955, CST 1957–60 Bibelwissenschaft, Prof. Priesterseminar Collegeville/USA.

Steinruck, Josef, geb. 1935, PW 1959 (Würzburg), CST 1960–61 Kirchengeschichte, Univ.-Prof. Kirchengeschichte Trier.

Stenson, Alexander, geb. 1940, PW 1967 (Dublin), CST 1969–72 Kirchenrecht, Prof. Kirchenrecht Priesterseminar Dublin.

Stirnimann, Joseph, geb. 1915, PW 1941 (Basel), CST 1948–49 Kirchengeschichte, Prof. Luzern.

Stoeckle, Hermann Maria, geb. 1888, gest. 1972, PW 1912 (München), CST Rektor 1931–54, Kanonikus St. Peter/Rom.

Stommel, Eduard, geb. 1910, gest. 1958, PW 1936 (Köln), CST 1947–49 Christl. Archäologie, apl. Univ.-Prof. Christl. Archäologie u. Kirchengeschichte Bonn.

Strassmann, Paul, geb. 1925, PW 1950 (St. Gallen), CST 1950–51 Kirchenrecht, Pfarrer St. Gallen.

Studhalter, Joseph, geb. 1927, PW 1957 (Basel), CST 1966–67, 1970–71 Kirchengeschichte, Pfarrer Root/CH.

Stuiber, Alfred, geb. 1912, PW 1938 (Bamberg), CST 1949–51 Christl. Archäologie, Univ.-Prof. Alte Kirchengeschichte Bochum.

Sühling, Friedrich, geb. 1897, gest. 1963, PW 1922 (Münster), CST 1927–29 Theologie, Domkapitular Münster.

Surchat, Pierre Louis, geb. 1945, CST 1975–76 Kirchengeschichte, Bibliothekar Landesbibliothek Bern.

Sweeney, Cornelius B., geb. 1913, PW 1937 (Indianapolis/USA), CST 1938–39 Kirchenrecht, Dompfarrer Indianapolis.

Tannert, Rudolf, geb. 1934, PW 1966 (München), CST 1968–69 Orientalistik, Fachhochschullehrer Mainz.

Tapia, Raphael John (USA), CST 1952–53 Theologie.

Taylor, Paul Vincent, geb. 1950, PW 1975 (Dublin), CST seit 1975 Moraltheologie.

Testini, Luigi, geb. 1913, PW ca 1939 (Chur), CST 1940–42.

Tedesco, Antonio, geb. 1940, PW 1964 (Chur), CST 1968–71 Soziologie, Kaplan Rom.

Thelen, Heinrich, geb. 1921, CST 1952 Kunstgeschichte, Univ.-Prof. Kunstgeschichte Berlin.

Thielemann, Alfons, geb. 1902, PW 1956 (Lages/Brasilien), CST 1954–56 Dogmatik.

Thomas, Alois, geb. 1896, PW 1920 (Trier), CST 1931–33 Christl. Archäologie, Bistumsarchivar u. em. Prof. Kunstgeschichte u. Denkmalpflege Trier.

Threadgold, Jeremiah, geb. 1937, PW 1962 (Dublin), CST 1965–66 Kirchenmusik, Musikdirektor Priesterseminar Dublin.

Tieman, Joseph Barrett, geb. 1899, gest. 1942, PW 1925 (Indianapolis/USA, CST 1931–33 Theologie.

Toal, Martin Francis, geb. 1901, PW 1927 (Port Pirie/Australien), CST 1952–69 Patrologie, Privatgelehrter.

Toups, Ludger, geb. 1951, Sem. (Essen), CST 1974–75 Theologie.

Tunk, Walter, geb. 1907, CST 1929–30 Kunstgeschichte, Direktor der bayr. Museen u. Sammlungen i. R. München.

Urbanič, Jože, geb. 1948, PW 1973 (Maribor), CST seit 1976 Philosophie.

Van der Veldt, Jakob OFM, geb. 1893, PW 1919, CST 1931–33 Philosophie, em. Prof. Propaganda Fide.

Venables, Peter Addington Or, geb. 1905, gest. 1969, PW 1932, CST 1938–39 Kirchenrecht, Pfarrer Portsmouth.

Villiger, Johann Baptist, geb. 1904, PW 1929 (Basel), CST 1933–36 Kirchengeschichte, em. Prof. Kirchengeschichte Luzern.

Vodeb, Michele, geb. 1922, PW 1948 (Maribor), CST 1967–68 Christl. Archäologie, Prof. Priesterseminar Maribor.

Voelkl, Ludwig, geb. 1899, PW 1924 (Passau), CST 1950–70 Christl. Archäologie, seit 1960 Direktor Röm. Institut der Görres-Gesellschaft, Direktor i. R.

Walsh, Thomas (Richmond/USA), CST 1933–34.

Weber, Christoph, geb. 1943, CST 1970–72 Kirchengeschichte, Privatdozent Geschichte Düsseldorf.

Weisengoff, John, geb. 1909, PW 1934 (Baltimore/USA), CST 1934–38 Bibelwissenschaft, Prof. Bibelwissenschaft De-Paul-Universität Chicago.

Wenner, Josef, geb. 1890, gest. 1966, PW 1914 (Paderborn), CST seit 1925 Kirchenrecht, em. Prof. Kirchenrecht Paderborn.

Wenzel, Paul, geb. 1915, PW 1948 (Breslau), CST 1955–57 Fundamentaltheologie, Prof. Fundamentaltheologie Königstein.

Werlen, Paul, geb. 1923, PW 1950 (Sitten), CST 1951–52, 1961–63 Moraltheologie, Offizial u. Domkapitular Sitten.

Westhues, John, geb. 1922, PW 1948 (Springfield - Cape Girardeau/USA), CST 1954–56 Kirchenrecht, Generalvikar Springfield - Cape Girardeau.

White, Leo Frederick, geb. 1908, PW 1932 (Portland/USA), CST 1933–37 Kirchenrecht, Pfarrer York Beach.

Wick, Josef, geb. 1938, PW 1964 (St. Gallen), CST 1967–68 Bibelwissenschaft, Religionslehrer Rorschach/CH.

Wieh, Hermann, geb. 1949, Sem. (Osnabrück), CST 1975–76 Dogmatik.

Wieser, Franz, geb. 1920, PW 1944 (Mill Hill), CST 1945–48 Kirchenrecht, Prof. Menlo-Park/USA.

Wilkinson, Brian, geb. 1933, PW 1957 (Dublin), CST 1958–60 Kirchenrecht, Defensor vinculi Dublin.

Williams, Desmond, geb. 1930, PW 1955 (Dublin), CST 1956–58 Kirchenrecht, Erzbischöflicher Sekretär Dublin.

Wüstenberg, Bruno, geb. 1912, PW 1938 (Köln), CST 1942–62 Staatssekretariat, Apostol. Pronuntius in Westafrika, Abidjan.

Zens, Claude Paul, geb. 1908, gest. 1951, PW 1934 (Milwaukee/USA), CST 1938–40 Bibelwissenschaft, Prof. Priesterseminar Milwaukee.

Zerwes, Heinz, geb. 1932, CST 1960 Kirchengeschichte.

Außer den ehemaligen Mitgliedern ist dem Kolleg noch eine große Zahl weiterer Persönlichkeiten durch wiederholte Aufenthalte freundschaftlich verbunden, u.a.:

Johannes Allendorf/Berlin, Franz Arthur Allgeier/Freiburg, Weihbischof Julius Angerhausen/Essen, Bernhard Bartmann/Paderborn, Johannes Bours/Münster, Pompeo Borgna/Rom, Bischof Johannes Braun/Magdeburg, Gottfried Buschbell/Krefeld, Felice Costantini/Rom, Mario Crovini/Rom, Erzbischof Johannes Joachim Degenhardt/Paderborn, Norbert Feldhoff/Köln, Erich Feldmann/Münster, Heinrich Finke/Freiburg, Heinrich Flatten/Köln, Theobald Freudenberger/Würzburg, Kardinal Josef Frings/Köln, Giuseppe Garbarino/Rom, Emil Göller/Freiburg, Georg Graf/München, Charles Louis Gresnigt OSB, Bischof Klaus Hemmerle/Aachen, Bischof Franz Hengsbach/Essen, Ludwig Hödl/Bochum, Kardinal Joseph Höffner/Köln, Josef Homeyer/Bonn, Bischof Bernhard Huhn/Görlitz, Kardinal Lorenz Jaeger/Paderborn, Bruno Katterbach OFM, Bischof Wilhelm Kempf/Limburg, Adolf Kolping/Freiburg, Andreas Kraus/Regensburg, Friedrich Kronenberg/Bonn, Hans Kühner-Wolfskehl/Berg CH, Paulus Lenz-Medoc/Paris, Josef Lieball/Königstein, Herbert Mischkowsky/Hildesheim, Klaus Mörsdorf/München, Bischof Georg Moser/Rottenburg, Johannes Overath/Köln, Quirino Paganuzzi/Rom, Romeo Panciroli/Rom, Wolfgang Reinhard/Freiburg, Konrad Repgen/Bonn, Erzbischof Egano Righi-Lambertini/Paris, Burkhard Roberg/Bonn, Bischof Gerhard Schaffran/Meißen, Josef Schmidlin/Münster, Walter Nikolaus Schumacher/Freiburg, Hermann Schwedt/Rom, Anton Stegmann/Ravensburg, Gustavo Testa/Rom, Josef Teusch/Köln, Heinrich Toenne/Rom, Johannes Vincke/Freiburg, Bernhard Vogel/Mainz, Georg Wagner/Paderborn, Gerardus Wellen/Nijmegen, Bischof Friedrich Wetter/Speyer, Joseph Wijnhoven/Nijmegen, Bruno Wittenauer/Bonn, Klaus Wittstadt/Würzburg.

Mensa Pippini Regis

Zur liturgischen Präsenz der Karolinger in Sankt Peter*

Von ARNOLD ANGENENDT

In einem wohl 761 verfaßten Brief berichtet der seit 757 amtierende Papst Paul I. dem Frankenkönig Pippin, daß nun endlich eine bereits früher vom König gestiftete (Altar-) Mensa feierlich in die Petersbasilika geleitet und über dem Grab des Himmelspförtners dargebracht worden sei. Im einzelnen führt der Papst aus, er habe jene Mensa entgegengenommen, die Pippin schon früher seinem Bruder, Papst Stephan, und durch diesen dem heiligen Petrus gewidmet habe. Dieselbe sei nun von ihm mit Hymnen und geistlichen Liedern, ja sogar unter feierlichem Gesang von *litaniae laudes*, in die Aula des Apostelfürsten hineingeleitet worden. Die königlichen Missi hätten sie in der Confessio über dem Grab des heiligen Petrus für Pippin dargebracht. Er selbst habe sie dann mit einer Chrisma-Salbung konsekriert, die heilige Opfergabe daraufgestellt und für die ewige Belohnung der Seele des Königs und für den Bestand seiner Herrschaft das Opfer zum Lobe des allmächtigen Gottes dargebracht. Zugleich habe er kraft apostolischer Amtsweisung unter Androhung des Anathems bestimmt, daß es keinem jemals erlaubt sei, die Mensa aus der Peterskirche zu entfernen. So sehe der König nun, daß seine Empfehlungsgabe in der Apostelkirche erstrahle und für die Ewigkeit bleibe[1].

1. Die Karolinger in der Liturgie Sankt Peters nach 754

Dieser Bericht ist bisher allein von M. Andrieu zur Geschichte der Altarweihe herangezogen worden[2]. Als Quelle für die päpstlich-karolingischen Beziehungen, aus denen in diesen Jahren immerhin der „Kirchenstaat" hervorging, scheint die Stiftung, weil offenbar zu unbedeutend, keine Beachtung gefunden zu haben – was erstaunen muß, da doch die Einbeziehung liturgischer Vorgänge zur Erhellung des politischen Geschehens

---

* Für Hinweise und Ratschläge möchte ich auch an dieser Stelle danken Herrn Prof. Dr. E. Dassmann, Bonn; Herrn Prof. Dr. J. Fink, Münster; Herrn Prof. Dr. R. Krautheimer, Rom, Frau Dr. U. Nilgen, Rom, und meinem Kollegen Prof. Dr. A. Stuiber, Bochum.

1 Cod. Carol. Nr. 21 (MG Epp III 524[13]): *Interea … christianissime fili et spiritalis compater, suscepimus et mensam illam, quam olim sanctae recordationis domino et germano nostro, beatissimo Stephano papae, et per eum beato Petro apostolo obtulistis; quam et cum hymnis et canticis spiritualibus, laetaniae laudes solemniter Deo referentes, infra aulam ipsius principis apostolorum introduximus; quamque vestri missi in sacram confessionem, super corpus scilicet eiusdem caelorum regni ianitoris, ex vestri persona obtulerunt; quam et chrismate unctionis sanctificantes et sacram oblationem super eam inponentes, sacrificium laudis Deo omnipotenti pro aeterna animae vestrae remuneratione et regni vestri stabilitate offeruimus, decernentes apostolica censura sub anathematis interpositione, nulli umquam licere eam ab ecclesia beati Petri alienare. Et ecce memorale vestrum in eadem apostolica aula fulgens permanet in aeternum …*

2 *M. Andrieu*, Les ordines Romani du Haut Moyen Age I–V = Spicilegium sacrum Lovaniense 11, 23, 24, 28, 29 (Löwen 1931/61), IV 387f.

längst zum Allgemeingut heutiger Mediävistik gehört[3] und P. E. Schramm das päpstlich-karolingische Verhältnis gerade vom liturgischen Zeremoniell her aus der Fixierung auf das rein „Staatspolitische" zu befreien gesucht hat[4]. Schon die von Papst Paul eben noch angedeutete Vorgeschichte dieser Stiftung, daß nämlich Pippin die Mensa bereits durch Papst Stephan dem heiligen Petrus dargebracht habe, läßt an einen größeren Zusammenhang denken: Als Stephan II. 754 bei seiner Reise zu den Franken um Hilfe gegen die Langobarden nachsuchte, kam es darob bekanntlich zu den vertraglichen Vereinbarungen von Ponthion und Quierzy, die dann zum Eingreifen in die italischen Verhältnisse und zur „Wiederherstellung" der Gerechtsame des heiligen Petrus führten. Der Charakter dieser Abmachungen bildet für die Forschung seit langem ein eigenes, in der Deutung noch immer nicht abgeschlossenes Kapitel[5]. Das Bemühen hat sich sehr stark auf den rechtlichen Gehalt und dessen juristische Formgebung gerichtet; anderes trat kaum noch ins Blickfeld. Dabei lassen die Quellen durchaus noch mehr und anderes erkennen, hat doch der Papst für die erbetene Hilfe eine Art liturgischer Gegengabe anzubieten gewußt.

Damals nämlich wurde zum erstenmal zwischen einem Papst und den Karolingern das Bündnis der geistlichen Verwandtschaft geschlossen[6]. Ohne daß wir den eigentlich verwandtschaftsstiftenden Akt näher bestimmen können – man wird zunächst sicherlich an die Taufe[7], vielleicht aber auch an die Firmung[8] oder gar an die Königssalbung[9] zu denken haben –, titulieren die Papstbriefe nach 754 König Pippin als *spiritalis compater* und dessen Söhne Karl und Karlmann als *filii spiritales*[10]. Bald nach seinem Amtsantritt hat auch Paul I. dieses von ihm als *vinculum spiritalis foederis* bezeichnete Nahverhältnis

---

[3] *K. J. Benz*, Untersuchungen zur politischen Bedeutung der Kirchweihe ... = Regensburger Hist. Forsch. 4 (Kallmünz/Opf. 1975) 1–5, wo ein Überblick über den „sehr komplexen Vorgang und Tatbestand der gegenseitigen Durchdringung von geistlicher und weltlicher Ordnung im frühen und hohen Mittelalter" gegeben wird.

[4] *P. E. Schramm*, Die Anerkennung Karls des Großen als Kaiser, in: *ders.*, Kaiser, Könige und Päpste = Ges. Aufs. z. Gesch. d. MA I (Stuttgart 1968) 215–263.

[5] *P. E. Schramm*, Das Versprechen Pippins und Karls des Großen für die römische Kirche, in: *ders.*, Kaiser, Könige und Päpste (wie Anm. 4) I 149–192; *W. Fritze*, Papst und Frankenkönig = Vortr. u. Forsch., Sonderbd. 10 (Sigmaringen 1973).

[6] *A. Brackmann*, Pippin und die römische Kirche, in: *ders.*, Gesammelte Aufsätze (Weimar 1941) 397–421, 401 ff.

[7] Karl der Große hat später mehrere Jahre mit der Taufe eines Sohnes gewartet, um dieselbe dann 781 in Rom vollziehen zu lassen. *P. Classen*, Karl der Große und die Thronfolge im Frankenreich, in: Festschrift für Hermann Heimpel III = Veröff. d. Max-Planck-Instituts f. Gesch. 36 (3), hrsg. von J. Fleckenstein u. a. (Göttingen 1972) 109–134.

[8] *E. Caspar*, Pippin und die römische Kirche (Berlin 1914) 39f. Als Stephan III. sich mit Karlmann verbünden wollte, bot er eine Patenschaft an: *ex fonte sacri baptismatis aut etiam per adorandi chrismatis unctionem spiritalem suscipere ... filium* (Cod. Carol. Nr. 47 [MG Epp III 565[36]]); die Chrisma-Salbung kann sich nur auf die Firmung beziehen.

[9] In den Briefen des Codex Carolinus wird sehr oft darauf hingewiesen, daß der heilige Petrus die Karolinger durch den Papst zu Königen gesalbt habe, ohne freilich daraus eine geistliche Verwandtschaft abzuleiten: Cod. Carol. Nr. 6 (MG Epp III 489[41]), Nr. 7 (493[11]), Nr. 8 (496[15]), Nr. 13 (510[15]), Nr. 16 (513[27]), Nr. 19 (520[21]), Nr. 21 (523[14]), Nr. 24 (528[40]), Nr. 26 (530[36]), Nr. 32 (539[21]), Nr. 33 (540[11]), Nr. 35 (543[5]), Nr. 42 (555[4]), Nr. 45 (561[37]), Nr. 99 (652[1]). Mit dem Pontifikat Hadrians I. hört die Erwähnung der Königssalbung schlagartig auf.

[10] Cod. Carol. Nr. 6 (MG Epp III 488[34]), Nr. 7 (ebd. 491[1]), Nr. 8 (ebd. 494[8]) u. ö.; die Söhne: ebd. Nr. 11 (505[11]).

erneuert, indem er durch den symbolischen Akt der Entgegennahme des Tauftuches die Patenschaft über eine Pippin-Tochter einging[11]. So kann er nun ebenfalls in dem Bericht über die Annahme der Mensa den Stifter seinen *spiritalis compater* nennen. Zu den vorrangigen Aufgaben geistlicher Verwandtschaft aber gehörte zweifellos das Gebet für die „Verwandten"[12]. Als Karl der Große später Leo III. um die Erneuerung des *pactum paternitatis* bat, da wünschte er sich als erstes dessen Gebetshilfe[13]. Dem hat auch Papst Stephan entsprochen, allem Anschein nach sogar in besonderer Weise. Denn in einem Brief des Jahres 757 berichtet er, daß des Königs und seiner Franken *in momento horarum,* das heißt im Stundengebet, gedacht werde[14]. Wie bei allen großen Basiliken Roms wurde auch die Liturgie in Sankt Peter, zumal das Stundengebet, von den sogenannten Basilikalklöstern getragen. Den bereits am Vatikan bestehenden drei Klöstern hat nun Stephan noch ein weiteres hinzugefügt in der Absicht – wie der Liber Pontificalis zu berichten weiß –, das geregelte Gebetsoffizium zu den üblichen Tag- und Nachtzeiten wiederherzustellen[15]. Es liegt nahe, in den neuen Gebetsverpflichtungen für die Karolinger einen der Anlässe für diese umfassende Neuordnung zu suchen.

Bei dem Aufenthalt des Papstes im Frankenreich muß weiter die Übertragung der heiligen Petronilla, der vermeintlichen Tochter Petri, in ein Mausoleum an der Südseite der Peterskirche beschlossen worden sein. Fränkische Zusätze im Liber Pontificalis führen nämlich auch dieses Vorhaben auf Papst Stephan und Pippin zurück und lassen die Vereinbarung darüber *in Francia* zustande gekommen sein[16]. Damit wird aber zweifelsohne auf die Begegnung von 754 verwiesen. Ob nun Stephan als der eigentliche Vertragspartner bereits mit der Neuordnung des Stundengebets und der Gründung des vierten Klosters vollauf beansprucht war oder noch andere Gründe ihn hinderten, es zeigt sich jedenfalls, daß er selbst nicht mehr alle Punkte der Vereinbarung von 754 ausgeführt hat. Sein Bruder Paul hingegen hat sich bei deren Erfüllung offensichtlich Eile angelegen sein lassen; denn bereits kurz nach seinem Amtsantritt kann er Pippin von der feierlichen Translation der Petronilla Mitteilung machen[17].

---

[11] Cod. Carol. Nr. 14 (MG Epp III 511[20]). [12] *I. Hausherr,* Direction Spirituelle en Orient autrefois = Orientalia Christiana Analecta 144 (Rom 1955) 124–151.

[13] Ep. 93 (MG Epp IV 137[27]). Zur Deutung s. auch *W. Fritze,* Papst und Frankenkönig (wie Anm. 5) 48 Anm. 114.

[14] Cod. Carol. Nr. 11 (MG Epp III 504[32]): *haec me plerumque etiam in momento horarum excitant... pro inmensa bonitatis tuae et universe gentis Francorum sospitate omnipotenti Deo fundere preces.* In einem Brief des Jahres 774 verwendet Papst Hadrian eine ganz ähnliche Formulierung (ebd. 50, 570[15]): *cotidiae momentaneis etiam atque sedulis horis omnes nostri sacerdotes seu ... monachi, per universa nostra monasteria ... pro vobis Deo nostro adclamandum non cessant. J. A. Jungmann,* Flectere pro Carolo rege, in: Mélanges en l'honneur de Msgr. Michel Andrieu (Straßburg 1956) 219–228, 220.

[15] *G. Ferrari,* Early Roman Monasteries = Studi di Antichità Cristiana 23 (Città del Vaticano 1957) 166–172, 230–240, 319–327, 328–330; dort auch die Quellentexte.

[16] Liber Pont. XCV (ed. L. Duchesne, Le Liber Pontificalis I–II [Paris 1886/92] I 464[18]) u. ebd. XCIIII (455[23]); *F. Prinz,* Stadtrömisch-italische Märtyrerreliquien und fränkischer Reichsadel im Maas-Moselraum, in: HJb 87 (1967) 1–25, 10–13.

[17] Cod. Carol. Nr. 14 (MG Epp III 511[24]). Das Datum der Übertragung läßt sich dabei anhand einiger Liturgiekodizes näher bestimmen. Die der ersten Hälfte des 9. Jh. entstammenden Handschriften Paris Bibl. Nat. lat. 93 u. 13171 enthalten die Dedikationsnotiz über das neue Petronilla-Heiligtum: *Die VIIII mensis supra scripti [Oct.] dedicatio ecclesiae scae Petronellae;* s. dazu *Th. Klauser,* Das römische Capitulare Evangeliorum = Liturgiewiss. Quellen u. Forsch. 28 (Münster/W. [2]1972) 173–183, 177 Nr. 137, 181 Nr. 259. Wenn man ferner *P. Kehr* (Über die Chronologie

In diesen größeren Zusammenhang – eine solche Annahme drängt sich auf – könnte aber auch die feierliche Aufstellung und Konsekration der schon früher geschenkten Mensa Pippins hineingehören. Weil ausdrücklich betont wird, daß diese schon vorher an Papst Stephan übergeben worden sei, ist es nicht unwahrscheinlich, daß auch sie zu den Vereinbarungen des Jahres 754 gehört. Insgesamt jedenfalls ergibt sich als gesicherter Befund, daß 754 nicht nur politisch-juristische Abmachungen getroffen worden sind, sondern darüber hinaus auch eine geistliche Gegengabe des Papstes, nämlich die Präsenz der Karolinger im Kult von Sankt Peter, in Aussicht gestellt worden ist. Ob nun die von Pippin gestiftete Mensa von Anfang an zu diesem Programm gehörte, mag unsicher bleiben; sie nimmt in dieser Vergegenwärtigung jedoch einen bedeutenden Rang ein: Papst Paul nennt sie ein Memorale, das in Ewigkeit bleibe. Pippin war damit sozusagen in Sankt Peter verewigt. Als Wohltäter dürfte ihm ein namentliches Gedenken, in welcher Form auch immer, sicher gewesen sein[18]. Mag dabei ungewiß bleiben, ob diese liturgische Memoria noch von den altgewohnten Gebetsformen für den Kaiser ferngehalten worden ist oder, umgekehrt, sich sogar bewußt schon angenähert hat, ohne Zweifel war seit der betonten Präsenz Pippins in der Liturgie Sankt Peters jener Prozeß eingeleitet, den P. E. Schramm als Aushöhlung der kaiserlichen Gebetsvorrechte in Rom bezeichnet hat[19]. Gerade die Altarstiftung Pippins, ihre feierliche Entgegennahme durch Paul I., endlich die Meßfeier für den König und dessen Herrschaft bieten dafür einen unverkennbaren Hinweis. Denn alle diese Akte berühren das Gebiet der Staatssymbolik; so vor allem die feierliche Weise der Entgegennahme. Mit Hymnen und geistlichen Liedern, sogar mit dem feierlichen Gesang von *litaniae laudes,* so schreibt der Papst, habe er die Mensa in die Petersbasilika hineingeführt. E. Kantorowicz definiert die „laudes litany"

der Briefe Pauls I. im Codex Carolinus, in: Nachr. v. d. Königl. Gesellsch. d. Wiss. zu Göttingen, phil.-hist. Kl. 1896 [Göttingen 1896] 106–157, 133) darin folgt, daß der über die Petronilla-Translation berichtende Brief wegen der in ihm vorausgesetzten politischen Situation mindestens in den Anfang des Jahres 758 gehöre, dann dürfte er aufgrund des erwähnten Weihedatums wohl eher in den Herbst 757 zurückzuversetzen sein. Zudem ist der 9. Okt. dieses Jahres ein Sonntag, also ein der Translation und Dedikation angemessener Tag.

Die heilige Petronilla hat dann auch Eingang gefunden in die fränkischen Herrscher-Laudes. Ihr Name findet sich schon in jener Litanei, welche kurz vor 794 im Nonnenkloster Notre-Dame von Soissons einem aus Mondsee stammenden Psalter angefügt worden ist: Montpellier, Bib. de l'Éc. de Méd. MS 409; zur Handschrift s. *B. Bischoff,* Panorama der Handschriftenüberlieferung, in: Karl der Große, II: Das geistige Leben, hrsg. von B. Bischoff (Düsseldorf 1965) 233–254, 246; *F. Unterkirchner,* Die Glossen des Psalters von Mondsee = Spicilegium Friburgense 20 (Freiburg/Schw. 1974) 9ff, 38–43, 508–512; zur Edition s. *M. Coens,* Anciennes Litanies des Saints, in: *ders.,* Recueil d'Études Bollandiennes = Subsidia hagiographica 37 (Brüssel 1963) 281–298, 286. Ebenso steht der Name Petronilla in der nächsten für die Litanei-Überlieferung grundlegenden Handschrift: Paris Bibl. Nat. lat. 13 159; zur Handschrift s. *Bischoff,* l. c. 239 mit Anm. 46; zur Edition s. *Coens,* l. c. 296ff. Zur Bedeutung dieser Litaneien für die Herrscher-Laudes s. *E. H. Kantorowicz,* Laudes regiae. A Study of Liturgical Acclamations = Univ. of California Publ. in Hist. 33 (Berkeley – Los Angeles [2]1958) 31–53.

[18] Daß der Karolinger „namentlich" gedacht werde, wird des öfteren mitgeteilt; aber alle diese Ausdrucksweisen können auch metaphorisch verstanden werden; es fehlt ihnen die letzte Präzision. Cod. Carol. Nr. 30 (MG Epp III 536[35]): *nominis vestri laus et universae gentis exaltatio, sicut etiam factum est, et nunc multo amplius in universo orbe terrarum divulgetur;* ebd. 32 (538[18]): *nomen excellentiae tuae in libro vitae exaratum rutilat in conspectu Dei;* ebd. 33 (540[17]): *cum David atque Salemone regibus et ceteris Dei cultoribus vestra in celestibus regnis adscripta sunt nomina;* s. ferner Nr. 35 (543[29]), Nr. 84 (620[1]), Nr. 89 (626[25]).

[19] *Schramm,* Anerkennung (wie Anm. 4) 234–239.

als „metrical sequences", die aus besonderen Anlässen für einen Herrscher-Adventus komponiert worden seien[20]. Solche herrscherlichen Empfangsgesänge wurden in der Liturgie vor allem dem Pantokrator Christus, aber auch dem Evangeliar und dem Kreuz als dessen Repräsentanten entgegengebracht[21]. In gleicher Weise durfte noch mit den Reliquien der Heiligen verfahren werden[22]. Einer noch nicht konsekrierten, reliquienlosen Mensa freilich konnten solche Gesänge schwerlich zugewendet werden. Indem aber der Papst betont, die Gesandten hätten die Mensa *ex persona* des Königs dargebracht, dürfte er damit bereits auf den eigentlich Geehrten hingewiesen haben: Pippin ließ sein Geschenk in Stellvertretung darbringen. Die Laudes müssen folglich ihm gegolten haben, und sie dürften darum in Parallele zu jenen Laudes stehen, die am Karsamstag des Jahres 774 Karl dem Großen bei seinem Einzug in die Petersbasilika gesungen worden sind[23]. Darüber hinaus ordnet sich das Offertorium Pippins in eine lange Reihe herrscherlicher Altar- und Altargerätstiftungen ein, wie sie von Konstantin für die römischen Kirchen[24] und vom oströmischen Kaiserpaar Justinian und Theodora von den Mosaiken aus San Vitale in Ravenna bekannt sind[25]. Die Merowingerkönige, die Pippiniden[26] und später Karl der Große haben diese Tradition weiter fortgesetzt.

2. *Ort und Funktion der Mensa*

Die Mensa sei *in sacram confessionem* dargebracht worden, schreibt Paul I. Zum Verständnis müssen wir uns jene Situation vergegenwärtigen, wie sie seit den Umbauten Gregors des Großen im Chor der Peterskirche gegeben war. Dem Liber Pontificalis zufolge ist es dem Papst um die Möglichkeit gegangen, über dem Petrusgrab die Messe feiern zu können[27]. Bei den in den 40er Jahren unter Sankt Peter durchgeführten Ausgrabungen sind auch die Umbauten Gregors in näheren Einzelheiten erkenntlich geworden[28]. Der Chor ist damals so weit erhöht worden, daß die Spitze des konstantinischen Grabmonuments mit einem Altar ummantelt werden konnte, so daß man nun wirklich direkt über dem Grab die Messe feierte. Gleichzeitig aber wurden unter der

---

[20] *Kantorowicz*, Laudes regiae (wie Anm. 17) 73; *P. Willmes*, Der Herrscher-Adventus im Kloster des Frühmittelalters = Münstersche Mittelalter-Schriften 22 (München 1976) 73–115.

[21] *O. Nußbaum*, Art. Geleit, in: RAC IX 908–1049, 1018ff., 1040–43; *Willmes*, Der Herrscher-Adventus (wie Anm. 20) 173, 182f.

[22] *Nußbaum*, Geleit (wie Anm. 21) 1034f; *N. Gussone*, Adventus-Zeremoniell und Translation von Reliquien. Victricius von Rouen, De laude sanctorum, in: Frühmittelalterl. Stud. 10 (1976) 125–133.

[23] Liber Pont. XCVII (*Duchesne* [wie Anm. 16] I 497[13]); *Willmes*, Der Herrscher-Adventus (wie Anm. 20) 74f, 131ff.

[24] Liber Pont. XXXIV (*Duchesne* [wie Anm. 16] I 170–187).

[25] *F. W. Deichmann*, Frühchristliche Bauten und Mosaiken von Ravenna (Baden-Baden 1958) Abb. 358 u. 359; *ders.*, Ravenna, I: Geschichte und Monumente (Wiesbaden 1969) 248: „... die einzigen erhaltenen kaiserlichen Zeremonienbilder der christlichen Antike überhaupt".

[26] *K. Hauck*, Von einer spätantiken Randkultur zum karolingischen Europa, in: Frühmittelalterl. Stud. 1 (1967) 3–93, 43–57, 74–93.

[27] Liber Pont. LXVI (*Duchesne* [wie Anm. 16] I 312[9]): *ut super corpus beati Petri missas celebrarentur.*

[28] *B. M. Apollonj-Ghetti–A. Ferrua–E. Josi–E. Kirschbaum*, Esplorazioni sotto la Confessione di San Pietro in Vaticano I–II (Città del Vaticano 1951) 173–193; *E. Kirschbaum*, Die Gräber der Apostelfürsten (Frankfurt/M. ³1974) 162–171; *J. Toynbee – J. W. Perkins*, The Shrine of St. Peter (London – New York – Toronto 1956) 216–224.

erhöhten Chorebene neue Zugänge zum Grab geschaffen. Entlang dem inneren Apsisrund führte ein Gang, von dessen westlichem Scheitelpunkt her ein Stollen geradewegs nach Osten auf das Petrusgrab zulief. So finden wir also mehrere Kontaktstellen am *corpus beati Petri,* weswegen wir bei allen Zeugnissen, die von Geschehnissen am Petrusgrab berichten, nach dem genauen Ort der Handlung fragen müssen. Wohin wurde zum Beispiel unsere Mensa gebracht, zum Hochaltar, in die Krypta oder gar sonst wohin, als sie *super corpus* des Heiligen „dargebracht" wurde?

Wenn sich aber aufgrund der baulichen Gestaltung am Petrusgrab mehrere Stellen namhaft machen lassen, die ob ihrer Kontaktmöglichkeiten zu den Reliquien bevorzugter Ort liturgischer oder sonst irgendwie bedeutsamer Handlungen waren, so sind diese nun in ihrer Art und Funktion näher zu erläutern. An erster Stelle muß natürlich der auf dem Hochchor über dem alten Grabmonument errichtete Hauptaltar genannt werden. Daß Gottesdienste und andere Geschehnisse „über der Confessio" oder „über dem Grab des heiligen Petrus" an diesem Altar stattgefunden haben können, versteht sich von selbst, denn Gregor der Große hatte die Choranlage ja eigens dazu neu gestaltet, um „über dem Leib des heiligen Petrus" die Meßfeier zu ermöglichen.

Weiter wird des öfteren der Platz *ante confessionem* erwähnt. Damit ist zunächst der ganze Raum bezeichnet, der vor dem Hochchor gelegen war und der zum Kirchenraum hin durch die von Gregor III. zusätzlich errichtete Reihe von Weinranken-Säulen abgegrenzt wurde[29]. Hier konnten ganze Bischofsversammlungen abgehalten werden[30]; hier ist auch vor der Weihnachtsmesse des Jahres 800 Karl der Große zum Kaiser gekrönt worden[31]. Wenn es von demselben Gregor heißt, er habe *faciem altaris et confessionem* mit Gittern ausgestattet[32], möchte man zunächst wie selbstverständlich an einen Altar in der Krypta denken. Es dürfte aber viel eher die östliche Stirnseite des von Gregor dem Großen geschaffenen Hochchores gemeint sein. Über deren mittlerer Partie, wo zwischen den beiden nach rechts und links aufsteigenden Treppen eine gerade aufragende Wand stand, befand sich der Hauptaltar, und in dieser Wand war eine größere Öffnung[33]. Im Verständnis der zeitgenössischen Quellen führte diese Öffnung in die „Confessio", so daß man sich hier *ante faciem* sowohl von Altar wie Confessio befand.

Was aber ist nun diese Confessio? Das Wort bezeichnet ursprünglich „den Raum, in dem der Confessor, der Bekenner, ruht"; es haftete zunächst nur am Grab selbst und an dem, was unmittelbar darüber lag[34]. Später bildete sich dann eine noch präziser beschreibbare Typisierung heraus. Unter Confessio verstand man in Rom einen zwischen Grab und Altar angelegten kammerartigen Raum, der dem Beter die Möglichkeit geben sollte, näher an das Grab zu gelangen. Von dieser Kammer aus führte fast immer ein Schacht bis zum Grab hinab. Man wollte dieses sehen und vor allem auch mit besonderen

---

[29] Liber Pont. XCII (*Duchesne* [wie Anm. 16] I 417[5]); *Kirschbaum,* Die Gräber (wie Anm. 28) 168.

[30] Gregorius III., ep. 14 (MG Epp III 704[17]); Concilium Romanum a. 743 (MG Conc II 22[4]).

[31] *K. J. Benz,* Cum ab oratione surgeret. Überlegungen zur Kaiserkrönung Karls des Großen, in: DA 31 (1975) 337–369, 343–346.

[32] Liber Pont. XCII (*Duchesne* [wie Anm. 16] I 418[4]).

[33] Diese Situation ist kurz beschrieben in Liber Pont. XCVII (Duchesne [wie Anm. 16] I 510[21]): *Aspectum ... altaris super eadem almam confessionem atque dextra levaque parte iuxta grados quae coherent iamdictae confessionis.*

[34] *Th. Klauser,* Die römische Petrustradition im Lichte der neuen Ausgrabungen unter der Peterskirche = Arbeitsgem. f. Forsch. d. Landes Nordrhein-Westfalen Geisteswiss. 24 (Köln – Opladen 1956) 35.

Gegenständen berühren können, um an der Heilkraft der Gebeine Anteil zu gewinnen[35]. Eine solche Kammer hat es selbstverständlich auch am Petrusgrab gegeben. Die in der erwähnten Stirnwand unterhalb des Hauptaltares eingerichtete Öffnung führte zu der inzwischen kammerartig umbauten Nische der alten vorkonstantinischen Aedicula[36]. Sie hatte Abmessungen von etwa einem Meter im Geviert und erhielt den bis heute üblichen Namen Pallien-Nische, denn sie diente, wie dieser Name andeutet, zur Hinterlegung der Pallien, aber auch anderer, durch Grabkontakt zu heiligender Gegenstände[36a]. In dieser freilich unbegehbaren Kammer, von der gleichfalls ein Schacht in die Tiefe zum Petrusgrab führte, hing ein Rauchfaß. Der wohl noch vor 800 zu datierende Ordo Romanus XLIV beschreibt die zeremoniell geregelte Reinigung der kammerartigen Nische samt der Wiederaufhängung des gefüllten Fasses; dabei wird die Nische *confessio* genannt. Bei der Wiederaufhängung des Rauchfasses, so schreibt der Ordo, „eile" der Papst *in interiorem confessionem ad pedes sacri corporis*[37]. Die zunächst überraschende Bemerkung „bei den Füßen des heiligen Leibes" läßt sich dabei aufs beste erläutern und ergänzen mit den Angaben der im zweiten Viertel des 7. Jahrhunderts verfaßten Notitia ecclesiarum urbis Romae, die gegen die Mitte des 8. Jahrhunderts um eine Beschreibung der Petersbasilika erweitert worden ist. Danach gelangte der Besucher *per cryptam ad caput beati Petri* und dann *ad altare maius eiusque confessionem*[38]. Die Lage des Grabes ist also den beiden Quellen zufolge so zu denken, daß man von Osten her zum Hochchor herankommend bei der dortigen Wandöffnung zur Pallien-Nische an die Füße des heiligen Leichnams herantrat, während man von Westen her durch den Kryptengang zum Haupt gelangte[39]. Das entspricht genau jener Körperlage, wie sie so oft bei christlichen Gräbern anzutreffen ist und die als „Ostung" bezeichnet wird: das Gesicht zur Auferstehung gen Osten bereithaltend[40]. Hinsichtlich der baulichen Gegebenheiten am Petrusgrab bestätigt die Notitia die Angaben des Ordo Romanus XLIV zudem noch in einem weiteren, für uns höchst wichtigen Punkt. Denn nach der Erwähnung der Krypta nennt sie als nächste Station den Hauptaltar und dessen Confessio. Die Confessio, weil im Text von der Krypta abgesetzt und dem *altare maius* attribuiert, kann hier schwerlich etwas anderes als die von Osten her zugängliche (Pallien-)Nische unter dem Hauptaltar sein.

---

[35] *J. Braun,* Der christliche Altar I (München 1924) 556–586.

[36] *Apollonj-Ghetti – Ferrua – Josi – Kirschbaum,* Esplorazioni (wie Anm. 28) 195–203.

[36a] Ordo Romanus XXXVI 46 (Andrieu [wie Anm. 2] IV 203, Textvariante ebd. Anm.): allato pallio de confessione; s. auch ebd. 19 (l. c. 198): tollit orarios de confessione.

[37] Ordo Romanus XLIV 10 (*Andrieu* [wie Anm. 2] IV 432); *ders.,* La Cérémonie appellée ‚diligentia' à Saint-Pierre de Rome, in: Rev. des Sciences Rel. 1 (1921) 62–68.

[38] *R. Valentini – G. Zucchetti,* Codice Topografico della Città di Roma II = Fonti per la Storia d'Italia (Rom 1942) 97^2.

[39] *E. Kirschbaum* (Die Gräber [wie Anm. 28] 213f) lehnt die Deutung, „der heilige Petrus liege mit dem Haupt in Richtung der Krypta im Grabe", ausdrücklich ab. In Abänderung des Textes der Notitia spricht er dann von einem altare ad caput b. Petri, muß aber hinzufügen, daß dieser Altar später nicht mehr erwähnt werde. Dagegen ist festzuhalten, daß die Notitia mit dem Ordo Romanus XLIV bestens übereinstimmt, was Kirschbaum nicht gesehen hat. Schon *H. Grisar* (Le Teste dei SS. Apostoli Pietro e Paolo, in: La Civiltà Cattolica 58, 3 [1907] 444–457, 457) hat die Angabe der Notitia auf die Richtung des Grabes gedeutet. Siehe auch Vita Eligii I 32 (MG SS rer. Mer. IV 689^3): *altare extrinsecus ad pedes sancti martiris.* Die Ausdrucksweise scheint also durchaus nicht ungewöhnlich zu sein.

[40] *F. J. Dölger,* Sol salutis = Liturgiewiss. Quellen u. Forsch. 16/17 (Münster/W. ³1972) 258–272: Die Ostung beim Sterben und bei der Beerdigung.

Als ein wichtiges Ergebnis ist demnach festzuhalten, daß für die inzwischen kammerartig ausgebaute Nische der alten Aedicula, die sich seit den Umbauten Gregors des Großen in der vertikalen Mitte zwischen Hochaltar und Grab befand und die von Osten her zugänglich war, der Name Confessio gebraucht wurde. Dieselbe war zudem groß genug, um mancherlei Geschenke und – wie wir sehen werden – selbstverständlich auch Urkunden darin zu deponieren. Solche lagen dann „in der Confessio" oder „über dem Leib des heiligen Petrus". Von daher versteht es sich, daß Nachrichten über die Geschehnisse *in* oder *intus confessione,* selbst auch Nachrichten über bauliche Neugestaltungen, zunächst auf diese sehr reich und von den Päpsten immer wieder neu ausgestaltete sog. Pallien-Nische[41] zu beziehen sind.

Weiter ist dann nach der Bedeutung der Kryptenanlage zu fragen. Daß es seit Gregor dem Großen verdeckte Gänge unter dem Hochchor gab, hat – wie die Notitia zeigt – auch in der liturgischen Überlieferung seinen Niederschlag gefunden. Daß dort aber im Mittelstollen an der Rückseite des alten Grabmonuments noch ein weiterer Altar stand, haben erst die Ausgrabungen klargelegt. Ein so belesener Kenner wie Joseph Braun hatte einen solchen für die Krypta ausdrücklich negiert[42]. Nun bietet freilich dieser Altar einen archäologisch nicht allseits durchschaubaren Befund[43]. Zunächst einmal ist sein roh aufgemauerter Kern auf einen durchgehenden Belag von Fußbodenplatten aufgesetzt; er wird deswegen als jünger angesehen. Zur näheren Datierung gibt es freilich nur vage Hinweise. Zwei sekundär verwendete, aber im originalen Bestand des Altares aufgefundene Platten enthalten Namensbeschriftungen, die dem 7. Jh. zugewiesen werden, weswegen die Ausgräber sich mit dem vorsichtigen Hinweis begnügen, daß der Altar jünger sein müsse. Der Altarblock enthält oben unter der Altarplatte einen Loculus, des weiteren einen solchen in der Vorderseite, der als ursprünglich anzusehen ist. „Diese offenen Nischen [der Vorderseite] ... vertreten höchstwahrscheinlich die ‚confessio' der Grabaltäre; in diese Nischen konnten also Gegenstände hineingelegt werden, die wieder als Reliquien verwendet und verehrt wurden."[44] So dürfte also auch der Kryptaaltar noch einmal eine „Confessio" gehabt haben, was die Deutung der Quellenaussagen nur weiter erschweren muß.

Wir haben demnach drei Orte, die wegen ihres Kontaktes zum Petrusgrab in besonderer Weise ausgezeichnet waren: den Hochchor mit dem Hauptaltar „über" dem Petrusgrab, den Bezirk vor der Confessio mit der Confessio-Nische und dann die Krypta mit ebenfalls einem Altar. Versucht man nun herauszufinden, an welchen Ort die pippinische Mensa gebracht worden ist, muß gleichzeitig die Frage erörtert werden, wie denn diese Mensa überhaupt beschaffen gewesen ist. Ausgangspunkt aller Überlegungen ist die Feststellung, daß die Mensa zum Altar für die Meßfeier bestimmt worden ist; dafür hat Paul sie konsekriert, und so hat er selbst sie auch in Dienst genommen. Dadurch wird ausgeschlossen, daß sie ein beliebig und irgendwo verwendbarer Zubehörtisch gewesen wäre. Wenn sie *super corpus beati Petri* dargebracht und dabei für die Meßfeier konsekriert worden ist, fragt man sich sogar, ob sie nicht auch weiterhin zur Meßfeier „über dem Grab des Heiligen" bestimmt sein sollte. Diese Annahme gewinnt beträchtlich an Wahrscheinlichkeit, wenn wir auf den zeitgenössischen römischen Ritus der Altarkonsekration schauen, wie er im Ordo Romanus XLII überliefert ist. Danach hatte der Bischof nicht nur, wie hier auch von Paul I. bezeugt, den Altar zu konsekrieren,

---

41 *Braun,* Der christliche Altar (wie Anm. 35) I 563f. 42 Ebd. 569.

43 *Apollonj-Ghetti – Ferrua – Josi – Kirschbaum,* Esplorazioni (wie Anm. 28) I 178–182.

44 *J.P. Kirsch – Th. Klauser,* Art. Altar, in: RAC I 310–354, 347.

sondern ihm oblag außerdem noch die Niederlegung der Reliquien in der „Confessio" des Altares[45]. Wenn bei unserer Mensa davon nicht gesprochen wird, zugleich aber die anderen Handlungen des Weiheritus, so die Salbung, die Gabendarbringung und die erste Meßfeier, ausdrücklich erwähnt werden, dann bietet sich dabei die Aufstellung über oder am Petrusgrab als plausibelste Lösung an, weil eben an der für die Mensa ausersehenen Stelle bereits die Petrusreliquien waren. Hat aber die Mensa ihren festen Platz tatsächlich am Petrusgrab gefunden, dann kommen dafür zunächst einmal die drei erwähnten Stellen in Frage: der Hauptaltar, der Kryptaaltar und möglicherweise auch der Platz vor der Confessio.

Dem naheliegenden Einwand, daß an den beiden erstgenannten Stellen, auf dem Hochchor und in der Krypta, bereits zwei massive Blöcke standen, läßt sich mit dem Hinweis begegnen, daß es sich bei der Pippin-Stiftung eben um eine Mensa gehandelt hat. Ursprünglich war die Mensa der Tisch bei den Totenmählern in den Coemiterien. Bei der Unterdrückung dieser Feier blieb der Name an den bei den Heiligengräbern errichteten Altären haften[46]. Doch engte sich die Bedeutung auf nur einen Teil ein, auf die Altarplatte[47]. So könnte also das Geschenk Pippins ebenfalls eine Platte gewesen sein, die man sich gemäß den Forderungen der Zeit zunächst als Steinplatte zu denken hat. Für den Hauptaltar wären allerdings Abmessungen von zwei zu drei Metern notwendig gewesen[48] – was bei dem Stiftungsvorgang schon in rein technischer Hinsicht nicht unerhebliche Schwierigkeiten verursacht haben müßte. Nicht jedoch beim Kryptaaltar; hier genügte eine Größe von etwa einem Quadratmeter. Zudem hat sich bei diesem Altar dank der jüngeren Ummantelungen, mit denen er im Laufe der Zeit umkleidet worden ist, noch eine alte Altarplatte aus Stein erhalten, in deren Mitte ein Eisenkreuz eingelassen ist und an deren unteren Ecken zwei Kreuze eingemeißelt sind[49]. Über die Datierung ist anscheinend nichts Näheres auszumachen. In dieser Platte nun aber das Geschenk Pippins zu sehen, möchte man ob der allgemein rohen Beschaffenheit für unwahrscheinlich halten. Mehr läßt sich allerdings kaum darüber aussagen. Wohl können noch Zweifel angemeldet werden, ob die Platte überhaupt zum ursprünglichen Bestand gehört hat. Vielleicht ist sie erst die Zutat jüngerer Renovierungsarbeiten. Aber auch dann bleibt immer noch die Frage, ob der Block nicht speziell für die von Pippin gestiftete Mensa errichtet worden sein könnte. Um aber das entscheiden zu können, bräuchten wir präzisere Daten. Die Datierung des Blockes „nach dem 7. Jahrhundert" läßt zwar eine solche Annahme zu, macht sie aber in keiner Weise zwingend.

Denkbar wäre weiter eine Tischform, zumal aus Metall. Eine von Karl dem Großen anläßlich seiner Kaiserkrönung gestiftete „Mensa mit Füßen" war zum Beispiel aus Silber[50]. Dies vorausgesetzt, ergeben sich mehrere neue Möglichkeiten, daß nämlich die pippinische Mensa als metallene Platte einfach auf einen der vorhandenen Blöcke aufgelegt oder auch als Tisch darübergestülpt worden ist. Bei Annahme einer metallenen Auflageplatte oder eines entsprechenden Tisches entfallen die technischen Schwierigkeiten, die eine Steinplatte verursacht haben müßte; man hat dabei allerdings das andere Pro-

[45] Ordo Romanus XLII (*Andrieu* [wie Anm. 2] IV 397–402); *A. Häußling*, Mönchskonvent und Eucharistiefeier = Liturgiewiss. Quellen u. Forsch. 58 (Münster/W. 1973) 215–225.

[46] *R. Krautheimer*, Mensa – Coemiterium – Martyrium, in: Cahiers Archéologiques 11 (1960) 15–40, 33ff.

[47] *Braun*, Der christliche Altar (wie Anm. 35) I 245–316.

[48] *Apollonj-Ghetti – Ferrua – Josi – Kirschbaum*, Esplorazioni (wie Anm. 28) I 189.

[49] Ebd. I 179; *Kirschbaum*, Die Gräber (wie Anm. 28) 213.

[50] Siehe unten Anm. 76.

blem, ob nicht damals schon allgemein Altarplatten aus Stein gefordert wurden[51]. Doch sind in Gallien zu dieser Zeit nachweislich silberne oder goldene Altäre bei Heiligengräbern aufgestellt worden, so daß es sich bei der Stiftung Pippins eben doch um eine metallene oder metallbeschlagene Mensa gehandelt haben könnte[52].

Gerade eine Tischform würde aber noch eine weitere Aufstellungsmöglichkeit zulassen, sogar an bevorzugter Stelle: vor der Confessio. Wegen des Zugangs zur Grabesnische ist hier ein fester Altar eigentlich undenkbar. Wollte man diese heilige Stelle aber dennoch mit einem Altar auszeichnen, dann am ehesten mit einer beweglichen Mensa. Daß es solche Mensen trotz des klaren Trends zum festen Altar[53] wohl doch noch gegeben hat, zeigt wiederum die schon erwähnte Stiftung Karls des Großen: Sie war ein Tisch und – da Karl dabei auch eucharistisches Gerät schenkte – aller Wahrscheinlichkeit nach sogar ein eucharistischer Tisch. Vor der Confessio hätte eine solche Mensa wirklich eine repräsentative Funktion ausgeübt, wie sie Pippin als dem Verteidiger der Gerechtsame des heiligen Petrus in der Tat anstehen mochte. Es bleibt freilich das Bedenken, ob man sich diese wichtige Kontaktstelle durch einen Altar – und mag derselbe auch beweglich gewesen sein – „verbauen“ wollte.

So haben wir also mehrere Möglichkeiten, ohne eine letztgültige Präferenz geben zu können. Zwar vermag die Aufstellung vor der Confessio eine Reihe von Momenten in günstiger Weise zu vereinigen, so eine würdige Aufstellung und praktikable Ausführung der Stiftung, dazu die Nähe zum Petrusgrab und nicht zuletzt das Repräsentationsbedürfnis; nichtsdestoweniger bleibt der genaue Ort der Aufstellung unsicher, ja es ist nicht einmal mit Sicherheit auszumachen, ob die Mensa überhaupt an eine der drei als bevorzugt anzusehenden Stellen gelangt ist. Wenn der sprachlich im allgemeinen korrekte Papstbrief sagt, das Geschenk Pippins sei *in sacram confessionem super corpus* dargebracht worden, so wird man zunächst an nichts mehr als den liturgischen Akt der Darbringung zu denken haben, ohne daß die Mensa hier für immer hätte bleiben müssen. Auch eine spätere Notiz in den Annales Bertiniani, so wertvoll sie ist, schafft keine weitere Klarheit. Im Jahre 846, so wird berichtet, hätten die Sarazenen aus Sankt Peter einen Altar geraubt, *quod tumbae memorati apostolorum principis superpositum fuerat*[54]. Einen „darübergestellten“, zum Rauben verlockenden Altar vermag man sich seiner Beschaffenheit nach am ehesten aus Edelmetall vorzustellen; über den genauen Aufstellungsort unserer Mensa ergibt sich daraus jedoch kein letztgültiges Argument. So bleibt es bei der allerdings recht wahrscheinlichen Vermutung, daß sie wohl in nächster Nähe zum Petrusgrab ihre Aufstellung gefunden hat, ohne daß wir diese Stelle genau zu bestimmen vermögen.

Wir können also nur ein partielles Resultat formulieren, das aber auch als solches seinen Wert hat, zumal es sich um eine Reihe von nicht unwichtigen Konturen bereichern läßt. Wenn nämlich die Mensa mit dem heiligen Grab in Verbindung gestanden hat, dann

[51] *Braun,* Der christliche Altar (wie Anm. 35) I 109ff.

[52] Vita Sturmi 21 (ed. *P. Engelbert,* Die Vita Sturmi des Eigil von Fulda = Veröff. d. Hist. Kommission f. Hessen u. Waldeck 29 [Marburg 1968] 156[22]): *[arca] quae usque hodie super tumulum ipsius Christi martyris cum altari aureo perseverat;* Vita Trudonis 23 (MG SS rer. Mer. VI 293[4]): *Plectrudis pro aeternae vitae commertio altare in honore sancti patris argento et auro fabricare praecepit.* Siehe ferner *Braun,* Der christliche Altar (wie Anm. 35) II 87–90; *Elsmarie Knögel,* Schriftquellen zur Kunstgeschichte der Merowingerzeit, in: Bonner Jahrbücher 140/141 (1936) 1–258, 33.

[53] *J. P. Kirsch – Th. Klauser,* Art. Altar, in: RAC I 336f; *Kirschbaum,* Die Gräber (wie Anm. 28) 256 Anm. 12. [54] Annales Bertiniani a. 846 (MG SS rer. Germ. in us. schol. 34).

muß ihr auch eine besondere Bedeutung zugekommen sein. Die Auftritte Karls des Großen in Sankt Peter hätten dann zum Beispiel, weil sie an den verschiedenen Kontaktstellen mit dem Grab stattgefunden haben, auch diese Mensa berührt, selbst wenn darüber im Detail wiederum nicht immer genauere Angaben möglich sind.

Gehen wir deshalb die ganze Reihe der für das 8. Jahrhundert bezeugten herrscherlichen Offertorien und anderer „politischer" Akte im einzelnen durch. Schon der Langobardenkönig Luitprand opferte 728 bei einer Pilgerfahrt zum heiligen Petrus seinen Königsornat und legte ihn *ante corpus beati apostoli* nieder[55]. Als Pippins Bruder Karlmann der Herrschaft entsagte und als Mönch nach Italien kam, da brachte er *ante confessionem* einen „silbernen Bogen" dar[56]. Nach der Niederwerfung der Langobarden durch Pippin legte Abt Fulrad in dessen Auftrag die Urkunden über die dem heiligen Petrus restituierten Orte *in confessione* nieder[57]. Nach dem Tode Pippins wähnte Papst Stephan III. die Nachfolger Karl und Karlmann im Bündnis mit den Langobarden. Er schrieb ihnen darob einen beschwörenden Brief *ex eadem sacra confessione*; denn er hatte zuvor seine Ermahnung *in confessione* gelegt und dann darüber die Messe gefeiert[58]. Daß die Meßfeier anläßlich eines so feierlich beschworenen Briefes in der Krypta, ja daß dort überhaupt eine Art „Privatmesse" des Papstes hätte stattfinden können, ist von der damaligen Liturgieauffassung her unwahrscheinlich[59]. Wir haben darum als Handlungsort am ehesten den Hauptaltar mit der darunter liegenden Confessio-Nische anzunehmen.

Dann folgt der höchstwahrscheinlich zeitgenössische Bericht des Liber Pontificalis über Karls Rombesuch im Jahre 774[60]. Die Angaben sind sichtlich darum bemüht, die Bedeutsamkeit der Vorgänge in Sankt Peter auch dadurch herauszustreichen, daß sie die einzelnen Handlungsorte am Petrusgrab genauer zu beschreiben suchen. Als Karl am Karsamstagmorgen mit Papst Hadrian in die Petersbasilika einzog, warfen sich beide *ante confessionem beati Petri* nieder[61]. So war es auch Brauch des Papstes bei seinen feierlichen Gottesdiensten; nur daß er dann nach seiner Prostratio über eine der Treppen auf den Hochchor hinaufzugehen pflegte[62]. Dieses Mal aber stiegen Hadrian und Karl von der Stelle vor der Confessio offenbar zum Petrusgrab hinab *(descendentes pariter ad corpus beati Petri)*, sogar mit ihrem Gefolge[63]. Das *descendere* kann sich sinnvollerweise nur auf die Krypta beziehen. Denn wohin sonst hätte man von dem Platz vor der Confessio „hinabsteigen" sollen?[64] Der Verlauf dürfte demnach klar sein: zunächst

---

[55] Liber Pont. XCI (*Duchesne* [wie Anm. 16] I 408⁶).

[56] Ebd. XCIII (433²²). [57] Ebd. XCIII (454⁷).

[58] Cod. Carol. Nr. 45 (MG Epp III 563³³⁺³⁵).

[59] *Häußling,* Mönchskonvent (wie Anm. 45) 186–195, 243ff.

[60] *Duchesne,* Liber Pontificalis (wie Anm. 16) I CCXXXVI (Nr. 31); *J. Jarnut,* Quierzy und Rom, in: HZ 220 (1975) 265–297, 277f; *Anna M. Drabek,* Die Verträge der fränkischen und deutschen Herrscher mit dem Papsttum von 754–1020 = Veröff. d. Inst. f. Österr. Geschichtsforsch. 22 [Wien – Köln – Graz 1976] 23–26.

[61] Liber Pont. XCVII (ebd. 497¹⁸).

[62] Ordo Romanus I 51 (*Andrieu* [wie Anm. 2] II 83); *J. A. Jungmann,* Missarum sollemnia I-II (Wien – Freiburg – Basel ⁵1962) I 92, 402ff.

[63] Liber Pont. XCVII (*Duchesne* [wie Anm. 16] I 497²²); s. auch *Fritze,* Papst und Frankenkönig (wie Anm. 5) 49f.

[64] Es sei denn, der Bericht des Liber Pontificalis setze, ohne das ausdrücklich zu sagen, voraus, daß die von Karl „nach dem Gebet" (vor der Confessio) ausgesprochene Bitte, die Stadt Rom betreten zu dürfen, nach einem nicht erwähnten Hinaufsteigen zum Hochchor vorgetragen worden sei.

ein gemeinsames Gebet vor der Confessio und dann der Hinabstieg in die Krypta. Wenn unsere Interpretation richtig sieht, dann haben wir hier den seltenen Beleg dafür, daß auch die Krypta bei wichtigen Anlässen benutzt worden ist. Karl hätte dann hier unten dem Papst die Sicherheit beeidet, über die das Papstbuch anschließend berichtet. Die nächste hier zu beachtende Prozedur in Sankt Peter fand am Ostermittwoch statt, als Karl die Promissio seines Vaters urkundlich erneuerte. Die vom König und seinen Großen unterzeichnete Urkunde wurde an zwei Stellen niedergelegt: *prius super altare beati Petri et postmodum intus in sancta eius confessione ponentes;* dabei schwuren die Franken „unter fürchterlichem Eide" die Erfüllung des Versprochenen[65]. Die beiden Akte lassen sich ohne Schwierigkeiten auf den Hauptaltar, auf eine möglicherweise vor der Confessio stehende Mensa und die darunter bzw. dahinter befindliche Confessio-Nische verteilen, so daß die Darbringung der Urkunde als Opfergabe an einem Altar und die Beschwörung an der Nische mit dem Zugang zum Petrusgrab stattgefunden hätten. Oder soll die so betonte Trennung in zwei zeitverschiedene Akte *(prius – postmodum)* eine noch stärkere räumliche Trennung suggerieren, so daß man – wie schon am Karsamstagmorgen geschehen – an eine Beschwörung in der Krypta denken müßte? Die Frage ist nicht letztgültig zu beantworten. Nach der Darbringung und Beeidung erfolgte offenbar eine Hinterlegung am Petrusgrab. Daß hier Urkunden wenigstens für einige Tage – nach L. Duchesne sogar für Jahre – verbleiben konnten, ist bekannt[66]. So habe nun auch Karl eigenhändig ein Exemplar niedergelegt *intus super corpus beati Petri, subtus evangelia quae ibidem osculantur*[67]. Der Verfasser des Papstbuches gibt damit eine als Evangelien-Depositorium offenbar allseits bekannte Stelle an. Vom Zeremoniell des päpstlichen Meßintroitus her wissen wir, daß der Pontifex das Evangeliar, das vor Beginn des Gottesdienstes von der Sakristei aus zum Altar gebracht und dort deponiert wurde, mit einem Kuß begrüßte[68]. Doch die betonte Ausdrücklichkeit „innen über dem heiligen Leichnam", „unter den Evangelien" macht es nicht eben wahrscheinlich, daß die Niederlegung einfach oben auf einem der Altäre erfolgt sei. Oder sollte in der Krypta, worauf dann das *intus* zu beziehen wäre, ebenfalls ein Evangeliar auf dem Altar gelegen haben? Für das Andreas-Oratorium an der Südseite der Peterskirche ist jedenfalls ein solches durch die Vita Wilfrids von York bezeugt; der Heilige habe dort gebetet *ante altare, supra cuius summitatem quattuor evangelia posita erant*[69]. So bleibt es also zunächst wiederum schwierig, ein eindeutiges Ergebnis zu formulieren[70]. Da aber der Papst den König in den folgenden Jahren immer wieder an sein Versprechen erinnern mußte, wird der feierliche Vorgang des Ostermittwochs von 774 noch mehrere Male erwähnt: Karl

---

[65] Liber Pont. XCVII (*Duchesne* [wie Anm. 16] I 498²⁴).

[66] Siehe Anm. 70, 79, 87.

[67] Liber Pont. XCVII (*Duchesne* [wie Anm. 16] I 498²⁷).

[68] Ordo Romanus I 31 u. 51 (*Andrieu* [wie Anm. 2] II 77 u. 83¹⁶).

[69] Vita Wilfridi 5 (MG SS rer. Mer. VI 198⁸).

[70] *P. Classen* (Karl der Große und das Papsttum = erweiterte Sonderausgabe aus: Karl der Große I, hrsg. von W. Braunfels [Düsseldorf 1968] 551) meint, die zweite Ausfertigung sei „unter das Evangeliar auf dem Petrusgrab, das die Pilger zu küssen pflegten, gelegt" worden. Viel umsichtiger äußert sich *L. Duchesne* (Scripta Minora = Coll. de l'École Franc. de Rome 13 [Rom 1973] 237–244, 243f); er rechnet mit der Deponierung in der Confessio-Nische und zieht ein Verbleiben an dieser Stelle sogar für mehrere Jahre in Erwägung. Daß Urkunden hier mehrere Tage liegen konnten, ist im Liber Pontificalis bezeugt; s. Anm. 87; *Anna M. Drabek* (Die Verträge [wie Anm. 60] 25 Anm. 50) verweist auf *W. Buchowiecki* (Handbuch der Kirchen Roms I [Wien 1967] 105f), der aber an diesen Stellen höchst unzuverlässig ist.

habe sein (urkundliches) Versprechen eigenhändig „am heiligen Leichnam", „vor" bzw. „in" der Confessio dargebracht und bestätigt[71]. In diesen Ausdrücken findet sich nichts, was vom üblichen Sprachgebrauch abweicht, so daß als Handlungsort wohl doch die Confessio unterhalb des Hauptaltares anzunehmen ist.

Karl hat seiner Promissio dann auch „Restitutionen" folgen lassen. Wie Abt Fulrad in Ausführung des pippinischen Versprechens Urkunden über die dem heiligen Petrus übertragenen Orte „in der Confessio" Sankt Peters niedergelegt hat, so sind auch die von Karl überwiesenen Besitztümer auf dem Altar Petri dargebracht worden. Ein abschriftlich erhaltener Altartitulus, laut dessen Papst Hadrian im Namen Karls dem heiligen Petrus Güter übereignet hat, dürfte sich auf den Restitutionsakt von 781 beziehen[72]. Überhaupt bekundet gerade Hadrian immer von neuem, daß Karl seines Gebetes vor der Confessio sicher sein dürfe[73]; sogar der ganze Klerus und das Volk beteten für den König *ante confessionem* oder – zur Erläuterung des Sprachgebrauchs noch bemerkenswerter – *in confessione*[74]. Auch kann der Papst dem Franken berichten, daß er die Capuaner *in confessione* des heiligen Petrus dem Apostelfürsten, ihm selbst und Karl die Treue habe schwören lassen[75] – eine höchst bemerkenswerte Ummünzung des dem Apostelfürsten schuldigen Gehorsams zugunsten von Papst und Frankenkönig als dessen Sachwaltern und bevorrechtigten Schützlingen. Endlich sind noch jene Gaben zu erwähnen, die Karl aus Anlaß seiner Kaiserkrönung am Weihnachtsfest des Jahres 800 gestiftet hat. Nach der Messe habe er eine „silberne Mensa mit Füßen" dargebracht, dann in der Confessio noch verschiedene goldene Gefäße zum Gebrauch an dieser Mensa; neben anderen Gaben wird dabei auch ein Kelch erwähnt, den er „über dem allerheiligsten Altar des heiligen Petrus" geopfert habe[76]. Weil die Darbringung im Anschluß an die Messe erfolgte, wird man es von der gegebenen Feiersituation her für das Wahrscheinlichere halten, daß die Gaben an einem der Altäre und an der Confessio-Nische niedergelegt worden sind und nicht unten in der Krypta.

Wenn wir nun auf alle diese Berichte zurückschauen, dürfen wir es – bei aller Ungewißheit im einzelnen – doch als relativ sicher ansehen, daß die Schenkungen, ob es nun

---

[71] Cod. Carol. Nr. 51 [a. 775] (MG Epp III 571[32]): *ea, quae inter nos mutuo coram sacratissimi corpus... Petri, confirmavimus atque stabilivimus;* Nr. 52 [a. 775] (574[14]): *sponsione, quam in invicem ante sacram eiusdem Dei apostoli confessionem adnexi sumus;* Nr. 53 [a. 775] (575[32]): *stabilitas inter nos... in apostolica aula corroborata est;* Nr. 55 [a. 775] (579[5]): *tu ipse... dum ad limina apostolorum profectus es, ea ipsa spopondens confirmasti eidemque Dei apostolo praesentaliter manibus tuis eandem offeruisti promissionem;* Nr. 62 [a. 774/780] (590[3]): *pollicitus es super venerabile corpus beati Petri;* Nr. 75 [a. 783] (607[2]): *vestris praefulgidis regales manibus in confessione beati Petri... offerta atque nimirum confirmata sunt;* s. auch *Fritze,* Papst und Frankenkönig (wie Anm. 5) 55f.

[72] *H. Beumann,* Das Paderborner Epos, in: Zum Kaisertum Karls des Großen, hrsg. von G. Wolf = Wege d. Forsch. 38 (Darmstadt 1972) 309–383, 370–376; s. auch Cod. Carol. Nr. 68 (MG Epp III 597[34]): *multis documentis de vestris allatis muneribus ecclesia beati Petri enituit, tam de civitatibus quam de diversis territoriis sub integritate eidem Dei apostolo a vobis offertis.*

[73] Cod. Carol. Nr. 51 (MG Epp III 573[22]), Nr. 52 (574[14]), Nr. 67 (597[1]), Nr. 73 (604[26]), Nr. 82 (616[32]), Nr. 87 (624[4]), Nr. 89 (626[19]), Nr. 92 (629[22]), Nr. 94 (633[1]).

[74] Ebd. Nr. 60 (587[37]): *ante confessionem ipsius Dei apostoli cum omnibus episcopis et sacerdotibus atque cuncto clero, senatu et universo nostro populo pro vestra sospitate... fundere preces;* Nr. 62 (589[35]): *Nos... die noctuque numquam desistimus, cum sacerdotes cunctoque christiano populo in confessione beati Petri... subpliciter exorare.*

[75] Ebd. Nr. 83 (617[20]).

[76] Liber Pont. XCVIII (*Duchesne* [wie Anm. 16] II 7[29]).

Gegenstände oder Urkunden waren, normalerweise an der Confessio-Nische, am Hauptaltar und möglicherweise an einer Mensa vor der Confessio dargebracht worden sind. Daneben läßt sich allerdings mit hoher Wahrscheinlichkeit mindestens ein Fall ausmachen, nämlich bei dem am Karsamstagmorgen des Jahres 774 abgelegten Sicherheitseid, daß die Handlung in der Krypta stattgefunden hat. Aber dabei handelt es sich bemerkenswerterweise nicht um eine Schenkung. Für die Darbringung der Mensa Pippins und ihre weitere Geschichte in Sankt Peter ergibt sich aus dem Dargelegten eine zweifache Bestätigung der bisherigen Überlegungen. Einmal zeigt sich von neuem, daß diese Gabe, wohl nicht anders als die übrigen Schenkungen, dem heiligen Petrus in der Weise übergeben worden ist, daß man sie vor dessen Confessio brachte. Weiter zeigt sich, daß das Grab mit allen seinen Kontaktstellen, in Einzelfällen auch in der Krypta, Ort des politischen und liturgischen Geschehens werden konnte. Da aber die Mensa aller Wahrscheinlichkeit nach in Grabesnähe ihre Aufstellung gefunden hat, muß demnach auch sie in diese Handlungen miteinbezogen worden sein.

Weitere Hinweise enthalten schließlich noch jene Quellen, die über das liturgische Geschehen in Sankt Peter berichten. Dabei wird wiederum ersichtlich, wie auch im 8. Jahrhundert dem Petrusgrab eine weiter wachsende Verehrung zuteil geworden ist und welche Bedeutung infolgedessen einer an dieser Memoria aufgestellten Mensa zukommen mußte. Aus der Vielzahl der liturgischen Akte in Sankt Peter sei dabei nur ein Komplex besonders hervorgehoben, nämlich die Bischofskonsekrationen. Bei der Weihe des römischen Bischofs wurden vor der Confessio besondere Bittrufe gesungen[77]. Vorher hatte der Erwählte hier seinen eigenhändig unterschriebenen Amtseid dem heiligen Petrus darzubringen[78]. Der neugeweihte Pontifex legte sodann sein schriftliches Glaubensbekenntnis *in confessione beati Petri* nieder: *huic professioni ... fidei ... subscripsi in venerabile corpus ... optuli conseruandam*[79]. Ein auswärtiger, vom Papst zu weihender Bischofskandidat hatte, auch wenn er in einer anderen römischen Kirche geweiht wurde, am Leib des heiligen Petrus die sog. vier Kapitel zu beschwören, daß er keine nur in öffentlicher Buße zu sühnenden Sünden begangen habe[80]. Der neue Bischof hatte außerdem eine *professio fidei* abzulegen[81] und weiter ein Indiculum zu beschwören, in dem er sich zur Einheit mit der universalen Kirche und zur Meidung von Häretikern verpflichtete[82]. Wir wissen von Bonifatius, daß er sein Indiculum eigenhändig geschrieben und „auf den Leichnam des heiligen Petrus gelegt" hat[83]. Die beschworene Verpflichtung, alle gegen die alten Väterregeln Verstoßenden zu meiden, hat den Angelsachsen sein Leben lang beunruhigt. Mehrmals stellte er sich besorgt vor Augen, die Beschwörung auf dem Leichnam Petri vollzogen zu haben[84]. Diese Gewissenhaftigkeit hat ihn dann auch noch zu einem besonderen Akt der Romverbundenheit veranlaßt; in einem 747 an Erzbischof Cudberht von Canterbury gerichteten Brief spricht

---

[77] Ordo Romanus XLA 1 u. 2, XLB 1 u. 2 (*Andrieu* [wie Anm. 2] IV 297 u. 307).

[78] Liber Diurnus 83 (ed. *H. Foerster* [Bern 1958] 145–148); *Th. Gottlob*, Der kirchliche Amtseid = Kanon. Studien u. Texte 9 (Bonn 1936) 26.

[79] Liber Diurnus 84 (*Foerster* [wie Anm. 78] 157); Concilium Romanum a. 798 (MG Conc II 204⁵): *in confessione super corpus beati Petri apostoli ipsum ponens orthodoxum suum libellum.*

[80] Ordo Romanus XXXIV 18 (*Andrieu* [wie Anm. 2] III 607¹³), s. auch den Kommentar ebd. 549–553.

[81] Liber Diurnus 73 (*Foerster* [wie Anm. 78] 128–132).

[82] Ebd. 75 u. 76 (136ff); *Gottlob*, Der kirchliche Amtseid (wie Anm. 78) 11–20.

[83] Ep. 16 (MG Ep. sel. I 29¹⁸); *Gottlob*, Der kirchliche Amtseid (wie Anm. 78) 27ff.

[84] Ep. 63 (MG Ep. sel. I 130²⁴), s. auch 86 (192¹⁶).

er von seiner Synodaltätigkeit und kann dabei berichten, daß alle Bischöfe einer Erklärung der Einheit mit der römischen Kirche unterschriftlich zugestimmt hätten, und dieselbe sei dann „zum Leib des heiligen Petrus" gesandt worden[85]. Schon bevor Pippin und Karl ihre Schenkungen am Petrusgrab niederlegten, waren dort also fränkischerseits Urkunden deponiert worden[86]. Endlich findet sich noch eine Notiz im Liber Pontificalis, die eine solche Urkundenniederlegung in wichtigen Details weiter verdeutlicht. In einer Auseinandersetzung zwischen Papst Constantin (708–715) und Bischof Felix von Ravenna dürfte es dieses bischöfliche Indiculum gewesen sein, das der Papst in die Confessio legte *(cautio a pontifice in sacratissima confessione beati Petri apostoli posita)*. Da die Urkunde wenige Tage später ganz beschmutzt und wie von Feuer angebrannt vorgefunden wurde, glaubte man darin ein Himmelszeichen gegen die Ravennater zu sehen[87]. Für uns bestätigt die Brandbeschmutzung die Annahme, daß die Urkunde in der Confessio-Nische unter dem Hauptaltar gelegen haben dürfte – weil dort ständig ein Weihrauchfaß brannte – und daß eine solche dort mehrere Tage verbleiben konnte.

Noch einmal also erweist sich, daß die Confessio-Nische als der bevorzugte Ort gegolten hat, mit dem heiligen Petrus in Verbindung zu treten. Überhaupt zeigt sich gerade während des 8. Jahrhunderts, wie dem Petrusgrab in der Liturgie eine noch immer wachsende Ehrung zuteil geworden ist. So hat Gregor III. in den Auseinandersetzungen mit den Bilderstürmern des Ostens besondere liturgische Anordnungen für Sankt Peter getroffen. Dabei erfahren wir, daß über dem heiligen Grab jeden Tag die Messe gefeiert wurde und daß bestimmte Gebete des Horenoffiziums *ante confessionem* stattfanden[88]. Von der Gründung eines vierten vatikanischen Basilikalklosters und den damit verbundenen Bemühungen zur Neuordnung des Stundengebetes ist bereits die Rede gewesen. Auf Stephan III. geht die Bestimmung zurück, daß die sieben im Lateran jeweils wöchentlich diensttuenden „Kardinalbischöfe" sonntags über dem Petrusgrab die Messe feiern sollen[89]. Alle diese Hinweise demonstrieren, wie noch im 8. Jahrhundert die Liturgie zu Ehren des Apostelfürsten weiter gesteigert worden ist. Zu dieser Steigerung aber haben die Karolinger sowohl beigetragen als auch daran Anteil erhalten, weil sie dank ihrer Stiftungen in der Liturgie des Himmelspförtners präsent waren.

3. Das sacrum commercium zwischen den Päpsten und Karolingern

Papst Paul I. nennt die Mensa Pippins ein *memorale*[90], das nun in der Peterskirche erstrahle und in Ewigkeit bleibe. Mit dem Wort *memorale* rührt der Brief an eine religionsgeschichtlich grundlegende und auch weitverbreitete Kultvorstellung[91]. Es drückt sich darin das Verlangen aus, bei Gott ein gutes Andenken zu gewinnen. Schon darum muß die Weihegabe, die ein Memorale sein will, möglichst am heiligen, das heißt Gott zugehö-

[85] Ebd. 78 (163[15]).

[86] *Hauck*, Von einer spätantiken Randkultur (wie Anm. 26) 86.

[87] Liber Pont. XC (*Duchesne* [wie Anm. 16] I 389[5]), s. auch ebd. 393, Anm. 2; ferner *Gottlob*, Der kirchliche Amtseid (wie Anm. 78) 22.

[88] *Häußing*, Mönchskonvent (wie Anm. 47) 288ff, s. ebd. 361ff, wo die Quellentexte übersichtlich zusammengestellt sind.

[89] Liber Pont. XCVI (*Duchesne* [wie Anm. 16] I 478[8]).

[90] Es gibt freilich im Codex Carolinus auch Stellen, wo das Wort *memoriale* nicht auf einen „Gedächtnisgegenstand" bezogen wird, sondern im Sinne von *memoria* gebraucht ist: Nr. 69 (MG Epp III 599[32]), Nr. 79 (611[13]).

[91] Reiches Material dazu in: *M. Thurian*, Eucharistie (Mainz 1963).

rigen, Ort aufgestellt werden und dort auch verbleiben. Denn je näher sie dem Allerheiligsten steht und je zentraler sie in den Kult eingeflochten wird, desto eher rückt sie vor Gottes Auge und darf so seines Gedenkens sicher sein. Von daher stellt sich ein Altar am Grabe Petri als eine höchst wirksame Empfehlungsgabe dar. Nicht nur, daß Gott sozusagen ständig sein Auge auf dem heiligen Leichnam des Apostelfürsten ruhen läßt, an diesem Grab gewinnt der Stifter noch die zusätzliche Gnade der Fürsprache eben dieses apostolischen Märtyrers; den Märtyrern wurde ja von alters her eine unfehlbare Erhörung zugesprochen[92]. Wichtig ist bei alledem freilich, daß der Name des Spenders nicht in Vergessenheit gerät[93]. Seiner muß immer wieder und auch unverwechselbar – darum namentlich – gedacht werden. Deswegen erfolgt eine Namenseintragung im Liber vitae oder in den Diptychen; deswegen kann der Name sogar an den gestifteten Gegenständen angebracht sein; jedenfalls muß derselbe am Kultort und im Gottesdienst auf deutliche Weise vernehmlich gemacht werden. Karl der Große hat darum zum Beispiel seinen Namen in eine von ihm dem heiligen Petrus geschenkte Patene eingravieren lassen[94]. Der Stifter möchte damit erreichen, daß Gott sich seiner erinnere und ihn in Ewigkeit nicht vergesse. Letztlich geht es nämlich um eine *memoria aeterna,* um die ewige Seligkeit[95].

Auch Pippin dürfte als Stifter eines Altares ein ausdrückliches Gedenken bei den dort gefeierten Messen gefunden haben[96], wie ja der Papst auch erklärt, das erste Opfer schon gleich für ihn und seine Herrschaft dargebracht zu haben. Bei einer solchen Darbringung beansprucht der Papst eine besondere Mittlerrolle, denn er gilt letztlich als der Opfernde. Wenn Paul I. schreibt, Pippin habe die Mensa ursprünglich durch Papst Stephan dem heiligen Petrus darbringen lassen, dürfte dieses Mittlertum angesprochen sein, das übrigens auch noch an anderen Stellen des Codex Carolinus betont wird[97]. Bekanntlich ist nur wenig später jene Texterweiterung in das römische Hochgebet eingeschoben worden, der zufolge nicht mehr einfach das gläubige Volk, sondern in dessen Stellvertretung allein die Priesterschaft das Opfer darbringt[98]. Wer an diesen Opfern und überhaupt an den Gebeten der Priester und ebenso der Mönche Anteil erhalten will, muß dafür „zahlen", denn das Gebet ist eine reale Gabe[99]. Aus dem Verlangen nach solcher Unterstützung geistlicher Art resultieren zahllose Stiftungen des Mittelalters.

Auch das päpstlich-karolingische Verhältnis, wie es sich nach 754 hergestellt hat, weist mancherlei Züge und Eigenheiten auf, die einem solchen Gabenaustausch[100] entsprechen: die Fürbitte des heiligen Petrus gegen die Unterstützung von dessen Gerechtsame.

---

92 *E. Dassmann,* Sündenvergebung durch Taufe, Buße und Martyrerfürbitte in den Zeugnissen frühchristlicher Frömmigkeit und Kunst = Münstersche Beitr. z. Theol. 36 (Münster/W. 1973) 163–182.

93 *O. G. Oexle,* Memoria und Memorialüberlieferung im früheren Mittelalter, in: Frühmittelalterl. Stud. 10 (1976) 70–95, 70–86; *R. Berger,* Die Wendung ‚offerre pro' in der römischen Liturgie = Liturgiewiss. Quellen u. Forsch. 41 (Münster/W. 1965) 228–240.

94 Liber Pont. XCVIII (*Duchesne* [wie Anm. 16] II 8[2]): *patena aurea … cum gemmis diversis, legente KAROLO.*

95 Die *memoria aeterna* durchzieht den ganzen Codex Carolinus; einige Beispiele: Nr. 68 (MG Epp III 598[6]), Nr. 82 (616[30]).

96 *Häußling,* Mönchskonvent (wie Anm. 47) 243 f.

97 Cod. Carol. Nr. 56 (MG Epp III 581[32]), Nr. 80 (613[28]).

98 *Berger,* Die Wendung ‚offerre pro' (wie Anm. 93) 241–249.

99 *Oexle,* Memoria (wie Anm. 93) 87–95.

100 *M. Herz,* Sacrum commercium = Münchener Theol. Stud. II 15 (München 1958) 250–291.

Dem so oft und so deutlich bezeugten Motiv, Pippin sei um der Fürsprache des heiligen Petrus willen der römischen Kirche zu Hilfe geeilt, ist die Historiographie des 19. Jahrhunderts allerdings mit tiefer Skepsis begegnet. Johannes Haller, der nach der Jahrhundertwende den religiösen Motivkreis in der Politik Pippins sogar als grundlegend darzutun bestrebt war, verrät an den dabei einfließenden apologetischen Tönen nur zu deutlich, was der Zeitgeist eigentlich bei einem Frankenkönig sehen wollte: „Nach bewährtem Schema erwartet man wohl... einen Hinweis auf den unmittelbaren Nutzen." Doch, so wendet er ein, „als nüchterne Realpolitik ist das Verhalten Pippins und seiner Staatsmänner nicht befriedigend zu erklären". Und so kommt er zu dem Schluß: „Ein wesentlich religiöses Verhältnis verbindet... den fränkischen König mit dem Papsttum."[101] Aber noch 1940 mußte sich Haller von Martin Lintzel sagen lassen, daß seine These nur wenig Glauben gefunden habe. Nicht daß die Quellengrundlage des vorwiegend nach dem Codex Carolinus gezeichneten Bildes angezweifelt werden könne, wohl aber sei dasselbe einseitig. So überwiegt denn auch nach Ansicht Lintzels durchaus das politische Interesse in Pippins Italienpolitik[102]. Angesichts so unterschiedlicher Wertungen kann nur eine genauere Untersuchung der religiösen Motive und ihrer liturgischen Ausdrucksformen weiterhelfen. Gerade die Stiftung der Altarmensa durch Pippin vermag dabei zu zeigen, daß der Frankenkönig die religiöse Sprache der Papstbriefe des Codex Carolinus nicht einfach über sich hat ergehen lassen, im Grunde aber davon unbehelligt geblieben sei und „Realpolitik" getrieben habe. Die Darbringung dieser Gabe in Sankt Peter zeigt, daß dem Frankenkönig an den religiösen Vorgängen bis zum Detail hin gelegen gewesen ist. Pippin hat die Einräumung eines Gedenkens in der Liturgie der Peterskirche nicht einfach als religiöses Beiwerk nur hingenommen, er hat sich vielmehr aktiv an dieser liturgischen Vergegenwärtigung beteiligt. Der religiöse Motivkreis gehörte zu seiner „Realpolitik". Wir dürfen es daher auch Pippin zuerkennen, was der Codex Carolinus einmal als Ziel all dieser liturgisch-geistlichen Bemühungen angibt: „Auf daß von nun an bis zum Ende der Welt die Erinnerung Eueres Namens im Hause des Herrn gefeiert werde und durch die Fürbitte der Apostel Euch Wohlergehen im gegenwärtigen Leben und Freude in der ewigen Seligkeit zuteil werde."[103]

---

[101] *J. Haller*, Die Karolinger und das Papsttum, in: HZ 108 (1912) 38–76, 54–63.

[102] *M. Lintzel*, Der Codex Carolinus und die Motive von Pippins Italienpolitik, in: HZ 161 (1940) 33–41.

[103] Cod. Carol. Nr. 42 (MG Epp III 556[1]).

Die Einnahmen der Apostolischen Kammer am Vorabend der Glaubensspaltung

Von HERMANN HOBERG

Für die Zeit Innozenz' VI. (1352–1362) stellte ich fest, daß von den damaligen Einnahmen der Apostolischen Kammer, soweit sie sich durch die Introitusregister des päpstlichen Thesaurars und die Quittungsregister des päpstlichen Kamerars belegen lassen, verhältnismäßig wenig aus Deutschland kam [1]. Das veranlaßte Hubert Jedin, mich zu fragen, ob für die der Glaubensspaltung unmittelbar vorausgehende Zeit ähnliches nachzuweisen sei. Ich bin dieser Frage nachgegangen, obwohl ich, herkommend von dem durchweg wohlgeordneten Rechnungswesen der avignonesischen Päpste, bei meinem Versuch, in das der Renaissancepäpste einzudringen, zunehmend das Empfinden hatte, in einen Dschungel zu geraten [2].

Der Beginn der Glaubensspaltung fiel in die Regierungszeit Leos X. (1513–1521). Welche Quellen unterrichten uns über die Einnahmen der Apostolischen Kammer während dieses Pontifikats?

Die Serie der *Introitus et Exitus* des Vatikanischen Archivs, der auch die Einnahmeregister der päpstlichen Thesaurare der avignonesischen Zeit angehören, reicht bis 1524. Folgende Bände betreffen den Pontifikat Leos X.:

Introitus et Exitus (IE) 551: 1513 IV 1–1514 III 31 (1. Pontifikatsjahr);
IE 552: 1514 IV 1–IX 30 (1. Hälfte des 2. Jahres);
IE 553: 1514 IV 1–1515 III 31 (2. Jahr);
IE 554: 1515 VI 28–1516 III 11 (die letzten drei Viertel des 3. Jahres);
IE 555: 1516 III 12–1517 III 10 (4. Jahr);
IE 556: dasselbe Jahr;
IE 557: 1517 III 13–1518 III 11 (5. Jahr);
IE 558: 1518 IV 1–1519 III 11 (6. Jahr);
IE 559: 1519 IV 1–1520 III 11 (7. Jahr);
IE 560: 1520 IV 1–1521 III 11 (8. Jahr) [3].

Unser Überblick zeigt, daß die erhaltenen Bände den Pontifikat des ersten Medizeerpapstes fast lückenlos erfassen. Es fehlen nur das erste Viertel des dritten Regierungsjahres (April–Juni 1515) und das neunte, durch den Tod des Papstes abgebrochene Pontifikatsjahr (März–November 1521). Die Einnahmen und Ausgaben der ersten Hälfte des zweiten Pontifikatsjahres und die des ganzen vierten Jahres sind doppelt überliefert. Die

---

[1] *H. Hoberg*, Die Einnahmen der Apostolischen Kammer unter Innozenz VI., 2. Teil: Die Servitienquittungen des päpstlichen Kamerars (= Vatikanische Quellen zur Geschichte der päpstlichen Hof- und Finanzverwaltung 8) (Paderborn 1972) 34*f.

[2] Für wertvolle Hinweise sei Herrn Dr. Hermann Diener auch an dieser Stelle gedankt.

[3] *E. Göller*, Untersuchungen über das Inventar des Finanzarchivs der Renaissancepäpste (1447–1521), in: Miscellanea Francesco Ehrle 5 (= Studi e Testi 41) (Rom 1924) 226–272, bes. 237, 256; *H. Diener*, Die großen Registerserien im Vatikanischen Archiv (1378–1523), in: Quellen und Forschungen aus italienischen Archiven und Bibliotheken 51 (1972) 305–368, bes. 353.

parallellaufenden Bände unterscheiden sich dadurch voneinander, daß die die einzelnen Posten approbierenden Kammerkleriker sich in IE 552 nicht im gleichen Turnus ablösen wie in IE 553 und in IE 555 nicht in der gleichen Reihenfolge wie in IE 556[4].

Spätestens seit Kalixt III. (1455–1458) wurden die Einnahmen und Ausgaben der Apostolischen Kammer in drei parallellaufenden Registern verzeichnet. Eines wurde für den *depositarius generalis camere ap/ostolice*, eines für den *thesaurarius camere ap/ostolice* und eines für den *camerarius p/ap/e* geführt, und zwar das erste in italienischer, die beiden andern in lateinischer Sprache[5].

Für die Zeit Leos X. sind keine Depositarregister erhalten[6]. Die aus diesem Pontifikat auf uns gekommenen (lateinisch abgefaßten) *Introitus et Exitus* lassen nicht erkennen, ob sie für den Kamerar oder für den Thesaurar bestimmt waren. Wo zwei parallellaufende Register vorhanden sind, dürfte das eine für den Kamerar, das andere für den Thesaurar geführt worden sein.

Die einzelnen Bände verzeichnen in chronologischer Reihenfolge zunächst die Einnahmen, dann die Ausgaben des von ihnen erfaßten Zeitraums. Am Fuße jeder Seite steht die Gesamtsumme der auf ihr gebuchten Einzelbeträge. Weitere Gesamtsummen finden sich in ihnen nicht.

Hier interessieren uns nur die Einnahmen. Doch sei bemerkt, daß es sich bei den Ausgaben hauptsächlich um Gehaltszahlungen und Überweisungen an den Papst *pro suis necessitatibus* handelt.

Leider haben wir für die Zeit Leos X. keine den Introitusregistern entsprechenden Quittungsregister. Das jüngste erhaltene Register von Servitienquittungen geht nicht über das erste Jahr Julius' II. (1503–1504), das jüngste auf uns gekommene Register von Annatenquittungen nicht über das dritte Jahr des gleichen Papstes (1505–1506) hinaus[7].

Zu einigen Zahlungen besonderer Art finden sich jedoch, wie wir noch sehen werden, die zugehörigen Quittungen in den *Diversa Cameralia* des Vatikanischen Archivs.

Daß es Register der Annatenquittungen auch für die Zeit Leos X. gab, ersieht man daraus, daß in den Introitusregistern bei Annatenzahlungen eine Randbemerkung auf die entsprechende Stelle im Quittungsregister hinweist, z.B.: *Patet libro II° quitantiarum fol. 110*[8].

Bei den Servitienzahlungen fehlt dagegen jeder Hinweis auf ein entsprechendes Solutionsregister, woraus natürlich nicht ohne weiteres geschlossen werden darf, daß die Servitienquittungen damals nicht mehr registriert wurden.

Einen Überblick über die in den Introitusregistern Leos X. verzeichneten Einnahmen zu gewinnen wird dadurch sehr erschwert, daß die verbuchten Posten nicht mehr wie im 14. Jahrhundert nach Einnahmetiteln klassifiziert und addiert werden, ja der Einnahmetitel manchmal überhaupt nicht genannt wird.

Dazu kommt, daß die Annatenzahlungen[9], die früher zum allergrößten Teil in den Gesamtsummen der von den Kollektoren abgelieferten Gelder steckten, jetzt immer

---

[4] So sind z. B. die Zahlungen der Monate April–Juni 1514 in IE 552 von Philippus de Sergardis, in IE 553 von Ferdinandus Ponzettus approbiert.

[5] *A. Gottlob*, Aus der Camera Apostolica des 15. Jahrhunderts (Innsbruck 1889) 29, 131.

[6] *Göller* 238. [7] Ebd. 263, 265. [8] IE 557, fol. 2'.

[9] Die Annaten wurden von den vom Papst verliehenen nichtkonsistorialen Benefizien mit einem Jahresertrag von mindestens 24 fl. wie auch von päpstlicherseits gewährten Pensionen erhoben und sollten der Hälfte eines Jahreseinkommens gleichkommen. Sie fielen allein dem Papst zu (nicht wie die Servitien zur Hälfte den Kardinälen). *K. Honselmann* in: LThK² I 575 mit Literatur. Dazu

einzeln gebucht werden. Wenn in unseren Registern Jahr für Jahr an die tausend Einnahmeposten erscheinen, ist das vor allem auf die vielen Zahlungen *pro annata* zurückzuführen.

Die hohe Zahl der Einträge zwang mich, die vorliegende Untersuchung auf ein einziges Jahr zu beschränken. Ich wählte das vom 19. März 1517 bis zum 18. März 1518 reichende fünfte Pontifikatsjahr, weil es das letzte ist, in dem der päpstliche Jurisdiktionsprimat noch mehr oder weniger in der ganzen westlichen Christenheit anerkannt wurde.

Wir beschäftigen uns also weiterhin in der Hauptsache nur noch mit dem Band *Introitus et Exitus* 557; in dem auf f. 2'–124' die Einnahmen des genannten Jahres stehen.

Erleichtert werden unsere Berechnungen dadurch, daß wir in den *Introitus et Exitus* Leos X. nicht auf die verwirrende Vielfalt von Münzarten stoßen, die die Kammerrechnungen des 14. Jahrhunderts kennzeichnet, sondern nur auf eine Goldmünze, nämlich den *ducatus camere,* und zwei Silbermünzen, die ohne Spezifizierung als *solidi* und *denarii* bezeichnet werden. In den Seitensummen werden 12 *denarii* zu einem *solidus,* und 20 *solidi* zu einem *ducatus*[10] addiert.

Eine weitere Vereinfachung ergab sich daraus, daß auch die Zahl der Einnahmetitel sehr zusammengeschrumpft ist und drei Arten von Abgaben oft nicht deutlich voneinander unterschieden werden, nämlich die Servitien[11], die Annaten und die Quindennien[12].

Bei Zahlungen von Äbten heißt es nicht selten *pro annata seu communi* (nämlich *servitio) pape.* Aber auch dort, wo bei Zahlungen von Äbten im Text einfach *pro annata* steht, am Rand aber nicht die bei Annaten übliche Approbationsformel *Concordat* mit dem Hinweis auf den entsprechenden Eintrag im Register der Annatenquittungen erscheint, sondern das bei den Servitien gebräuchliche *Ita est,* handelt es sich vermutlich nicht um eine Annate, sondern um ein Servitium. Umgekehrt kommt es vor, daß im Text *pro communi* steht, am Rand aber *Patet libro quitantiarum ...* (Angabe der Stelle) und *Concordat,* also offenbar von einer Annate die Rede ist.

Zahlungen *pro quindennio* sind sehr selten, häufig dagegen solche *pro annata pro unione* (nicht selten mit dem Zusatz *perpetua*), wobei wahrscheinlich ebenfalls an Quindennien zu denken ist.

Angesichts dieser Undeutlichkeit in den Aussagen der Quelle blieb mir nichts anderes übrig, als die Servitien, Annaten und Quindennien in einen Topf zu werfen. Sicher ist

---

F. Baix, La Chambre Apostolique et les „Libri Annatarum" de Martin V (1417–1431) (= Analecta Vaticano-Belgica 14) (Bruxelles – Rome 1947–55); *E. Broutte,* Les „Libri Annatarum" pour les pontificats d'Eugène IV à Alexandre VI, Bd. 4: Pontificats d'Innocent VIII et Alexandre VI (1484–1503) (= Analecta Vaticano-Belgica 24) (Bruxelles – Rome 1963) (Bd. 1–3 sind noch nicht erschienen).

[10] Das ist die Relation, in der damals der *grosso* (oder *mezzo) giulio* zum Kammergulden stand. *J. Delumeau,* Vie économique et sociale de Rome dans la seconde moitié du XVIe siècle (= Bibliothèque des Écoles Françaises d'Athène et de Rome 184) (Paris 1957–59) 659.

[11] Als *commune servitium* hatten die vom Papst im Konsistorium ernannten oder bestätigten Bischöfe und Äbte, deren jährliche Einkünfte 100 fl. erreichten, ein Drittel eines Jahreseinkommens zu zahlen, wovon die eine Hälfte dem Papst, die andere den Kardinälen zustand. Vgl. *H. Hoberg,* Taxae pro communibus servitiis ex libris obligationum ab anno 1295 usque ad annum 1455 confectis (= Studi e Testi 144) (Città del Vaticano 1949) IX ff. (Literatur).

[12] Von den inkorporierten Pfründen war alle 15 Jahre eine der Annate entsprechende Abgabe zu entrichten, die *quindennium* hieß.

im übrigen, daß die Annaten weit mehr erbrachten als die Servitien. Das läßt unser Register klar erkennen.

Ich gebe nun zunächst einen Gesamtüberblick über die im Introitusregister des 5. Pontifikatsjahres verzeichneten Einnahmen. Dabei lasse ich die wegen ihres seltenen Vorkommens und geringen Wertes nicht ins Gewicht fallenden *denarii* außer acht. Wie das Register selbst rechne ich 20 *solidi* (s.) für einen Dukaten (d.).

Der Kammerdukat Leos X. war 24karätig und wog rund 3,39 Gramm[13]. Er war also etwas leichter als der im 14. Jahrhundert geprägte Kammergulden *(florenus camere)*, der rund 3,54 Gramm wog und damit ungefähr den Metallwert des früheren deutschen Zehnmarkstücks hatte[14]. In unserem Introitusregister ist aber der *ducatus camere* wohl nur Recheneinheit ebenso wie der *solidus* und der *denarius*[15].

Übersicht über die im Introitusregister des 5. Pontifikatsjahres Leos X. (1517 III 19–1518 III 18) verzeichneten Einnahmen

Introitus et Exitus 557, f. 2'–124'

Servitien, Annaten und Quindennien	17617 d. 16 s.
Pro balista	150 d.
Pro rochetto	99 d. 18 s.
Pro censu	326 d. 12 s.
Von den Pächtern der römischen Stadtzölle	12150 d.
Vom Papst (f. 81)	1000 d.
Vom Vizekanzler (Giulio de' Medici) ohne Einnahmetitel	4500 d.
Vom Datar (Silvio Passerini) ohne Einnahmetitel	5000 d.
Von den Kammerklerikern *pro eorum participatione super annatis* (f. 35)	12000 d.
Durch Abtretung von Erträgnissen des römischen Flußzolls *(dohana ripe et ripette)* gesichertes Darlehen der Erben des Antonio Altoviti (Florenz) (f. 28).	18219 d.
Vom Abt von St. Paul in Rom (Agostino Bonsi) ohne Einnahmetitel (f. 52)	5000 d.
Von dem Bologneser Bürger Melchior de Manzolis ohne Einnahmetitel (f. 25)	1200 d.
	77278 d. 6 s.

Die Zahlungen der Kammerkleriker, des Abts von St. Paul, der Erben des Antonio Altoviti und die des Melchior de Manzolis wurden aufgrund eines päpstlichen *mandatum ad introitum et exitum*, d.h. eines Befehls zur Verrechnung ohne tatsächliche Ein- oder Auszahlung, gebucht. Es handelt sich um Gelder, über die der Papst unmittelbar verfügte und die nur aus formellen Gründen im Introitusregister (gewöhnlich mehrere Monate später) als Einnahme und gleichzeitige Ausgabe verzeichnet wurden[16].

[13] *E. Martinori*, Annali della zecca di Roma, Leone X, Adriano VI, sedi vacanti (Roma 1918) 19.

[14] Vgl. *H. Hoberg*, Die Inventare des päpstlichen Schatzes in Avignon, 1314–1376 (= Studi e Testi 111) (Città del Vaticano 1944) XXVIII.

[15] Vgl. *Delumeau* 657.

[16] Vgl. *W. v. Hofmann*, Forschungen zur Geschichte der kurialen Behörden vom Schisma bis zur Reformation, 2 Bde. (= Bibliothek des Kgl. Preußischen Historischen Instituts in Rom 12) (Rom 1914) I 100 Anm. 2.

Auch bei den 1000 Dukaten, die unterm 1. Oktober als Zahlung des Papstes an die Kammer und unterm 30. September als Zahlung der Kammer an Corradus Trompa aus Nürnberg registriert werden, liegt eine bloße Verrechnung vor[17].

Im ganzen erscheinen somit in unserem Introitusregister 37414 Dukaten, die nur rechnungsmäßig durch die Kammer liefen. Das ist fast die Hälfte der gebuchten Einnahmen.

Bei den Zahlungen des Vizekanzlers und des Datars ist man geneigt, an Zuschüsse oder Vorschüsse der Kanzlei und der Datarie an die Kammer zu denken. Aus einer Quittung des Papstes für Iohannes Passerini und seine Brüder Valerius und Cosmas vom 24. Mai 1517 geht jedoch hervor, daß den drei Brüdern für 1500 Dukaten gewisse *possessiones seu tenimenta* im Bezirk von Perugia auf 30 Jahre überlassen wurden[18]. Vielleicht erfolgten auch die übrigen Zahlungen Passerinis aufgrund privater Verträge. Und bei den Überweisungen des Vizekanzlers könnte es ähnlich sein.

Daß es sich bei der Zahlung des Abts von *San Paolo fuori le Mura* um ein innerhalb eines Jahres zurückzuzahlendes Darlehen handelt, erhellt aus einer päpstlichen Quittung vom 3. April 1517[19]. Wie dieses Darlehen gesichert wurde, erfahren wir nicht.

Das Darlehen der Kammerkleriker sollte anscheinend mit einem entsprechenden Anteil an künftigen Annatenzahlungen zurückerstattet werden.

Eine Quittung Leos X. für den *comes* und *civis Bononiensis* Melchior de Manzolis vom 4. Mai 1517 belehrt uns, daß der Papst unserm Melchior den Grafentitel und verschiedene Privilegien verliehen hatte und sich dafür 1200 Dukaten geben ließ[20].

Den Introitusregistern des 14. Jahrhunderts unbekannt sind die hier unter den Bezeichnungen *balista* und *rochettus* erscheinenden Abgaben.

Die *balista* wurde von den Titularbischöfen erhoben und belief sich, wie sich aus unserm Register ergibt, für alle einheitlich auf 10 Dukaten. Kirsch und Schulte erwähnen sie, ohne sich weiter über sie zu äußern[21].

Die von manchen Äbtissinnen *pro rochetto* entrichtete Abgabe[22] ist nur Schulte bekannt[23]. Er teilt uns aber auch über sie nichts Näheres mit.

Bei den *census* handelt es sich fast ausschließlich um Abgaben, die dem Papst aufgrund weltlicher Rechtsverhältnisse zustanden[24]. Ganz dem *temporale* zuzurechnen sind natürlich die Zolleinnahmen.

Man vermißt andere in anderen Jahren verbuchte Einkünfte profaner Art, wie das,

---

[17] IE 557 fol. 81′ (Oktober 1). Vgl. ebd. fol. 157′ *Dicta die [30 Septembris] solvit [R.s pater dominus Ferdinandus Ponzettus S. D. N. pape thesaurarius generalis] ducatos mille auri de camera de mandato sub die 22 huius mensis Corrado Trompa de Nohebergo pro uno horologio et certis instrumentis musicis per eum datis S. D. N. et auro et argento laboratis.* Vgl. *E. Rodocanachi,* La première renaissance (Paris 1912) 103.

[18] Diversa Cameralia 67, fol. 147–147′.

[19] Diversa Cameralia 66, fol. 49–49′.

[20] Ebd. fol. 56–57.

[21] *J. P. Kirsch,* Die Annaten und ihre Verwaltung in der zweiten Hälfte des 15. Jahrhunderts, in: Historisches Jahrbuch 9 (1888) 310. *A. Schulte,* Die Fugger in Rom, 2 Bde. (Leipzig 1904) I 14.

[22] Z.B. IE 557, fol. 60′: *... a d. Elisabeth de Bosel pro rochetto mon. S. Petri Puellarum o.s. Benedicti Barchinonen. diocesis... 5 d.*

[23] A.a.O. I 14.

[24] Z.B. IE 557, fol. 5: *... a communitate Senarum pro censu Radiocofani... 11 d. 4 s.;* fol. 37: *... ab Ill.mo d. duce Ferrarien. pro censu presentis anni... 100 d.;* ebd.: *... pro censu cuiusdam terreni prope castrum S. Angeli... 7 s.* – Kirchenrechtlicher Art war dagegen der von der Abtei Egmond (Diözese Utrecht) in Höhe von 6 s. gezahlte Zins (fol. 37′; nicht bei *Brom* [vgl. Anm. 42]).

was die Verpachtung von Alaungruben und Salinen einbrachte oder was die Thesaurare der kirchenstaatlichen Provinzen überwiesen[25].

Für die Frage nach dem Anteil Deutschlands an den Einnahmen der Apostolischen Kammer kommen nur diejenigen Einnahmen in Betracht, die dem Papst als Oberhaupt der Kirche zuflossen und die von den Zeitgenossen als das *spirituale* bezeichnet wurden. Von den in unserm Introitusregister verbuchten Zahlungen gehören dazu die Servitien, die Annaten, die Quindennien, die als *balista* und *rochettus* bezeichneten Abgaben und teilweise die *census*. Was an *census* kirchenrechtlicher Art wie auch was als *balista* und *rochettus* gezahlt wurde, ist jedoch so geringfügig, daß wir es hier außer acht lassen können.

So bleiben als Gegenstand unserer Untersuchung nur die Servitien, Annaten und Quindennien. Weshalb wir diese drei Abgaben bei unseren Berechnungen nicht auseinanderhalten, haben wir bereits begründet.

Sind nun die Servitien und Annaten (die Quindennien sind im folgenden immer mitgemeint) in unserem Introitusregister vollständig verbucht?

Hinsichtlich der Annaten scheint diese Annahme deshalb berechtigt zu sein, weil in den Registern, die die Annatenobligationen festgehalten haben, am Rande die zugehörigen Zahlungen vermerkt sind und, soweit ich sehe, fast jeder dieser Zahlungen ein Eintrag in den Introitus entspricht[26]. Die beiderseits genannten Summen stimmen allerdings nicht immer genau miteinander überein. Die vorkommenden geringfügigen Unterschiede bedürfen noch der Erklärung, können aber unser Argument nicht entkräften. Und wenn alle Annaten in den Introitusregistern verzeichnet wurden, wird das wohl auch für die ihnen nahe verwandten Quindennien gelten.

Die für den Papst bestimmten Servitienzahlungen wurden im 14. Jahrhundert in der Regel in den Introitusregistern des päpstlichen Thesaurars verbucht. Ausnahmen sind sehr selten[27]. Die Präsumtion, daß dies auch für die Zeit Leos X. gilt, scheint berechtigt, zumal uns in den Rechnungsbüchern der *thesauraria secreta* dieses Papstes die Servitien ebensowenig begegnen wie die Annaten[28].

Gegen die Vollständigkeit unseres Introitusregisters hinsichtlich der Servitien und Annaten scheint hingegen die Tatsache zu sprechen, daß deren aus ihm errechnete Gesamtsumme bedeutend niedriger ist als das, was in den bisher bekanntgewordenen zeitgenössischen Übersichten über die Einnahmen der Renaissancepäpste als Jahresertrag dieser Abgaben genannt wird. In einer für das 10. Pontifikatsjahr Sixtus' IV. (1480/81) aufgestellten Bilanz erscheint unter den *entrate ordinarie della Camera apostolica* das *spirituale, cioè comuni di papa et annate* mit 42000 Dukaten[29]. Der Verfasser einer anderen ebenfalls der Zeit Sixtus' IV. angehörenden Übersicht über die *entrate della*

[25] Im ersten Pontifikatsjahr erscheinen 65000 Dukaten, die die Verpachtung der Alaungruben von Tolfa einbrachten, weiterhin über 17000 Dukaten, die der Thesaurar der Mark Ancona einzahlte. IE 551, fol. 24', 25, 26, 29, 34, 68, 68'. Im zweiten Jahr zahlte der Pächter der Salinen der Mark Ancona 4000 Dukaten. IE 553, fol. 57.

[26] Ich verglich die Obligationen in Annat. 59, fol. 70'–79' mit den Zahlungen in IE 557, fol. 7'–14. Die einzige auf den angegebenen Blättern des Obligationsregisters vermerkte Zahlung, die ich im Introitusregister nicht fand, ist vom 8. April datiert und betrifft ein Benefizium in der Diözese Grenoble (fol. 77').

[27] Vgl. *Hoberg*, Servitienquittungen 20*, 35*.

[28] *Schulte* I 15.

[29] *C. Bauer*, Studi per la storia delle finanze papali durante il pontificato di Sisto IV, in: Archivio della Soc. Rom. di Storia Patria 50 (1927) 319–400, bes. 349.

chiesa Romana meint, das *spirituale tanto dannate quanto di comuni pape si puo ragionare l'uno anno per l'altro d. 60000*[30]. In einer *nota di tutte l'intrate della Sede Apostolica* von 1525 werden Servitien und Annaten auf 50000 Dukaten veranschlagt[31].

Diese Angaben sind aber mit Vorsicht aufzunehmen. Sie beruhen offenbar auf bloßen, womöglich voneinander abhängigen Schätzungen, nicht auf Einsicht in die Rechnungsbücher[32].

Das gilt erst recht von den Berichten der venezianischen Botschafter. Sie schätzten den Jahresertrag der Annaten und Servitien unter Leo X. auf 100000 Dukaten, wobei sie aber, wie ausdrücklich gesagt wird, den Anteil der Kardinäle an den Servitien einbezogen[33].

Natürlich ist es möglich, daß das Einkommen aus den Servitien und Annaten im 5. Pontifikatsjahr Leos X. niedriger war als in anderen Jahren. Wenn allein die Fugger im ersten Pontifikatsjahr Julius' II. (1503/04) der Apostolischen Kammer für Servitien und Annaten rund 14000 fl. und im folgenden Jahr rund 11700 fl. übermittelten[34], muß man annehmen, daß die Gesamtsumme dieser Abgaben in den genannten Jahren weit höher war als im Jahr 1517/18. Unterschiede zwischen den einzelnen Jahren ergaben sich notwendigerweise vor allem daraus, daß Zahl und Höhe der Servitien und Annaten von der wechselnden Zahl der päpstlichen Provisionen und dem unterschiedlichen Wert der verliehenen Pfründen abhingen.

Die Fugger gewährten den Päpsten wiederholt Darlehen und ließen sich deren Rückzahlung durch Abtretung von ausstehenden Servitien und Annaten sichern[35]. Nun erscheinen in unserem Register mehrere Servitien- und Annatenzahlungen, die durch die Hände der Fugger gingen[36]. Das läßt sich wohl nur so erklären, daß entweder auch diejenigen Servitien und Annaten einzeln als Einnahmen gebucht wurden, die die Fugger aufgrund eines Darlehensvertrags eingezogen und behalten hatten, oder daß die gewährten Darlehen inzwischen vollständig zurückerstattet worden waren und deshalb die von den Fuggern weiterhin entgegengenommenen Servitien und Annaten der Kammer ausgezahlt wurden. Auf jeden Fall berechtigen die genannten Darlehensverträge nicht ohne weiteres zu der Annahme, unser Register müsse hinsichtlich der Servitien und Annaten unvollständig sein.

Nun stellte Leo X. den Fuggern eine (ohne Datum registrierte, von Schulte auf Ende 1514 angesetzte) Quittung über 3400 Dukaten für das verhängnisvolle Mainzer Servitium aus[37]. In ihr wird gesagt, daß die Fugger 3000 Dukaten bar zahlten und die übrigen 400 Dukaten aufgrund einer Forderung zurückbehielten. In den Introitusregistern findet sich als einzige Zahlung des Erzbischofs von Mainz ein von den Fuggern ausgehändigter

---

30 *Gottlob* 253.

31 *M. Monaco,* La situazione della Reverenda Camera Apostolica nell'anno 1525 (= Archivi, quaderno 6) (Roma 1960) 95; *P. Partner,* The „budget" of the Roman Church in the Renaissance Period, in: *F. Jacob* (Hrsg.), Italian Renaissance Studies (London 1960) 256–278, bes. 278.

32 Aufgrund der wenig übersichtlichen Rechnungsbücher der Renaissancepäpste ein einigermaßen korrektes „Budget" aufzustellen war auch sicher nicht leicht. Ob die Zeitgenossen das überhaupt je ernstlich versucht haben?

33 *E. Albèri,* Relazioni degli ambasciatori veneti al senato, serie 1, vol. 3 (Firenze 1846) 63, 72 (Berichte von 1520 und 1523).

34 *Schulte* I 34ff.

35 Ebd. II Urk. Nr. 37, 38, 74, 82, 107.

36 IE 557, fol. 5, 18, 44. Vgl. *Schulte* I 189.

37 *Schulte* II Urk. 71.

Betrag von 400 Dukaten, der unterm 30. September 1516 ohne Angabe des Rechtstitels gebucht wurde[38]. Schulte nimmt an, daß dies die in der Quittung genannten 400 Dukaten sind und die dort ebenfalls genannten 3000 Dukaten direkt an den Papst gingen, ohne in die Kammerrechnung zu kommen[39]. In der Quittung wird jedoch den Kammerbeamten aufgetragen, daß sie die ganze Summe von 3400 Dukaten *ad ordinarium introitum et exitum ipsius camere poni et describi faciant.* Vielleicht geschah dies unter einem Datum, das in die Zeit fällt, für die in den Registern eine Lücke klafft (April–Juni 1515). Der Buchungsbefehl scheint jedenfalls zu bestätigen, daß die Servitien normalerweise ins Introitusregister gehörten. Im übrigen schloß, wie bereits dargelegt, eine Buchung im Introitusregister nicht aus, daß der Papst über den eingegangenen Betrag unmittelbar verfügte.

Aber sollte der Papst in seinem 5. Pontifikatsjahr an Servitien und Annaten wirklich nur rund 17600 Dukaten eingenommen haben? Unter Innozenz VI. erbrachten allein die Servitien im Jahresdurchschnitt rund 35000fl. (unter Klemens VI. sogar 50000fl.). Die päpstlichen Provisionen dauerten fort, und die Servitientaxen blieben im großen und ganzen unverändert. Den französischen Prälaten war allerdings auf dem Konzil von Konstanz (1418) zugestanden worden, als *commune servitium* nur die Hälfte der Taxe zu zahlen[40]. Und wir dürfen annehmen, daß auch sonst in Einzelfällen das Servitium ermäßigt wurde. Aber läßt sich damit ein so starker Rückgang der Zahlungen erklären?

Im 14. Jahrhundert haben die servitienpflichtigen Prälaten die ihnen auferlegten Zahlungsfristen oft nicht eingehalten. Viele sanken ins Grab, ohne von ihrer Servitienschuld auch nur einen Gulden abgetragen zu haben[41]. Sollte die Säumigkeit des hohen Klerus inzwischen so zugenommen haben, daß die „geistlichen" Einkünfte des Papstes zu einem Bruchteil dessen reduziert wurden, was sie in Avignon waren?

Weiterführen in der Frage nach der Vollständigkeit unserer Quelle hinsichtlich der Servitien könnte vielleicht ein Vergleich der Introitusregister der Vorgänger Leos X. mit den für ihre Zeit vorhandenen Registern von Servitienquittungen, ein Vergleich, den ich einer späteren Untersuchung vorbehalten muß.

Wenn ich nun im folgenden die aus unserem Introitusregister gewonnenen Zahlen nach Diözesen, Kirchenprovinzen und größeren geographischen Einheiten zusammenstelle, geschieht das in der, wie mir scheint, nicht unberechtigten Annahme, daß trotz der einstweilen nicht zu behebenden Fragwürdigkeit der absoluten Zahlen die sich abzeichnenden Proportionen in etwa stimmen könnten.

Wir sind ja ausgegangen von der Frage nach einer Proportion, d.h. nach dem Anteil Deutschlands an den Einnahmen der Apostolischen Kammer. Die Beantwortung einer solchen Frage setzt nach den Regeln der Statistik nicht unbedingt eine Gesamterhebung voraus. Sollte unser Introitusregister hinsichtlich der Servitien nicht vollständig sein, wäre unsere Untersuchung eine Art Stichprobenverfahren, wobei allerdings an die Stelle einer methodisch ausgewählten Repräsentation ein uns unbekanntes Auswahlprinzip oder der reine Zufall getreten wäre. Nichts spricht dafür, daß für die Einträge ins Introitusregister eine Auswahl nach territorialen oder geographischen Gesichtspunkten getroffen wurde. Eine solche Auswahl würde allerdings, solange wir ihre Kriterien nicht kennen, unseren Berechnungen jegliche Grundlage entziehen.

---

[38] IE 555, fol. 60'; 556, fol. 60'. [39] *Schulte* I 123f.

[40] *A. Mercati,* Raccolta di concordati su materie ecclesiastiche tra la Santa Sede e le autorità civili (Rom 1919) 154.

[41] Diese Behauptung beruht auf meiner Kenntnis der Obligationsregister.

In unserer Zusammenstellung ließen sich 26 Zahlungen nicht einordnen, da bei ihnen nicht zu erkennen ist, um welche Diözese es sich handelt, und zwar in den meisten Fällen deshalb nicht, weil der angegebene lateinische Name zwei oder drei Diözesen gemeinsam ist. So kann *Aquen.* Acqui, Aix und Dax, *Augusten.* Aosta und Augsburg, *Placentin.* Piacenza und Plasencia sein.

Leider kommt es auch vor, daß der Schreiber des Introitusregisters ähnlich klingende Namen verwechselt. So werden auf f. 3 die Abteien *S. Severi* (St. Sever) und *B. Marie Pontisalti* (Pontaut), die in der Diözese Aire *(Aduren.)* lagen, in die Diözese Ávila *(Abulen.)* versetzt. Auch ist die dort genannte *ecclesia Abulen.*, für die *pro communi pape iuxta reductionem regni Francie* 90 Dukaten gezahlt werden, offenbar ebenfalls nicht Ávila, sondern Aire. Hier habe ich den Fehler korrigiert. Eine systematische Überprüfung des Quellenbefunds in topographischer Hinsicht war mir jedoch wegen des erforderlichen Zeitaufwands nicht möglich.

Manche Zahlungen betreffen mehrere in verschiedenen Diözesen oder sogar in verschiedenen Kirchenprovinzen gelegene Benefizien. Der Leser wird sehen, wie ich dieser Schwierigkeit begegnet bin.

Nordeuropa

Provinz Lund	
Börglum (Dänemark)	6 d. 5 s.

Mitteleuropa

Provinz Gnesen mit Kammin und Schwerin	
Breslau	3 d. 16 s.
Gnesen	25 d. 16 s.
Kammin (exemt)	6 d. 7 s.
Krakau	38 d. 4 s.
Plock	13 d.
Posen	15 d.
Kammin und Schwerin (Prov. Bremen)	6 d. 5 s.
	108 d. 8 s.
Provinz Kalocsa-Bács	
Csanád	6 d. 8 s.
Provinz Köln	
Köln	43 d. 8 s.
Lüttich	268 d. 13 s.
Utrecht	1307 d. 11 s.[42]
	1619 d. 12 s.
Provinz Mainz mit Bamberg	
Augsburg	237 d. 16 s.
Bamberg (exemt)	32 d. 12 s.
Chur	18 d.
Halberstadt	19 d. 8 s.
Konstanz	32 d. 5 s.
Mainz	69 d. 12 s.
Speyer	19 d. 13 s.
Straßburg	4 d.
Worms	5 d.
Würzburg	20 d. 14 s.
	459 d.
Provinz Salzburg	
Freising	34 d. 16 s.
Gurk	22 d. 4 s.
Passau	385 d. 4 s.
Salzburg	67 d.
	509 d. 4 s.
Provinz Trier	
Metz	7 d. 16 s.
Toul	186 d. 7 s.
Trier	29 d. 9 s.
	223 d. 12 s.
Mitteleuropa insgesamt	2926 d. 4 s.

[42] *G. Brom*, Archivalia in Italië, 1. Deel, Rome, Vaticansch Archief, 1. Stuk (= Rijks geschiedkundige Publicatiën, Kleine Serie 2) ('s-Gravenhage 1908) Nr. 1046, bringt aus unersichtlichen Gründen nur die beiden Utrecht betreffenden Einträge, die auf fol. 11 stehen, nicht dagegen die sich auf dieselbe Diözese beziehenden Posten, die auf fol. 4, 19', 28, 98' und 118' verzeichnet sind.

Die westeuropäischen Inseln

England

Provinz Canterbury

Bangor	9 d.	3 s.
Bath and Wells	31 d.	12 s.
Coventry-Lichfield	27 d.	13 s.
Hereford	4 d.	14 s.
Lincoln	58 d.	7 s.
London	59 d.	16 s.
Norwich	6 d.	
Salisbury	4 d.	1 s.
Winchester	13 d.	4 s.
Lincoln und Salisbury	9 d.	6 s.
	223 d.	16 s.

Provinz York

York	4 d.	2 s.
England insgesamt	227 d.	18 s.

Schottland

Provinz Glasgow

Withorn-Galloway	7 d.	8 s.

Provinz St. Andrews

Dunblane	29 d.	
Moray	19 d.	8 s.
St. Andrews	86 d.	6 s.
	134 d.	14 s.
Schottland insgesamt	142 d.	2 s.

Irland

Provinz Cashel

Ross	30 d.	3 s.
Die westeuropäischen Inseln insgesamt	400 d.	3 s.

Das westeuropäische Festland

Provinz Aix

Aix	25 d.	5 s.
Apt	4 d.	10 s.
Fréjus	48 d.	13 s.
Gap	16 d.	8 s.
Sisteron	23 d.	3 s.
	117 d.	19 s.

Provinz Arles

Arles	18 d.	
Carpentras	17 d.	12 s.
St-Paul-Trois-Châteaux	37 d.	8 s.
Toulon	80 d.	16 s.
	153 d.	16 s.

Provinz Auch

Aire	138 d.	14 s.
Bazas	7 d.	9 s.
Comminges	13 d.	6 s.
Lescar	4 d.	8 s.
	163 d.	17 s.

Provinz Avignon

Avignon	6 d.	10 s.

Provinz Besançon

Basel	9 d.	7 s.
Belley	52 d.	
Besançon	348 d.	1 s.
Lausanne	73 d.	
	482 d.	8 s.

Provinz Bordeaux

Agen	30 d.	16 s.
Angoulême	11 d.	7 s.
Maillezais	7 d.	8 s.
Périgueux	6 d.	8 s.
Poitiers	61 d.	12 s.
Saintes	24 d.	6 s.
Sarlat	26 d.	8 s.
	168 d.	5 s.

Provinz Bourges mit Le Puy

Albi	65 d.	
Bourges	89 d.	5 s.
Cahors	9 d.	
Clermont	24 d.	9 s.
Le Puy (exemt)	26 d.	
Limoges	33 d.	18 s.
Mende	26 d.	
Rodez	9 d.	9 s.
Saint-Flour	6 d.	15 s.
Tulle	90 d.	15 s.
Cahors und Rodez	52 d.	
Mende und Rodez	5 d.	7 s.
	437 d.	18 s.

Provinz Embrun

Digne	10 d.	4 s.

Provinz Lyon

Chalon-sur-Saône	20 d.	
Langres	30 d.	12 s.
Lyon	195 d.	17 s.
Mâcon	20 d.	
	266 d.	9 s.

Provinz Narbonne mit Elne

Carcassonne	15 d.	17 s.
Elne (exemt)	29 d.	14 s.
Maguelonne	20 d.	3 s.
Narbonne	14 d.	
Uzès	10 d.	4 s.
	89 d.	18 s.

Provinz Reims

Amiens	43 d.	12 s.
Cambrai	353 d.	18 s.
Châlons-sur-Marne	99 d.	5 s.
Laon	15 d.	6 s.
Noyon	52 d.	
Reims	22 d.	4 s.
Soissons	118 d.	
Thérouanne	43 d.	8 s.
Tournai	586 d.	17 s.
Arras und Tournai	157 d.	
	1491 d.	10 s.

Provinz Rouen

Évreux	15 d.	3 s.
Rouen	315 d.	16 s.
	330 d.	19 s.

Provinz Sens

Chartres	9 d.	18 s.
Orléans	15 d.	
Paris	4 d.	8 s.
Sens	117 d.	4 s.
Troyes	21 d.	6 s.
	167 d.	16 s.

Provinz Tarantaise

Saint-Jean-de-Maurienne	24 d.	3 s.
Tarantaise	78 d.	18 s.
	103 d.	1 s.

Provinz Toulouse

Pamiers	3 d.	18 s.
Rieux	167 d.	
	170 d.	18 s.

Provinz Tours

Angers	14 d.	6 s.
Coutance	12 d.	6 s.
Dol	42 d.	18 s.
Le Mans	37 d.	9 s.
Nantes	100 d.	2 s.
Quimper	56 d.	7 s.
Rennes	67 d.	12 s.
Saint-Brieuc	8 d.	4 s.
Saint-Malo	164 d.	18 s.
Saint-Pol-de-Léon	26 d.	19 s.
Tours	14 d.	4 s.
Tréguier	39 d.	8 s.
Vannes	102 d.	15 s.
	687 d.	8 s.

Provinz Vienne

Genf	326 d.	17 s.
Grenoble	51 d.	19 s.
Vienne	31 d.	14 s.
Viviers	12 d.	8 s.
	422 d.	18 s.

Zahlungen, mehrere Provinzen des westeuropäischen Festlandes betreffend

Bourges und Orléans	13 d.	
Le Puy, Limoges und Viviers	22 d.	12 s.
	35 d.	12 s.

Das westeuropäische Festland insgesamt	5307 d.	6 s.

Die Iberische Halbinsel

Provinz Braga

Astorga	39 d. 8 s.

Provinz Granada

Granada	7 d. 9 s.

Provinz Lissabon

Evora	28 d. 12 s.
Idana	28 d. 6 s.
Lamego	11 d. 9 s.
Lissabon	34 d. 18 s.
	103 d. 5 s.

Provinz Santiago de Compostela

Ávila	68 d. 4 s.
Badajoz	5 d. 2 s.
Ciudad-Rodrigo	21 d. 16 s.
Coria	19 d. 6 s.
León	22 d. 19 s.
Lugo	4 d. 4 s.
Oviedo	23 d. 11 s.
Plasencia	10 d. 5 s.
Salamanca	221 d.
Santiago	13 d. 14 s.
Tuy	24 d. 13 s.
Zamora	98 d. 14 s.
Ávila und Ciudad-Rodrigo	44 d. 18 s.
	578 d. 6 s.

Provinz Saragossa

Calzada	22 d. 14 s.
Calahorra	111 d. 7 s.
	134 d. 1 s.

Provinz Sevilla

Cádiz	13 d. 8 s.
Córdoba	157 d. 9 s.
Jaén	31 d. 10 s.
Sevilla	66 d. 17 s.
	269 d. 4 s.

Provinz Tarragona

Albarracín	11 d. 2 s.
Barcelona	126 d. 12 s.
Gerona	75 d. 10 s.
Lérida	69 d. 13 s.
Mallorca	11 d. 2 s.
Tarragona	10 d. 8 s.
Tortosa	27 d. 18 s.
Urgel	89 d. 18 s.
Vich	9 d. 15 s.
Barcelona und Gerona	7 d. 16 s.
	439 d. 14 s.

Provinz Toledo mit Burgos

Burgos (exemt)	179 d. 11 s.
Cartagena	78 d. 15 s.
Cuenca	90 d. 18 s.
Osma	78 d. 14 s.
Palencia	87 d. 16 s.
Segovia	142 d. 7 s.
Sigüenza	33 d. 18 s.
Toledo	370 d. 4 s.
Cuenca und Toledo	7 d.
Palencia und Segovia	6 d. 5 s.
	1075 d. 8 s.

Zahlungen, mehrere Provinzen der Iberischen Halbinsel betreffend

Ávila, Salamanca und Toledo	18 d. 4 s.
Lamego, Porto und Viseu	37 d. 8 s.
	55 d. 12 s.

Die Iberische Halbinsel insgesamt	2702 d. 4 s.

Die Apenninenhalbinsel

Oberitalien mit Mariana (Korsika)

Provinz Aquileja

Aquileja	4 d. 8 s.
Belluno	4 d. 4 s.
Ceneda	13 d.
Como	57 d. 8 s.
Concordia	136 d. 15 s.
Feltre	12 d. 11 s.

Mantua	95 d. 14 s.
Padua	250 d. 5 s.
Treviso	264 d. 6 s.
Trient	69 d. 4 s.
Verona	154 d. 14 s.
Vicenza	115 d. 15 s.
	1178 d. 4 s.

Provinz Genua mit Luni-Sarzana

Albenga	10 d. 12 s.
Genua	54 d. 8 s.
Luni-Sarzana	60 d. 10 s.
Mariana (Korsika)	5 d. 4 s.
Savona	4 d. 8 s.
	135 d. 2 s.

Provinz Mailand mit Pavia

Asti	52 d. 15 s.
Bergamo	305 d. 2 s.
Brescia	425 d. 1 s.
Casale Monferrato	37 d. 18 s.
Cremona	353 d. 13 s.
Ivrea	16 d. 14 s.
Lodi	30 d. 8 s.
Mailand	467 d. 10 s.
Mondovì	3 d. 18 s.
Novara	13 d. 8 s.
Pavia	214 d. 1 s.
Tortona	29 d. 19 s.
Vercelli	27 d. 16 s.
	1978 d. 3 s.

Provinz Ravenna mit Cesena, Faenza, Ferrara und Piacenza

Adria	5 d.
Bertinoro	14 d. 6 s.
Bologna	22 d. 1 s.
Cesena (exemt)	7 d. 8 s.
Faenza (exemt)	8 d. 9 s.
Ferrara	28 d. 12 s.
Frigento	6 d. 8 s.
Imola	6 d.
Modena	12 d. 1 s.
Parma	144 d. 16 s.
Piacenza	88 d.
Ravenna	13 d. 8 s.
Reggio nell'Emilia	48 d. 2 s.
	404 d. 11 s.

Provinz Turin

Saluzzo	14 d. 4 s.
Turin	350 d. 18 s.
	365 d. 2 s.

Provinz Venedig

Venedig	93 d. 18 s.

Verschiedene Provinzen

Como (Prov. Aquileja) und Mailand (Metropole)	3 d. 15 s.
Oberitalien insgesamt	4158 d. 15 s.

Mittelitalien mit Aleria (Korsika)

Provinz Florenz

Fiesole	24 d. 18 s.
Florenz	57 d. 14 s.
	82 d. 12 s.

Provinz Pisa

Aleria (Korsika)	13 d. 4 s.
Pisa	3 d. 18 s.
	17 d. 2 s.

Provinz Siena

Siena	10 d. 3 s.

Exemte Diözesen

Arezzo	26 d. 12 s.
Ascoli Piceno	10 d.
Chieti	16 d. 18 s.
Foligno	3 d. 9 s.
Gaeta	10 d. 8 s.
Grosseto	11 d. 7 s.
Lucca	315 d. 13 s.
Orvieto	9 d. 14 s.
Osimo	7 d. 15 s.
Perugia	43 d. 8 s.
Pesaro	5 d. 2 s.
Pistoia	17 d. 11 s.
Recanati	10 d. 4 s.
Rimini	77 d. 15 s.
Rom	72 d. 8 s.

Senigallia	10 d. 12 s.
Soana	3 d. 18 s.
Spoleto	30 d. 12 s.
Todi	2 d. 6 s.
Volterra	5 d. 8 s.
	691 d.

Mittelitalien insgesamt	800 d. 17 s.

Zahlungen aus mehreren Teilen Ober- und Mittelitaliens

Bologna, Lucca und Luni-Sarzano	32 d. 10 s.
Lucca und Piacenza	45 d.
	77 d. 10 s.

Ober- und Mittelitalien insgesamt	5037 d. 2 s.

Unteritalien

Provinz Bari

Bari	14 d. 8 s.
Bitonto	9 d.
Giovinazzo	4 d. 12 s.
Polignano	14 d. 3 s.
	42 d. 3 s.

Provinz Benevent

Benevent	50 d. 7 s.
Montemarano	4 d. 3 s.
Sant'Agata dei Goti	8 d.
Telese	5 d. 2 s.
Termoli	15 d.
	82 d. 12 s.

Provinz Conza

Bisaccia	3 d. 18 s.
Conza	34 d. 13 s.
	38 d. 11 s.

Provinz Reggio di Calabria

Reggio di Calabria	4 d. 4 s.
Squillace	9 d.
	13 d. 4 s.

Weitere Diözesen

Acerenza und Matera (Metropole)	10 d. 6 s.
Carinola (Prov. Capua)	7 d. 8 s.
Cosenza (Metropole)	10 d. 17 s.
Lecce (Prov. Otranto)	15 d. 12 s.
Mileto (exemt)	16 d. 18 s.
Monopoli (exemt)	34 d. 9 s.
Neapel (Metropole)	115 d. 19 s.
Sarno (Prov. Salerno)	19 d. 10 s.
	230 d. 19 s.

Unteritalien insgesamt	407 d. 9 s.

Sizilien mit Malta

Catania (exemt)	13 d. 7 s.
Malta (Prov. Palermo)	5 d. 2 s.
Messina (Metropole)	10 d. 8 s.
	28 d. 17 s.

Sardinien

Oristano (Metropole)	37 d.
Sassari (Metropole)	18 d. 4 s.
	55 d. 4 s.

Dalmatien

Provinz Spalato

Croiacen. (Knin?)	4 d. 3 s.
Traù	18 d.
	22 d. 3 s.

Provinz Ragusa

Ragusa (Dubrovnik)	6 d. 5 s.
Dalmatien insgesamt	28 d. 8 s.

Griechenland und die Inseln des östlichen Mittelmeers

Provinz Hierakleion (Kreta)

Hierakleion	20 d.
Hierapetra	2 d.
Kanea	22 d.
	44 d.

Weitere Diözesen	
Korfu (Metropole)	7 d. 10 s.
Rheon (Prov. Athen)	13 d. 6 s.
	20 d. 16 s.
Griechenland insgesamt	64 d. 16 s.

Zahlungen, verschiedene Teile Europas betreffend	
Regensburg, Salzburg und Sisteron	4 d.
Agen, Córdoba und Sevilla	22 d. 1 s.
Lyon und Astorga	17 d. 12 s.
Thérouanne und Faenza	4 d. 10 s.
Vence und Nocera dei Pagani	12 d.
Braga, Santiago und Alba	150 d.
Padua und Mylopotamos (Kreta)	15 d. 3 s.
	225 d. 6 s.

Die Gesamtsummen		
Nordeuropa	6 d. 5 s.	(ca. 0,03%)
Mitteleuropa	2926 d. 4 s.	(ca. 16,66%)
Die westeuropäischen Inseln	400 d. 3 s.	(ca. 2,27%)
Das westeuropäische Festland	5307 d. 6 s.	(ca. 30,21%)
Die Iberische Halbinsel	2702 d. 4 s.	(ca. 15,36%)
Die Apenninenhalbinsel, Korsika, Sardinien, Sizilien, Dalmatien und Griechenland	5576 d. 16 s.	(ca. 31,74%)
Aus verschiedenen Teilen Europas	225 d. 6 s.	(ca. 1,27%)
Nicht identifiziert	473 d. 12 s.	(ca. 2,68%)
Zusammen	17617 d. 16 s.	

Die Einnahmen der Apostolischen Kammer unter Innozenz VI. berechnete ich aufgrund der (nicht ganz vollständig erhaltenen) Introitusregister auf 2 461 896 fl.[43] Davon erhielt der Papst, soweit das zu erkennen ist, rund 2 180 000 fl. als Oberhaupt der Kirche. Was dazu die Kirchenprovinzen Bremen, Köln, Magdeburg, Mainz, Salzburg und Trier sowie die exemten Diözesen Bamberg und Kammin beisteuerten, schätzte ich auf rund 110 000 fl.[44], wobei jedoch die Kirchenprovinz Trier hinsichtlich der Einzahlungen der Kollektoren außer Betracht blieb, da sie mit den Kirchenprovinzen Besançon, Lyon, Tarentaise und Vienne eine Kollektorie bildete und daher die in ihr gesammelten Gelder in den Introitusregistern nicht gesondert aufgeführt werden (abgesehen von einigen Ablieferungen aus den Diözesen Metz, Toul und Verdun, die sich zusammen auf nicht mehr als 629 fl. belaufen). Wir dürfen aber wohl annehmen, daß die betreffenden Kollektoren aus der Trierer Kirchenprovinz nicht mehr zogen als andere Kollektoren aus allen übrigen deutschen Diözesen zusammen, d.h. nicht mehr als 13 000 fl. So wird die Gesamtsumme aller Einnahmen aus Deutschland 123 000 fl., d.h. etwa 5,5 Prozent der dem Papst als Haupt der Kirche entrichteten Abgaben, nicht überschritten haben.

Von den Servitien, Annaten und Quindennien, die im Introitusregister des Jahres 1517/18 verbucht wurden und die mit fast 17 618 Dukaten rund 98,5 Prozent der dort registrierten auf dem päpstlichen Primat beruhenden Einkünfte ausmachen, entfallen auf

[43] *H. Hoberg,* Die Einnahmen der Apostolischen Kammer unter Innozenz VI., 1. Teil: Die Einnahmeregister des päpstlichen Thesaurars (= Vatikanische Quellen zur Geschichte der päpstlichen Hof- und Finanzverwaltung 7) (Paderborn 1955) 36*.

[44] *Hoberg,* Servitienquittungen 34*.

die obengenannten deutschen Kirchenprovinzen und exemten Diözesen 2824 Dukaten[45], das sind etwa 16 Prozent. Demnach wäre der Anteil Deutschlands an den aus der gesamtkirchlichen Stellung des Papstes erwachsenen Einnahmen der Apostolischen Kammer in den anderthalb Jahrhunderten zwischen Innozenz VI. und Leo X. beträchtlich gewachsen. Hinter dem Anteil des westeuropäischen Festlands (rund 30 Prozent) bliebe er aber immer noch erheblich zurück, obwohl dieser stark zurückgegangen war (unter Innozenz VI. waren es 39 Prozent gewesen).

Die Apenninenhalbinsel hatte unter Innozenz VI. zusammen mit Korsika, Sardinien, Sizilien, Dalmatien, Griechenland und Zypern etwa 5 Prozent der in den Registern des päpstlichen Thesaurars verzeichneten „spirituellen" Einnahmen (49 404 fl. an Servitien, 55 482 fl. von Kollektoren und Annatenpflichtigen) aufgebracht. Im 5. Pontifikatsjahr Leos X. kamen von dorther nahezu 32 Prozent der Einnahmen dieser Art.

Derartige Vergleiche ständen auf festeren Füßen, wenn sie auch für Leo X. auf Zahlen beruhten, die den ganzen Pontifikat und nicht nur ein Jahr betreffen. Denn die für das 5. Pontifikatsjahr Leos X. hinsichtlich der Herkunft der Servitien und Annaten festgestellten Proportionen dürfen natürlich nicht ohne weiteres auch für die vorhergehenden Jahre angenommen werden. Für diese Jahre eine Untersuchung wie die hier vorliegende anzustellen ist mir wegen des erforderlichen Zeitaufwands wenigstens vorläufig nicht möglich. Was ich hier noch bieten kann, sind die von mir errechneten Jahressummen der in den übrigen Pontifikatsjahren Leos X. aus Deutschland gezahlten und in den Introitusregistern verbuchten Servitien und Annaten. Dabei mußte ich das 3. Jahr beiseite lassen, weil das Introitusregister dieses Jahres nicht vollständig erhalten ist. Das 9. Jahr fehlt, da für dieses überhaupt kein Introitusregister auf uns gekommen ist und es ja auch durch den Tod des Papstes abgebrochen wurde.

Zu Deutschland rechne ich hier die Kirchenprovinzen Bremen, Köln, Magdeburg, Mainz, Salzburg und Trier sowie die Diözesen Bamberg (exemt), Basel (Prov. Besançon), Breslau (Prov. Gnesen), Kammin (exemt) und Wien (exemt). Aus der exemten Diözese Wiener Neustadt ist mir keine Zahlung begegnet.

Dies ist das Ergebnis meiner Berechnungen:

1. Jahr	(1513/14):	1332 d.	6 s.
2. Jahr	(1514/15):	1597 d.	3 s.
4. Jahr	(1516/17):	3923 d.	2 s.
5. Jahr	(1517/18):	1837 d.	3 s.
6. Jahr	(1518/19):	784 d.	1 s.
7. Jahr	(1519/20):	757 d.	8 s.
8. Jahr	(1520/21):	921 d.	10 s.

In die Augen fällt, daß im 4. Pontifikatsjahr aus Deutschland mehr als doppelt soviel kam wie in den übrigen Jahren vor der Glaubensspaltung. Von den in diesem Jahr aus Deutschland einkommenden Servitien und Annaten wurden über drei Viertel der Gesamtsumme, nämlich 3164 d. 11 s. unterm 30. September 1516 als Zahlung der Fugger gebucht[46]. Es handelt sich wohl um Gelder, die von den Fuggern in einem Zeitraum eingezogen worden waren, der wenigstens zum Teil dem Jahr 1516 vorausging, und die

[45] Davon wanderte wahrscheinlich im gleichen Jahr mehr als ein Drittel nach Deutschland zurück, nämlich die Summe von 1000 Dukaten, die *Corradus Trompa* aus Nürnberg für die von ihm gelieferten Instrumente erhielt. Vgl. Anm. 17.

[46] IE 555, fol. 58–61. Die an dem genannten Tage von den Fuggern überwiesenen Servitien (nicht die Annaten) bei *Schulte* I 188 f.

nun auf einmal überwiesen oder gegen einen von den Fuggern geleisteten Vorschuß verrechnet wurden[47].

Am 30. April 1518 wurden im Introitusregister aufgrund eines *mandatum introitus et exitus camere apotolice* vom 15. Juni 1515(!) rund 12705 Dukaten verzeichnet, die Leonardus Batholini von französischen Servitien- und Annatenpflichtigen entgegengenommen hatte[48]. Auch hier ist offenbar an eine Abrechnung zu denken, die nicht bloß ein Jahr betraf. Die Höhe des Betrags verstärkt den schon durch das Introitusregister des 5. Pontifikatsjahrs hervorgerufenen Eindruck, daß Frankreich an den Einnahmen der Apostolischen Kammer unter Leo X. weit stärker beteiligt war als Deutschland.

Im übrigen ist im Auge zu behalten, daß es in dieser Untersuchung allein um die Einnahmen der Apostolischen Kammer ging, nicht um die Einnahmen der Römischen Kurie überhaupt[49]. An eine alle Quellen ausschöpfende systematische Erforschung des kurialen Finanzwesens unter Leo X. wird sich wohl so leicht niemand wagen.

---

[47] Vgl. oben S. 75.

[48] IE 558, fol. 15–22, 130.

[49] Wie es scheint, hatten die Einnahmen der Datarie die der Kammer inzwischen weit übertroffen. Die Kompositionen (Abgaben verschiedener Art, deren Höhe ausgehandelt wurde), die im 14. Jahrhundert eine beträchtlich ins Gewicht fallende Einnahme der Apostolischen Kammer gewesen waren, gingen jetzt an die Datarie. Ebenso das, was einige neuerschlossene Einnahmequellen, vor allem der Ämterverkauf und die Ablaßverleihungen, einbrachten. *L. Celier,* Les dataires du XVe siècle et les origines de la datarie apostolique (= Bibliothèque des Écoles Françaises d'Athènes et de Rome 103) (Paris 1910) 87ff; *v. Hofmann* I 86ff; *F. Litva,* L'attività finanziaria della Dataria durante il periodo tridentino, in: Archivum Historiae Pontificiae 5 (1907) 79–174; *N. Storti,* La storia e il diritto della Dataria Apostolica dalle origini ai nostri giorni (= Contributi alla storia del diritto canonico, Nuova serie di studi storico-giuridici 2) (Napoli 1969) 251ff. Für die Zeit Leos X. sind leider keine Rechnungsbücher der Datarie erhalten.

Das Archiv Magalottis, Staatssekretärs Urbans VIII. von 1623 bis 1628

Von ANDREAS KRAUS

Für die Geschichte des päpstlichen Staatssekretariats unter Urban VIII. waren besonders aufschlußreich die persönlichen Nachlässe der jeweiligen Staatssekretäre[1], unter denen die Amtsakten Adriano Cevas, der fast zehn Jahre im Amt war, die reichhaltigsten Nachrichten lieferten. Nicht zugänglich war das Privatarchiv des letzten Staatssekretärs Urbans VIII., das sich im Familienarchiv der Grafen Spada zu Lucca befinden dürfte[2], unbekannt war bisher der Aufbewahrungsort der Papiere des ersten Staatssekretärs dieses Papstes, Lorenzo Magalottis. Seit 1970 nun sind sie, mustergültig geordnet[3], im Staatsarchiv Florenz zugänglich, dessen Personal ich für außerordentliche Erleichterungen bei der Benützung der Bände auch an dieser Stelle danken möchte.

Die Durchsicht des Privatarchivs Magalottis, der vom Juli 1623 bis Anfang Mai 1628 Staatssekretär des Barberinipapstes Urban VIII. war – sicher nicht ohne daß die Familienbindung zwischen Carlo Barberini, dem Bruder des Papstes, und Costanza, der Schwester Magalottis, eine Rolle spielte –, ergibt für die Gesamtgeschichte des päpstlichen Staatssekretariats unter Urban VIII. nur Ergänzungen meiner früheren Ergebnisse, keine grundlegend neuen Erkenntnisse[4]. Daß in den Jahren bis 1628 der Papst selbst die beherrschende Persönlichkeit im gesamten Bereich der auswärtigen Politik war, bis in die Festlegung des Wortlauts von wichtigen Schreiben hinein, zeigt sich erneut, noch deutlicher wird aber auch die Neigung Magalottis, in allen Angelegenheiten von Bedeutung die Entscheidung des Papstes einzuholen; zahlreich sind die Blätter mit Anfragen Magalottis und Anweisungen des Papstes[5], zahlreich die Berichte, Memoriali und Entwürfe Magalottis, die für den Papst bestimmt waren und seine Korrekturen, Randbemerkungen oder abschließenden Entscheidungen tragen[6]. Bestätigt wird ferner die schon früher festgestellte Beobachtung, daß der Kardinalnepote Francesco Barberini, der nominelle Leiter der Geschäfte, kaum in Erscheinung tritt. Eine Korrektur an den bisherigen Ergebnissen ist lediglich in einem Punkt erforderlich; die Arbeitsleistung Magalottis, die auch bisher nicht gering eingeschätzt wurde[7], war erheblich größer, als es aus den vatikanischen Akten allein ersichtlich wird. Die zahlreichen, oft außerordentlich

---

[1] Vgl. *A. Kraus,* Das päpstliche Staatssekretariat unter Urban VIII. 1623–1644 (1964) 78 Anm. 119 (L. Azzolini), 82 Anm. 162 (P. Benessa), 91 Anm. 235 (A. Ceva).

[2] Vgl. *G. Sardi,* Il Card. G. B. Spada e il Conclave del 1670 (= Atti della Reale Accademia Lucchese 36) (1925) 182ff.

[3] *G. Camerani Marri,* L'archivio Magalotti (= La Rassegna Storica Toscana 2) (1970) 257–280.

[4] Vgl. *Kraus,* Urban VIII. 70–78.

[5] Besonders eindrucksvoll: Staatsarchiv Florenz, Archivio Magalotti 20 fol. 1–45 (Memorie di ordini presi, e di pigliarsi da N.S.), ebd. 47 fol. 133ff. (ohne Numerierung).

[6] Besonders häufig sind solche Schriftstücke anzutreffen in den Bänden des Staatsarchivs Florenz, Archivio Magalotti 21 und 28, bisweilen auch in den Bänden 99–106.

[7] Vgl. *Kraus,* Urban VIII. 71.

umfangreichen Berichte und Gutachten Magalottis zu allen erdenklichen Fragen gelangten nicht in das vatikanische Archiv, sondern gingen wieder an Magalotti zurück und blieben so in seinem Besitz, dazu auch eine Reihe von Entwürfen zu Instruktionen an Gesandte und Nuntien[8]; nicht wenige Entwürfe zu Briefen und Depeschen blieben ebenfalls bei den persönlichen Akten Magalottis, so daß ihre Zahl erheblich höher anzusetzen ist, als das bisher geschah.

Bestärkt wird schließlich durch diesen bisher unbekannten Bestand auch die Vermutung, daß Magalotti bereits 1626 seinen Rückzug aus dem Amt des Staatssekretärs eingeleitet hat. Schon 1625 hatte Magalotti klargestellt, daß er nach der Rückkehr Barberinis von seiner Legation nach Frankreich und Spanien das Amt des Staatssekretärs niederlegen wollte[9], im November 1626 bat er Barberini um seine Einwilligung zum Rücktritt, wenig später scheint er dem Papst sein Entlassungsgesuch vorgelegt zu haben, in welchem er Azzolini zu seinem Nachfolger vorschlug[10]. Er blieb zwar im Amt, doch seine Aktivität verringerte sich 1626 spürbar, wie auch die neugefundenen Akten zeigen. Das könnte natürlich auch zusammenhängen mit der geringen Bedeutung der 1627 und 1628 auftretenden politischen Probleme, sicher ist jedenfalls, daß Magalotti, der kein ausgeprägtes Streben nach Macht erkennen ließ, längst amtsmüde war.

Da die bisherigen Einblicke in die persönliche Zusammensetzung des Staatssekretariats weitgehend durch die Privatakten der Sekretäre vermittelt wurden, schien die Hoffnung berechtigt, daß unser bisheriges Bild der Zeit von 1623 bis 1628 wertvolle Ergänzungen erfahren würde. Diese Hoffnung trog nicht ganz. In einem Band, der die verschiedensten Dokumente enthält, darunter viele Bestände mit Unterlagen zu den Einkünften und finanziellen Verpflichtungen Magalottis, findet sich ein Blatt, das offensichtlich eine Zusammenstellung der den Schreibern und unselbständigen Mitarbeitern des Sekretariats zustehenden Beträge enthält, darüber hinaus, mit den sonst nicht bekannten Antaldi und Gherardi, vielleicht auch andere Angehörige der famiglia Magalottis. Genannt werden im übrigen Odoardo, Camillo und Onofrio mit je 20 Scudi, Celso und Zanobi mit je 30. Odoardo Laurenzi, Camillo Gramineo und Onofrio Giuliani waren seit 1623 Schreiber im Staatssekretariat[11]. Mit Celso ist vielleicht Gelsomino Gelsomini gemeint, der im Mai 1624 als Angehöriger des Staatssekretariats begegnet[12]. Für Zanobi konnte jetzt der Familienname Casani ermittelt werden; er blieb 1628 im Dienst Magalottis, bis 1637 ist er als sein Sekretär und im Zusammenhang mit der Vermögensverwaltung des Kardinals in Ferrara, wo Magalotti Erzbischof war, nachzuweisen[13]. Die oben erwähnte Liste dürfte in das Frühjahr 1624 gehören, da Pietro Savini nicht genannt ist, der erst seit April 1624 als Schreiber nachzuweisen ist[14], während Celso noch erscheint. Diese Liste unterscheidet sich auffällig von einer anderen aus der gleichen Zeit, die eindeutig

---

[8] Siehe unten.

[9] Bibl. Vat. Barb. lat. 5273 fol. 68v; ebd. 8729 fol. 17.

[10] Staatsarchiv Florenz, Archivio Magalotti 40, 3. Faszikel. Abschrift Benessas vom Brief an Barberini, 1626 XI 11, anschließend Entwurf des Gesuchs an den Papst (o. D.); daß dieses wirklich vorgelegt wurde, erscheint mir allerdings nicht sicher, in den vatikanischen Akten ist es mir nicht begegnet.

[11] *Kraus,* Urban VIII. 115 ff, 130 f.

[12] Arch. Vat. Segr. Brev. 687 fol. 633 ff; dazu *Kraus,* Urban VIII. 130.

[13] Unterschrift unter ein Schriftstück 1630, im Juni (Staatsarchiv Florenz, Archivio Magalotti 71), Brief auch ebd. 47 fol. 150, zahlreiche Schriftstücke ebd. 71, die letzten von seiner Hand ebd. 100 fol. 661 (1637 V 15).

[14] *Kraus,* Urban VIII. 130.

dem Staatssekretariat zugeordnet erscheint; sie regelt die Zuständigkeit der Sekretäre für die einzelnen Geschäftsbereiche[15], die beherrscht werden von P. Serangeli, G. Cameresio und P. Benessa, ihnen untergeben waren als Schreiber O. Laurenzi, C. Gramineo und O. Giuliani. In unserer Liste erscheinen also nur die Schreiber, die also, wie das weitgehend die Regel war[16], der famiglia Magalottis zugehörten. Dieser Schluß wird zwingend durch die Erwähnung des Familiaren Magalottis Zanobi Casani, der ebenfalls einen selbständigen Geschäftsbereich hatte, wie auch Benessa, Serangeli oder Cameresio, die in unserer Liste nicht erscheinen. Die Hauptmasse der Schriftstücke im Privatarchiv Magalottis stammt von diesen Schreibern[17], den größten Anteil hatte Z. Casani, auch P. Serangeli findet sich häufig, der ebenfalls Privatsekretär Magalottis war[18], oft auch Benessa, seltener G. Aleander, G. Cameresio und G. Persico. Ob der nicht identifizierte Minutant (M 12)[19] identisch ist mit Lodovico Ridolfi, der schon 1611 im Dienst Magalottis erscheint und der sich 1625 in einem Brief an Magalotti entschuldigte, daß er nicht habe kommen können „a render la risposta a V.S.Illma del negotio commessomi"[20], muß offenbleiben, die Schriftformen wie der Duktus schließen die Identität nicht aus, doch zum Staatssekretariat scheint er nicht gehört zu haben, oder doch nur ganz kurz[21]. Bemerkenswert ist, daß 1623 einmal der Sekretär der Memoriali Adriano Ceva, der einstige Privatsekretär des Papstes als Kardinal und spätere Staatssekretär Urbans VIII., als Vertreter Magalottis in Erscheinung tritt[22].

Der Art des erhaltenen Materials entsprechend, sind nur vereinzelt Ergänzungen unserer Kenntnisse des Geschäftsganges im Staatssekretariat Urbans VIII. möglich, doch handelt es sich dabei gerade um ein sehr wichtiges Gebiet, die Instruktionen an Nuntien, Legaten, Gouverneure des Kirchenstaates. Magalotti hat nicht nur die Entwürfe dazu aufbewahrt, sondern auch die Vorakten in reicher Fülle. So enthält Band 44 u. a. „Ordini e capi dati di S. Santità per inserirli nelle instruttioni e nelle lettere", geschrieben von Azzolini, auf den folgenden Seiten Korrekturen und Ergänzungen von der Hand des Papstes[23]. Die Entstehungsgeschichte der Instruktion für den Kardinallegaten Francesco Barberini 1625/26 läßt sich aus den Materialien des Bandes 47 rekonstruieren, der den Entwurf Magalottis enthält mit Einwendungen und Zusätzen des Papstes, Ergänzungen von der Hand Zanobi Casanis[24], dann einen „Ristretto di queste cose che ha ricordato

---

15 Arch. Vat. Misc. Arm. II t. 139 fol. 197; dazu *Kraus,* Urban VIII. 109.

16 Zu C. Gramineos Biographie (*Kraus,* Urban VIII. 117) darf nachgetragen werden, daß er 1641 II 2 als Schreiber von M. Baglione erscheint, dem Bischof von Pesaro und späteren Nuntius in Wien (Staatsarchiv Florenz, Archivio Magalotti 159, Briefe Bagliones an Orazio Magalotti).

17 Vgl. *Kraus,* Urban VIII. 128f.

18 *Kraus,* Urban VIII. 114.

19 *Kraus,* Urban VIII. Tafel 12; Nachweise über Minuten ebd. 125 (1624).

20 Staatsarchiv Florenz, Archivio Magalotti 21, Brief vom 19. 9. 1625; ebd. 71, Brief vom 8. 4. 1611; auch ebd. 104 sind Briefe von ihm.

21 Einmal wird im Zusammenhang mit dem Sekretär Moricucci ein Lodovico genannt, dem die Bearbeitung eines Geheimschreibens zugewiesen wird (Staatsarchiv Florenz, Archivio Magalotti 99, o. D.).

22 Staatsarchiv Florenz, Archivio Magalotti 44 fol. 205; zu einer Instruktion für P. Felice Franceschini von der Hand Cevas bemerkt Magalotti: „distesa da Mr Ceva con ord.^ne di N.S. nella mia malattia". Zu Ceva s. *Kraus,* Urban VIII. 90ff.

23 Staatsarchiv Florenz, Archivio Magalotti 44 fol. 257–261'; ähnlich ebd. fol. 191f.

24 Memoria a V. S. Illma Sig.^r Card.^le Barberini destinato Legato de latere a due Re (Staatsarchiv Florenz, Archivio Magalotti 47 fol. 1–112).

la Santità di N.S. Papa Urbano VIII. coll'Illustrissimo Signor Cardinale Barberini per la Legatione di Spagna"[25], geschrieben von einem Schreiber und korrigiert von Magalotti und Urban VIII., dann Zweifel und Fragen Barberinis und Antworten des Papstes und Magalottis[26].

Der reiche Inhalt des Archivs, das dem Privatarchiv Cevas[27] nur wenig nachsteht, ist bemerkenswert vor allem durch diese Entscheidungsunterlagen sehr persönlicher Art, dazu kommen Berichte über Unterredungen, Kongregationsprotokolle, Briefe von Korrespondenten aller Art und Rangstufen, allerdings nicht streng beschränkt auf die Jahre der Führung des Staatssekretariats[28], schließlich, sehr wichtig für die Beurteilung von Präzedenzfällen wie historischen und juristischen Parallelen, die Sammlung älterer Schriftstücke, Breven, Relationen, Gutachten, einzelner Instruktionen[29]. Alle diese Arten von Akten begegnen dann in einer systematischen Sammlung, die sich an die Einteilungsprinzipien des Staatssekretariats anlehnte und nach Ländern gegliedert war, allerdings nicht nur nach solchen mit päpstlichen Vertretern, auch Schweden, Schottland, Bayern, Lothringen und Mantua begegnen hier[30], in meist unwichtigen Einzelstücken reichen die Bestände auch über 1628 hinaus, sogar eine Instruktion für Polen von 1636 begegnet einmal[31]. Für eine kritische Untersuchung der kurialen politischen Entscheidungen der Jahre 1623 bis 1625 sind auch diese Bände besonders wichtig, da sie, neben umfangreichen Unterlagen aller Art, zahlreiche eigenhändige Entwürfe Magalottis und Randbemerkungen Urbans VIII. enthalten.

Die für den Historiker wichtigsten Bestände sind jedoch in den Bänden 43 und 44, vereinzelt auch in anderen, enthalten, Entwürfe und Kopien von päpstlichen Instruktionen, die ausgearbeitet wurden beim Amtsantritt von Nuntien, Legaten und Sondergesandten. Auch wenn sie uns bereits in der einen oder anderen Überlieferungsform bekannt sind, so sind doch für ihre kritische Beurteilung die Akten Magalottis unschätzbar; es handelt sich, da in Aufbewahrung des Staatssekretärs, stets um amtliche Schriftstücke, sehr oft stammen sie von der Hand des Staatssekretärs selbst, in der Regel von bekannten Minutanten des Sekretariats. In Ergänzung zu einer früheren Zusammenstellung[32] folgt hier ein Verzeichnis dieser Instruktionen mit Angaben über den Überlieferungszustand (O = Original, M = Minute, C = Copie) und, nach Möglichkeit, über den Verfasser oder Schreiber. Die Daten, soweit überhaupt angemerkt, sind den Entwürfen in der Regel später beigefügt, meist von der Hand Zanobi Casanis, datiert wurde deshalb nach anderer Überlieferung. Die Beifügung der bisher schon bekannten Angaben macht die Bedeutung

---

[25] Ebd. fol. 115–125 (ohne Paginierung).

[26] Ebd. fol. 126f: Dubbi mossi da V.S. Illma e risoluti dalla S.^{tà} di N.S. sopra li presenti ricordi (von der Hand, wie es scheint, G. Persicos mit Zusätzen Magalottis); ebd. 128–132: Domande che fece V.S. Illma a N.S. e risposte di S.B. (Magalotti); ebd. fol. 133/137^{v}: Quesiti, e ordini fatti e dati a med.^{o} Card.^{le} Magalotti di V. S. Illma... (Z. Casani).

[27] Dazu *Kraus,* Urban VIII. 91.

[28] Staatsarchiv Florenz, Archivio Magalotti 28, 31, 40, 52, 53, 71, 74.

[29] Ebd. 51, 116.

[30] Ebd. 99–106.

[31] Staatsarchiv Florenz Archivio Magalotti 101 Nr. 32, 1636 III 12: „Breve Instruttione a Monsr Filonardi, Arcivescovo d'Avignone, successore di Monsr Visconti Arcivescovo di Larissa nella Nuntiatura di Polonia"; das Papier trägt ein Wasserzeichen der römischen Papiermühle, der Schreiber ist unbekannt.

[32] *Kraus,* Urban VIII. 284–286 (Anhang II).

der Ergänzungen aus dem Archiv Magalottis deutlich[33]; fast zu allen Instruktionen bis Mitte 1625 besitzen wir jetzt auch die Entwürfe, die meist von Magalotti selbst stammen.

Instruktionen Magalottis

1623	X		Giovanni Francesco Sacchetti, Luogotenente Generale, Veltlin
			M StAf AM 44 fol. 121–127' (Magalotti)
			C BV Barb. lat. 5256 fol. 103–108 (F. Ubaldini)
1623	X	17	Fra Felice Franceschini, Konventuale von Cascia, Verhandlungen mit dem Großherzog der Toscana
			M StAF AM 44 fol. 202–203 (Serangeli, Magalotti)
			O AV MA II t. 110 fol. 158–159' (Serangeli, Unterschriften Magalottis und Barberinis)
1623	XI	14	Giov. Benini, Erzbischof von Adrianopel, Governatore der Marken
			O AV MA II t. 110 fol. 160–163^{v} (Serangeli, Unterschriften Magalottis und Barberinis)
			M StAF AM 44 fol. 169–171 (Magalotti)
			C StAF AM 44 fol. 299–301^{v} (Serangeli)
1623	XII	2	Breve instruttione di come si deve procedere nel pigliare il possesso dello stato d'Urbino[34]
			M StAF AM 44 fol. 179–183 (unbekannter Minutant, Korrekturen Magalottis)
			C BV Barb. lat. 5256 fol. 139–142
1623	XII	11	Mons. Santorio, Verhandlungen in Urbino
			O AV MA II t. 110 fol. 165–168 (Serangeli, Unterschriften Magalottis und Barberinis)
			M StAF AM 44 fol. 196–199 (Magalotti)
			C BV Barb. lat. 5256 fol. 155–160
o. D.			Mons. Pavoni, Verhandlungen in Urbino
			M StAF AM 44 fol. 156–166 (Magalotti)
o. D.			Governatore der Romagna, Besitzergreifung von Urbino
			M StAF AM 44 fol. 301–304^{v} (Magalotti)
			M StAF AM 44 fol. 162–165^{v} (Serangeli, Magalotti)
o. D.			Governatore von Umbrien, Besitzergreifung von Urbino
			M StAF AM 44 fol. 174–176^{v} (Magalotti)

---

[33] Dabei benützte Abkürzungen:
BV = Bibliotheca Vaticana
AV = Archivium Vaticanum
StAF = Staatsarchiv Florenz
AM = Archivio Magalotti
Barb. lat. = Codices Barberini latini
MA = Miscellanea Armarium

[34] StAF AM 44 fol. 179 trägt von der Hand des Zanobi Casani das Datum 1623 XII 12, während Ubaldini in seiner Abschrift das frühere Datum hat, außerdem ist hier die Überschrift gekürzt, in der Minute lautet sie: „Breve instruttione di come ha da procedersi nel pigliare il possesso dello stato d'Urbino apena che sarà il feudo alla morte del Sr Duca vivente."

1624 I 18 Giulio Sacchetti, Bischof von Gravina, Nuntius in Madrid
M BV Barb. lat. 2053 fol. 72–84 (G. Aleander)
M StAF AM 44 fol. 35–52 (Zanobi Casani, Korrekturen Magalottis)
C StAF AM 99, Nr. 281 (Aleander, Korrekturen Magalottis)
C StAF AM 99, Nr. 276 (Beilage aus Congr. de Propaganda Fide)
C BV Barb. lat. 5256 fol. 36–61 (F. Ubaldini)

1624 I 23 Bernardino Spada, Erzbischof von Damiette, Nuntius in Paris
M BV Barb. lat. fol. 80–85 (Magalotti, Azzolini)
M BV Barb. lat. fol. 82 (Magalotti)
M BV Barb. lat. fol. 139 (Kard. Mellini, Kard. Bandini)
M StAF AM 44 fol. 11–31 (Zanobi Casani, C. Gramineo, Korrekturen Magalottis)
C BV Barb. lat. 8631 fol. 141–157 (O. Laurenzi)
C BV Barb. lat. 8631 fol. 165–170 (Zanobi Casani)
C StAF AM 21 fol. 71–86^{v} (unbekannter Schreiber)
C BV Chig. Q I 22 fol. 529–561 (ebenso)
C BV Chig. Q I 7 fol. 129–141', 153 (ebenso)
C BV Barb. lat. 5256 fol. 15–34 (F. Ubaldini)
Druck: *A. Leman,* Recueil des instructions générales aux nonces ordinaires de France, de 1624 à 1634, 1920, 22–76, nach Kopie Ubaldinis.

1624 II/III Lorenzo Campeggi, Bischof von Cesena, Nuntius in Turin
M StAF AM 44 fol. 56–67 (Zanobi Casani, Korrekturen Magalottis)
C AV MA II t. 110 fol. 182–188' (V. Cameresio)
C StAF AM 21 fol. 111–116 (unbekannter Schreiber)
C BV Chig. Q I 22 fol. 676–701 (ebenso)
C BV Barb. lat. 5256 fol. 67–77 (ebenso)

1624 IV 1 Berlingherio Gessi, Bischof von Rimini, Urbino
M AV MA III t. 34 fol. 867–887^{v} (Magalotti, mit Korrekturen Urbans VIII.)
M StAF AM 44 fol. 270–280 (Magalotti, mit Korrekturen Urbans VIII.)
C BV Barb. lat. 5256 fol. 215–220 (F. Ubaldini)

1624 IV 4 Giovanni Battista Nari, Commendatore, Urbino
M StAF AM 44 fol. 184–187 (Magalotti)
C BV Barb. lat. 5256 fol. 143–146 (F. Ubaldini)

1624 V 19 Fra Felice Franceschini, „per andar à trattare in nome d. N. S.^{re} col S^{r}. Duca d'Urbino"
O AV MA II t. 110 fol. 169–171^{v}
M StAF AM 44 fol. 206–210 (A. Ceva, Magalotti)

1624 V 26 Pier Luigi Carafa, Bischof von Tricario, Nuntius in Köln
M StAF AM 44 fol. 100–116^{v} (C. Gramineo, Azzolini)
C BV Chig. Q I 22 fol. 562–625 (Schreiber unbekannt)
C BV Barb. lat. 5256 fol. 81–102 (F. Ubaldini)

1624 VI 26 Giovanni Battista Agucchia, Bischof von Amasia, Nuntius in Venedig
M StAF M 44 fol. 1–8^{v} (unbekannter Schreiber, Magalotti)
C StAF M 21 fol. 88–95 (Giuliano Feragalli)
C StAF M 21 fol. 97–107 (Pamfilo Persico)

	C StAF M 101 fol. 257/58 (Beilage aus Congr. de Propaganda Fide)
	C BV Chig. Q I 22 fol. 662–675 (Schreiber unbekannt)
	C BV Barb. lat. 5256 fol. 1–13 (F. Ubaldini)
1624 VIII	„A. Mons. Virile o pe'l Pre. Vce. Generale de Conventuali a pigliare i giuramenti di fedeltà", Urbino
	M StAF AM 44 fol. 231–242 (Gramineo, Magalotti, Serangeli, Urban VIII.)
1624 XI 10	Niccolò Marchese di Bagno, Luogotenente dell'Esercito Pontificio nella Valtellina
	M StAF AM 44 fol. 134–136^{v} (Magalotti)
	M StAF AM 44 fol. 258–268 (Beilagen, Serangeli, Azzolini, Urban VIII.)
	C StAF AM 47 fol. 1–160 (Schreiber unbekannt, Überschriften und Inhaltsverzeichnis der Beilagen von Zanobi Casani)
o. D.	Giovanni Battista Pallotto, Collettore in Portugal
	M BV Barb. lat. 2053 fol. 24–31^{v} (Aleander)
	M StAF AM 44 fol. 79–94 (Benessa, Magalotti, G. Persico)
1625 I 25	„Al S^{r}. D. Tadeo Barberini per il Comando dell'armi a Ferrara"[35]
	M StAF AM 44 fol. 213–227^{v} (Magalotti)
	M StAF AM 44 fol. 248–254^{v} (Azzolini, Magalotti)
1625 II 21	„Ricordo a V. S. S^{r}. Ascanio Piccolomini pe'l suo viaggio alla corte di Spagna"
	C StAF AM 44 fol. 152–152^{v} (Magalotti)
1625 III 17	„Memorie à V. S. Illma Sig.^{r} Card.^{le} Barberini destinato Legato a latere à due Rè"
	O BV Barb. lat. 5273 fol. 1–70^{v} (Zanobi Casani, Unterschriften Magalottis und A. Barberinis, Kardinal von S. Onofrio)
	M StAF AM 47 fol. 1–112 (Magalotti, Zanobi Casani, Urban VIII.)
	M[36] StAF AM 47 fol. 115–125 (unbekannter Schreiber, Magalotti, Urban VIII.)
o. D.	Bernardino Nari, außerordentlicher Nuntius in Paris
	M StAF AM 44 fol. 141–150 (Magalotti, Benessa, G. Persico, Serangeli, Urban VIII.)
	C BV Barb. lat. 5256 fol. 111–120 (F. Ubaldini)
1627 V 3	Lorenzo Campeggi, Bischof von Cesena, „per andare al governo di tutto lo stato d'Urbino"
	M StAF AM 44 fol. 288–296 (Magalotti)
	C AV MA II t. 100 fol. 174–180 (C. Gramineo)
	C BV Barb. lat. 5256 fol. 225–231 (F. Ubaldini)

[35] Die Überschrift stammt aus der Inhaltsangabe zum ganzen Band.

[36] Auszug, unpaginiert, folgt auf die bis ca. fol. 110 paginierte Hauptinstruktion.

Die Romreise der Kurfürstin-Witwe Maria Antonia Walpurgis von Sachsen 1772

Von HERIBERT RAAB

Italien, so schrieb die Kurfürstin-Witwe Maria Antonia Walpurgis von Sachsen am 15. Februar 1772 an Friedrich den Großen, zu dem sie ein fast freundschaftliches Verhältnis hatte, seit sie 1769 und 1770 als gefeierter Gast an seinem Hofe gewesen war, „intéresse depuis longtemps ma curiosité"[1]. Maria Antonias Leben bewegte sich, als sie diese Zeilen schrieb, in absteigenden Bahnen. Seit dem unerwarteten Tod ihres Gemahls, des Kurfürsten Friedrich Christian, im Jahre 1763[2] hatte sie eine Enttäuschung nach der andern getroffen[3]. Die Thronkandidatur ihres Schwagers Franz Xaver in Polen war erfolglos geblieben; ihre Bemühungen, Kaiser Joseph II. durch eine zweite Ehe mit dem Hause Sachsen zu verbinden, waren gescheitert[4]; um die Versorgung ihrer jüngeren Kinder stand es nicht zum besten[5]. Häusliche Zwistigkeiten machten ihr Sorgen[6]. Politisch war sie fast einflußlos. Ihr poetisches und musikalisches Schaffen war im wesentlichen zu Ende[7]. Die von ihr noch (aus Finanzgründen) veranlaßte Auflösung der Oper

---

[1] Maria Antonia an Friedrich II., 15. 2. 1772. *Frédéric le Grand,* Œuvres XXIV (Berlin 1854) 233, Nr. 155.

[2] ADB VII (1878) 189f; *M. Paul,* Graf Wackerbarth-Salmour, Oberhofmeister des sächsischen Kurprinzen Friedrich Christian (Leipzig 1912); *W. Rönsch,* Der Tod des Kurfürsten Friedrich Christian von Sachsen, in: Neues Archiv f. sächs. Gesch. 42 (1921) 281ff; *E. Reimann,* Die Bewerbung des Kurfürsten Friedrich Christian und seines Bruders Franz Xaver um die polnische Königskrone 1763–1764, in: Archiv f. sächs. Gesch. NF 4 (1878) 217–253.

[3] *W. Lippert* (Hrsg.), Kaiserin Maria Theresia und Kurfürstin Maria Antonia von Sachsen. Briefwechsel 1747–1772 (Leipzig 1908) LXXV.

[4] Es war eine Lieblingsidee Maria Antonias, Kaiser Joseph II. mit ihrer Schwägerin Maria Kunigunde zu verheiraten. Nach dem Scheitern dieses Projekts ging Maria Kunigunde an den Hof ihres Bruders, des Kurfürst-Erzbischofs Clemens Wenzeslaus in Ehrenbreitstein und Koblenz, und wurde später Fürstäbtissin von Essen und Thorn. *M. Ascherfeld,* Maria Kunigunde von Sachsen, die letzte Fürstäbtissin des Stiftes Essen 1776–1802, in: Beitr. z. Gesch. v. Stadt u. Stift Essen 47 (1930).

[5] Aus der Ehe Maria Antonias mit Kurprinz Friedrich Christian gingen sieben Kinder hervor: Friedrich August, geb. 23. 12. 1750, Kurfürst unter Vormundschaft seines Onkels Franz Xaver 17. 12. 1763, selbständig 13. 9. 1768, König 11. 12. 1806, gestorben 5. 5. 1827; Karl Maximilian (1752–1781); Joseph (1754–1763); Anton, geb. 27. 12. 1755, König von Sachsen 1827–1836, offenbar der Liebling seiner Mutter; Maria Amalia (1757–1831), 1774 verheiratet mit Karl II., Herzog von Pfalz-Zweibrücken; Maximilian (1759–1838); Maria Anna (1761–1820).

[6] *Lippert* LXXVf nennt vor allem Zwistigkeiten mit ihrem Schwager Karl, Herzog von Kurland, und ihrer Schwägerin, der Prinzessin Elisabeth, aber auch mit ihrem Sohn Friedrich August seit dessen Regierungsantritt.

[7] *C. v. Weber,* Maria Antonia Walpurgis Churfürstin zu Sachsen, geb. kaiserliche Prinzessin in Bayern, 2 Bde. (Dresden 1857); *J. Petzholdt,* Maria Antonia Walburga. Zur Literatur von Mitgliedern des Königl. Hauses Sachsen, in: Anzeiger für Bibliographie und Bibliothekswissenschaft 1 (1852) 6–11; *ders.,* Bibliographisch-litterarische Mittheilungen über Maria Antonia Walburga von Sachsen, in: Neuer Anzeiger für Bibliographie und Bibliothekswissenschaft 11 (1856) 336–345, 12 (1856) 367–390; *H. Drewes,* Maria Antonia Walpurgis als Komponistin (Phil. Diss. Leipzig 1934).

und des Theaters, der Weggang der Künstler aus Dresden hatten ihr die Möglichkeit direkter künstlerischer Anregungen genommen. Nur die Malerei übte sie aus, und gelegentlich griff sie zur Feder, um Aufsätze religiösen Inhalts niederzuschreiben, wie den über die „Principes de Morale" oder jenen über die „Préparations à la mort", eine Betrachtung, die sie ihrem Schwager Clemens Wenzeslaus, dem Kurfürst-Erzbischof von Trier, überreichte.

Genesung von körperlichen Leiden und Kräftigung hatte die Kurfürstin-Witwe 1771 von einem Kuraufenthalt in den Bädern von Aachen und Spa erhofft[8]. Auf der Rückreise nach Dresden hatte sie ihre Schwägerin Marie Christine, die Fürstäbtissin von Remiremont besucht[9]. Anregung und Zerstreuung suchte sie 1772 mit ihrer Reise nach Rom und Neapel, doch wollte sie auf dieser Reise auch politisch-dynastische Pläne fördern, vor allem die Wettiner Kirchenpolitik zugunsten ihres für den geistlichen Stand bestimmten Sohnes Anton.

Den Entschluß zu der Reise nach Italien scheint die Kurfürstin-Witwe kurzfristig gefaßt zu haben. Der Aufbruch erfolgte offensichtlich nicht ohne Hast. Die Karwoche wollte Maria Antonia in Rom verbringen. „Je comptois d'aller... aussi vite qu'Arioste faisait voyager son Astolphe monté sur l'hippogriffe", aber da sie nicht durch die Lüfte schweben könne, werde sie alle Unannehmlichkeiten der „routes gâtées et gîtes mal pourvus"[10] in Kauf nehmen müssen. Große Ausgaben konnte sie auf dieser Reise nicht machen. Sie entschloß sich daher, „de venir à Rome dans un parfait Incognito"[11], den Namen einer Gräfin von Brehna[12] zu führen und sich mit einem ganz kleinen Gefolge – darunter die Baronin Kirschberg und die Gräfin Töring, geb. Seinsheim – zu begnügen. Finanziert wurde die Reise über den Bankier Cioia, der von dem Frankfurter Bankhaus Bethmann einen Wechsel von 14000 Zechinen erhielt und 1000 Scudi für den Rat der Kurfürstin-Witwe, Heuwald[13]. Verbunden war mit der Reise ein Besuch bei ihrem Bruder, dem Kurfürsten Max III. Joseph von Bayern, und bei ihrer Schwägerin, der Wettinerin Maria Anna[14].

Mit ihrem Interesse an Italien, der italienischen Musik und Kunst folgt die gebürtige Wittelsbacherin Maria Antonia einer an den Höfen von München, Dresden und Wien herrschenden Kulturrichtung. Ihr Vater, der Kurprinz Karl Albert von Bayern, der spätere Kaiser Karl VII., hatte vom Dezember 1715 bis Ende August 1716 unter dem Namen eines Grafen von Trausnitz eine Reise nach Italien unternommen[14a]. Um das Verständnis der italienischen Oper in München zu fördern, hatte er den Text der 1738

[8] 1766 war Maria Antonia an den Blattern erkrankt, 1769 hatte sie eine Masernerkrankung, im November 1770 ein so gefährliches Brustleiden, daß mit ihrem Ableben gerechnet und ihr die Sterbesakramente gespendet wurden. Um die noch 1771 anhaltenden Nachwehen dieser Krankheit zu kurieren, trat sie am 3. Juni 1771 eine Badereise nach Aachen an: *Lippert* 271f, 521f.

[9] *Lippert* 274 Anm. 1.

[10] Maria Antonia an Friedrich d. Gr., 6.6.1772: Œuvres XXIV 240.

[11] Der kurtrierische Agent Lagnasco an den kurtrierischen Konferenzminister Franz Eustach v. Hornstein, Rom 1772: Staatsarchiv Koblenz 1 C 16309, fol. 249[r].

[12] Grafschaft im Herzogtum Sachsen, benannt nach der Stadt nordöstlich von Halle. Dasselbe Inkognito führte Maria Antonia 1771 bei ihrer Badereise nach Aachen. *Lippert* 272 Anm. 3.

[13] Staatsarchiv Koblenz 1 C 16309, fol. 250. Wie Lagnasco dem Minister Hornstein mitteilte, gab die Kurfürstin-Witwe außer den „mancie" wenig aus: Lagnasco an Hornstein 9.5.1772.

[14] *Weber,* Maria Antonia II 2–4.

[14a] *W. J. Bekh,* Ein Wittelsbacher in Italien. Das unbekannte Tagebuch Kaiser Karls VII. (München 1971).

aufgeführten Oper „Adriano in Siria" ins Deutsche übersetzt und dem italienischen Text beidrucken lassen. Nachhaltiger als am väterlichen Hof zu München hatten Kultur und Kunst Italiens auf Maria Antonia nach ihrer Vermählung mit dem sächsischen Kurprinzen Friedrich Christian im Juni 1747 am Dresdener Hof zu wirken begonnen. Sehr viel mehr als das vom Österreichischen Erbfolgekrieg heimgesuchte, durch die verfehlte, unglückliche Politik Kaiser Karls VII. schwer verschuldete Bayern hat Kursachsen damals im Mittelpunkt des deutschen geistigen Lebens gestanden; niemals mehr hat es die europäische Bedeutung seiner augusteischen Zeit erreicht[15]. Zwischen Dresden, Venedig, Neapel, Rom waren durch die Kavaliersreisen der Kurprinzen Friedrich August und Friedrich Christian, durch die polnisch-sächsische Nuntiatur, die Gesellschaft Jesu, die sächsische Agentie in Rom enge geistige und künstlerische Beziehungen geknüpft worden. Zahlreiche Geistliche und Adelige – aus Piemont etwa die Tapparel von Lagnasco, Wiccardel von Fleury, Gabaleon von Salmour – zog der Dresdener Hof heran, daneben ein Heer von Malern, Sängern, Musikern und Komödianten. Mit dem Ankauf der Sammlungen des Fürsten Agostino Chigi und des Kardinals Albani hatte August der Starke den Grund zur Antikensammlung gelegt. Ohne diese Sammlung wären das Werk eines Winckelmann und die Entdeckung der Antike nicht denkbar. Die Ausgrabungen von Herculanum und Pompeji waren halbwegs eine Familiensache der Wettiner in Dresden und Neapel. Für Kurprinz Friedrich Christian und seine Gemahlin Maria Antonia waren die Briefe bestimmt, die Winckelmann 1758–1763 über die Herculanischen Entdeckungen an den Leibarzt Bianconi nach Dresden schrieb. Der königliche Schwager Karl III. in Neapel hat schließlich den Druck des Werkes über die Ausgrabungen ermöglicht.

Aus dem Besitz des Herzogs Franz von Este-Modena waren 1746, ein Jahr bevor Maria Antonia nach Dresden kam, einhundert Meisterwerke von ihrem Schwiegervater August erworben worden, darunter Correggios „Heilige Nacht", Tizians „Zinsgroschen", Rubens' „Hl. Hieronymus". Die berühmte Madonna von San Sisto in Piacenza, die Bianconi im Auftrag des Kurfürst-Königs für die enorme Summe von 25000 Scudi gekauft hatte, fand 1754 Aufstellung in der sogenannten inneren Galerie. Der Venezianer S. Torelli, G. B. Casanova, den Winckelmann den besten Zeichner Roms nannte, M. Bacciarelli, der fähige Porträtist, Bernardo Canaletto wirkten am kursächsischen Hofe. Tiepolo, Piazetta, Ballestra, Zuccali führten Aufträge aus. Italienische Sänger und Sängerinnen – Faustina Bordoni, die Gemahlin des Kapellmeisters Hasse, und Albuzzi, die Geliebte des Grafen Brühl –, Poeten wie J. A. Migliavaccha, dessen Bruder, den großen Dominikanerprediger, die Kurfürstin-Witwe Maria Antonia bei ihrem Aufenthalt in Rom nicht zu hören versäumte[16], Kunstkenner wie Zanetti und Algarotti, der Theaterarchitekt Galli-Bibiena, der 1755 das Kleine Hoftheater errichtete, die Dekorateure C. A. Zucchi und G. H. Servandoni, der Impresario Moretti, der 1755 die poetische Allegorie „Il Congresso di Cythera" schrieb, sie alle prägten das Kulturleben der Wettiner-Residenz in den alkyonischen Jahren zwischen 1745 und 1756.

Als Dichterin, Komponistin, Sängerin und Malerin hatte Maria Antonia an diesem Kulturleben einen nicht geringen Anteil. Neben Gesangs-, Klavier- und Lautenunter-

---

15 *H. Raab,* Clemens Wenzeslaus von Sachsen und seine Zeit 1739–1812, Bd. I: Dynastie, Kirche und Reich im 18. Jahrhundert (Freiburg – Basel – Wien 1962) 62ff mit weiteren Literaturhinweisen, aus denen hier nur *C. Justi,* Winckelmann und seine Zeitgenossen, 3 Bde. (Köln [5]1956), hervorgehoben sei.

16 S. unten S. 102.

richt hatte sie bereits am Münchener Hof Unterweisungen in Kompositionslehre von Giovanni Porta und Giovanni Ferrandini erhalten. Ihre künstlerischen Neigungen, die ihr von den wittelsbachischen und habsburgischen Eltern überkommen waren, konnte sie als Kurprinzessin freier entfalten. Zu den Namenstagen ihres Schwiegervaters König Augusts III. von Polen und ihrer Schwiegermutter Maria Josepha von Österreich, die gleichzeitig ihre Tante war, trat sie 1747 mit eigenen, in italienischer Sprache verfaßten Kantaten hervor[17]. Ihre Kantaten „Lavinia" (1748) – von dem „fameux Manna", später auch von Ristori und Naumann vertont – und „Didone abandonata" wurden von Metastasio überschwenglich gelobt[18]. Am Ostersonntag, dem 23. März 1750, wurde ihr von Hasse vertontes Oratorium „Il conversione di S. Agostino" in der Hofkirche zu Dresden aufgeführt.

Unter dem Namen Ermelinda Talea Pastorella Arcada wurde sie in die literarische Accademia degli Arcadi zu Rom aufgenommen[19]. 1754 erschien ihr Schäferspiel „Il trionfo della fedeltà" im Druck, dessen Text und Musik sie selbst geschrieben hatte[20], 1760 das Libretto ihrer Oper „Talestri regina delle amazzoni", die jedoch erst nach dem Ende des für das Dresdener Kunst- und Musikleben verheerenden Siebenjährigen Krieges, am 24. August 1763, mit Maria Antonia in der Titelrolle aufgeführt wurde[21], zu einer Zeit, als die italienische Musikherrschaft zu Ende ging. Die neue Musik, die gewissen Leuten deshalb schön schien, „parce qu'il fait beaucoup de bruit", liebte sie nicht[22].

Nicht zuletzt hat Maria Antonia die gute alte Musik auf ihrer Italienreise gesucht. Die zahlreichen musikalischen Veranstaltungen, denen sie in den Palästen der römischen Aristokratie beiwohnte, sprechen dafür. Andere Motive für die Italienreise dürfen in ihrem Interesse an den Kunstschätzen Roms, an den wiederentdeckten Altertümern gesehen werden, in dem Wunsch auch, den Sohn ihrer Schwägerin, König Ferdinand IV., in Neapel zu besuchen. Maria Antonia machte 1772 nicht nur eine Kunstreise, sondern auch eine Wallfahrt nach Rom. Die Kurfürstin-Witwe, zur Zeit ihrer Reise 48 Jahre alt, nach den Lebenserwartungen der Zeit eine alte, zudem von körperlichen Leiden geplagte Frau, war eine fromme, religiöse Natur. In der barocken Frömmigkeit des Münchener Hofes war sie aufgewachsen, und die Religiosität des Dresdener Hofes, die entscheidend von der Kurfürstin-Königin Maria Josepha von Österreich geprägt war, hat sie bejaht und vertieft durch die Marienverehrung der Wittelsbacher[23]. Sie war in München mit dem weißen Habit und himmelblauen Skapulier der Dienerinnen Mariens bekleidet worden und stattete während ihrer Italienreise 1772 dem wundertätigen Gnadenbild der Madonna vom guten Rat in Genazzano ihren Besuch ab. Ihren zweiten Namenspatron, den hl. Antonius, auf den auch ihr vierter Sohn getauft wurde, scheint sie besonders verehrt zu haben. In Erfüllung eines Versprechens, das sie für ihre Mutter,

---

17 *Weber* II 44; *M. Fürstenau*, Beiträge zur Geschichte der Musik und des Theaters am Hofe zu Dresden nach archivalischen Quellen, 2. T. (Dresden 1862) 189.

18 *Weber* I 64.

19 *Lippert* LVIII.

20 *Lippert* 19–21; *O. Schmid*, Musik am sächsischen Hofe, Bd. 3: Ausgewählte Werke von Mitgliedern des sächsischen Königshauses (Leipzig 1900) 6–20; *ders.*, Das sächsische Königshaus in selbstschöpferischer musikalischer Bethätigung (Leipzig 1900) 12ff.

21 *Lippert* 173f; *Petzholdt*, Maria Antonia 26–28.

22 Maria Antonia an Friedrich d. Gr., 28. 2. 1777: Œuvres XXIV 293, Nr. 199. – Friedrich II. nannte die „neue Musik" „un charivari".

23 *Raab*, Clemens Wenzeslaus 99–111: Pietas Wettina; Wettinisch-habsburgisch-wittelsbachisches Sakralgut und Geblütsheiligkeit.

die Kaiserin-Witwe Maria Amalia, gemacht hatte, war sie im September 1749 zum Grab des hl. Nepomuk nach Prag gepilgert[24]. Das Grab des hl. Stanislaus Kostka suchte sie in Rom auf[25]. Fast täglich hörte sie die Messe, und das fromme Brauchtum wurde von ihr geübt.

Bei ihrer Romreise verfolgte Maria Antonia auch politische und dynastische Ziele. Ihr vierter Sohn Anton war zum geistlichen Stand bestimmt. Bereits 1765 hatte der Dresdener Hof versucht, für den erst zehnjährigen Prinzen Kaiserliche Erste Bitten auf Domkanonikate in Speyer, Hildesheim, Paderborn, wenn möglich in allen drei Domkapiteln zugleich, zu erlangen[26]. Kaiser Joseph II. war von seiner Mutter Maria Theresia, die Maria Antonia von Sachsen zu ihren engeren Freundinnen zählte, im Oktober 1765 „bereits uf eine so günstige Weise praevenirt, dass weitere Empfehlung nicht nötig war"[27]. Am 21. Februar 1767 empfing Anton zu Dresden in der Hauskapelle Maria Antonias von dem Dekan von St. Peter zu Bautzen und geistlichen Administrator beider Lausitzen, Jakob v. Bärenstamm, Titularbischof von Pergamon, die Firmung und darauf die erste Tonsur[28] in Gegenwart des gesamten Hauses Sachsen.

Am 16. August 1766 machte Joseph II. von dem ihm zustehenden Recht der Ersten Bitte auf das nächste vakante Kanonikat zugunsten Antons von Sachsen beim Domkapitel zu Speyer Gebrauch[29]. Während der Verhandlungen für die Wahl in Trier 1768, die auf Antons Onkel Clemens Wenzeslaus von Sachsen, seit 1763 bereits Fürstbischof von Freising und Regensburg und seit 1765 Koadjutor von Augsburg, gelenkt werden sollte, eröffnete sich für Anton von Sachsen eine weitere Gelegenheit, in das Domkapitel von Speyer zu gelangen. Der Trierer Oberchorbischof Schmidburg bot gleichzeitig mit seiner Stimme für Clemens Wenzeslaus in Trier seine Speyerer Domizellarpräbende für einen jüngeren sächsischen Prinzen an. Als Gegenleistung sollte Kursachsen ihm dafür die „preces primariae" auf das Ritterstift Wimpfen am Neckar oder das Ritterstift Bruchsal erwirken[30]. Das Geschäft kam nicht zustande, wahrscheinlich deshalb, weil Prinz Anton schon die Ersten Bitten auf Speyer besaß.

Am 13. April 1768 starb der Senior des Speyerer Domkapitels, Johann Leopold Erasmus von Nesselrode, genannt Hugenpoet und Prinz Anton meldete seine Rechte an, stieß aber im Kapitel auf heftigen Widerstand, der sich an der Frage der Aufschwörung, an den Bestimmungen der Stiftsstatuten entzündete. Dieser Streit ist symptomatisch für das ständische und territoriale Streben nach Exklusivität, das die ritterbürtigen Kapitel am Mittelrhein und Main kennzeichnete, für ihre erfolgreichen Bemühungen, die Stiftsmäßigkeit auf die reichsritterschaftlichen Familien des oberrheinischen, kurrheinischen, fränkischen und schwäbischen Kreises zu beschränken.

Das Speyerer Domkapitel weigerte sich hartnäckig, den Wettiner zur Aufschwörung gelangen zu lassen, und begründete seine Weigerung damit, daß unter den statutenmäßig nachzuweisenden 16 deutschen Ahnen der sächsische Prinz zwei ausländische Vorfahren habe, nämlich eine polnische und eine französische Prinzessin.

---

[24] *Lippert* 8.

[25] Siehe unten S. 107.

[26] *Raab*, Clemens Wenzeslaus 151f, 313f; *Lippert* 274.

[27] Pezold an Flemming, Wien 19. 10. 1765. Zit. nach *Lippert* 274 Anm. 3.

[28] Ebd., über Bärenstamm vgl. Hierarchia Catholica V, 333.

[29] *Raab*, Clemens Wenzeslaus 310; Dankschreiben Maria Antonias an Kaiser Joseph II. vom 1. 9. 1766: *Lippert* 476.

[30] *Raab*, Clemens Wenzeslaus 310; dort auch ausführlich über den Speyerer Streit.

Der Wortführer des Speyerer Kapitels war in dieser Angelegenheit der streitbare Domdekan Philipp August von Limburg-Styrum, der bereits im Domkapitel von Hildesheim den Wettiner-Plänen entgegengetreten war und seine eigenen Absichten auf den Speyerer Bischofsstuhl durch einen sächsischen Prinzen im Kapitel gefährdet sah. Unterstützt wurde Anton von Sachsen im Kapitel von dem Domherrn Alexander Freiherr von Wessenberg-Ampringen, der wahrscheinlich über seine im Dienst des Dresdener Hofes stehende Verwandtschaft gewonnen worden war. Beigelegt werden konnte der Streit um die Aufschwörung erst nach der ausdrücklichen Erklärung der kursächsischen Administration, daß damit für die anderen deutschen Kapitel kein Präjudiz geschaffen werde. Wessenbergs Bemühungen war es dann zu danken, daß dem dreizehnjährigen Prinzen die gewöhnliche Aufschwörung und Besitznahme in Person erlassen wurde. Beim Generalkapitel am 3. November vertrat ihn der Speyerer Vikar Engelbert Hepp; dieser leistete die „professio fidei" und nahm „per impositionem bireti" und Installation im Chor für den Wettiner formell Besitz von dem Kanonikat.

Mit welchem Eifer Maria Antonia die Erhebung ihres Sohnes auf einen Bischofsstuhl betrieb, sollte sich bald zeigen. Noch nicht ein Jahr nach dem Eintritt Antons in das Speyerer Kapitel fanden Verhandlungen über seine Ernennung zum Koadjutor des Fürstbischofs Franz Christoph v. Hutten-Stolzenberg statt[31]. Sie scheiterten allerdings trotz kurtrierischer und kurpfälzischer Unterstützung am Widerstand der Domherren, die von einer Wettiner-Sekundogenitur am Mittelrhein den Verlust ihrer kapitularischen Rechte befürchteten und nicht zuletzt aus dieser Besorgnis heraus „per inspirationem" zu Huttens Nachfolger den Domdekan Philipp August von Limburg-Styrum wählten.

Zu dem Mißerfolg in Speyer kamen zwischen 1768 und 1770 Niederlagen der Wettiner-Reichskirchenpolitik in anderen Hochstiften. Auf dem Papier blieb das Projekt, dem Prinzen Anton die Mainzer Dompräbende des Domherrn Hohenfeld gegen eine angemessene militärische Stellung in Kursachsen zu sichern. Zwar konnte Prinz Anton 1768 mit der Unterstützung seines Onkels Clemens Wenzeslaus, der im gleichen Jahr die Regierung des Erzstifts Trier übernahm, durch die Nomination des Fürstpropstes Fugger von Ellwangen im Kölner Domkapitel Fuß fassen[32]. Aber eine für einen Wahlerfolg ausreichende kursächsische Partei im Kölner Domkapitel zu bilden, blieb ein aussichtsloses Unterfangen.

Die Nomination des Prinzen Anton auf eine Edelpräbende im Kölner Domkapitel war Folge und Teil des großen, durch den Regierungsantritt seines Onkels im Erzstift Trier und im Hochstift Augsburg ausgelösten Wahl- und Tauschgeschäftes. Der Ellwanger Fürstpropst Anton Ignaz v. Fugger wurde nämlich in dem dadurch erledigten Bistum Regensburg zum Nachfolger des Wettiners gewählt[33]. Fugger sicherte seinerseits dem Prinzen Anton die Kölner Edelpräbende und dessen Onkel, Clemens Wenzeslaus, dem neuen Kurfürst-Erzbischof von Trier, die Aussicht auf die Koadjutorie in Ellwangen zu. In Köln dachten die Wettiner zunächst daran, mit Hilfe von Kurpfalz den Kurfürst-Erzbischof Max Friedrich v. Königsegg-Rothenfels für eine Koadjutorie des Prinzen Anton zu gewinnen. Dann tauchten 1771 kursächsische Pläne auf, bei der nächsten Kölner Vakanz die Wahl des Fürstbischofs Anton Ignaz v. Fugger zu unterstützen, damit dieser aus Dankbarkeit und mit Rücksicht auf seine angegriffene Gesundheit und geschwächte Sehkraft den Wettiner-Prinzen zum Koadjutor nähme.

---

[31] *Raab*, Clemens Wenzeslaus 314.
[32] *Raab*, Clemens Wenzeslaus 150f.
[33] *E. Meißner*, Fürstbischof Anton Ignaz Fugger 1711–1787 (Tübingen 1969) 136f, 159f.

Diese, auch in den Jahren 1773 bis 1779, bis unmittelbar vor die Kölner Koadjutorwahl des Habsburgers Max Franz verfolgten Kölner Pläne und die in den Jahren 1767 bis 1769 erörterten Projekte einer Koadjutorie in Paderborn für Clemens Wenzeslaus und in Hildesheim für seinen Neffen Anton zeigen, wie sehr die Wettiner an der Errichtung einer von Trier über Köln bis tief nach Westfalen reichenden geistlichen Sekundogenitur nach Wittelsbacher Vorbild interessiert waren[34].

Aber auch in Eichstätt versuchte der Dresdener Hof 1771 die Voraussetzungen für eine Bischofswahl des Prinzen Anton zu schaffen. Clemens Graf v. Lodron berichtet aus Ellwangen, der Landkomtur des Deutschen Ordens, Franz Siegmund Adalbert v. Lehrbach, habe ihm die Zeit als günstig für Bemühungen um Eichstätt bezeichnet. v. Lehrbach gelte viel bei Maria Theresia und beim Kurfürsten von Bayern und könne an beiden Höfen für eine Kandidatur des Prinzen Anton wirken. Maria Antonias Eichstätter Pläne erhielten jedoch durch die sehr kühle Reaktion des Wiener Hofes einen Dämpfer. Wien wolle den Domkapiteln völlige Wahlfreiheit lassen. „Le prince Antoine est bien jeune à devenir évêque", schrieb Maria Theresia ihrer Freundin, der Kurfürstin-Witwe von Sachsen[35]. Wien werde, falls die Mehrheit der Stimmen auf Prinz Anton sich vereinige, ihm nicht entgegentreten, „mais nous ne serons pas pour les pousser étant contraire à notre système"[36].

Als Maria Antonia 1772 ihre Romreise antrat, war vom Dresdener Hof bereits vorgefühlt worden, ob man auf ein päpstliches Eligibilitätsbreve für Prinz Anton rechnen könne. Die Wettiner-Reichskirchenpolitik setzte damals, angesichts der ablehnenden Haltung Wiens, auf jenes Prinzip, das der kurtrierische Konferenzminister Hornstein dahin formuliert hatte, mit Hilfe von Kurbayern und Kurpfalz die „Wahlabsichten in den Cöllnischen und Westphälischen Stiftern ohne den Kayser" durchzusetzen[37]. Dazu aber brauchte man die päpstliche Unterstützung, brauchte man Wählbarkeitsbreven.

Auf entsprechende Vorstellungen hatte Papst Clemens XIV. jedoch dem kurtrierischen Agenten Lagnasco geantwortet „d'un ton ferme et sérieux, que le commencement de son Pontificat il avoit déclaré verbalement, qu'il n'accorderoit jamais de Bref d'Eligibilité, et ensuite il a toujours confirmé par le fait"[38].

Das eigentlich politisch-dynastische Ziel der Kurfürstin-Witwe Maria Antonia bei ihrer Romreise war, die Kirchenpolitik der Wettiner zu fördern, ihren Sohn Anton auf einen Bischofsstuhl zu bringen. Sie hatte sich vorgenommen, dem Papst alle Gründe darzulegen, die ihn zu einem Abweichen von seinem Grundsatz bewegen könnten, kein Wählbarkeitsbreve mehr zu gewähren. Die Argumente, die sie während der Audienz dem Papst vorzutragen gedachte und dann auch vorgetragen hat, können wir nur erschließen. Es dürften die immer wieder angeführten Gründe der dynastischen Reichskirchenpolitik des 17. und 18. Jahrhunderts gewesen sein. Dennoch war das Ergebnis der Audienz für die geistliche Laufbahn des Prinzen Anton von Sachsen nicht positiv. Maria

[34] *Raab*, Clemens Wenzeslaus 307f; *ders.*, Kurfürst Clemens Wenzeslaus von Trier und die Reichskirchenpolitik der Wettiner in der Germania Sacra (1761–1771), in: Jahres- und Tagungsbericht der Görres-Gesellschaft 1961 (1962) 13–21.

[35] Maria Theresia an Maria Antonia, 6. 11. 1771: *Lippert* 275.

[36] Maria Theresia an Maria Antonia, 6. 11. 1771: *Lippert* 276.

[37] *Raab*, Clemens Wenzeslaus 315.

[38] Lagnasco an Hornstein, 1. 12. 1771: Staatsarchiv Koblenz 1 C 16309, fol. 163. Offenbar greift Clemens XIV. mit dieser Erklärung auf das Motuproprio Clemens' XII. von 1731 zurück, mit dem dieser die Bistumskumulationen im Reich erschweren wollte. *R. Reinhardt*, Zur Reichskirchenpolitik Benedikts XIV., in: RQ 60 (1965) 261.

Antonia meinte nach dem Empfang beim Papst, nichts deute darauf hin, daß er von seinem Grundsatz abgewichen sei[39]. Auch eine zweite Audienz beim Papst hatte keinen Erfolg[40].

Am 8. Juli 1772, als Maria Antonia längst wieder in München weilte, schrieb Lagnasco an den kurtrierischen Konferenzminister Franz Eustach v. Hornstein: „Depuis la départ de S.A.R. j'ai sû que le St. Père lui a refusé positivement le Bref d'Éligibilité pour S. Prince Antoine. Cela fait voir qu'il y a quelque convention entre le Pape et l'Empereur."[41] Wenn der Dresdener Hof ein Wählbarkeitsbreve für einen Prinzen haben wolle, müsse er sich an den Kaiser wenden. Kein Weg zu einem Fürstbistum führte für den Wettiner an Wien vorbei, und Wien schützte zur Abwehr der Wettiner Reichskirchenpolitik die Wahlfreiheit der Domkapitel vor.

Die Kurfürstin-Witwe Maria Antonia hat nach dem Fehlschlag von 1772 offenbar eine Zeitlang mit dem Gedanken gespielt, ihren Sohn Anton zur Erlangung eines Wählbarkeitsbreves nach Rom zu schicken. Aber angesichts der Spannungen in Rom, des Streits um die Aufhebung der Gesellschaft Jesu wollte sie eine günstige Gelegenheit abwarten. Zu der Romreise des Prinzen Anton ist es dann nicht mehr gekommen. Anton hat die geistliche Laufbahn nicht angetreten, sondern ist 1827 seinem Bruder auf dem sächsischen Thron gefolgt.

Am 29. März abends brach Maria Antonia von München zur Reise nach Rom auf. Innerhalb von nur zwei Tagen überquerte sie die Alpen und erreichte am 1. April Rovereto[42]. Von dort ging die Reiseroute weiter nach Verona, wo sie von einem Grafen Marcolini[43] empfangen wurde, der sie fortan begleitete. Um welchen Marcolini es sich dabei handelte, kann nicht ausgemacht werden. Graf Camillo Marcolini spielte am Dresdener Hof eine bedeutende Rolle. Sein älterer Bruder Marc Antonio hatte 1750–1751 eine Reise nach Dresden und Wien gemacht und dabei das kurprinzliche Paar kennengelernt. Er war Titularerzbischof und Kardinal geworden und nahm sich der Kurfürstin-Witwe 1772 während des Romaufenthaltes an[44]. In Bologna wurde Maria Antonia feierlich von dem Kardinallegaten empfangen[45]. In Pesaro erschien nicht nur der Präsident, sondern auch der Adel der ganzen Stadt, um sie willkommen zu heißen. Am 9. April

---

[39] Lagnasco an Hornstein, 25. 4. 1772: Staatsarchiv Koblenz 1 C 16309, fol. 287.

[40] Siehe unten S. 107.

[41] Lagnasco an Hornstein, 8. 7. 1772: Staatsarchiv Koblenz 1 C 16309, fol. 364.

[42] Die hier ausgewerteten Quellen für die Romreise der Kurfürstin-Witwe von Sachsen sind folgende:

1. die Berichte des kurtrierischen Agenten Lagnasco aus Rom an den kurtrierischen Konferenzminister Franz Eustach v. Hornstein: Staatsarchiv Koblenz 1 C 16309. Lagnasco selbst sagt über den Quellenwert seiner Berichte in einem Brief vom 9. 5. 1772 an Hornstein: „J'ai eu soin jusqu'ici d'envoier à Votre Excellence le Journal exact de tout ce qui est passé par Madame l'Electrice Douairière de Saxe."

2. Relazione storica ed estratta di quanto è stato pratticato nella circonstanza della venuta e trattimento in Roma di S. A. R. Maria Waldburga di Baviera, Elettrice Vedova del fù Elettore di Sassonia. Descritta da Giuseppe Dini, Segretario della Sacra Congregazione Ceremoniale e Maestro di Ceremonie di N(ostr)o Sig(no)re 1772: Archivio S. Congr. Caeremonialis vol. 37; Diario ordinario Nr. 8362, 8364, 8470, 8372. – Die römischen Quellen wurden freundlicherweise von Herrn Dr. Pierre Surchat verglichen. Für seine Hilfe sei Herrn Surchat auch an dieser Stelle gedankt.

[43] Vgl. *W. Lippert*, Die Anfänge der Familie Marcolini in Kursachsen, in: Neues Archiv f. sächs. Gesch. 20 (1899) 111 f, 120.

[44] Siehe unten S. 102f.

[45] Lagnasco an Hornstein, 17. 3. 1772: Staatsarchiv Koblenz 1 C 16309, fol. 285.

kam Maria Antonia in Fano an der Adria an. Auf dem Schloß der Marcolini erholte sie sich erst einmal von der anstrengenden Reise und kurierte ihren durch die ungewohnte italienische Küche verstimmten Magen[46]. Über einen Besuch der nicht weit von Fano gelegenen Wallfahrtskirche von Loreto, die im Tagebuch der Italienreise ihres Vaters 1716 erwähnt wird, verlautet nichts.

Am Mittwoch der Karwoche, dem 15. April, gegen 21.30 Uhr, kam Maria Antonia Walpurgis in Rom an. Zu ihrer Begrüßung fanden sich der päpstliche Generalpostmeister, der Marchese Camillo Massimi, und der kursächsische Resident in Rom, Dr. Giovanni Lodovico Bianconi, ein. Mit Bianconi verband die Kurfürstin-Witwe ein altes Vertrauensverhältnis[47]. Im Februar 1750 war Bianconi zu ihrem Leibarzt ernannt worden. In den Jahren 1758–1763 waren die Berichte Winckelmanns über die Herculanischen Entdeckungen über Bianconi an die kurprinzliche Familie gelangt.

Während ihres Romaufenthaltes wohnte die Kurfürstin-Witwe im Palast des Fürsten Albani an der Piazza di Spagna. Zu der Familie Albani bestanden nicht nur alte Beziehungen des Münchener Hofes seit der Italienreise des Kurfürsten Max Emanuel[48], sondern auch des Dresdener Hofes. Kardinal Gian Francesco Albani, Bischof von Sabina, war Kardinalprotektor der Krone Polen. Von ihm hatte Kurfürstin-Königin Maria Josepha, die Schwiegermutter der Maria Antonia Walpurgis, eine Partikel des Kreuzes Christi erhalten[49].

Noch am Abend ihrer Ankunft hatten sich zur Begrüßung der Kurfürstin-Witwe im Palazzo Albani die Kardinäle Domenico Orsini, Giovanni Francesco Stoppani und Franz Joachim de Pierres Graf von Bernis, der ehemalige französische Außenminister, der seit 1758 in Rom lebte, eingefunden[50]. Am Gründonnerstag besuchte Maria Antonia zunächst in Begleitung des Fürsten Albani und seiner Gemahlin die Sixtinische Kapelle. Sie nahm dann an der Gründonnerstagsliturgie in St. Peter teil und wurde von dem Kardinalstaatssekretär Lazaro Opizio Pallavicini begrüßt. Mit dem ebenfalls in Rom weilenden Herzog von Gloucester[50a] hatte die Kurfürstin-Witwe ein kurzes Gespräch auf französisch. Nach dem Mittagessen nahm sie an dem Miserere in St. Peter teil, machte einen Besuch am Petrusgrab und wurde anschließend von den Kanonikern von St. Peter empfangen.

Der Vormittag des Karfreitags war dem Besuch des Vatikanischen Museums gewidmet. Nach dem Mittagessen begab sich die Kurfürstin-Witwe zum Miserere nach St. Peter. Von der Verehrung der am Karfreitag gezeigten Reliquien, der Lanze des Lon-

[46] *Weber,* Maria Antonia II 5.

[47] Über Bianconi vgl. *E. Bonora* In: Dizionario biografico degli Italiani 10 (Roma 1968) 252–259.

[48] *W. J. Bekh,* Ein Wittelsbacher in Italien. Das unbekannte Tagebuch Kaiser Karls VII. (München 1971) 66f.

[49] *Lippert* LXV.

[50] *F. Masson,* Le Cardinal de Bernis depuis son ministère, 1758–1794 (1894); *F. Noack,* Das Deutschtum in Rom seit dem Ausgang des Mittelalters (1927) 270. – Franz Wilhelm von Spiegel, der sich vom 15. 10. 1776 bis 27. 11. 1777 in Rom aufhielt, äußert sich über Bernis so: „Er war ein ziemlich großer, wohlgestalteter Mann, hatte sehr geistreiche, angenehme Gesichtszüge, seine Unterhaltung war lebhaft, belehrend, verständig, er sprach schön, und man merkte in allen seinen Redensarten, daß er ein angenehmer Dichter gewesen war. Seine Menschenfreundlichkeit leuchtete aus allem hervor" (zit. nach *M. Braubach,* Die Lebenschronik des Freiherrn Franz Wilhelm von Spiegel zum Diesenberg. Zugleich ein Beitrag zur Geschichte der Aufklärung in Rheinland-Westfalen [Münster 1952]) 177.

[50a] William Henry Herzog v. Gloucester (1743–1805), jüngerer Bruder König Georgs II. von England.

ginus, eines Teils des Kreuzes Christi „in Gold und kostbaren Steinen“ und des Schweißtuchs der hl. Veronika, von der im Reisetagebuch ihres Vaters berichtet wird, ist nichts erwähnt. Am Abend des Karfreitags wusch die Kurfürstin-Witwe im Hospiz der „Santissima Trinità de' Pellegrini“ vier Frauen, Pilgerinnen aus Sachsen, die Füße und bediente sie bei Tisch[51].

Am Karsamstag besuchte sie den Palazzo di Monte Cavallo. Im Kaffee-Haus des Gartens von Monte Cavallo wurde sie von Kardinalstaatssekretär Lazaro Opizio Pallavicini empfangen und unterhielt sich dreiviertel Stunden mit ihm. Dann begab sie sich zum Palazzo della Sacra Consulta, wo ihr zu Ehren der Sekretär der Consulta, der Titularerzbischof von Saloniki, Marc Antonio Marcolini, eine musikalische Akademie veranstalten ließ. Marc Antonio war der Kurfürstin-Witwe seit einer Reise nach Dresden und Wien 1750–1751 kein Fremder. Er war der älteste Bruder des später in der sächsischen Geschichte bekannten Grafen Camillo Marcolini. An der Musikakademie der Consulta nahmen teil die Kardinäle Giovanni Francesco Albani, Alessandro Albani, Pallavicini, Girolamo Spinola, Stoppani, Orsini, de Bernis und die gesamte höhere Klerisei der Consulta.

Zur Teilnahme an den Osterfeierlichkeiten hatte Papst Clemens XIV. der Kurfürstin-Witwe zwei Ritter, den Marchese Massimi und Giovanni Battista Coligola, beigegeben. Auf einer für sie errichteten Tribüne nahm Maria Antonia an dem päpstlichen Hochamt im Petersdom teil[52]. Anschließend wohnte sie von den Gemächern des Maggiordomo dem Segen bei, den der Papst von der Loggia der Fassade von St. Peter einer ungeheuren Volksmenge erteilte.

Am Ostermontag besuchte Maria Antonia zunächst in der Propaganda Fide eine syrische Messe. Dann besichtigte sie die Propaganda, besonders deren Bibliothek, sah sich Manuskripte in orientalischen Sprachen an und wurde von den Schülern der Propaganda in verschiedenen orientalischen Sprachen begrüßt. Es fällt auf, daß Maria Antonia nicht wie ihr Vater sich am Osterdienstag die berühmten Gräber und Reliquien der an den Höfen von München und Dresden besonders verehrten Heiligen zeigen ließ, z.B. das Grab des hl. Ignatius, die Armreliquie des hl. Franz Xaver, die Herzreliquie des hl. Philipp Neri. Am Abend des Ostermontags gab Kardinal Stoppani eine musikalische Akademie, an der 12 Kardinäle, darunter Fabrizio Serbelloni, Carlo Rezzonico, de Bernis, Spinola, Giovanni Paolo Boschi, Luigi Calini, Pallavicini, Alessandro Albani, Orsini und Andrea Negroni, teilnehmen[53]. Auch eine Reihe von Damen und höhere Geistliche waren zugegen. Anschließend begab sich die Kurfürstin-Witwe in die Casa Lante.

Am Osterdienstag, dem 21. April, hörte Maria Antonia morgens eine Messe im Petersdom. Offensichtlich ihr zu Ehren wurde dabei die Predigt gehalten von dem berühmten Dominikaner Migliavaccha, dessen Bruder Giovanni Ambrogio seit 1752 am Dresdener Hof als Dichter der königlichen Kapelle angestellt war und von Maria Antonia sehr gefördert wurde. Sie selbst hatte zu Migliavacchas „Giove fulminatore dei giganti“ die Musik geschrieben[54]. Nach der Messe besichtigte sie in Begleitung des Kardinals Alessandro Albani die Vatikanische Bibliothek.

---

[51] Archivio S. Congreg. Caeremonialis vol. 37, Relazione storica

[52] Archivio S. Congreg. Caeremonialis vol. 37. Relazione storica. Lagnasco an Hornstein, Rom 25.4.1774: Staatsarchiv Koblenz 1 C 16309, fol. 289–291.

[53] Diario ordinario 8364. Lagnasco an Hornstein, 25.4.1772: Staatsarchiv Koblenz 1 C 16309, fol. 289–291.

[54] *Lippert* 291–293.

Am Abend hatte sie eine feierliche Audienz beim Papst, nicht in dem üblichen Audienzsaal, sondern in einem Zimmer, wo im Winter geistliche Würdenträger empfangen wurden. Der Beichtvater der Kurfürstin-Witwe, der Jesuit Kreitl, durfte sie nicht begleiten, weil der Zutritt zum päpstlichen Palast den Jesuiten untersagt war, „ils sont, pour ainsi dire, bânis de la Cour“[55].

Die Audienz dauerte ungefähr dreiviertel Stunden. Der Kurfürstin-Witwe wurden dabei besondere Ehrungen zuteil. Als sie beim Eintritt des Papstes niederkniete und ihm den Fuß küssen wollte, wehrte der Papst ab. Er bat sie, auf dem sonst nur für die Kardinäle reservierten „sgabello, o sia tamburetta“, einem Hocker, Platz zu nehmen, auf dem – eine weitere Auszeichnung – ein Samtkissen mit Goldverzierung lag. Clemens XIV. verschmähte den Thronsessel und nahm neben der Kurfürstin-Witwe auf einem ähnlichen Hocker Platz. Dann wurden die Fürstin Albani, die Ehrendame der Wettinerin, die kleine Begleitung der Kurfürstin und der kurtrierische Agent Lagnasco zu dem üblichen Fußkuß zugelassen. Allein der Papst verbat sich diesen Fußkuß und wollte es auch nicht zulassen, daß die Wettinerin ihm die Hand küßte: „questa colli sentimenti della maggiore tenerezza gliela prese a bacciò più e più volte“[56].

Über das bei dieser Audienz zwischen dem Papst und der Kurfürstin-Witwe geführte Gespräch sind wir bei weitem nicht so gut informiert wie über das Zeremoniell. Maria Antonia war mit der Absicht nach Rom gekommen, die Wahl ihres für den geistlichen Beruf bestimmten Sohnes Anton auf einen Bischofsstuhl zu fördern, und sie hatte sich vorgenommen, den Papst während der Audienz für ihre kirchenpolitischen Pläne zu gewinnen. Ganz natürlich kam das Gespräch auf die Kinder der Kurfürstin-Witwe. Der Papst erkundigte sich nach ihnen und sprach mit größtem Wohlwollen von Maria Antonias ältestem Sohn, dem Kurfürsten Friedrich August III. Dem eigentlichen Anliegen der Wettinerin gegenüber blieb er reserviert. Er machte ihr keine Zusage, ihre Pläne für eine geistliche Versorgung des Prinzen Anton zu unterstützen. Nach der Audienz meinte die Kurfürstin-Witwe zu dem kurtrierischen Agenten Lagnasco, nichts deute darauf hin, daß der Papst von seinen kirchenpolitischen Grundsätzen abzugehen geneigt sei. Auch eine zweite Audienz der Kurfürstin beim Papst blieb ohne Erfolg.

Als Geschenk überreichte der Papst gegen Ende der Audienz eine prächtige, mit Gold, kleinen Brillanten und zwei Medaillons verzierte Krone, auf deren einem der Heiland, auf deren anderem die Madonna dargestellt war[57]. Nach der Audienz empfing der Kardinalstaatssekretär die Kurfürstin-Witwe, ließ eine kleine Erfrischung reichen und geleitete sie dann bis zu ihrer Karosse. Als Abschluß des Tages fand bei Monsignore Marcolini eine musikalische Akademie statt.

Am Mittwoch, dem 22. April, besichtigte die Kurfürstin-Witwe das Kapitol. Der Papst

---

55 *Weber* II 6. – Franz Wilhelm von Spiegel fand nur wenige Jahre später die Audienz beim Papst „langweilig, ekelhaft: der Papst saß im Lehnstuhl am Tisch, ich mußte vor ihm niederknien und seinen Pantoffel, den er auf den Fußschemel mit dem Fuß gestellt hatte, küssen, dann tat er mir einige allgemeine Fragen über mein Vaterland und wie es mir in Rom gefiel, wonach ich wieder durch das Zeichen der Klingel, die er berührte, weggehen mußte“ (zit. nach *Braubach,* Lebenschronik 181).

56 Lagnasco an Hornstein, Rom 25. 4. 1771: Staatsarchiv Koblenz 1 C 16309, fol. 289–291.

57 Mit der goldenen Rose, die ihre Schwägerin Maria Amalia von Sachsen 1740 und Maria Christine, Erzherzogin von Österreich, die Gemahlin Albrechts von Sachsen, 1776 erhielten, wurde sie nicht ausgezeichnet. *E. Cornides,* Rose und Schwert im päpstlichen Zeremoniell von den Anfängen bis zum Pontifikat Gregors XIII. (Wien 1976) 120, führt Maria Antonia nicht auf.

ließ ihr an diesem Tag ein prächtiges goldverziertes Kruzifix von wertvollster Arbeit, „anco guarnito di piccoli brillantini", überreichen[58], dazu ein Breve, das ihr vollkommenen Ablaß verhieß, sooft sie nach Beichte und Kommunion vor diesem Kruzifix beten würde. Die Kurfürstin-Witwe verehrte dem Papst eine goldene Tabakdose als Geschenk. Am Mittwochabend fand in der Villa Farnese ein Empfang statt. Maria Antonia besichtigte die Galerie; der Farnesische Stier hat dabei offenbar ihr besonderes Interesse erregt. Kardinal Orsini d'Aragona, Herzog von Gravina und Gesandter Neapels, ließ eine Musikakademie stattfinden.

In Begleitung des Fürsten Albani besuchte Maria Antonia am Donnerstag der Osterwoche zunächst mehrere Kirchen Roms. Dann gab Kardinal de Bernis ihr zu Ehren ein Festbankett (magnifico pranzo), an dem auch der Kardinalstaatssekretär teilnahm. Den Abend verbrachte Maria Antonia in Gesellschaft der Marchesa Massimi.

Am Freitag, dem 24. April, hörte die Kurfürstin eine Messe in der Basilika der Zwölf Apostel, besuchte die Villa Pinciana und war zum Mittagessen bei dem Titularerzbischof Marcolini[59] eingeladen, anschließend machten Monsignore Casali, Vizecamerlengo und Gouverneur von Rom, Abondio Rezzonico und Lorenzo Colonna, Großconnétable des Königreichs Neapel, der Kurfürstin-Witwe ihre Aufwartung. Ihr zu Ehren fand eine „literarische Akademie" statt, wobei zwei „Canzonette anacreontiche" von Lorenzo Sparziani und Gregorio Nardecchia vorgetragen wurden. Anschließend improvisierten Baldassare Rochetti und Matteo Bernardi Gesänge nach einem Thema von Leander. Abends gab Fürst Albani eine Musikakademie „coll'invento di tutta la Nobilità e di varii Cardinali".

Samstag, der 25. April, war für die Besichtigung der Basilika San Paolo fuori le mura vorgesehen. Am Abend fand in der Casa Barberini ein „superbissima Festa con Musica e Balla" statt. Die Fürstin Palestrina ließ zu Ehren Maria Antonias ein Feuerwerk abbrennen.

Einen gesellschaftlichen Höhepunkt des römischen Aufenthaltes der Kurfürstin-Witwe sah der Sonntag, der 26. April. Nach der Messe in San Luigi dei Francesi besichtigte sie das Colosseum. Zu dem anschließenden Empfang und Mittagessen, das Kardinal Alessandro Albani in seiner Villa an der Porta Salaria gab, waren dreißig Personen geladen. Nach dem Essen erschienen acht Dichter der Accademia Arcadia „a recitare diversi poemi in Sua lode". Unter anderem trug Gioacchino Pizzi ein Sonett vor; Antonio Scarpelli rezitierte sein Gedicht „Le Virtù"; Gaetano Bernardini und Filippo Tarducci lobten das von der Kurfürstin-Witwe verfaßte Schäferstück „Il trionfo della fedeltà".

Zu der Arcadia stand Maria Antonia in recht engen Beziehungen. Ihr Gemahl, Kurprinz Friedrich Christian von Sachsen, war anläßlich seines Romaufenthaltes Mitglied der Accademia geworden. Sie selbst war 1747 aufgrund ihrer eigenen Dichtungen aufgenommen worden und hatte den Schäfernamen Ermelinda Talea Pastorella Arcada erhalten, unter dem sie fortan auch ihre eigenen Dichtungen erscheinen ließ.

In der Villa Albani wird Maria Antonia sicher auch die Antikensammlungen gesehen haben, die Kardinal Alessandro Albani, der Mäzen Winckelmanns, dort hatte aufstellen lassen. Winckelmann war durch den Kurprinzen Friedrich Christian und seine Gemahlin

---

[58] Archivio S. Congreg. Caeremonialis vol. 37. Relazione storica. – Lagnasco an Hornstein, Rom 25. 4. 1772: Staatsarchiv Koblenz 1 C 16309, fol. 289–291.

[59] *Lippert* LXX. – Über die Festlichkeiten zu Ehren der Kurfürstin-Witwe vgl. auch den Brief von Wilhelm v. Edelsheim an die Markgräfin Karoline Luise von Baden, Rom 28. April 1772. Zit. nach *M. Krebs,* Wilhelm von Edelsheim in Italien, in: ZGORh 99 (1951) 266f.

Maria Antonia entscheidend gefördert worden. Ohne das Interesse und die Hilfe der Wettiner wären die Ausgrabungen Winckelmanns nicht möglich gewesen. Als ein Zeichen des Dankes hatte Winckelmann seine Kunstgeschichte Friedrich Christian, der 1763 gerade zur Regierung gelangt war, widmen wollen. Nach dem frühen Tod Friedrich Christians (17. 12. 1763) konnte das Werk nur noch seiner Witwe überreicht werden[60].

Die festlichen Veranstaltungen des Sonntags schlossen mit einem Empfang und musikalischen Darbietungen bei dem Kardinalstaatssekretär im Palazzo Rospigliosi-Pallavicini. Verkleidete Männer führten eine musikalische Farce auf, die ein Jahr zuvor im Teatro della Valle dargeboten worden war. Der anschließende Ball ging erst gegen zwei Uhr morgens zu Ende.

Um die Kurfürstin-Witwe besonders zu ehren und ihr ein echt römisches Schauspiel zu bieten, veranlaßte der Papst, daß am Montag, dem 27. April, die Corsa de' Barberi auf der Via del Corso stattfand. Von der Loggia des Palastes Doria konnte Maria Antonia dieses Schauspiel verfolgen. „La giornata fù delle più brillanti, que si sia veduta in Roma per l'immenso popolo, che si affollo nel Corso per aver la soddisfazione de vedere una Principessa, che si è fatta adorare da tutta Roma e per la gran galla in gioei, ed in abiti, che Dame, e per le molte carozze nobili, che si viddero lungo il Corso."[61] Anschließend an die Corsa de' Barberi gab es im Palazzo Doria noch einige musikalische Veranstaltungen für den zahlreich anwesenden Adel und kleine Imbisse. Maria Antonia jedoch zog sich, ermüdet durch die Anstrengungen der Festtage und die Lichter, bald zurück.

Am nächsten Tag, dem 28. April, fühlte sich die Kurfürstin-Witwe wieder besser. Monsignore Franchi, Sekretär der sächsischen Gesandtschaft, begrüßte sie. Auf 15^{00} Uhr war die Abreise nach Neapel festgesetzt. Fürst Albani und die Kardinäle Alessandro Albani, Stoppani und Orsini gaben der Kurfürstin-Witwe einige Meilen das Ehrengeleit. In Marino traf Maria Antonia den Kardinal von York (Stuart) im Kloster San Lorenzo in Lucina und führte ein längeres Gespräch mit ihm. Übernachtet wurde in Velletri im Palazzo Ginetti.

In Neapel nahm die Kurfürstin-Witwe nicht in den vorbereiteten Zimmern des Palazzo Reale Wohnung, sondern bei der Kirche de' Crociferi al Fiatonnone. Bald nach der Ankunft statteten ihr Bernardo Tanucci, der Staatssekretär für die äußeren Angelegenheiten und Anwalt des neapolitanischen Staatskirchenrechts, sowie andere hohe Beamte des Königreichs ihren Besuch ab.

Am Freitagnachmittag gab der Hof einen feierlichen Empfang für die Wettinerin. Sie unterhielt sich lange mit Ferdinand IV., dem Sohn ihrer Schwägerin Maria Amalia von Sachsen. Am Abend nahm sie an den Veranstaltungen zur Feier der Translation der Blutampulle des hl. Januarius teil. Von einem eigens für sie bereitgestellten Coretto sah sie die Verflüssigung des Blutes dieses Stadtheiligen[62]. Die Stadt Neapel machte der Kurfür-

---

[60] *Justi,* Winckelmann I 127.

[61] Lagnasco an Hornstein, Rom 29. 4. 1772: Staatsarchiv Koblenz 1 C 16309, fol. 299–301.

[62] Lagnasco an Hornstein, Neapel 5. 5. 1772: Staatsarchiv Koblenz 1 C 16309, fol. 299–301. Für die Verehrung des hl. Januarius durch die Wettiner hier nur noch ein anderes Beispiel: Maria Amalia von Sachsen hatte im Juni 1738 nach ihrer Ankunft als Braut des Kronprinzen Karl in Neapel dem Kardinal-Erzbischof ein kostbares Diamantenkreuz im Wert von 10000 Dukaten gegeben, „um solches dem hl. Januario zu opffern" (zit. nach *M. Paul,* Graf Wackerbarth-Salmour, Oberhofmeister des sächsischen Kurprinzen Friedrich Christian [Leipzig 1912]) 24.

stin-Witwe ein Geschenk „d'un rametto di Fiori di Brillanti". Am Samstagabend fand eine große musikalische Feier bei Hofe statt. Es sangen dabei unter anderem die Bernasconi, Cafarelli, Aprile, Conforco, Siciliano. Ein großartiges Abendessen mit 80 Gedecken für den neapolitanischen Adel und die am Hof akkreditierten Diplomaten schloß sich an. Feste, Empfänge, Musikabende, sogar ein Flottenmanöver, das Ferdinand IV. für Maria Antonia veranstalten ließ, füllten die nächsten Tage.

Ein Ausflug führte Maria Antonia nach Portici an den Vesuv. Sie besichtigte das Museum und die Ausgrabungen von Herculanum und Pompeji, mit denen 1737 auf Befehl Karls III. begonnen worden war. In Torre Annunziata besichtigte sie die Waffenfabrik. Am Morgen des 5. Mai begab sich Maria Antonia nach Pozzuoli, dem ältesten griechischen Hafen am Tyrrhenischen Meer, und Baiae, das durch den Vesuv-Ausbruch zerstört worden war, besichtigte die Altertümer und war am Abend Gast bei der Gräfin Potenza, wo eine Serenade gegeben wurde. Die Kartause San Martino, die Villa Capodimonte wurden besichtigt. Der Fürst von Francavilla gab eine glänzende Musikakademie.

Den Rückweg nach Rom nahm Maria Antonia über Caserta, wo sie von Marschall Meroni empfangen wurde, und Frascati. Der Empfang in der Villa Taverna in Frascati durch den Fürsten Borghese erhielt durch die Anwesenheit des Kardinals Stuart, „suo cugino", des Kardinalprotektors der Krone Siziliens, der Gesandten von Venedig und Malta eine besonders feierliche Note. Von Frascati begab sie sich nach Palestrina und übernachtete im Hause des Kardinalbischofs Stoppani.

In Genazzano hörte Maria Antonia am nächsten Tag eine von dem Kardinalvikar zelebrierte Messe, empfing die heilige Kommunion und verrichtete, „servita da tutta la Casa Colonna", ihre Andacht vor dem wundertätigen Marienbild „del buon Consiglio".

In Rom, wo Maria Antonia wieder sehr feierlich empfangen wurde, gab Fürst Borghese für sie am 11. Mai ein Festessen, zu dem auch die Kardinäle York (Stuart), de Bernis, Spinola, Pallavicini, Scipione Borghese, Alessandro Albani und Orsini geladen waren. Am Abend war Maria Antonia Gast in Palestrina bei einem Neffen des Kardinals Stoppani.

Am Dienstag, dem 12. Mai, weilte Maria Antonia als Gast des Fürsten Lorenzo Colonna und des Kardinals Marc Antonio Colonna in Genazzano. Nach der Rückkehr nach Rom wohnte sie wiederum bei den Albani. Kardinal de Bernis gab am Donnerstag, dem 14. Mai, ein Festbankett zu Ehren der Kurfürstin-Witwe, zu dem mehr als vierzig Personen geladen waren. Am Abend lud Erzbischof Marcolini wieder zu musikalischen Veranstaltungen ein.

Die folgenden Tage bis zur Abreise der Kurfürstin-Witwe aus Rom waren hauptsächlich der Besichtigung römischer Paläste, Kirchen und Klöster gewidmet. Am Freitag, dem 15. Mai, hörte Maria Antonia eine Messe in Santa Maria in Vallicella, machte einen Besuch in der Villa Pamphili, wo Wasserspiele aufgeführt wurden, und hatte am Abend eine Unterhaltung mit dem Kardinal de Bernis und dem Fürsten Borghese. Giovanni Domenico Porta malte ein Porträt der Kurfürstin-Witwe.

Am Samstag, dem 16. Mai, wurde Maria Antonia nach der Besichtigung von San Ignazio und des Collegio Romano von dem Jesuitengeneral Ricci empfangen und besuchte dann die Kirche Il Gesù. Die Sonntagsmesse hörte die Kurfürstin in der Augustinerkirche vor dem Altar der hl. Monika. Dann besichtigte sie das Kloster der hl. Brigitta an der Piazza Farnese und ging nachmittags zu einem Ballspiel bei der Casa Rospigliosi.

Nach einer Messe im Lateran besuchte Maria Antonia am Montag die Kirche S. Andrea Apostolo und das Grab des hl. Stanislaus Kostka. Wie viele andere fromme Pilger stieg sie auf den Knien die Santa Scala hinauf. Dem Papst ließ sie ihr Porträt überreichen und nahm abends an einem Empfang im Palazzo Colonna teil. Abschiedsbesuche bei einigen Kardinälen und eine zweite Papstaudienz am Fest der Wahl Clemens' XIV. waren die wichtigsten Punkte auf dem Programm des 19. Mai, des letzten Tages ihres römischen Aufenthaltes. Als Abschiedsgeschenk überreichte der Papst Maria Antonia einen Gobelin mit einer Darstellung Johannes' des Täufers. Dem Feuerwerk zum Jahrestag der Papstwahl wohnte die Kurfürstin-Witwe vom Palazzo Salviato aus bei.

Am Mittwoch, dem 20. Mai, gegen acht Uhr verließ Maria Antonia die Ewige Stadt. Die Heimreise führte sie über Florenz, Venedig, Verona nach München, wo sie nach dreimonatiger Abwesenheit am 3. Juli 1772 eintraf.

Studium Trierer Theologen in Rom in der ersten Hälfte des 19. Jahrhunderts[1]

Von ALOIS THOMAS

Nach den Statuten des Trierer Domkapitels durften als Kapitulare nur solche aufgenommen werden, die zwei volle Jahre ein Studium generale an einer auswärtigen Fakultät absolviert hatten[2]. Die Wahl der Universität war für die Anwärter (Domizellare) frei. Im 16. Jahrhundert wurde eine katholische Universität vorgeschrieben. Seit dem 18. Jahrhundert nahm das Domkapitel außerdem das Recht in Anspruch, von drei vom Domizellar vorgeschlagenen Universitäten eine zu bestimmen[3]. Außer den deutschen

---

[1] Die in dem Beitrag verwandten Abkürzungen, die hier nicht näher erläutert werden, entsprechen den im Abkürzungsverzeichnis des Lexikons für Theologie und Kirche I (Freiburg ^{2}1957). Bei der in den Anmerkungen wiederholt vorkommenden, aber nur einmal biographisch genau angegebenen Literatur wird mit (Anm. . . .) hinter der Kurzform auf die genaue Titelangabe hingewiesen. Im übrigen werden folgende Abkürzungen verwandt:

AGR	Archiv des Collegium Germanicum et Hungaricum, Rom, Briefarchiv, 19. Jahrhundert.
APR	Archiv des Pont. Coll. Urbano di Propaganda fide, Rom.
Backer-Sommervogel	A. de Backer – C. Sommervogel, Bibliothèque de la compagnie de Jésus, vol. 1–9 (Bruxelles – Paris 1890–1900).
BAT	Bistumsarchiv Trier.
BiblDarmstadt	Hessische Landes- und Hochschulbibliothek Darmstadt.
Blattau, Statuta	Statuta synodalia, ordinationes et mandata archidioecesis Trevirensis, hrsg. von J. J. Blattau, 9 Bde. (Trier 1844–1859).
Festschrift Germanicum	Collegium Germanicum et Hungaricum 1552–1952. 400 Jahre Kolleg (Rom 1952).
Koch	L. Koch, Jesuiten-Lexikon (Löwen – Heverle ^{2}1962).
Pfülf	O. Pfülf, Die Anfänge der deutschen Provinz der neu erstandenen Gesellschaft Jesu und ihr Wirken in der Schweiz 1805–1847 (Freiburg i. Br. 1922).
Reusch, Bunsen	H. Reusch, Briefe an Bunsen (Leipzig 1897).
StAK	Staatsarchiv Koblenz.
Steinhuber	A. Steinhuber, Geschichte des Kollegium Germanikum Hungarikum in Rom, 2 Bde. (Freiburg i. Br. 1906).
Thomas, Archivalische Arbeiten	A. Thomas, Archivalische und historische Arbeiten im Bistum Trier unter Bischof Josef von Hommer: AMrhKG 1 (1949) 183–208.
Thomas, Hommer	Josef von Hommer 1760–1836. Meditationes in vitam meam peractam, hrsg., übersetzt und kommentiert von Alois Thomas (Trier 1976).
Weltklerus	Der Weltklerus der Diözese Trier seit 1800, hrsg. vom Diözesanarchiv Trier, bearbeitet von Alois Thomas (Trier 1941).

[2] *Blattau* I 245; III 158; *H. Bastgen,* Die Geschichte des Trierer Domkapitels im Mittelalter (Paderborn 1910) 57–60; *Sophie-Mathilde* Gräfin zu *Dohna,* Die ständischen Verhältnisse am Domkapitel in Trier vom 16. bis 18. Jahrhundert (Trier 1960) 22, 30f.

[3] *Bastgen* (Anm. 2) 59.

und französischen Universitäten besuchten sie viel die bedeutenden Hochschulen Italiens, Padua, Bologna, Pavia, Florenz, Neapel und Rom. So studierten z. B. von den Trierer Erzbischöfen Jakob von Sierck (1439–1456) als Domizellar in Florenz und Rom[4], Johann von Baden (1456–1503) außer in Erfurt und Köln in Pavia, Jakob von Baden (1503–1511) in Bologna und Rom, wo er auch kaiserlicher Gesandter war[5], Lothar von Metternich (1599–1623) in Padua.

In Padua hatte auch der aus der Trierer Erzdiözese stammende Nikolaus von Kues studiert und seine kirchenrechtlichen Studien mit dem Doctor decretorum abgeschlossen (ca. 1423)[6]. Nach Marx[7] ist es sicher, daß spätestens im 14. Jahrhundert auch zahlreiche andere Kleriker der Trierer Diözese ihre wissenschaftliche Bildung auf Universitäten, darunter auch in Italien, erhielten. Es würde aber zu weit führen, im einzelnen darauf einzugehen. Hingewiesen sei aber doch auf die vielen Trierer Kleriker aus dem Deutschen Kolleg (Collegium Germanicum et Hungaricum), die in Rom ihre Studien machten. Bald nachdem das Kolleg 1552 gegründet worden war[8], traten Trierer dort ein. Von den 6 ersten, 5 bürgerlicher Herkunft, wurden vier Pfarrer, die sich in der Seelsorge sehr bewährten[9], zwei wurden Weihbischöfe in Trier, der gelehrte Peter Binsfeld (1548–1598)[10] und der angesehene Georg von Helffenstein (1542–1632)[11]. Der aus Luxemburg, damals Erzbistum Trier, stammende Nikolaus Elgard wurde Weihbischof in Erfurt[12].

Bei der Erneuerung des Collegium Germanicum 1573 durch Papst Gregor XIII. bestand die Absicht, ins Deutsche Kolleg im wesentlichen Adelige, Bürgerliche nur mit guter Begabung aufzunehmen[13], weil man die deutschen Domkapitel, damals nur aus adeligen Mitgliedern bestehend, erneuern und damit zu guten Bischöfen kommen wollte. Dieses Vorhaben kam zwar nicht zur Ausführung, tatsächlich aber waren die meisten

---

[4] *B. Kleinschmidt*, Auslandsdeutschtum und Kirche (= Deutschland und Ausland, Heft 19–22) (Münster 1930) 253; *A. Hudal*, Die deutsche Kulturarbeit in Italien (= Deutschtum und Ausland, Heft 55/56) (Münster 1934) 11–14.

[5] *J. Schmidlin*, Geschichte der deutschen Nationalkirche in Rom S. Maria dell'Anima (Freiburg i. Br. 1906) 109.

[6] *E. Meuthen*, Nikolaus von Kues (Münster 1964) 13–18; *A. Lübke*, Nikolaus von Kues (München 1968) 38–44.

[7] *J. Marx* d. J., Geschichte der Pfarreien der Diözese Trier, Bd. 1: Allgemeines (Trier 1923) 299.

[8] *Steinhuber* 1–45; *Festschrift Germanicum* 5–13.

[9] *Steinhuber* I 77; *St. Ehses*, Die ersten Trierer Zöglinge des Kollegium Germanikum in Rom, in: Pastor bonus 5 (1893) 385–389. – Stephan Ehses, am 9. Dezember 1855 in Zeltingen im Bistum Trier geboren, verbrachte den größten Teil seines Lebens im Campo Santo in Rom, als Kaplan (1883–85), zur Fortsetzung seiner Studien (1891–93), als Leiter des römischen Instituts der Görres-Gesellschaft (seit 1895), Mitherausgeber der Röm. Quartalschrift (1897–1906). Er weilte nur wegen des Krieges von 1915 bis 1925 in Deutschland, kehrte aber am 3. 11. 1925 nach Rom zurück, starb dort am 19. Januar 1826 und wurde auf dem Friedhof Campo Santo Teutonico beerdigt. Er ist auch der Herausgeber der Festschrift zum elfhundertjährigen Jubiläum des Deutschen Campo Santo in Rom (Freiburg 1897).

[10] Trierische Kronik 7 (1822) 7; Pastor bonus 5 (1893) 386 u. 20 (1907/08) 261; Trier. Heimatbl. 1 (1922) 34 u. 59; LThK[1] II 362; *K. J. Holzer*, De proepiscopis Trevirensibus (Koblenz 1845) 79–85; Handbuch des Bistums Trier 1952, 50.

[11] Pastor bonus 5 (1893) 387; *Holzer* (Anm. 10) 85–88; Handbuch (Anm. 10) 50.

[12] *J. Lortz*, Bedeutung des Kollegs Germanicum und Gegenreformation: Korrespondenzblatt für Alumnen des Collegium Germanicum-Hungaricum. Dezember 1952, 139–146.

[13] *Steinhuber* I 94.

der im 17. und 18. Jahrhundert im Germanikum in Rom studierenden Trierer Adelige. Wir treffen sie denn auch später meistens als Priester in den Domkapiteln, während die Germaniker bürgerlicher Herkunft Pfarrer in den bedeutenden Pfarreien wurden oder in der kirchlichen Verwaltung Beschäftigung fanden[14], viele auch, besonders im 18. Jahrhundert, Mitglieder der Stifte waren[15]. Von den 148 Germanikern von 1552–1798 wurden in Trier einer Erzbischof (Johann Hugo von Orsbeck, 1676–1714), drei Weihbischöfe: Peter Binsfeld (s. Anm. 10), Georg von Helffenstein (Anm. 11) und Johann Heinrich von Anethan[16], drei Dompröpste, drei Domdechanten, einer Bistumsverwalter (Johann Philipp von Walderdorff, 1649), zwei Offiziale: Matthias Keller (1574–1578) und Franz Peter von Hagen (nachw. 1612 Offizial und Stiftspropst in Trier, St. Simeon, † 4. 12. 1629)[17]. Bislang wurde auch angenommen, Weihbischof Johann Nikolaus von Hontheim (Febronius) habe im Germanikum in Rom zum Studium geweilt[18], was aber nicht anzunehmen ist. Wohl weilte er nach seinem Rechtsstudium, vor seiner Priesterweihe, 1726–1727 in Rom, wahrscheinlich zur Erledigung eines Rechtsstreites des Simeonstiftes, dem er angehörte, aber ein Aufenthalt im Collegium Germanicum ist unwahrscheinlich[19]; er wird von Steinhuber auch nicht erwähnt.

Nach der Aufhebung des Jesuitenordens (1773) besuchte nachweislich kein Trierer mehr das Germanikum in Rom, was dann auch durch die Aufhebung des Kollegs 1798 für lange Zeit unmöglich wurde[20]. Erst nach der Rückkehr des Papstes Pius VII. aus der Gefangenschaft 1814 konnte wieder an die Erneuerung des Germanikums gedacht werden, was konkrete Formen annahm, als bei einer Audienz 1817 P. Josef Sineo della Torre den Papst bat, zwei Schweizern das Studium in Rom zu ermöglichen, und dabei an die Wiedereröffnung des Collegium Germanicum in Rom dachte[21].

Die Ankunft dieser zwei Schweizer am 1. Mai 1818 in Rom gilt als Tag der Wiedereröffnung des Collegium Germanicum et Hungaricum. Da aber die Jesuiten in Rom keine Fakultät zum Studium hatten, schickte man die beiden und einen noch dazugekommenen dritten ins Kolleg der Jesuiten in Ferrara, sie kehrten aber im Oktober 1819 nach Rom ins Profeßhaus al Gesù zurück, wohin ihnen auch ihre Professoren aus Ferrara folgten.

---

[14] *Steinhuber* I 226–236, 404–407; II 52–56.

[15] *Steinhuber* II 220–221.

[16] *A. Schüller,* Das General-Vikariat zu Trier 1673–1699, in: Trier. Chronik 7 (1910/11) 28–29; *Holzer* (Anm. 10) 95–98.

[17] *Steinhuber* 524–525; *Marx* (Anm. 7) 311.

[18] *Holzer* (Anm. 10) 115 u.a.

[19] *H. Raab* in: NDB IX 604.

[20] *Steinhuber* 205–211; *Festschrift Germanicum* 55–60.

[21] P. Josef Sineo della Torre, geboren am 21. Oktober 1761 in Turin, war Mitglied der „Väter vom heiligsten Herzen Jesu", die sich mit den „Vätern des Glaubens" (Nikolaus Paccanari) vereinigten und als „Gesellschaft der Väter vom Glauben Jesu" die Wiedererrichtung der alten Gesellschaft Jesu erstrebten (*Pfülf* 5–33). Als „Provinzial für Deutschland" gründete P. Sineo eine Niederlassung in Dillingen an der Donau, angeeifert dazu von Staatsminister Ferdinand Frhr. von Duminique (*Thomas,* Hommer 155 u. 398) und wohlwollend gefördert von seinem Fürstbischof Clemens Wenzeslaus, der als Kurfürst von Trier die Auflösung des Jesuitenordens (1773) sehr bedauert hatte (ebd. 63, 358, 360). Nach darauffolgender kurzer Tätigkeit in Rom ging P. Sineo als „Commissarius der Helvetischen Mission" in die Schweiz und gründete die Niederlassungen in Sitten (1805) und Brig (1814), erreichte 1810 die Aufnahme in den 1801 in Rußland neu entstandenen Jesuitenorden und 1814 in die damals uneingeschränkt wiederhergestellte Gesellschaft Jesu. Er wurde 1818 Provinzial von Italien, 1824 Rektor des Kollegs in Tivoli, 1829 wieder Provinzial und starb am 2. Oktober 1842 in Tivoli. – *Koch,* 1761–1763.

1824 gab Papst Leo XII. der Gesellschaft Jesu das Collegium Romanum zurück und wies den Germanikern das ehemalige Collegium Umbro-Fuccioli zu. Da dieses jedoch unbewohnbar war, blieben die Alumnen weiterhin in Gesù. Zugleich gingen auch die Rechte der ehemaligen Kardinalprotektoren an den General der Gesellschaft Jesu über[22]. Es konnten aus Raummangel jedoch nicht viele Zöglinge aufgenommen werden; es waren von 1818 bis 1825 insgesamt 20. Erst seit 1825 nahm die Zahl der Eingetretenen zu. Die Hälfte waren Bayern, ein Drittel kam aus Preußen, dessen Gesandter Barthold Georg Niebuhr in Rom den Besuch des Germanikums bei seiner Regierung lebhaft befürwortete.

Damals bemühte sich auch Bischof Josef von Hommer um die Aufnahme Trierer Studenten ins Germanikum; denn er hatte sich seit seiner Studienzeit am Koblenzer Jesuitengymnasium eine hohe Hochachtung vor der Erziehung der Jesuiten bewahrt[23]. So hoffte er auch jetzt, durch eine Erziehung der jungen Theologen bei den Jesuiten deren Ausbildung und Vorbereitung auf das Priestertum fördern zu können. Letzteres lag ihm von jeher sehr am Herzen[24]. In seinen „Meditationes in vitam meam peractam" berichtet er, daß er schon als Pfarrer in Ehrenbreitstein durch seine Wirksamkeit an den höheren Schulen erreicht habe, daß viele den geistlichen Stand ergriffen und von 1816 bis 1823 9 Geistliche ihre Primiz hätten feiern können. „Bei der Festfeier ihres hl. Meßopfers hielt ich allen die Predigt, und das mit um so größerer Freude, als ... sie die Hoffnung nährten, einmal der Kirche Ehre zu machen. So ist es auch wirklich eingetroffen."[25]

Er stand als Pfarrer von Ehrenbreitstein mit ihnen während ihrer Studienzeit an den Universitäten in ständigem Kontakt und nahm sich ihrer persönlich in den Ferien an: „Ich lasse sämtliche jungen Leute, nicht nur Theologen, sondern auch Philosophen und selbst diejenigen, die sich noch in den Humanioren befinden, sobald ich erfahre, daß sie Neigung zum geistlichen Stande zeigen, während der Herbstferien, da sie sich in ihrer Heimat aufhalten, zu mir kommen, gebe ihnen schriftliche Ausarbeitungen auf und versammele sie auf einen gewissen Tag, der einem literarischen Verkehr und wissenschaftlichen Colloquium bestimmt ist."[26] Als Generalvikar bzw. Apostolischer Vikar bereitete er sogar eine Verfügung vor, mit der er alle Pfarrer seines Territoriums zu gleichem Handeln verpflichten wollte[27].

Hommer befürchtete, daß das Studium an den Universitäten, besonders an der von Preußen neugegründeten in Bonn, für die Theologen nachteilige Wirkungen habe. Darum sandte er 1821 ein längeres Promemoria an den Papst, wies auf die Mängel des Theologiestudiums an diesen Universitäten hin und schlug vor, jungen deutschen Theologen wieder Gelegenheit zu geben, in Rom zu studieren[28]: „In Bonn ist vor einigen Jahren eine neue Universität errichtet worden, an der außer Philosophie, Jurisprudenz und Medizin auch Theologie für Protestanten und Katholiken gelehrt wird. Für die Theologie sind vier Professoren angestellt, unter ihnen einer, der Professor der Exegese,

---

22 *Steinhuber* 440–446.

23 *Thomas,* Hommer 41–69, 356–361.

24 Ebd. 273–275, 444, 522, 524; *A. Thomas,* Professor Franz Josef Scholl (1801–1860). Ein Lebensbild. Zugleich ein Beitrag zur Biographie von Hommers (1824–1836), besonders in seinen Bemühungen um die Ausbildung des Klerus, in: AMrhKG 19 (1967) 97–100.

25 *Thomas,* Hommer 191, 221.

26 *BAT* 5, 5, Bl. 3; *A. Thomas,* Das Priesterseminar in Trier in der ersten Hälfte des 19. Jahrhunderts, in: AMrhKG 24 (1972) 211.

27 *BAT* 51, 152, S. 1–3.

28 Konzept. Exped. 13. 2. 1821; *BAT* 51, 85, S. 19–23.

der den orthodoxen Prinzipien nicht treu ergeben ist[29]. Alle Professoren ernennt und bestätigt aber der König oder sein Ministerium; sie sind verschiedenen Bekenntnisses, so daß den Kandidaten der Theologie nicht nur Gelegenheit zum Besuch des Kollegs der Protestanten besteht, sondern sogar ein Zwang dazu, weil für die Kirchengeschichte kein katholischer Professor vorhanden ist. Neueste Verordnungen des Ministeriums scheinen auch noch den Zweck zu verfolgen, daß in Zukunft in den Seminarien keine theoretische Theologie gelehrt werde, sondern in ihnen die Kleriker nur mehr auf die höheren Weihen vorbereitet werden sollen, wie es, wenn ich recht unterrichtet bin, in Tübingen in Württemberg Brauch ist. Daraus ergäbe sich die Notwendigkeit, daß die Kandidaten der Theologie die katholischen Kollege an der genannten Bonner Universität besuchen müßten. Wie gefährlich dieser Umstand ist, daß die Bischöfe nicht die Freiheit haben, die Theologieprofessoren auszuwählen, zu ernennen und zu bestätigen, ist leicht einzusehen. Ich halte es deshalb für meine Pflicht, auf diese in den preußischen Provinzen der katholischen Religion drohende Gefahr kurz hinweisen zu müssen.

Bei dem gegenwärtigen Zustand der deutschen Kirche darf die Vorsteher der Kirche keine größere Sorge erfüllen als die, daß den jungen Klerikern, die die übrigen an Frömmigkeit und Anlagen des Geistes überragen, zugleich gründliche theologische Kenntnisse vermittelt und dargelegt werden, damit sie zu seiner Zeit auch andere wieder lehren oder Professoren der Theologie werden können. Seit jener Zeit, da die protestantischen Akademien begonnen haben, sich zu erheben und ihre andersgläubigen Systeme nicht nur mit vollen Backen zu verkünden, sondern auch in zahllosen Schriften zu verbreiten, hat sich der Sauerteig der Bosheit überallhin ausgebreitet. Und so kam es bald so weit, daß man glaubte, die Quelle aller Weisheit habe nur in den nichtkatholischen Schulen einen Platz, und daß von den Katholiken diejenigen wenig geschätzt wurden, die diese nicht besucht hatten. Jene aber, die aus ihnen hervorgegangen waren, beförderte die Gnade des Landesherrn, von seinen Laienratgebern – weil gleichen Grundsätzen ergeben – getäuscht, auf die katholischen Lehrstühle ihrer Diözesen oder ernannte sie zu Assessoren der Generalvikariate. Andere, die die Akademie der Protestanten zwar nicht besucht, sich aber von der Neuheit der Sache und der Süßigkeit des Giftes, das sie aus den nichtkatholischen Büchern schöpften, hatten verleiten lassen, verteidigten diese Prinzipien als vom Staate gegebene ohne Unterschied. Die Quelle dieser Unordnung war der Emser Kongreß. Er war der Same für die Vernachlässigung der kirchlichen Disziplin; ihn zu vertilgen ist um so schwerer, je weiter er ausgestreut ist. Ja viele hatten einen solchen Grad von Blindheit erreicht, daß sie mit seiner Verbreitung Gott einen Dienst zu erweisen glaubten.

Zur Heilung dieser Krankheit der deutschen Kirche gibt es nach meiner Meinung kein anderes Heilmittel, als daß jüngere Theologen mit guten Talenten ausgesucht und mit ebenbürtigen und echten, aber erhabeneren Argumenten der katholischen Religion unterrichtet werden in einer Schule, in der sie zugleich lernen, eine unerschütterliche Verehrung und unauslöschliche Liebe gegenüber dem Apostolischen Stuhl zu bewahren. Ohne Zweifel kann dies erreicht werden, wenn hoffnungsvolle Kandidaten aus Deutschland berufen und in der Stadt Rom in alle notwendigen Anfangsgründe der kirchlichen Wis-

[29] Gemeint ist Peter Alois Gratz. Vgl. über ihn *H. Schrörs,* Geschichte der Katholisch-Theologischen Fakultät zu Bonn, 1818–1831 (= Veröffentl. Hist. Verein f. d. Niederrhein 3) (Köln 1922) 52–69 und 153–166; *Thomas,* Hommer 454, 460–463; *ders.*, Peter Alois Gratz. Ein Führer der Reformbewegung unter Bischof Hommer von Trier, in: TThZ 56 (1947) 301–312; *R. Dersch,* Peter Alois Gratz (1769–1849) (= Lebensbilder aus dem Bayerischen Schwaben) (Weißenhorn 1973) 191–216.

senschaft so gediegen eingeführt werden, daß sie nach ihrer Heimkehr auch andere zu unterrichten und auf den Weg der Wahrheit in Wort und Beispiel zu führen vermögen. Ich möchte annehmen, daß auf diese Weise in Deutschland sowohl die Zahl derer zunimmt, die die Autorität des Apostolischen Stuhles anerkennen, als auch der rechte Glaube zuverlässiger gefestigt wird" (deutsche Übersetzung).

Zum Schluß empfiehlt er zwei Theologen zum Studium in Rom, Friedrich Fillinger[30] und Josef Schreiner[31]. Ersterer sei als Professor der Kirchengeschichte, letzterer als Professor der Exegese und der orientalischen Sprachen vorgesehen. Fillinger werde demnächst zum Priester geweiht. Schreiner sei erst 18 Jahre alt und stehe im ersten Jahr der Theologie.

Aus den angegebenen Lebensdaten der beiden Theologen erkennt man, daß Hommer das Promemoria an den Papst bereits 1816 oder 1817 konzipiert hatte. Friedrich Fillinger wurde nämlich am 11. Oktober 1817 zum Priester geweiht, und Josef Schreiner 1816 18 Jahre alt, da er am 2. Mai 1789 geboren ist. Hommer sandte aber das Schreiben erst am 13. Februar 1821 nach Rom, zusammen mit einem Gesuch an den Papst um Erteilung des Titulus missionis für Johann Georg Müller[32], weil die preußische Regierung ein Gesuch um einen Tischtitel nur gewähren wollte, wenn er sich verpflichte, „vom nächsten Herbst an auf mindestens drey Jahre entweder in Berlin oder einer anderen kurmärkischen Stadt als Missionarius zu dienen", also in altpreußischen, protestantischen Gebieten, was dieser ablehnte und bei Hommer den Verdacht erregte, daß die preußische Regierung einen Interkonfessionalismus zuungunsten der Katholiken anstrebte[33]. Der römische Agent Karl de Augustinis teilte Hommer mit (17. 3. 1821), das Promemoria sei dem Staatssekretariat übergeben worden, es werde prüfen, wie man helfen könne[34]. Es erfolgte jedoch nichts. Die beiden Theologen Fillinger und Schreiner beendeten ihre Studien in Deutschland und wurden tüchtige Seelsorger.

Kaum war Hommer Bischof von Trier geworden, da setzte er seine Bemühungen fort, Trierer Studenten im Collegium Germanicum unterzubringen. Er richtete über den Agenten Karl de Augustinis schon im Jahre seines Regierungsantrittes (1824) ein Schreiben an den Provinzial von Italien, Vincentius Savani, er möge vier Studenten der Theologie ins Germanikum aufnehmen, erhielt aber die Antwort, es seien nur zwölf Plätze vorhanden und schon mehr angenommen worden. Er werde sich jedoch beim P. General, der bis zur Einrichtung des Kollegs diese Angelegenheiten bearbeite, verwenden, daß seinen Wünschen entsprochen werde[35].

---

[30] Friedrich Fillinger, geboren am 13. 4. 1795 in Ehrenbreitstein, wurde am 11. Oktober 1817 zum Priester geweiht, war dann Pfarrverwalter in Sayn und Kaplan in Koblenz – St. Kastor, wurde 1827 Pfarrer in Trier – Liebfrauen und starb am 1. Februar 1852: *Weltklerus* 117.

[31] Ludwig Josef Balduin Schreiner, geboren am 2. Mai 1798 in Koblenz, wurde am 26. 8. 1819 in Würzburg zum Dr. theol. promoviert, dann Lehrer am Gymnasium in Koblenz, am 9. 9. 1821 in Köln zum Priester geweiht und nach 3 Kaplansjahren Pfarrer in Niederbreisig, 1828 in St. Goar, 1835 in Zell und 1857 in Urmitz, wo er am 19. 8. 1858 starb: *Weltklerus* 316.

[32] Johann Georg Müller, geboren am 15. Oktober 1798 in Koblenz, 1821 Priester, Kaplan in Ehrenbreitstein, 1823 Gymnasiallehrer in Koblenz, 1825 studienhalber in Wien, München und Rom, 1827 Dr. theol. in München, 1828 Bischöfl. Geheimsekretär, 1830 Professor am Priesterseminar in Trier, 1836 Domkapitular, 1842 Generalvikar, 1844 Weihbischof in Trier, 1847 Bischof in Münster, wo er am 19. Januar 1870 starb: *Weltklerus* 241; *Thomas,* Hommer 408 (Lit.).

[33] *BAT* 51, 85, S. 15.

[34] *BAT* 51, 21, S. 39.

[35] 26. 1. 1825. *BAT* B III 5,9, Bl. 1.

Darauf schrieb Hommer an den Papst selbst (18. 12. 1824): Anfang des Jahres sei die Meinung verbreitet worden, das Collegium Germanicum in Rom werde wieder vollständig hergestellt. Darum habe er an den Pater Provinzial der Jesuiten geschrieben, er möge einige seiner Diözesanen in das Kolleg aufnehmen, habe von diesem auch die günstige Antwort erhalten, er wolle seinen Wunsch erfüllen, sobald das Institut wieder erneuert sei. Unter den vier Jünglingen, die er empfohlen habe, sei mittlerweilen einer von seinem Vorhaben zurückgetreten und wolle einen weltlichen Beruf ergreifen. Der zweite, Johannes Baptist Berger, sei durch eine besondere Protektion in die Propaganda aufgenommen worden. Übrig blieben noch zwei, Jakob Mondorf und Karl Wenger, beide seien fromm, bescheiden und gut begabt; sie würden im nächsten Herbst die Humaniora abschließen und das Studium der Philosophie beginnen. Dann fährt er fort: „Da die Lage in Deutschland so ist, daß man religiöse, kluge und mit allseitiger Bildung ausgestattete Menschen notwendig hat, liegt mir nichts so sehr am Herzen, als daß junge hoffnungsvolle Männer vor schlechten Grundsätzen bewahrt und in gediegener Wissenschaft unterrichtet werden, das Band zwischen Stadt (Rom) und Erdkreis immer enger geknüpft und durch in Rom unterrichtete und in ihr Vaterland zurückgekehrte Theologen der deutsche Klerus in der Liebe zum Apostolischen Stuhl immer mehr bestärkt wird. Darum bitte ich Eure Heiligkeit demütig, die beiden Kandidaten in das Collegium Germanicum aufnehmen zu wollen."[36]

Am 15. Februar 1825 teilte darauf der Jesuitengeneral Aloisius Fortis[37] mit, obwohl die Verhältnisse zum größten Teil die gleichen geblieben seien, wolle er doch seinem Wunsch entsprechen und die beiden Kandidaten Jakob Mondorf und Karl Wenger aufnehmen, da ja der Heilige Vater an ihn diesen Wunsch empfehlend weitergegeben habe. Ihre Abreise sollten sie nicht über die ersten Tage nach Ostern aufschieben, damit sie gleich nach der Absolvierung der Humaniora in Rom an den vorgeschriebenen Exerzitien teilnehmen könnten[38].

Hommer bedankte sich (13. 3. 1826) und teilte am 25. März mit, die beiden Kandidaten würden am 28. März ihre Reise antreten. Er habe sie angewiesen, durch die Schweiz zu reisen und in den Jesuitenkollegien in Freiburg oder Brig oder Sion sich neue Anweisungen über ihre weitere Reise geben zu lassen. Dem Bankhaus Torlonia habe er Auftrag erteilt, je 100 Scudi, die, wie der Agent Karl de Augustinis ihm geschrieben habe, für den Fall einer vorzeitigen Rückreise der Kandidaten deponiert werden müßten, an ihn auszuzahlen[39].

Die beiden Kandidaten langten am 5. April in Freiburg an und übergaben P. Burkhard Freudenfeld einen persönlichen Brief Hommers[40]. Freudenfeld erinnerte im Antwort-

---

[36] *AGR*, Bd. 14, Bl. 1 (die Blattangabe erfolgt nach der Numerierung der Fotokopien im Bistumsarchiv in Trier, die nach den Originalen in Rom, die nicht numeriert sind, gemacht wurden).

[37] Aloisius Fortis, geboren am 26. Februar 1748 in Verona, trat am 12. Oktober 1762 in die venezianische Provinz der Jesuiten ein. Er war zur Zeit der Aufhebung des Ordens Lehrer der Literatur in Ferrara, nachher am Kolleg für Adelige in Parma, trat später in die wiedererstandene Gesellschaft ein und wurde Studienleiter in Neapel, Provinzial der italienischen Provinz, Generalvikar für Italien und am 18. Oktober 1820 General. Er führte die oberste Ordensleitung wieder nach Rom und starb dort am 27. Januar 1829: *Koch* 568–570.

[38] *BAT* B III 5, 9, Bl. 2.

[39] *AGR*, Bd. 14, Bl. 2; *BAT* B III 5,9, Bl. 2v.

[40] Burkhard Hartwig Freudenfeld, am 4. Januar 1784 auf Schloß Ivenack (Mecklenburg-Schwerin) von protestantischen Eltern geboren, studierte in Rostock und Jena, wo er 1805 zum Dr. phil. promovierte, wurde 1809 Privatdozent der Geschichte in Göttingen und nahm als Kavalle-

schreiben (8. 4. 1826) an seine frühere Begegnung mit ihm (wohl in Bonn) und teilte mit, er habe den beiden Kandidaten die Sehenswürdigkeiten Freiburgs gezeigt und Empfehlungsschreiben für Sitten und Brig sowie Anweisungen für ihre Weiterreise durch Italien mitgegeben. „Die feinen Sitten und das edle Betragen der beyden jungen Leute habe ihnen allen zu nicht geringer Erbauung gereicht.“ Er wolle auch in Zukunft mit allen ihm zu Gebote stehenden Kräften bereitwillig zu Diensten stehen[41]. Ebenso günstig war das Zeugnis des Rektors des Freiburger Kollegs, Johannes Janssens[42].

Die Kandidaten kamen am 9. April in Brig an und reisten am gleichen Tag weiter, ausgestattet mit Empfehlungsschreiben des Rektors Georg Staudinger[43] an Freunde in Domodossola und Mailand sowie an den Provinzial, der z.Z. in Rom weilte[44]. Wann die beiden Kandidaten in Rom eingetroffen sind, ist aus den Akten nicht zu ermitteln, wohl zu dem Termin, den General P. Fortis gewünscht hatte. Dieser meldete am 19. August: „Je me fais un vrai plaisir d'informer V. G. de la bonne conduite de Mondorf et de Wenger, qui tous deux d'un esprit solide et appliqué non moins à la piété qu'à l'étude, surtout Wenger, peuvent faire espérer à V. G. deux sujets vraiment utiles à Votre diocèse lorsqu'ils auront terminés le cours de leurs Etudes Ecclesiastiques.“[45]

Mittlerweile hatte Bischof Hommer zwei weitere Kandidaten, Hubert Piesbach und Josef Hermann, im Germanikum angemeldet[46] und vom Jesuitengeneral Fortis die Zusage erhalten. Dieser wünschte jedoch, daß sie bereits am 20. September dort seien, damit sie sich noch einige Wochen im philosophischen Kursus vorbereiten und am

---

rieoffizier an den Befreiungskämpfen teil. 1817 konvertierte er und wurde 1818 a.o. Professor der Geschichte in Bonn, mußte aber nach Veröffentlichung seines Buches „Das Glaubensbekenntnis der römisch-katholischen Kirche“ (1820) und einem Vortrag über Luther (24. 5. 1821) und darauf inszenierten lärmenden Demonstrationen protestantischer und liberaler Studenten seine Professur niederlegen. Er trat bald darauf (1. 6. 1822) zu Brig in die Gesellschaft Jesu ein, studierte in Freiburg/Schw. Theologie und wurde 1826 zum Priester geweiht. Dann war er 20 Jahre Hausminister im Pensionat zu Brig und 6 Jahre zugleich Geschichtsprofessor am Lyzeum. Als 1847 die Jesuiten die Schweiz verlassen mußten, begleitete er die Scholastiker nach Chambéry (Frankreich), erhielt aber die Ernennung zum Minister in Stonyhurst (England), wo er außerdem wieder die Vorlesungen über Geschichte übernahm. Er starb dort am 19. 7. 1850: *Backer-Sommervogel* III 969–70; *Pfülf* 198–200; *H. Schrörs,* Geschichte der katholisch-theologischen Fakultät zu Bonn 1818–1831 (Köln 1922) 346–357; *Koch* 612–613.

41 *BAT* B III 5,9, Bl. 3.

42 Ebd., Bl. 4. – P. Johannes Janssen war geboren am 15. 7. 1789 in Oberpelt (belg. Limburg), trat 1814 als Novize in die Gesellschaft ein und kam 1817 nach Brig, wurde 1817 Priester, Professor der Dogmatik, 1825 Rektor in Freiburg, 1830 Generalsekretär der Gesellschaft in Rom, Assistent für Deutschland und starb am 29. 12. 1847: *Backer-Sommervogel* IV 742; *Pfülf* 65, 127, 129, 234.

43 Georg Staudinger, geboren am 23. April 1783 in Griesbeckerzell b. Augsburg, machte seine Gymnasialstudien am früheren Jesuitengymnasium in Augsburg, schloß sich 1799 den Vätern vom Glauben Jesu an und setzte 1802–1805 seine höheren Studien in Rom fort, wurde 1805 Lehrer an der Schule in Sitten, 1807 Priester und erhielt 1810 mit anderen vom russischen General die Erlaubnis, das Noviziat der neu erstehenden Gesellschaft Jesu zu beginnen (1810). Er wurde 1816 Rektor und erster Novizenmeister in Brig, 1827 in Stäffis, 1830 Provinzial der deutschen Provinz, 1838 wieder Rektor und Novizenmeister in Brig, flüchtete bei der Jesuitenverfolgung 1847 nach Oleggio b. Novara, von dort 1848 nach Graz, wo er am 15. März starb: *Backer-Sommervogel* VII 1517; *Pfülf* 521; *Koch* 2690–2691.

44 *BAT* B III 5,9, Bl. 5.

45 Ebd., Bl. 6.

46 1. 7. 1826: *AGR,* Bd. 14, Bl. 3.

2. November am Römischen Kolleg beginnen könnten[47]. Hommer sprach in seinem Antwortschreiben (7. 9. 1826) seine Freude über die Zusage aus, teilte aber mit, daß die beiden am 20. September wegen der weiten Reise nicht in Rom sein könnten, mußte sogar Ende Oktober (25. 10.) melden, daß sie auch da die Reise noch nicht angetreten hätten, weil ihre nach Berlin geschickten Reisepässe noch nicht zurück seien. Sie kämen so bald wie möglich. Er bäte aber ganz dringend, sie wegen der Verzögerung nicht abzuweisen. Erst am 5. November 1826 konnte er nach Rom berichten, die beiden hätten die Pässe erhalten und am 4. November die Reise nach Rom angetreten[48].

Die preußische Regierung begann nämlich, das Studium in Rom zu unterbinden. Am 16. August 1826 schrieb der Oberpräsident von Ingersleben an Bischof von Hommer, es sei zur Sprache gekommen, „ob und [unter] welchen Modalitäten diesseitigen Unterthanen die Aufnahme in das Collegium de propaganda fide und in das Collegium germanicum zu Rom zu gestatten sey". Das Ministerium der geistlichen, Unterrichts- und Medizinal-Angelegenheiten habe darauf verfügt, daß der Eintritt in diese beiden Kollegien so lange gestattet sei, „als überhaupt die Erlaubnis zum Besuch fremder Lehr-Anstalten besteht". Einstweilen bleibe es Sache der Bischöfe und der Monarchen, „die dort Gebildeten zu prüfen und nach Maaßgabe ihrer Leistungen, mit Vorwissen der Regierung zu ordinieren oder nicht". Die Polizei solle aber bei Erteilung der Pässe darauf sehen, daß die jungen Leute für ihre Reise mit ausreichenden Mitteln versehen und ihre Aufnahme in Rom sicher sei. Die Bischöfe sollten auch nur guten Köpfen und solchen, die schon durch gute Studien im Lande vorbereitet seien, die Gunst gewähren. Zum Schluß bat er Bischof Hommer, ihm ein Verzeichnis der im Germanikum und in der Propaganda fide Studierenden einzureichen[49].

Dieser sandte darauf (27. 1. 1827) das nach einem vorgeschriebenen Schema gewünschte Verzeichnis ein, das die Namen der 5 in Rom studierenden Theologen enthielt, in der Propaganda fide: Johann Baptist Berger (Eintritt Oktober 1825), im Germanikum: Jakob Mondorf und Karl Kaspar Wenger (Eintritt Ostern 1826) und Josef Hermann und Hubert Piesbach (Eintritt Herbst 1826)[50].

Einige Monate nachher übersandte der preußische König dem Staatsminister und Oberpräsidenten von Ingersleben in Koblenz folgende Kabinettsorder: „Ich habe erfahren, daß aus den rheinisch-westphälischen Provinzen junge Leute von ihren Angehörigen in ausländische Jesuiten-Schulen gesandt worden sind, um daselbst ihre Studien fortzusetzen. Bey der Fürsorge, die in Meinen Staaten allen Zweigen des öffentlichen Unterrichts gewidmet wird, und die vaterländischen Lehr- und Erziehungs-Anstalten auch für die katholische Jugend auf einen Standpunkt gebracht hat, der dem Bedürfniße in religiöser und wissenschaftlicher Beziehung vollkommen genügt, hat Mich der Vorzug, der diesen ausländischen Instituten gegeben wird, besonders befremdet, und Mich veranlaßt, zur Verhütung der Nachtheile, die solche Beispiele für das Erziehungswesen des Staats mit sich führen, Sie hierauf aufmerksam zu machen, indem Ich es Ihrer thätigsten Sorgfalt empfehle, dergleichen tadelhaften und gemeinschädlichen Ansichten ernstlich entgegen zu wirken. Ich habe den Erzbischof, Grafen von Spiegel, nach der abschriftlichen Anlage gleichfalls von Meinem Willen, daß die Kinder Meiner katholischen Unterthanen der Erziehung und dem Unterrichte dieser ausländischen Anstalten

---

[47] 19. 8. 1826: *BAT*, Bl. 6.
[48] *AGR*, Bd. 14, Bl. 5–9.
[49] *BAT* B III 5, 8, Bl. 1.
[50] Ebd., Bl. 3 u. 3b.

nicht anvertraut werden mögen, in Kenntniß gesetzt, und ihn angewiesen, im Einverständniße mit Ihnen hierin zu Werke zu gehen. Berlin den 13. July 1827. gez. Friedrich Wilhelm."

Der Brief an den Erzbischof in Köln hat im wesentlichen den gleichen Inhalt. Er schließt mit den Worten: „Ich zähle hiebey vorzüglich auf Ihre thätige Theilnahme, indem ich Ihrem redlichen Ernst und Ihrem besonderen Bestreben zur Beförderung eines dauerhaften Zustandes der Ordnung und des Guten vertraue, daß Sie wie bisher auch hiebey im Anerkenntniß Meiner wohlthätigen Absichten zur Erreichung derselben wirksam beitragen und sich einen erneuerten Anspruch auf Mein Wohlwollen und Meine Zufriedenheit dadurch erwirken werden."[51] Eine Abschrift der Kabinettsorder des Königs und des Briefes an den Erzbischof von Köln übersandte der Oberpräsident am 11. August Bischof Hommer, außerdem am 28. August eine Aufforderung, mitzuteilen, welche Trierer Studenten ausländische Jesuitenanstalten besuchten[52].

Bischof Hommer traf die Kabinettsorder des Königs schwer, weil er in dieser Kabinettsorder eine starke Behinderung seiner Bemühungen um eine gute Heranbildung tüchtiger Seelsorger sah[53]. Bereits vorher hatte er dem preußischen Gesandten von Bunsen in Rom geschrieben: „Euer Hochwohlgeboren kann ich im Vertrauen versichern, daß ich einen bedeutenden Theil meines bischöflichen Gehaltes an junge Leute verwende, die gute Köpfe sind ... Aber allen kann ich nicht helfen ... Darum, weil man nicht allen helfen kann, ist mir jede Gelegenheit willkommen, wodurch ich jungen Leuten in ihren Studien forthelfen kann, und so ist es mit den Vieren, die im Collegio germanico sind; worum mich ihre Verwandten dringend ersucht haben. Haben sie Talent, so werden sie auch schon jetzt zu unterscheiden wissen, was ihnen frommt. Werden sie auch ein wenig verschroben, so wird sich das schon ausbügeln lassen, wenn sie zurückkommen. Bei allem dem sind solche Versendungen nicht sowohl freie Wahl, als Aushilfsmittel in Nothfällen."[54]

Der Erzbischof von Köln, Graf von Spiegel, teilte Hommers Ansichten in dieser Frage nicht. Er schloß sich den in der Kabinettsorder 1827 vertretenen Ansichten an. Bereits am 21.6.1825 hatte er an Bunsen geschrieben: „Die Einrichtung des Collegii germanici in Rom ist mir bekannt; ich werde keinen jungen Mann dahin schicken, wenn nicht ein besonderer Zweck dazu vorliegt und dann würde ich sie nur peractis studiis theologicis dahin reisen lassen."[55] Am 21.8.1826 wiederholte er diese seine Ansichten[56], und

---

[51] *BAT* B III 5, 8, Bl. 4 u. 4a.

[52] Ebd., Bl. 5–6a.

[53] Siehe Anm. 24ff; *L. Just,* Bischof Hommer und der junge Jakob Marx, in: Universitas. Festschrift für Bischof Dr. Albert Stohr II (Mainz 1960) 137–158.

[54] *Reusch,* Bunsen 165. Beim angegebenen Datum 23.2.1825 muß ein Druckfehler vorliegen; es soll wohl 1827 heißen. Dem Landrat Burret in Koblenz, der allem Anschein nach diese rigorosen Vorstellungen nicht teilte, schrieb Hommer (10.9.1827): „.... Diejenigen, welche darin (Collegium germanicum) aufgenommen werden, müssen die Reise auf ihre Kosten machen, und dabey noch 100 Scudi oder 150 Reichsthaler mitbringen, welche sie deponiren müssen, die ihnen aber bey dem Austritt nach vollendetem Studium wieder herausgegeben werden, um damit die Kosten der Rückreise in ihr Vaterland bestreiten zu können. Treten sie jedoch vor Vollendung ihrer Studien aus, so erhalten sie das Geld nicht zurück. Übrigens ist die Einrichtung des Collegiums so, daß sie von der Philosophie an die ganze Theologie 5 oder 6 Jahre hindurch da studieren können, ohne einen Lira bedürfen zu müssen, da ihnen Bücher, Kost und alle Kleidungsstücke von Hause unentgeltlich gegeben werden": *BAT* B III 5, 8, Bl. 7f.

[55] *Reusch,* Bunsen 74. [56] Ebd. 92.

am 9. 10. 1834 schrieb er an Hommer u. a.: „So vorteilhaft die Fortsetzung der Studien in Rom ist, wenn bereits ein fester wissenschaftlicher Grund ist gelegt worden, verderblich scheint es, wenn Unreife dahin eilen; jeden Falls wird, auch wenn gehörig vorbereitete Gymnasiasten diesen Studiengang wählen, für die wissenschaftliche Bildung des Klerus nichts gewonnen, vielmehr kann sich mit der Zeit aus der Verschiedenheit der theologischen Verbindung eine für das Ganze nachtheilige Spannung oder Spaltung entwickeln. Aus diesen Gründen erschwere ich den Lust tragenden jungen Leuten das Auswandern, und werde, wenn einst etwa Einzelne als Priester zurückkehren sollten, streng nach den von der Staatsbehörde gegebenen Vorschriften verfahren."[57]

In seinem Antwortschreiben (12. 10. 1834) betonte Hommer, daß viele junge Leute nicht die Mittel hätten, sich in Deutschland fortzubilden, während sie in Rom ohne die geringsten Kosten ihre Studien vollenden könnten, und fügte dann hinzu: „Ihre in Rom erlangte wissenschaftliche Bildung mag wohl von der hiesigen verschieden seyn; aber in der Disziplin, welche so sehr noth thut, werden sie besser erzogen."[58] Und als Hommer am 21. August 1835 dem Rektor des Germanikums, Aloys von Landes[59], den am 2. August erfolgten Tod des Erzbischofs Spiegel mitteilte, nannte er ihn einen „vir prudentissimus et protector Ecclesiae et religionis", fügte aber hinzu: „Ich glaube nicht, daß Euer Kolleg aus der Kölner Erzdiözese einen Alumnen gehabt habe. Er hat meiner Mission nicht zugestimmt, aber sein Rat in dieser Angelegenheit, wie auch in einigen anderen, hat mir nicht gefallen. Im übrigen war er ein Mann, der große Hochachtung verdient."[60]

Sein Bedauern über die Kabinettsorder vom 15. Juli 1827 sprach Hommer auch gegenüber dem Jesuitengeneral Fortis aus: „Wie traurig für mich diese königliche Anordnung ist, kann ich nicht ausdrücken. Ich werde aber, soviel ich kann, dafür arbeiten, daß den vier Kandidaten (Piesbach, Hermann, Mondorf und Wenger) gestattet wird, bei Euch zu bleiben. Ich überlasse es Ihrer Klugheit und Findigkeit, ob Sie es für angebracht halten, den Kardinalstaatssekretär zu informieren, damit er vielleicht mit dem preußischen Gesandten (ministro residente) in Rom verhandelt." Zugleich teilte er mit, daß eine preußische Anordnung bestehe, daß die Theologieaspiranten jedes Jahr im Mai außer dem Taufschein (eigene Geburtsregister gab es im rechtsrheinischen Deutschland damals noch nicht) ein Zeugnis ihrer Studien der Regierung einreichen müßten. Die Kandidaten Piesbach, Hermann, Mondorf und Wenger bzw. deren Eltern hätten es aber in diesem Jahr verabsäumt. Deshalb seien sie aufgefordert, sich der militärischen Aushebungskommission zu stellen. „Ich werde sie in Schutz nehmen, soviel ich kann, bitte Sie aber, inzwischen Studienzeugnisse auszustellen, sie vom Gesandten Bunsen unterzeichnen zu lassen und dann den Eltern zu schicken, damit die Kandidaten vom Militärdienst befreit werden."[61]

---

[57] *BAT* B III 5, 8, Bl. 20. [58] Ebd. Bl. 20a.

[59] Aloys von Landes, geboren am 11. Februar 1767 in Augsburg, wanderte 1787 nach Rußland, um dort in den Jesuitenorden einzutreten, war 17 Jahre Oberer der Jesuitenmission, die 1809 unter den verlassenen deutschen Ansiedlern Südrußlands errichtet worden war und in der er bis zur Vertreibung 1820 überaus segensreich wirkte, vermittelte dann die Aufnahme in Österreich und wurde Assistent für Deutschland, 1829 übernahm er als erster das Amt des Rektors im Germanikum, das bis dahin vom Minister unter der Leitung des Generalobern wahrgenommen worden war. Er starb am 25. Januar 1844 in Rom: *Steinhuber* II 446; *Backer-Sommervogel* 1456–1457; *Koch* 1072; *F. Hettinger*, Aus Welt und Kirche I (Freiburg [6]1911) 62 u. 75.

[60] *AGR*, Bd. 14, Bl. 40.

[61] 1. 9. 1827: *AGR*, Bd. 14, Bl. 10.

Am 22. September 1827 teilte Fortis mit, er habe die Zeugnisse ausgestellt und von Bunsen signieren lassen. Die Kandidaten würden sie noch am gleichen Tage nach Hause schicken. Auch der Heilige Vater wolle sich um die Angelegenheit kümmern und zu erreichen suchen, daß die vier Kandidaten ihre Studien bei ihnen abschließen und promoviert werden könnten[62]. Auch 1828 teilte der Jesuitengeneral mit, er habe in gleicher Form wie vorher Zeugnisse für die Kandidaten ausgestellt, und fügte hinzu: „praedictos juvenes tum ob egregios suos mores ac pietatis studium, tum ob diligentiam et progressum in disciplinis scientiarum addiscendis omni laude dignos esse"[63]. 1831 wiederholte Fortis' Nachfolger, der Jesuitengeneral Johannes Roothan[64], in einem Schreiben an Hommer als Antwort auf dessen Brief vom 17. Dezember 1830 das Lob der vier Kandidaten, ebenso der Präfekt der Propaganda, Kardinal Cappellari (11. 1. 1831), kurz vor seiner Wahl zum Papst (12. 2. 1831)[65].

Die vier Kandidaten konnten trotz einengender Bestimmungen Preußens ihre Studien in Rom vollenden. Im Januar 1833 stellte Josef Bellotti, der Rektor des Collegiums Romanum, ein Zeugnis über ihre Studien und Aloys von Landes, der Rektor des Germanikums, über ihren Aufenthalt und den Empfang der höheren Weihen einschließlich der Priesterweihe aus. Beide Zeugnisse wurden dem preußischen Gesandten vorgelegt und vidimiert[66].

Den Empfang der Priesterweihe hatten die Kandidaten schon vorher Bischof Hommer mitgeteilt, der deswegen neue Schwierigkeiten mit der Regierung befürchtete, weil das Ministerium nach dem Erscheinen der Kabinettsorder vom 13. Juli 1827 eine weitere einschränkende Bestimmung hatte folgen lassen (18. 9. 1827). Danach sollte die Auswanderung nach Italien zur Aufnahme in das Collegium Germanicum, „bey dem guten Zustande des öffentlichen Unterrichts in den Königlich Preußischen Staaten, welcher sich mit dem, was in Rom geleistet wird, füglich messen kann, nicht ferner begünstigt werden ..." Es dürften darum „Pässe dazu in jedem einzelnen Falle nur nach vorgängiger Anfrage bey dem gedachten Königlichen Ministerio und nach eingeholter Genehmigung desselben" gegeben werden. Auch sollte „ihnen bedeutet werden, daß ihnen nach den Gesetzen des Staats nicht nachgelassen werden könne, in Rom die Weihe zu empfangen, sondern daß sie, wenn sie auf Anstellung in ihrem Vaterlande hoffen, nach ihrer Zurückkunft aus Rom sich einer Prüfung bey der Bischöflichen Behörde unterwerfen müssen, von deren Ausgang es alsdann abhängen werde, ob sie zum geistlichen Stande zugelassen werden können, und daß sie auf jeden Fall noch einen förmlichen Cursus im Bischöflichen Seminar machen müssen"[67].

Beunruhigt durch diese Bestimmung, schrieb Hommer an den Jesuitengeneral: Er wisse, daß der Papst ohne das sonst vorgeschriebene Dimissoriale des zuständigen Bischofs die Weihen erteilen könne. In diesem Falle aber könnten ihm und den Kandidaten wegen dieser schon früher einmal mitgeteilten Verfügungen der preußischen Regierung Schwierigkeiten entstehen. Er hoffe zwar, daß sie vielleicht in Vergessenheit geraten seien, bitte aber, den Gesandten Bunsen über den Stand der Dinge zu informieren, damit den Kandidaten Unannehmlichkeiten erspart blieben[68].

---

[62] *BAT* B III 5,9, Bl. 7. [63] Ebd., Bl. 8.

[64] Johann Philipp Roothan, geboren am 23. 11. 1785 in Amsterdam, gestorben am 8. 5. 1853, war am 9. 7. 1829 Jesuitengeneral geworden: *Backer-Sommervogel* VII 117–127; *Koch* 1563–1565.

[65] *BAT*, Bl. 9 u. 10.

[66] Ebd., Bl. 11–14. [67] *BAT* B III 5,8, Bl. 9.

[68] 10. 2. 1833: *AGR*, Bd. 14, Bl. 12–13.

Im Auftrag des Jesuitengenerals schrieb darauf P. Rektor Landes, er habe den neugeweihten Priestern (Wenger hatte bereits am 2. 4. 1831 die Priesterweihe empfangen) alle gewünschten Papiere übergeben, und diese hätten sie den Eltern zugesandt. Auch habe er den preußischen Minister beim Heiligen Stuhl, von Bunsen, über ihre Studien, Führung und Promotion zu den heiligen Weihen wie früher, so auch jetzt genauestens informiert. Die Kandidaten würden zum Schluß des scholastischen Jahres zurückkehren. Die Zeugnisse über ihre Führung und Verwendbarkeit in der Seelsorge werde er ihnen mitgeben[69].

Die vorhandenen Hemmnisse, Studium an einem ausländischen Jesuiteninstitut und Militärdienst, konnten schon vor ihrer Heimkehr nach Deutschland geregelt werden. Am 28. April 1833 teilte das Königliche Ministerium, Allgemeines Kriegs-Departement, dem Generalkommando des 8. Armee Corps zu Coblenz mit: „Ein Bericht des Königl. Oberpräsidii der Rheinprovinz über die Ableistung der Militairdienstpflicht von den sich gegenwärtig im Collegio germanico zu Rom befindenden und dort zu Priestern geweihten diesseitigen Militairpflichtigen Jakob Mondorf, Karl Kaspar Wenger, Joseph Hermann und Hubert Piesbach hat die Königl. Ministerien des Innern und des Krieges zu einer näheren Anfrage über das Verhältniß dieser Individuen bei dem Königl. Ministerium der Geistlichen Angelegenheiten veranlaßt. Es hat sich danach ergeben, daß des Königs Majestät in einer unterm 13. Oktober 1828 an die Herren Minister Freiherrn von Altenstein und Grafen von Bernstorff erlassenen Allerhöchsten Kabinets-Ordre zu genehmigen geruht haben, daß der verbotene Besuch ausländischer Jesuitenschulen gegen obengenannte Militairpflichtige, welche vor Erlaß derselben sich in jenem Institut befanden, nicht in Ausführung gebracht werden soll, und letztere daher ohne besorgliche Rücksicht auf das gegen den Besuch der Jesuitenschulen angedrohte Präjudiz, ihre Studien in Rom vollenden können. Unter diesen Umständen sind die Königlichen Ministerien des Innern und des Krieges, dahin übereingekommen, den in Rede stehenden 4 Individuen ausnahmsweise die Ableistung der ihnen obliegenden Militairpflicht zu erlassen, jedoch ohne daß darauf Bezug genommen und gestützt werden kann."[70]

Eine Abschrift des Reskriptes übersandte der Landrat von Koblenz am 20. Mai Bischof Hommer[71]. Damit waren alle Hindernisse für die vier Germaniker weggeräumt. Die von Bischof Hommer befürchteten Schwierigkeiten wegen des Empfangs der höheren Weihen in Rom wurden nicht mehr erwähnt. Sicherlich hatte Minister von Bunsen in Rom mitgeholfen, an den sich Hommer schon 1827 um Vermittlung gewandt hatte[72]. Am 26. September 1833 konnte Hommer dem Rektor des Germanikums nach Rom melden, die vier Kandidaten seien zurückgekehrt, drei hätten ihn gleich aufgesucht und das Kura-Examen gemacht, nur Mondorf befinde sich noch wegen einer lebensgefährlichen Erkrankung des Vaters in seinem Heimatort[73].

Die früher versprochenen Zeugnisse über ihre Führung und Befähigung hatte P. Rektor Landes nicht mitgegeben, sondern sandte sie eigens nach Trier (11. 10. 1833). Er erläuterte darin eines jeden Veranlagungen und Kenntnisse und sagte, sie seien alle

---

[69] *BAT* B III 5, 9, Bl. 15.

[70] *BAT* B III 6, 15, Bd. 3, Bl. 16.

[71] Ebd., Bl. 17.

[72] 16. 12. 1827. „... Euer Hochwohlgeboren ist deren Lage, sowie die Gesinnung des hohen Ministeriums besser bekannt als mir; und ob derselben Austritt aus ihren bisherigen Lehranstalten nicht zu vermeiden, oder ob Nachsicht für sie noch möglich ist. Euer Hochwohlgeboren bitte ich daher, diese jungen Leute für den einen oder andern Fall in Ihren Schutz zu nehmen, und sich für sie zu verwenden": *Reusch,* Bunsen 169.

[73] *AGR,* Bd. 14, Bl. 14.

zu Lehrstellen befähigt. Auf jeden Fall solle man sie aber nicht gleich zu Pfarrern ernennen, sondern zuerst anderen erfahrenen Pfarrern unterstellen. Sie hätten noch nicht Beicht gehört, noch nicht Kranken und Sterbenden beigestanden, Kindern keinen Unterricht erteilt, die Sakramente der Taufe und der Letzten Ölung nicht gespendet und keine öffentlichen Predigten gehalten[74].

Für den in der Seelsorge erfahrenen Bischof Hommer war es selbstverständlich, daß er die vier Kandidaten zuerst als Kapläne in die Seelsorge schickte. Er teilte Rektor Landes mit[75], Hermann sei Kaplan in Moselweiß[76], Piesbach in Boppard[77], Mondorf in Mayen[78], Wenger in Cochem[79].

Trierer Theologen studierten damals aber nicht nur im Collegium Germanicum in Rom, sondern auch im Collegium de Propaganda fide. Als erster wurde dort Johann Baptist Berger aufgenommen[80]. Er war vom Bischof ursprünglich zusammen mit Jakob Mondorf und Karl Wenger als Zögling für das Germanikum vorgesehen. Da deren Aufnahme ins Germanikum sich damals aber verzögerte, gelang es Berger durch Empfehlung der Gräfin von Survillers, mit der seine Eltern während der französischen Regierung in Koblenz Bekanntschaft gemacht hatten, und Vermittlung des Kardinals Josef Fesch in Rom (1763–1839), bereits am 15. November 1825 in die Propaganda fide aufgenommen zu werden[81]. Er leistete am 25. April 1828 den durch Breve vom 29. Juli 1660 vorgeschriebenen Eid[82] und kehrte nach Abschluß des Studienjahres 1829 nach Deutschland zurück.

---

[74] *BAT* B III 5, 9, Bl. 17.

[75] 19. 11. 1833: *AGR*, Bd. 14 Bl. 18.

[76] Dr. Josef Hermann, geboren am 15. 12. 1805 in Koblenz – St. Kastor, geweiht am 22. 9. 1832 in Rom, am 1. 11. 1833 Kaplan in Moselweiß, 1835 in Mayen, 1837 Pfarrer in Boos, 1844 in Senheim, 1847 in Gondorf, 1851 in Saarhölzbach, 1854 in Herdorf, 1860 in Salzig, gestorben 31. 12. 1867: *Weltklerus* 152.

[77] Dr. Hubert Piesbach, geboren am 8. 7. 1807 in Koblenz – St. Kastor, geweiht am 22. 9. 1832 in Rom, am 1. 11. 1833 Kaplan in Boppard, 1837 Pfarrer in Landkern, 1840 in Alken, 1850 in Adenau (1857 Dechant), 1860 Pfarrer und Bischöfl. Delegat in Ehrenbreitstein, gestorben 21. 5. 1878: *Weltklerus* 263.

[78] Dr. Jakob Mondorf, geboren am 22. 9. 1807 in Ehrenbreitstein, geweiht am 22. 9. 1832 in Rom, am 1. 11. 1833 Kaplan in Mayen, 1840 Pfarrer in Bell, 1853 in Vallendar, gestorben 28. 11. 1872: *Weltklerus* 236.

[79] Dr. Karl Kaspar Wenger, geboren am 10. 6. 1808 in Ehrenbreitstein, geweiht am 2. 4. 1831 in Rom, am 1. 11. 1833 Kaplan in Cochem, 1834 in Vallendar, 1838 Pfarrer in Niederfell, 1859 in Urmitz, gestorben 17. 11. 1859: *Weltklerus* 369.

[80] Johann Baptist Berger (Dichtername Gedeon von der Heide), geboren am 19. 12. 1806 in Koblenz – St. Kastor, wurde am 6. 3. 1830 in Koblenz – St. Kastor zum Priester geweiht, privatisierte noch eine Zeitlang in Koblenz, wo er als Prediger geschätzt war, wurde dann Kaplan in Vallendar und Boppard, dort 1833 Pfarrer, 1861 Definitor, 1870 Dechant. Er starb am 6. 1. 1888. 1914 setzte man ihm in den Rheinanlagen ein Denkmal. Er war bekannt geworden als lyrischer Dichter, Übersetzer und Herausgeber. Beschrieben wird er als „stattliche, romantisch wirkende Erscheinung, temperamentvoll, sehr hilfsbereit, naturliebend, von glühender Vaterlandsliebe", aber auch als kirchentreuer Seelsorger. *A. Schüller*, Pfarrer Jean Baptist Berger, in: TThZ 47 (1936) 263–273, 310–316, 345–353 (mit Übersicht über seine Werke und Übersetzungen); *W. Podlech* in: Kurzbiographien vom Mittelrhein und Moselland. Beilagen (Sonderhefte) der Landeskundlichen Vierteljahresblätter (1967) 13; *P. Kämpchen*, Jean Baptist Berger, in: Rhein. Heimatpflege (1973) 41–50.

[81] *BAT* B III 5, 8, Bl. 3b; *APR* VII 137. Dort auch kurze Charakteristik.

[82] Wortlaut s. *APR* VIII/2 (Giuramento 1767–1830) 567.

Da Berger nicht in einem Jesuiteninstitut studierte, konnte man ihm in Preußen keine Schwierigkeiten wegen des Erlasses des Königs vom 13. Juli 1827 machen, wohl aber wegen der Bestimmungen über den Militärdienst. So wie schon Napoleon eine Befreiung der Theologiekandidaten vom Militärdienst zuließ, allerdings immer als besondere Gnade[83], so verfügte auch das preußische Ministerium des Innern, daß bei der Ausmusterung „die Kandidaten der bischöflichen Seminarien und die mit guten Attesten versehenen Studierenden der theologischen Fakultät möglichst geschont werden sollen, jedoch mit Vorbehalt der ferneren Dienstverpflichtung, insofern sie den geistlichen Stand nicht wirklich und aus innerem Beruf ergreifen“[84].

Diese Ausnahmegenehmigung wurde am 26. Juni 1822 als allgemein geltende Bestimmung vom Innenministerium verfügt. Es sollten danach alle jungen Leute, die sich dem Schulfach oder dem geistlichen Stande widmeten, bei der Ausmusterung zurückgestellt werden[85]. Zugleich wurde aber auch angeordnet, daß der zuständige Oberpräsident jeweils das Bedürfnis für den Kultus nachweisen müßte, worauf der Oberpräsident von Koblenz das Bischöfliche Generalvikariat anwies, „alljährlich im Monat Juny ein Verzeichniß der im Laufe des vorhergehenden Jahres erledigten oder unbesetzt gebliebenen zu Seinem Ressort gehörigen geistlichen und Lehrer-Stellen, so wie auch ein namentliches Verzeichniß der in der selben Zeit zu Pfarr- und Schul-Ämtern geprüften und fähig befundenen Candidaten“ einzusenden und „zugleich auch Sich jedesmal gutachtlich über den Grad des Bedürfnisses geeigneter Individuen für den Kultus und öffentlichen Unterricht zu äußern“[86].

Die Verordnung vom 16. 9. 1822 wurde später so präzisiert, daß die Theologiestudenten vom Militärdienst bis zum 25. Lebensjahr zurückgestellt werden konnten und nach dem Empfang der Subdiakonatsweihe ganz ausschieden[87]. Dazu gehörten ursprünglich auch die ins Militäralter eingetretenen Gymnasiasten, die sich damals bereits entschlossen hatten, Theologie zu studieren. Letztere Gruppe sowie die Studenten, die im Priesterseminar nur Philosophie studierten, wurden durch eine spätere Verordnung (22. 3. 1833) von dieser Vergünstigung wieder ausgeschlossen[88]. Sie wurde allerdings 1835 für weitere fünf Jahre (1835–1839) noch einmal gewährt[89].

Die Regierung verlangte für die Zurückstellung nicht nur eine jährlich von der bischöflichen Behörde einzusendende Liste der Kandidaten mit einer entsprechenden Begutachtung, sondern jeder einzelne mußte jährlich an die Bezirksregierung ein Rückstellungsgesuch richten, zusammen mit verschiedenen Zeugnissen[90] und der Versicherung, daß er

---

[83] *P. A. Reuss,* Geschichte des Bischöflichen Priesterseminars zu Trier (Trier 1890) 183. – Eine derartige Befreiung des Kultusministers Bigot de Preameneu in Paris (1745–1825) für Friedrich Schwickerath (*Weltklerus* 393) aus dem Jahre 1813 befindet sich im *BAT* B III 6, 15, Bd. 3, Bl. 21–23.

[84] Berlin, 5. 12. 1816: *BAT* B III 6, 15, Bd. 1, Bl. 6.

[85] Ebd., Bl. 25.

[86] Coblenz, 28. 8. 1822: *BAT,* ebd., Bl. 31, veröffentlicht im Amtsblatt vom 16. 9. 1822, Nr. 37, S. 337. – Generalvikar Hommer in Ehrenbreitstein machte in seinem Amtsschreiben darauf aufmerksam, daß er über die Schulverhältnisse keinen Überblick haben könne, weil die Schulen ihm nicht unterständen.

[87] Vgl. dazu die umfangreichen Akten in: *BAT* B III 6, 15, Bd. 1–3.

[88] *BAT* B III 6, 15, Bd. 3, Bl. 14.

[89] Berlin, 19. 8. 1835: *BAT,* Bl. 72–79.

[90] Welche Zeugnisse gefordert wurden, ist zu ersehen aus der Verordnung des Oberpräsidenten der Rheinprovinz vom 27. 2. 1827: *BAT* B III, 6, 15, Bd. 2, Bl. 35.

in den bischöflichen Listen aufgeführt sei, andernfalls müsse angenommen werden, daß er auf Zurückstellungsbegünstigung keinen Anspruch mache[91].

Diese Bestimmungen, sich selbst bei der Bezirksregierung zurückstellen zu lassen, scheint Johann Baptist Berger nicht beachtet zu haben. Deshalb verweigerte der Oberpräsident von Koblenz (5. 9. 1827) trotz Intervention der bischöflichen Behörde, die ihn auf die eingereichte Liste gesetzt hatte, seine Zurückstellung und fügte hinzu: „Ich finde es überhaupt auch geraten, die Zurückstellung der auf ausländischen Schulen studierenden vaterländischen militairpflichtigen Jünglinge während der Dauer ihrer Abwesenheit nicht zu verfügen."[92]

Obwohl darauf Berger ein vom Minister von Bunsen vidimiertes Schreiben des Sekretärs der Propaganda, Pietro Caprano, einsandte[93], verharrte die Koblenzer Bezirksregierung auf der Verweigerung[94], und Landrat Burret von Koblenz schrieb dem Bischof, es sei ihm befohlen worden, „ihn (Berger) als abwesend, jedoch ohne Benachtheiligung zu notiren und ihn zur Rückkehr aufzufordern"[95].

Die Regierung wollte nämlich nicht sofort strafrechtlich gegen ihn vorgehen, verlangte aber, daß er zuerst zurückkehre, ehe sie eine Zurückstellung vom Militärdienst aussprechen könne, und betonte ausdrücklich (7. 4. 1829), daß er in Rom die priesterliche Weihe nicht empfangen dürfe, und wenn er auf Anstellung im Vaterland hoffe, müsse er nach seiner Ankunft aus Rom sich zuerst einer Prüfung bei der bischöflichen Behörde unterwerfen und noch einen förmlichen Kursus im bischöflichen Seminar machen[96].

Berger kehrte deshalb nach Abschluß seines Studiums aus Rom zurück, trat ins Priesterseminar in Trier ein, und Hommer bat den Oberpräsidenten (14. 7. 1829) um seine Zurückstellung von der Militärpflicht, die dieser dann auch verfügte[97]. Berger wurde nach Abschluß des Wintersemesters am 6. 3. 1830 zum Priester geweiht und nach kurzer privater Tätigkeit in Koblenz als Kaplan in Vallendar angestellt.

Mittlerweile hatte aber von Bunsen unter Angabe von geheimzuhaltenden Quellen aus Rom Ungünstiges über Berger an das Außenministerium in Berlin gemeldet, das sich darauf über das Kultusministerium an Bischof Hommer wandte. Es war berichtet worden, Berger werde „eines unsittlichen Lebenswandels, einer fanatischen Richtung und sehr unziemlicher Äußerungen über die diesseitige Staatsverwaltung bezüchtigt"[98].

Hommer erkundigte sich darauf bei Bergers derzeitigem Vorgesetzten, dem Dechanten Reuter in Vallendar, und legte ihm eine Reihe Fragen über Bergers Leben und Betragen vor. Reuters langer Bericht war aber sehr günstig: Berger ist ein glänzender Prediger. Seine Komposition und sein Vortrag im Predigtamt sind über alle Erwartung schön und empfehlend. Er steht auf der Kanzel wie ein anderer Paulus. Das Schulfach ist sein Lieblingswerk. Sein Umgang ist untadelhaft. Er ist ein Dichter, er wurde wegen einer Predigt über das Jüngste Gericht mit Recht getadelt, worauf ich ihm erklärte: Das heilige Evangelium bedarf keinen Anstrichs, keines dichterischen Schmucks, es ist an sich groß, erhaben, voll Majestät. „Er ist ein guter Mann, befolgt alles, was man ihm sagt, lasset sich gut leiten, übrigens ist er sehr gottesfürchtig, mitleidig gegen Arme, liest

---

[91] Ebd., Bd. 2, Bl. 21. – Die bischöfliche Behörde in Trier erließ in dieser Angelegenheit verschiedene Erlasse, am 24. 12. 1825, 26. 2. 1826, 13. 7. 1826, 25. 6. 1827, 16. 11. 1832, 27. 10. 1835: *Blattau*, Statuta VIII 37, 50, 55, 102, 274, 329.

[92] *BAT* B III 5, 8, Bl. 7e.

[93] Ebd., Bl. 7g. [94] Ebd., Bl. 7h. [95] Ebd., Bl. 7k.

[96] Ebd., Bl. 12b. [97] Ebd., Bl. 14 und 15.

[98] 21. 2. und 31. 3. 1830: ebd., Bl. 16a u. b.

beinahe eine ganze Stunde Messe." Und wie ich aus Briefen des Kardinals Cappellari an Berger gesehen habe, steht er in dessen besonderer Gunst[99].

Entsprechend günstig war dann auch der Bericht Hommers an den Staatsminister von Altenstein in Berlin (11.6.1830), der mit den für Hommer charakteristischen Sätzen schließt: „Das Einzige, was ich für jetzt an ihm zu tadeln wüßte, wäre: daß seine feurige Phantasie ihn in seinen öffentlichen Vorträgen nicht das gehörige Ziel und Maaß halten läßt; allein bei seinem Eifer, nur das Gute zu wollen, wird sich unter einer guten Leitung diese Hitze wohl abkühlen. Wo keine Anlage zur Lebendigkeit ist, läßt sie sich schwerlich erzwingen, wo aber deren in der Jugend etwas zu viel ist, läßt sie sich bey sonst gutem Willen durch die Erfahrungen des Lebens bald in die gehörigen Schranken regeln."[100]

Ein zweiter Trierer Theologe, der seine Studien in der Propaganda fide machte, hatte nach seiner Heimkehr größere Schwierigkeiten, Wilhelm Piesbach. Er war am 10. März 1811 in Koblenz geboren, trat am 20. September 1830 in die Propaganda fide ein, legte nach zweijährigem Studium der Philosophie am 2. Juli 1832 den Eid ab[101], empfing am 10. August 1836 in Rom die Subdiakonats-, am 14. die Diakonats- und am 25. August die Priesterweihe und kehrte am 20. September nach Deutschland zurück[102].

Schwierigkeiten waren ihm von der Koblenzer Regierung wegen seines Studiums in Rom schon 1833 gemacht worden, obwohl der Vikar Peter Josef Stieldorf (P. Gregorius) aus Bullay[103], der nach seines Vaters Tode Vatersstelle übernommen hatte, bei der Regierung in Berlin den Reisepaß besorgt hatte und Piesbach in der vorgeschriebenen Liste der Theologie studierenden Militärpflichtigen aufgeführt worden war[104].

1835 machte der Kultusminister den Oberpräsidenten von Koblenz und dieser darauf Bischof Hommer darauf aufmerksam, daß Wilhelm Piesbach zu den sieben in Rom studierenden Theologen gehöre, denen, da sie ohne gesetzliche landesherrliche Genehmigung in Rom studierten, ohne ausdrückliche „Zustimmung des Königlichen Ministeriums der geistlichen Angelegenheiten kein geistliches Amt in den dießseitigen Staaten ertheilt werden dürfe"[105].

Wilhelm Piesbach entschloß sich darum nach Abschluß seiner Studien, als Missionar, wozu er von jeher Neigung hatte, nach Nordamerika zu gehen, kehrte aber 1849 wieder zurück. Mittlerweile hatte nämlich der Oberpräsident von Bodelschwingh in Koblenz die Absicht geäußert (28.4.1840), sich wegen Priestermangels höhererseits um Anstellung der im Ausland studierenden Theologen zu verwenden[106], so daß Bistumsverweser Günther Piesbach Hoffnung machte (3.1.1841)[107] und am 9.2.1841 ein Gesuch an den Oberpräsidenten richtete[108]. Es scheint aber keinen Erfolg gehabt zu haben; denn Wilhelm Piesbach trat am 3. Mai 1842 in die Diözese Speyer über[109].

---

99 Ebd., Bl. 16d. 100 Ebd., Bl. 16f. 101 *APR* VIII 3 p. 67.

102 *APR* VII 2 p. 225. Die Charakteristik des Rektors ist nicht besonders günstig.

103 Peter Josef Stieldorf, geboren 4.6.1755 in Koblenz, Franziskaner (P. Gregorius), Guardian in Merl, Professor in Himmerod, 1812 Ehrendomherr und 1818 Professor am Priesterseminar in Trier, 1826 Seelsorger am Landarmenhaus, 1831 Vikar in Bullay, gestorben 17.2.1842: *Weltklerus* 338.

104 *BAT* B III 5, 9, Bl. 16.

105 *StAK* 403, 4089, S. 1; *BAT* B III 5, 8, Bl. 21.

106 Ebd., Bl. 23. 107 *BAT* B III 5, 9, Bl. 109.

108 *BAT* B III 5, 8, Bl. 24.

109 Er wurde 1842 Hilfspriester in Friesenheim, 1845 Administrator in Contwig, 1846 in Roßweiler, 1847 Pfarrer dort, 1850 in Ebernburg, emeritiert am 1.3.1858 (wohnhaft in Rosnow/Posen) und starb am 1.1.1885 in Friesenheim: Kartei des Ordinariates Speyer.

Zwei anderen Trierer Theologen, die in der Propaganda studiert hatten, gelang es hingegen, im Bistum Trier angestellt zu werden, Albert Nicola[110] und Johann Caspary[111]. Zwar hatte der Oberpräsident von Koblenz während ihrer Studienzeit dem Bistumsverweser Günther[112] ebenfalls mitgeteilt (24. 6. 1837), daß sie ohne die ausdrückliche Genehmigung des hohen Ministeriums nicht zu den geistlichen Weihen und zur Anstellung innerhalb der Königlichen Staaten zugelassen werden dürften[113], ließ sie aber aufgrund einer späteren Verfügung (1. 2. 1842) zu, nach der diejenigen, die sich „ohne besondere Erlaubnis des Staates in das Collegium de propaganda fide aufnehmen und daselbst die priesterliche Weihe ertheilen lassen, nach ihrer Rückkehr nach gleichen Grundsätzen behandelt werden können wie die Zöglinge des Collegii germanici"[114], nämlich wenn die Betreffenden in der Zeit zwischen 1828 und jetzt (1842) im Collegium Germanicum studiert haben und nach der Rückkehr zunächst in einer katholischen Gegend bei einem bewährten Pfarrer wenigstens zwei Jahre probeweise angestellt werden[115].

Johann Caspary hatte ohne einen von der Berliner Regierung ausgestellten Paß sich nach Rom begeben. Er reiste als „Student" zunächst mit einem Paß der Koblenzer Regierung nach München, von dort mit einem Paß der königlichen Gesandtschaft nach Innsbruck, wo es ihm durch Vermittlung höherer Geistlicher gelang, ein Visum der österreichischen Behörden für Rom zu erhalten, wo er am 11. Januar 1836 eintraf. In Rom hat er sich später, „als Kleriker der Propaganda eingekleidet", beim römischen Botschafter von Bunsen gemeldet. Dieser berichtete den Fall nach Berlin (11. 2. 1837) und teilte mit, man habe Caspary darauf aufmerksam gemacht, er könne keine Aufenthaltsgenehmigung erhalten, sondern müsse sich an seine Landesbehörde wenden, andernfalls werde er später keine Anstellung erhalten. Man habe aber davon abgesehen, „seine Verweisung von Rom zu verlangen", weil dies zur Folge hätte, „daß in Zukunft dergleichen Pässe der Gesandtschaft nicht zugeschickt würden, diese also über die Anwesenheit solcher Individuen in vollständiger Unwissenheit bleiben würde"[116].

Auf ähnliche Weise versuchten verschiedene andere Kandidaten des Germanikums, die von der Berliner Regierung bereiteten Schwierigkeiten zu umgehen. Über Nikolaus Riewer[117] wurde von der Botschaft in Rom nach Berlin gemeldet, er sei mit einem „vaterländischen Paß, dessen Beschaffenheit nicht bekannt sei", nach der Schweiz gereist und von dort mit einem Paß der päpstlichen Nuntiatur in Luzern nach Rom[118]. Peter Sauerborn[119] habe sich mit einem auf ein Jahr ausgestellten Paß nach der Schweiz begeben,

---

110 Albert Nicola, geboren am 11. 5. 1815 in Koblenz, zum Priester geweiht in Rom am 9. 3. 1842, Kaplan in Ürsfeld, Merl und Polch, 1846 Pfarrer in Masburg, 1856 in Neumagen, gestorben 5. 3. 1892: *Weltklerus* 250.

111 Johann Caspary, geboren am 17. 5. 1815 in Ehrenbreitstein, zum Priester geweiht in Rom am 9. 3. 1842, Kaplan in Urmitz, gestorben 10. 2. 1844: *Weltklerus* 76.

112 *A. Thomas*, Wilhelm Arnold Günther (= Veröffentl. des Bistumsarchivs Trier 4) (Trier 1957).

113 *BAT* B III 5, 8, Bl. 22. 114 *Ebd.*, Bl. 26. 115 *Ebd.*, Bl. 25.

116 *StAK* 403, 4089, S. 11.

117 Nikolaus Riewer, Dr. phil., geboren am 27. 1. 1814 in Mettendorf, zum Priester geweiht in Rom am 19. 9. 1840, Kaplan in Koblenz-Neuendorf, 1847 Pfarrer in Hirschfeld, 1850 in Halsenbach, 1859 in Speicher, gestorben am 18. 11. 1869: *Weltklerus* 278.

118 *StAK* 403, 4089, S. 3.

119 Johann Peter Sauerborn, Dr. phil., geboren am 13. 12. 1816 in Vallendar, zum Priester geweiht in Rom am 19. 9. 1840, 1841 Kaplan in Koblenz – Liebfrauen, 1847 Pfarrer in Neuwied, 1856 in Wetzlar, gestorben am 15. 10. 1862: *Weltklerus* 287.

und von dort sei er mit einem nach Rom ausgestellten Paß „als Maler" angekommen. Matthias Schorn[120] und Heinrich Daun[121] reisten nach dem römischen Bericht mit Koblenzer Regierungspässen „nach der deutschen Schweiz und zurück, zum Vergnügen und auf ein Jahr ausgefertigt", über die Schweiz und Genua nach Florenz, von dort mit einem Visum des österreichischen Legationssekretärs von Pilat nach Rom, wo sie am 28. September 1836 eintrafen. Dort meldeten sie sich am 6. Oktober beim Botschafter als Schüler des Collegium Germanicum. „Nach ihrer Angabe waren sie auf Empfehlung des verstorbenen Bischofs (Hommer) von Trier – bekanntlich selbst ein Schüler des Collegii Germanici – aufgenommen worden."[122]

Am 19. November 1833 teilte Bischof Hommer dem Rektor von Landes mit, daß Josef Saffenreuter und Michael Zerwes sich auf den Weg nach Rom gemacht hätten. Die preußische Regierung hätte größte Schwierigkeiten gemacht, so daß nur Michael Zerwes einen Paß erhalten habe. Der Bürgermeister von Koblenz, „ein um die katholische Religion wohlverdienter Mann", habe aber Saffenreuter einen Reiseausweis nach Luzern ausgestellt und den Rat gegeben, sich beim päpstlichen Nuntius zu melden, um von ihm Ausweispapiere nach Rom zu erhalten. Er (Hommer) habe deshalb an den Nuntius geschrieben, außerdem Saffenreuter Empfehlungsschreiben mitgegeben. Beide hätten sie sich auf den Weg nach Metz, Straßburg, Luzern gemacht[123]. Michael Zerwes[124] sei seit sieben Jahren bei ihm im Haus gewesen, er sei von ihm als Pfarrer von Ehrenbreitstein getauft worden und habe unter seinen Augen die Elementarschule besucht. Seitdem er den Bischofsstuhl bestiegen habe, sei er stets bei ihm gewesen, habe täglich die Messe gedient und am Trierer Gymnasium die Humaniora absolviert.

Zerwes studierte in Rom drei Jahre Philosophie, promovierte zum Dr. der Philosophie, wurde 1838 zum Priester geweiht und vollendete 1839 seine Theologiestudien. Rektor Landes schlug aber dem Bistumsverweser Günther (Bischof Hommer war mittlerweile gestorben) vor, ihn noch in Rom zu lassen, damit er seine Theologiestudien mit dem Doktorat abschließe und noch Kirchenrecht studiere[125].

Er kehrte auch erst 1840 in die Heimat zurück. Bistumsverweser Günther erbat darauf vom Oberpräsidenten von Bodelschwingh (11. 3. 1840) die Befreiung vom Militärdienst und die Zulassung zu geistlichen Funktionen in Preußen. Der Kultusminister, an den der Oberpräsident das Gesuch Günthers weitergeleitet hatte, lehnte jedoch das Gesuch ab (30. 3. 1840) mit der Begründung, Zerwes sei aus dem Untertanenverband entlassen[126].

---

[120] Matthias Josef Schorn, geboren am 7. Februar 1819 in Koblenz – St. Kastor, zum Priester geweiht in Rom am 8. 5. 1842, 1843 Kaplan in Oberwesel, 1851 Vikar in Koblenz – St. Barbara, 1857 Pfarrer in Sevenich, 1864 in Senheim, 1888 emerit., gestorben am 22. 1. 1892: *Weltklerus* 314.

[121] Heinrich Josef Daun, geboren am 4. 9. 1818 in Koblenz – Liebfrauen, zum Priester geweiht in Rom am 31. 12. 1845, 1857 Pfarrer in Nohn, 1859 in Kirmutscheid, 1863 in Hambuch, gestorben am 17. 7. 1876: *Weltklerus* 89.

[122] *StAK* 403, 4089, S. 12f.

[123] *AGR*, Bd. 14, Bl. 16/17.

[124] Dr. Michael Zerwes, geboren am 29. 11. 1812 in Ehrenbreitstein, wurde in Rom am 21. 9. 1838 zum Priester geweiht, 1841 Kaplan in Lebach, trat am 14. 4. 1842 in die Diözese Speyer über, wurde 1842 Kaplan in Landau, 1843 Pfarrer in Martinshöhe, nachweislich bis 1852 (weitere Daten sind nicht bekannt).

[125] 20. 4. 1839: *AGR*, Bd. 14, Bl. 102. – Josef Saffenreuter reiste am 28. Februar 1835 wieder nach Andernach zurück.

[126] *StAK* 403, 4089, Bl. 123–125.

Erst ein Jahr später (24. 5. 1841) wurde seine Anstellung genehmigt, allerdings nur versuchsweise unter den bekannten Bedingungen gemäß königlicher Order vom 28. 4. 1841[127]. Er wurde am 14. Juli 1841 als Kaplan in Lebach, wo er bereits Dienst tat, angestellt. Aber nach kurzer Zeit (14. 4. 1872) trat er in die Diözese Speyer über. Die Gründe dazu sind nicht bekannt.

Der Anstellung der beiden Germaniker Matthias Josef Emmerich[128] und Johann Rölen[129] war hingegen ein langer, historisch nicht uninteressanter Kampf mit der Regierung vorausgegangen. Am 30. Juni 1834 teilte Hommer dem Rektor Landes in Rom mit, er habe Emmerich und Rö(h)len die Tonsur und niederen Weihen erteilt, jetzt hätten sie sich auf den Weg nach Rom gemacht. Emmerich sei zunächst zu seinem Onkel nach Dresden gereist und werde voraussichtlich Ende August in Rom eintreffen (tatsächlich traf er bereits Anfang August in Rom ein). Rölen sei mit Klisserath am 26. Juni zu Fuß aufgebrochen, und sie hofften, Anfang September in Rom zu sein. Ursprünglich habe er Rölen nicht die Erlaubnis geben wollen, weil er so arm sei, daß er die 100 Scudi nicht hätte aufbringen können. Nun habe aber sein Heimatpfarrer sich zur Zahlung bereit erklärt[130]. Den Paß nach Rom hätte Rölen sich ohne Hommers Empfehlung selbst beim Ministerium in Berlin besorgt. Dies teilte Hommer Graf Spiegel mit, als dieser anfragte, wieso er Rölen die Erlaubnis zum Studium in Rom hatte geben können, da er doch in der Erzdiözese (in Niederkassel) geboren sei, wenn auch seine „dürftigen Eltern, die sich vom Hausir-Handel in Töpferwaren ernähren", in Vallendar wohnten[131].

Bereits 1835 teilte der Kultusminister dem Oberpräsidenten und dieser dem Bischof von Trier mit, Emmerich könne, da er ohne gesetzliche Genehmigung in Rom studiere, später kein geistliches Amt in Preußen erhalten[132]. Mittlerweile war nämlich von Bunsen aus Rom nach Berlin gemeldet worden (13. 12. 1834), Josef Emmerich sei mit einem Paß der königlichen Regierung zu Koblenz nach Dresden gereist, dann mit einem Visum (15. 7. 1834) der Gesandtschaft nach München und von dort mit einem von der königlichen Gesandtschaft visierten Paß (25. 7. 1834) nach Rom gereist. Der Paß habe Gültigkeit bis Ende 1836 „mit dem Beifügen, daß der Inhaber vor dem 1. Januar 1837 seiner Militair-Pflicht Genüge leisten solle"[133].

Am 11. Februar 1837 berichtete Bunsen nach Berlin, die beiden Schüler des Germanikums Emmerich und Rölen seien im vergangenen Herbst auf der Gesandtschaft erschienen, um ihre militärischen Verhältnisse zu regeln, sie seien jedoch beschieden worden, es bei ihren Behörden der Heimat zu tun. Bei dieser Gelegenheit hätten sie gestanden, es seien ihnen „vorher von den landräthlichen oder Regierungs-Behörden gewisse Reverse zum Unterschreiben vorgelegt worden, von deren Inhalt ihnen nicht mehr erinnerlich sei, ob sie ihre Nationalität oder ihre Anstellungsfähigkeit betroffen".

---

[127] *BAT* B III 5, 8, Bl. 23–25.

[128] Matthias Josef Emmerich, geboren am 11. 1. 1814 in Koblenz – St. Kastor, zum Priester geweiht in Rom am 22. 9. 1839, Kaplan in Gerolstein, 1844 Pfarrer in Winterspelt, 1850 in Schalkenmehren, 1856 in Strotzbüsch, gestorben am 9. 2. 1860: *Weltklerus* 106.

[129] Johann Bapt. Rölen, geboren am 3. 2. 1814 in Niederkassel (ED Köln), wohnte mit seinen Eltern nachher in Vallendar, am 22. 9. 1839 in Rom zum Priester geweiht, 1844 Kaplan in Koblenz – Liebfrauen, 1848 Pfarrer in Tellig, 1853 in Peterswald 1863 in Idenheim, 1871 in Bruttig, gestorben am 2. 2. 1875: *Weltklerus* 280.

[130] *AGR*, Bd. 14, Bl. 27–30.

[131] *BAT* B III 5, 8, Bl. 20–20a.

[132] *StAK* 403, 4089, Bl. 1; *BAT* B III 5, 8, Bl. 21.

[133] *StAK* 403, 4089, Bl. 3 u. 4.

Die jungen Leute würden dieses leichtsinnige Unterschreiben „ausdrücklich den Äußerungen der resp. Regierungs-Beamten und speciell des landräthlichen Amts zu Coblenz zuschreiben, die ihnen gesagt, es sei dies eine leere Formalität, auf die hernach bei ihrer Wiederaufnahme resp. Anstellung keine Rücksicht genommen würde. Vor drei Jahren habe Zerwes[134] das gleiche versichert."[135]

Der Kultusminister forderte darauf den Oberpräsidenten in Koblenz auf (6. 6. 1837), den Fall ins Auge zu fassen „und eventualiter eine nähere Untersuchung und Ahndung zu veranlassen"[136]. Der Oberpräsident bat darauf die Bezirksregierung in Koblenz, die Richtigkeit der Aussagen von Emmerich und Rölen zu untersuchen. Bei der darauf vorgenommenen Vernehmung des Landrates und seines Büropersonals wurde ausgesagt, Johann Rölen habe 1834 einen Paß nach Rom erhalten, „nachdem er unter Einwilligung seines Vaters auf das diesseitige Unterthanenrecht und auf alle Anstellungsansprüche im Preußischen Staate Verzicht geleistet hatte". Josef Emmerich habe nach einem am 1. März 1834 vom Oberbürgermeister aufgenommenen Protokoll „auf alle dereinstige Anstellung im Preußischen Staat verzichtet". Diese Erklärung Emmerichs sei von ihnen „als eine bloße Auswanderungssache behandelt worden" und es sei ihm mitgeteilt worden, daß er aus dem Untertanenverband entlassen werde, wenn er die Aufnahmeversicherung einer auswärtigen Behörde beigebracht habe. Letzteres sei aber nicht geschehen und die Autorisation zur Auswanderung sei unterblieben. Er habe am 4. Juni 1834 einen Paß nach Dresden erhalten, „wo sein Oheim Gesandtschafts-Sekretär seyn soll"[137]. Äußerungen, die Unterschrift unter die vorgelegten Reverse seien nur eine Formalität, seien von keinem Beamten der Regierung gemacht worden.

Das Protokoll der Vernehmung wurde am 24. August dem Oberpräsidenten übersandt. Der darin enthaltene Passus über die Verzichtleistung Emmerichs vor dem Oberbürgermeister und seine Unterhaltung mit ihm stammte aber nicht von diesem selbst, sondern war einem Bericht eines Polizeiinspektors (19. 8. 1834) entnommen, den dieser nach einem vorliegenden Protokoll angefertigt hatte. Der Oberbürgermeister war „krankheitshalber verhindert". Geklärt war damit nicht die Unterhaltung Emmerichs mit dem Oberbürgermeister, bei der möglicherweise von Formalitäten gesprochen worden war. In dem darauf vom Oberpräsidenten an das Ministerium in Berlin erstatteten Bericht (13. 9. 1837) wurde lediglich erklärt, daß „sich nicht als wahr bestätigt" habe, Regierungsbeamte, speziell beim landrätlichen Amt, hätten die Verzichtleistung (von Emmerich und Rölen) „als leere Formalität erklärt"[138].

Zunächst wurde dann nichts mehr gegen die beiden unternommen. Kritisch wurde für sie aber die Lage, als sie 1839 in die Diözese zurückkehren wollten. Die Angehörigen Rölens hatten ihn bereits 1838 gebeten, in die Heimat zurückzukehren, weil der jüngere Bruder zum Militär eingezogen worden und der Vater arbeitsunfähig sei, sie dadurch in äußerster Not lebten. Er hatte darauf auch ein Bittgesuch an den Bistumsverweser Günther gerichtet, dem Rektor Landes ein Empfehlungsschreiben und gutes Zeugnis beifügte (1./2. 10. 1838), und Günther war einverstanden, daß er die Priesterweihe empfange, sodann zurückkehre und eine Kaplanstelle antrete[139]. Aber erst am 16. April 1839 teilte Rektor Landes mit, daß Rölen wegen der familiären Verhältnisse zurückkommen wolle und Emmerich sich ihm anschließe[140].

---

[134] Siehe Anm. 123. [135] *StAK* 403, 4089, Bl. 15 u. 16.
[136] Ebd., Bl. 9 u. 10. [137] Ebd., Bl. 19–40.
[138] Ebd., Bl. 41. [139] *BAT* B III 5, 9, Bl. 94 u. 95.
[140] Ebd., Bl. 102.

Als sie dann aber bei der römischen Gesandtschaft die Pässe beantragt und erhalten hatten, berichtete anschließend Bunsen nach Berlin (11.5.1839). Er gab die Gründe an, warum er die Pässe ausgestellt habe, fühle sich aber veranlaßt, „von der beabsichtigten, bevorstehenden Rückkehr derselben nach Preußen unverzüglich Anzeige zu machen“[141]. Minister von Altenstein teilte darauf dem Oberpräsidenten von Bodelschwingh mit (3.7.1839), „daß die Aufnahme des Röhlen und Emmerich in den Klerus der Diözese Trier oder einer anderen inländischen Diözese unstatthaft“ sei. Sie dürften „weder in ein geistliches Seminar aufgenommen noch zu den Weihen hinzugelassen, oder wenn sie bereits in Rom ordinirt sein sollten, zur Ausübung ihrer geistlichen Befähigungen innerhalb Landes zugelassen werden“[142].

Mittlerweile waren Rölen und Emmerich zurückgekehrt. Sie begaben sich ins Priesterseminar nach Trier und meldeten sich vorschriftsmäßig bei der Polizei an (4.7.1839). Rölen fuhr dann zu den Angehörigen nach Vallendar, Emmerich blieb in Trier und wartete den Erfolg eines Gesuches des Bistumsverwesers ab, das dieser für beide – ohne noch etwas von der Berliner Anordnung vom 3. Juli zu wissen – an den Oberpräsidenten gerichtet hatte mit der Bitte, die Genehmigung zu ihrer Anstellung als Hilfspriester zu erteilen (4.7.1839)[143].

Die Anordnung des Kultusministers vom 3. Juli wurde Günther vom Oberpräsidenten erst am 11. Juli zugesandt. Darauf erneuerte Günther am 18. Juli sein Gesuch mit der Bitte, es an den Kultusminister weiterzureichen. Er teilte darin mit, er habe nicht gewußt, daß Rölen s.Z. aus dem diesseitigen Untertanenverband entlassen worden sei, auch nicht, daß Emmerich zuerst mit einem Paß nach Dresden gereist sei. Rölen sei nicht in einen anderen Untertanenverband eingetreten und Emmerich in den Jahren 1837 und 1838 behufs Zurückstellung vom Militärdienst auf die eingereichte Liste des Generalvikariats gesetzt worden[144]. Aber auch dieses Gesuch hatte keinen Erfolg. Am 25. September 1839 teilte der Kultusminister mit, „die nachgesuchte Staatsgenehmigung könne zur Zeit nicht ertheilt werden“[145].

Da aber in der Ablehnung die Worte „zur Zeit“ gebraucht worden waren, berief sich Günther darauf und bat erneut (8.10.1839), doch wenigstens zu gestatten, daß sie wegen Mangels an Geistlichen gelegentlich kirchliche Funktionen ausüben dürften, ohne förmlich angestellt zu sein. Auch dies wurde nicht genehmigt (12.10.1839)[146], ebensowenig ein Gesuch des in dürftigen Verhältnissen lebenden Vaters in Vallendar[147].

Rölen begab sich darauf zum Freiherrn von Fürstenberg auf Gut Stammheim[148], und Emmerich wurde von Frau von Romberg als Hausgeistlicher aufgenommen. Unter Berufung eines Artikels in einem Frankfurter Blatt berichtete darauf der Kurator der Bonner Universität, von Rehfues[149], dem Minister von Altenstein in Berlin, es seien zwei Geistliche, die im Collegio Romano zu Rom ihre Schule gemacht und dem Jesuitenorden angehörten, dorthin gekommen. Man glaube, es handle sich um die beiden Geistlichen, die „unlängst bei der Frau von Romberg und bei dem Freiherrn von Fürstenberg-Stammheim als Hausgeistliche eingetreten sind“, man sage, „die genannte Dame übertreffe alle

---

141 *StAK* 403, 4089, Bl. 75.
142 Ebd., Bl. 59.
143 Ebd., Bl. 57.
144 Ebd., Bl. 65f.
145 Ebd., Bl. 95.
146 Ebd., Bl. 97–99.
147 Ebd., Bl. 119f.
148 Anfrage der Regierung von Koblenz an die von Köln am 20.12.1839: ebd., Bl. 117.
149 Johann Philipp von Rehfues (1779–1843) war 1819 bis 1842 Kurator der Bonner Universität: *ADB* 27, 590–595.

ihre Glaubensgenossen in Fanatismus". Freiherr von Fürstenberg habe den ganzen Winter auf seinem Landsitz zugebracht[150].

Altenstein erkundigte sich darauf beim Oberpräsidenten (5. 3. 1840), ob es sich um die Geistlichen handle, „deren Aufnahme in den Klerus der Trierischen Diözese dem Weihbischof Günther von Staatswegen untersagt" sei. Gegebenenfalls ersuche er, Generalvikar Hüsgen mitzuteilen, daß ihre „Aufnahme in die Erzdiözese und ihre Admission zu gottesdienstlichen und seelsorglichen Verrichtungen in dieser Diözese aus politischen Gründen jetzt unstatthaft sei"[151]. Der Oberpräsident wandte sich darauf an den Regierungspräsidenten in Köln, und als er von diesem erfahren hatte, daß es sich um die genannten Geistlichen handle, forderte er Generalvikar Hüsgen auf, beiden die Erlaubnis „zur Ausübung ihrer geistlichen Befähigungen zu entziehen". Es könne ihnen höchstens von den betreffenden Pfarrern gestattet werden, auf besondere Meldung einzelne stille Messen zu lesen oder das Meßopfer als persönliche Andachtsübung zu verrichten[152].

Generalvikar Hüsgen antwortete, Rölen sei am 21. November (1839) schriftlich die Erlaubnis erteilt worden, in der Hauskapelle des Freiherrn von Fürstenberg zu Stammheim das heilige Meßopfer zu verrichten und in der katholischen Pfarrkirche die Kommunion auszuteilen[153]. Die Erlaubnis sei ihm auf sieben Monate, also bis zum 21. Juni, gegeben worden. Er halte es „für zweckmäßig, um nicht bei der Gegenpartei ein arges Geschrei zu veranlassen, die Sache bis dahin auf sich beruhen zu lassen, wo dann keine fernere Erlaubnis ertheilt werden wird". Emmerich habe etwas später die Erlaubnis erhalten, eine stille Messe zu lesen. Sonst wisse er keine weiteren Äußerungen zu machen[154].

Große Aufregung bei den Regierungsstellen, der ein reger Schriftwechsel folgte, bewirkte ein Artikel im „Fränkischen Courier" Nr. 110 vom 11. April 1840. In ihm wurde die Methode der Regierung sehr kritisiert, den aus Rom zurückgekehrten Theologiestudenten die Ausübung der Seelsorge nicht zu gestatten, und besonders getadelt, daß man das Recht in Anspruch nehme, „das Messelesen zu verbieten, so wie es im Fall Rölen geschehen sei"[155]. Diese öffentliche Diskussion verhärtete die ablehnende Haltung der Regierung. Sie lehnte auch die Bitte Rölens ab, ihn in den Staatsverband wiederaufzunehmen, weil ihm eine Erzieherstelle angeboten worden und weil er bei der Verzichtleistung auf die Staatsangehörigkeit bei der Ausstellung des Passes 1834 noch minderjährig gewesen sei[156]. Rölen verließ darauf Preußen und übernahm eine Hofmeisterstelle beim Grafen Schall-Riancour zu Gaussig bei Bautzen im Königreich Sachsen.

Bei Emmerich berieten politische und militärische Stellen lange, ob man ihn, obwohl er bereits Priester war, zum Militärdienst einberufen sollte. Man überließ die Entscheidung schließlich dem König, der am 14. April 1840 dem Kultusminister mitteilte: „Ich trage Bedenken, die Einziehung des Josef Emmerich zum Militairdienste anzuordnen. Dagegen bestimme ich, daß der Emmerich, da er der gesetzlichen Vorschrift des § 64, Tit 11 Th II des Allgemeinen Landrechts zuwider gehandelt, im Inlande nicht unter den Diöcesan-Klerus aufgenommen und noch weniger ihm ein geistliches Amt je verliehen werden darf", auch sollen ihm „alle priesterlichen Amtshandlungen, die zu dem officio communi clericorum gehören, innerhalb Landes verboten werden"[157].

---

[150] 20. 2. 1840: *StAK* 403, 4089, Bl. 129.
[151] Ebd., Bl. 127. [152] Ebd., Bl. 121–133.
[153] Wortlaut der Erlaubnis s. ebd., Bl. 160. [154] Ebd., Bl. 139.
[155] Ebd., Bl. 147–162. [156] Ebd., Bl. 141f., 171–175.
[157] Ebd., Bl. 163 u. 165.

Mit dieser vom Oberpräsidenten mitgeteilten Entscheidung war Bistumsverweser Günther nicht einverstanden, besonders betonte er, daß Emmerich nicht das Messelesen verboten werden könne, so weit könne man den genannten Paragraphen nicht auslegen. „Das Messelesen ist dann doch bisher in den Diözesen des preußischen Staates keinem ausländischen Priester verbothen worden, welcher sich als solcher hinlänglich ausgewiesen hat. Inzwischen wird Emmerich, wenn er erfährt, daß er keine Hoffnung habe, eine Anstellung im geistlichen Amt zu erhalten, wohl das Beispiel seines Collegen Roelen befolgen und auch ein Unterkommen im Auslande nachsuchen."[158]

In der Antwort betonte der Oberpräsident, daß der § 64, wie sich aus dem vorhergehenden § 63 ergebe, „sich auf dessen (Emmerichs) Befähigung zu allen geistlichen Amtshandlungen bezieht... Hiernach wird über die Anwendung der in einem Schreiben vom 24. mitgetheilten Allerhöchsten Vorschrift Sr. Maj. des Königs kein Zweifel walten können."[159] Wohin sich Emmerich darauf wandte, ist nicht bekannt.

Erst nachdem Arnoldi Bischof von Trier geworden war (18. 9. 1842), lockerten sich die gespannten Verhältnisse unter dem König Friedrich Wilhelm IV. allmählich. So konnte Emmerich nach kurzer Kaplanszeit in Gerolstein am 14. Dezember 1844 als Pfarrer in Winterspelt und Rölen 1844 als Kaplan in Koblenz – Liebfrauen und 1848 als Pfarrer in Tellig angestellt werden. In der Folge konnten auch die übrigen Theologiestudenten, wenn sie aus Rom heimkehrten, ohne größere Schwierigkeiten in die Seelsorge der Diözese übernommen werden.

Aber nicht nur junge Theologiestudenten schickte Hommer zur Ausbildung nach Rom, sondern er veranlaßte auch begabte junge Priester, sich dort weiterzubilden. Die Fortbildung des jungen Klerus lag ihm nämlich sehr am Herzen[160]. Wir hören es insbesondere aus einem Brief an Bunsen in Rom: „Ich wünschte nichts mehr, als daß Gelegenheit genug vorhanden wäre, junge Geistliche, nachdem sie ihre theologischen Studien beendigt haben, auf Reisen (zum Weiterstudium) schicken zu können."[161] So sandte er den späteren Professor für alttestamentliche Exegese im Priesterseminar, Franz Xaver Scholl[162], zum bedeutenden Orientalisten Antoine Isaac Baron Silvestre de Sacy nach Paris und zum angesehenen Exegeten Johann Leonhard Hug nach Freiburg und den Historiker Jakob Marx d. Ä.[163] nach Wien. Dorthin ging nach seiner Priesterweihe auch Johann Jakob Blattau[164], studierte dort ein Jahr Theologie und Jura und begab sich dann zu weiteren zweijährigen Studien nach Italien und Frankreich. Längere Zeit weilte er auch in Rom. Näheres wissen wir nicht. Aus einem Brief Hommers im Februar 1827 an den preußischen Gesandten von Bunsen hören wir, daß Blattaus Bruder, der vermögend sei, die Unkosten bestreite. Im März des gleichen Jahres schrieb Hommer an Bunsen, er möge sich bei dem in Rom weilenden Blattau über einen von ihm empfohlenen Kandidaten erkundigen, der mit diesem in Wien studiert habe und nun auch nach Rom

---

[158] 7. 7. 1840: ebd., Bl. 169f.

[159] 12. 7. 1840: ebd. 170.

[160] *Thomas,* Hommer 428, 515.

[161] *Reusch,* Bunsen 165.

[162] *Thomas,* Scholl 101–104.

[163] *Thomas,* Archivalische Arbeiten 208; *L. Just,* Bischof Hommer und der junge Jakob Marx, in: Universitas. Festschrift für Bischof Dr. Albert Stohr II (Mainz 1960) 137–158.

[164] Johann Jakob Blattau, Dr. theol., geboren 1801 in Lauschied, 1830 Registraturassistent, 1831 Dompsalterist, 1833 Domvikar, 1838 Bistumssekretär, 1846 Registrator am bischöflichen Generalvikariat, gestorben 16. 9. 1887. Er ist der Herausgeber der „Statuta synodalia" (s. Anm. 1): *Weltklerus* 59; *Thomas,* Archivalische Arbeiten 198–200.

wolle[165]. Nach einem am 24. Oktober 1827 an den Oberpräsidenten in Koblenz gerichteten Schreiben Hommers erfahren wir schließlich, daß Blattau sich damals noch in Rom befand[166].

Hommer meinte mit dem an Bunsen empfohlenen Kandidaten Johann Georg Müller[167]. Er hatte eine weitgefächerte Ausbildung genossen. Er besuchte das Progymnasium in Ehrenbreitstein (5 Jahre), das Gymnasium in Koblenz (2 Jahre) und die Rechtsschule in Koblenz (1 Jahr), widmete sich dann dem Studium der Theologie in Trier (1 Jahr), in Würzburg (2 Jahre), in Bonn (1 Jahr) und wurde dann 1821 in Münster zum Priester geweiht. Nach einer Kaplanszeit in Ehrenbreitstein (1821–1823) und Lehrtätigkeit am Gymnasium in Koblenz (1823–1825) erweiterte er sein Wissen zunächst durch Rechts- und Theologiestudien in Wien, dann weitere Theologiestudien in München mit anschließender Promotion und schließlich in Rom. Bischof Hommer empfahl ihn bei Bunsen für das Norbertiner-Kolleg, dessen Wiedereröffnung durch die Bemühungen Bunsens damals in Aussicht genommen[168], bei Müllers Ankunft in Rom im Oktober 1827 aber noch nicht eröffnet war[169].

Zugleich mit Johann Georg reiste sein Bruder Josef[170], der vorher ebenfalls in München promoviert hatte, nach Rom und wurde ebenfalls vom Bischof Hommer der „hohen Protection" Bunsens empfohlen: Er ist für die Exegese bestimmt. Soviel ich glaube, „haben sich Beide viele Kenntnisse erworben", und ich „hoffe, daß ihr Betragen Euer Hochwohlgeboren Beifall erhalten wird"[171].

Im Februar 1829 traf in Rom Josef Mainzer[172] ein, ebenfalls von Bischof Hommer an Bunsen empfohlen, dem jener schrieb (15. 2. 1829): „Er reiset nicht um der theologischen Wissenschaften wegen und macht keinen Anspruch auf Gelehrsamkeit, sondern er ist ein Liebhaber der Musik, zwar selbst kein Meister auf irgend einem Instrument, aber schon hier ziemlich gewandt darin, andere in der Musik, vorzüglich in der Vocal-

---

165 *Reusch,* Bunsen 65–66. 166 *BAT* B III 5, 8, Bl. 9a.

167 Johann Georg Müller, geboren 15. 10. 1798 in Koblenz, 1828 Bischöflicher Geheimsekretär, 1830 Professor, 1836 Domkapitular, 1842 Generalvikar, 1844 Weihbischof in Trier, 1847 Bischof in Münster, gestorben 9. 1. 1870: *Weltklerus* 241; *Thomas,* Archivalische Arbeiten 201–203; *Thomas,* Hommer 221, 408, 474 (Lit.).

168 Das Kolleg war 1629 vom ermländischen Domherrn Johann von Preuck gegründet und mit dem Prämonstratenserkolleg verbunden worden. Es führte wegen seines Begründers auch den Namen Collegium Preuckianum bzw. Collegium Warmiense, wurde Ende des 18. Jahrhunderts unterdrückt und durch die Bemühungen von Bunsens 1830 wieder eröffnet: *Wetzer und Welte's* Kirchenlexikon III (Freiburg ²1884) 645; *Reusch,* Bunsen 48 und 166.

169 *Reusch,* Bunsen 167f.

170 Johann Josef Müller, geboren am 7. 5. 1803 in Koblenz, studierte Theologie in Bonn, wurde am 24. 8. 1827 in Trier zum Priester geweiht, weilte darauf zum Studium der orientalischen Sprachen in München, wo er promovierte, und ging dann mit seinem Bruder nach Rom. 1829 habilitierte er sich in Bonn, wurde 1830 Professor in Gießen, 1831 in Breslau. 1834 wurde er von der Regierung beurlaubt, trat 1835 zum Protestantismus über, kehrte aber bereits 1836 zur katholischen Kirche zurück, trat in das Benediktinerkloster St. Stephan in Augsburg ein (P. Benno), starb am 1. 4. 1860 in München und wurde in St. Bonifaz beerdigt: *Weltklerus* 241.

171 *Reusch,* Bunsen 168.

172 *A. Thomas,* Josef Mainzer. Ein Trierer „Reformgeistlicher" und bedeutender Musiker, in: TThZ 57 (1948) 87–101; *A. Guilbert,* A Sketch of the Life and Labours of Josef Mainzer (Glasgow 1844); *W. Graetschel,* Theorie und Praxis im musikerzieherischen Wirken Josef Mainzers (= Schriften zur Musikpädagogik 2) (Wolfenbüttel – Zürich 1976).

musik zu leiten, worin er, da er noch hier war, in den Schulen sehr gute Dienste geleistet und die Liebe zum Gesang dahier angefeuert hat. Da er für den Altar, für die Kanzel und für die Katheder nicht geschaffen ist, so habe ich ihn selbst ermuntert und zum Theil unterstützt[173], um auf Reisen sich in der Methode sowohl, als in der Composition zu perfectioniren, damit er einmal hier den Kirchengesang leiten und heben möge.

Er folgte meinem Rath, reiste im November 1827 von hier ab, hielt sich mehrere Monate in Darmstadt bei dem dasigen berühmten Hoforganisten auf, ging dann nach München, wo er kürzere Zeit war, theils weil die Luft seiner Constitution nicht zusagte, theils weil er nicht Ausbeute genug für seinen Zweck fand. Im Sommer ging er nach Wien, wo er bis jetzt blieb, und sich seines Aufenthalts wegen der Bekanntschaft mit vielen Musikliebhabern, wie er mir schrieb, freute. Ich rieth ihm an, oder vielmehr ich willigte in seinen Wunsch ein, nun auch die päpstliche Capelle und die italienische Manier zu hören und zu studieren. Was er auf seinen Reisen für sein Fach profitirt hat, weiß ich nicht, ich hoffe aber, daß sie nicht vergeblich gewesen seien. Ich nehme mir daher die Freiheit, ihn Euer Hochwohlgeboren zu empfehlen und wünsche, daß sowohl er, als meine Absicht, die ihn überall begleitet hat, Ihren Beifall erhalten werde. Mit ihm reiset Herr Sales, Kaiserlicher Hofmaler in Wien, der in früher Jugend ein Schüler von mir war – ein junger edler Mann, den ich sehr lieb habe[173a]. Darf ich mir die Bitte erlauben, auch ihm eine gefällige Aufnahme zu gönnen."[174]

Mainzer studierte also zunächst beim Domorganisten Christian Heinrich Rinck in Darmstadt, unternahm dann im Frühjahr 1828 eine musikalische Bildungsreise nach München und Salzburg, von dort durch Tirol über die großen Abteien an der Donau nach Wien. Über seine Reiseeindrücke und seine dabei gewonnenen Erfahrungen berichtete er später in seinen „Esquisses musicales"[175].

Er traf im Februar 1829 in Rom ein und verweilte dort bis zum Herbst. Dann kehrte er wieder nach Trier zurück und berichtete (7. 9. 1829) über seinen römischen Aufenthalt seinem väterlichen Freund Rinck in Darmstadt. Er schrieb u. a.: „Ich hätte Ihnen so gerne ein lebendiges Bild entworfen von jenen Männern, die ich auf meiner Reise kennenzulernen das Glück hatte. Zingarelli z. B. wollte mir sein ganzes Conservatorium zusammenrufen. Er ist ein alter freundlicher Mann, der nun auf seinen Lorbeeren ausruht[176].

---

[173] Bischof Hommer hat zum Studium Mainzers nach dessen eigenen Angaben ca. 1000 preußische Taler beigesteuert.

[173a] Carl von Sales, geboren am 5. November 1791 in Koblenz, studierte seit etwa 1815 an der Akademie der Bildenden Künste in Wien und wurde dort bald ein in den höheren Gesellschaftskreisen und am kaiserlichen Hof beliebter Bildnismaler. In Museen und Schlössern findet man heute noch viele seiner Fürstenbildnisse und Ölgemälde bedeutender Persönlichkeiten der Zeit. 1829 bereiste er zusammen mit Josef Mainzer Italien und malte in Rom Papst Pius VIII. Sein Porträt soll damals als das ähnlichste dieses Papstes gerühmt worden sein. Er starb am 4. November 1870 in Fürstenfeld (Steiermark): *M. Scheffold,* Ein unbekannter Koblenzer Maler, in: Nationalblatt Koblenz, vom 7./8. 5. 1934; *ders.* in: Thieme-Becker, Künstlerlexikon XXIX 341–342.

[174] *Reusch,* Bunsen 177.

[175] *J. Mainzer,* Esquisses musicales et souvenirs de voyage (Paris 1838).

[176] Nicola Antonio Zingarelli weilte damals allerdings nicht mehr in Rom, sondern in Neapel, wo Mainzer ihn von Rom aus besuchte. Er war am 4. 4. 1752 in Neapel geboren, wurde 1804 Kapellmeister in der Peterskirche. Da er 1811 sich weigerte, zur Geburt des Sohnes von Napoleon das Tedeum aufführen zu lassen, wurde er verhaftet und nach Paris verbracht. Als er 1813 nach Rom zurückkehrte, war seine Stelle von Jannaconi besetzt. Er ging deshalb nach Neapel und starb am 5. 5. 1837 zu Torre de Greco bei Neapel: *Riemann,* Musik-Lexikon (Mainz [12]1961) 970.

Fioravanti ist Kapellmeister in der Peterskirche in Rom[177], Baini an der Sixtinischen Kapelle[178].

In den letzten Tagen meines Aufenthaltes in Rom wurde ich durch den Staatssekretär Sr. Heiligkeit Papst Pius VIII. vorgestellt. Am Abend vor meiner Abreise gab mir Ritter Thorwaldsen ein Abschiedsfest in seinem Hause. Die Toaste dauerten fast bis gegen den Morgen fort; am Abschied gab mir dieser große Künstler eine in Berlin auf ihn gestochene Denkmünze zum Andenken ...“[179]

Mainzer schrieb, von Baini beraten, mehrere Werke im strengen A-cappella-Stil und eine große Messe mit Orchesterbegleitung, wodurch er durch Vermittlung des Kardinalstaatssekretärs Giuseppe Albani (1829–1831) vom Papst Pius VIII. in Audienz empfangen wurde. Seiner besonderen Neigung entsprechend hielt Mainzer mit den in Rom ansässigen Künstlern Chorsingstunden ab. Es nahmen daran deutsche, italienische, französische, ungarische, böhmische, schwedische, dänische und russische Künstler teil, darunter der bekannte Maler und Bildhauer Martin Wagner[180]. Später sagte er in einer Rede in Cork: „In jeder Stadt habe ich, sobald ich ankam, Chöre gegründet, weil das Lehren und auch die Musik mir zur Leidenschaft geworden war. In Rom versammelte ich alle deutschen, schwedischen, dänischen und ungarischen Künstler in Klassen. In den Ruinen des Kolosseums der Ewigen Stadt erhoben wir unsere Stimme und sangen gemeinsam in den stillen Nachtstunden die größten Kompositionen der größten Meister der Kunst.“ Verschiedentlich fanden die Veranstaltungen auch bei Thorwaldsen[181] in der Villa Rospigliosi statt. Die römische Bevölkerung nahm an dem Singen regen Anteil[182]. Mainzer komponierte dazu auch vierstimmige Lieder, die er später herausgab[183]. Im Jahre nachher wurde ihm nach Trier, wohin er im September 1829 zurückgekehrt war, das Diplom als Ehrenmitglied der Philharmonischen Akademie zu Rom übersandt[184].

Nach seiner Ankunft in Trier[185] wurde er von Bischof Hommer am 19. September 1829 zum Domkapellmeister ernannt. Außerdem übernahm er den Choralunterricht im

---

[177] Valentin Fioravanti, geboren am 11. 9. 1764, wurde 1816 Kapellmeister in der Peterskirche, er starb am 16. 6. 1837 auf einer Reise nach Capua: *Riemann*, Musik-Lexikon 515.

[178] Giuseppe Baini, geboren am 21. 10. 1775 in Rom, wurde 1795 Bassist in der päpstlichen Kapelle, 1798 Priester, 1818 zum Camerlengo gewählt und jährlich bis zu seinem Tod am 21. 5. 1844 bestätigt: *Riemann*, Musik-Lexikon 87; vgl. auch den Artikel von *Josef Mainzer*, La Chapelle Sixtine à Rome; in: Gazette Musicale de Paris (1834) Nr. 3–5.

[179] *Bibl. Darmstadt*, Hs. 3871, Bd. 4, Bl. 37r–39v. – Die Kenntnis des Briefes verdanke ich Herrn OStudRat Dr. W. Graetschel, Dillingen (Saar).

[180] Martin von Wagner, geboren am 24. 6. 1777 in Würzburg, gestorben am 8. 8. 1858 in Rom, liegt auf dem Campo Santo Teutonico begraben. Er vermachte 1858 der Erzbruderschaft 2000 Scudi zur Unterstützung kranker und armer deutscher Pilger: *Thieme-Becker*, Künstlerlexikon XXXV 44.

[181] Berthel Thorwaldsen, am 13. 11. 1768 in Kopenhagen geboren, kam 1797 nach Rom, wurde 1808 Mitglied der Accademia di S. Luca, erhielt 1823 vom Kardinal Ercole Consalvi den Auftrag für das Grabmal des Papstes Pius VII. in der Cappella Clementina der Peterskirche (enthüllt am 2. 4. 1831). 1838 kehrte er nach Kopenhagen zurück, wo er Direktor der Akademie wurde und am 24. 3. 1844 starb: *Thieme-Becker*, Künstlerlexikon XXXIII 94–100.

[182] *Guilbert* (Anm. 172) 12f; *Graetschel* (Anm. 172) 3.

[183] Deutsche Lieder aus Italien für vier Männerstimmen (Mainz o. J.). Sie sind dem Ritter Thorwaldsen und den deutschen Künstlern zu Rom gewidmet: *Graetschel* 142, 200.

[184] Er teilte es Rinck am 14. 6. 1830 mit: *Bibl. Darmstadt*, Hs. 3871, Bd. 4, Bl. 132.

[185] Über seine Rückreise von Rom nach Trier berichtet Mainzer in seinem Brief an Rinck (7. 9. 1839): *Bibl. Darmstadt*, Hs. 3871, Bd. 4, Bl. 37–39.

Priesterseminar und den Musikunterricht im Lehrerseminar. Seine liebste Betätigung war aber – und dabei hatte er große Erfolge in Schule und Öffentlichkeit – seine chorische Laienarbeit[186]. Bischof Hommer war aber nicht ganz damit zufrieden, weil er „es ganz auf Kompositionen angelegt hat und den Choralgesang, den ich ihm auf seinen Reisen vorzüglich zu studieren anempfohlen hatte, nicht zum Hauptzweck der Kirchenmusik zu machen scheint"[187].

Mainzer war auch maßgeblich an den nicht unbedenklichen Bestrebungen der „Reformgeistlichen" beteiligt[188]. Außerdem verdächtigte ihn die preußische Regierung, mit politischen Revolutionären zu sympathisieren[189]. Darum sah er sich genötigt, seine Trierer Stellungen aufzugeben. Er ging nach Frankreich, dann nach England. In Frankreich spielte er „im Pariser Musikjournalismus eine profilierte Rolle und verhalf offenbar der Musikkritik in der Metropole zu einem höheren Standard". In England schuf er eine ausgedehnte Volkssingbewegung, wobei sein demokratisches Denken ihn dazu brachte, „seine Kräfte vor allem jenen zu widmen, die der Musik als Lebenshilfe im besonderen Maße bedurften: den erwachsenen Angehörigen der Arbeiterklasse"[190]. Er starb am 10. November 1851 in Higher Broughton, einem Vorort von Manchester, wo ihm 1869 ein Monument errichtet wurde.

Im Jahre 1847 wurde Julius Ferdinand von Hommer, ein Verwandter des Bischofs von Hommer, ins Bistum Trier aufgenommen, nachdem er im Collegium Germanicum in Rom seine Studien gemacht und in Rom am 18. Dezember 1847 die Priesterweihe erhalten hatte. Er war am 2. Januar 1822 als Sohn des Ober-Appellationsgerichtsrates Franz von Hommer, eines Neffen des Bischofs, in Zerbst bei Zwickau geboren und damit vor seiner Inkardination Untergebener des Erzbischofs von Paderborn. Im Bistum Trier übertrug man ihm die Kaplanstelle in Koblenz – Liebfrauen. 1852 wurde er Pfarrer in Antweiler, 1862 in Koblenz-Pfaffendorf, wo er bereits am 6. März 1870 starb (*Weltklerus* 161).

Als Julius Ferdinand von Hommer nach seiner Priesterweihe 1847 Rom verließ, bereitete sich im Campo Santo Teutonico die Umwandlung zum Priesterkolleg vor. 1848 beantragte das eifrige Mitglied der Bruderschaft, der Buchhändler Josef Spithöver, daß ein eigener deutscher Priester im Campo Santo angestellt werde. Die Stelle sollte als Stipendium für junge talentvolle Priester angesehen werden[191]. Nachdem man sich vergebens nach Brixen und München gewandt hatte, sandte der Bischof Johann Georg Müller von Münster[192] den Geistlichen Dr. Rolfs, der von 1848 bis 1852 eine segensreiche Tätigkeit im Campo Santo entwickelte und den Titel Rektor erhielt[193].

Im Jahre 1849 kam mit Zustimmung des Bischofs Johann Georg der Kaplan Heinrich Bangen dazu und im Jahre 1852 als dritter Geistlicher Josef Giese. Als dann 1852 durch einen inneren Umbau im Hause für zwei weitere Priester Platz geschaffen worden war,

---

186 Vgl. darüber *Thomas*, Hommer 535f.

187 Hommer an Bunsen. 30. 1. 1830: *Reusch*, Bunsen 179.

188 *A. Thomas*, Die christlichen Reformbestrebungen im Bistum Trier unter Bischof von Hommer, in: Die Kirche im Wandel der Zeit. Festgabe für Josef Kardinal Höffner (Köln 1971) 111–127.

189 *Thomas*, Mainzer (Anm. 172) 94–96.

190 *Graetschel* (Anm. 172) VIII; *Thomas*, Mainzer 90–101.

191 *E. David*, Vorgeschichte und Geschichte des Priesterkollegiums am Campo Santo (Freiburg i. Br. 1928) 12ff.

192 Über Johann Georg Müller s. Anm. 167.

193 *A. de Waal*, Der Campo Santo der Deutschen zu Rom (Freiburg i. Br. 1896) 268ff.

trat das erstrebte Studienheim für deutsche Priester ins Leben. Zu den nun neu Eintretenden gehörte auch ein Priester des Bistums Trier, der nach de Waal „zu früh gestorbene" Wilhelm Lambrecht[194]. Er war gekommen, um nicht nur seine theologischen Kenntnisse zu erweitern, sondern insbesondere Studien in Kirchenrecht zu machen. Über seinen Aufenthalt und seine Erlebnisse in Rom berichtete er dem damaligen Regens des Priesterseminars, dem späteren Bischof Matthias Eberhard von Trier, in einem ausführlichen Brief am 30. Juni 1853. Er schreibt u. a.: „Ganz dicht an der herrlichen St. Peterskirche und am Vatikan, am westlichen Ende der Stadt, liegt hinter den großen Colonnaden versteckt, ein an sich immerhin ansehnliches und massives Gebäude nebst einem hübschen Kirchlein mit einem mit Cypressen bepflanzten Friedhofe, dem einzigen innerhalb der Stadtmauern, von welchem letztern das Ganze Campo Santo genannt wird. Da wohne ich. Zu diesem Campo Santo trägt das römische Volk eine große Verehrung, weil nach uralter Tradition die hl. Helena die obere Erde des Gottesackers vom Calvarienberg zu Schiffe hergebracht hat. Was aber Cornelius a Lapide zu Matthäus 27,7.8 noch weiter vom Campo Santo berichtet, kann ich so zuverlässig wie er nicht bezeugen[195].

---

[194] Wilhelm Lambrecht, geboren am 18. 12. 1827 in Wittlich, absolvierte seine philosophisch-theologischen Studien im Priesterseminar zu Trier, wurde am 30. 8. 1851 zum Priester geweiht, promovierte in Rom zum Dr. theol. und studierte danach Kirchenrecht. Nach seiner Rückkehr wurde er Bischöflicher Geheimsekretär, starb aber bereits am 10. 1. 1857: *Weltklerus* 199.

[195] Cornelius a Lapide schreibt: „Vers 7: Consilio autem inito emerunt ex illis agrum figuli in sepulturam peregrinorum. Vers 8: Propter hoc vocatus est ager ille Haceldama, hoc est ager sanguinis...

Pro peregrinis, vel hospitibus, qui scilicet ex Judaea vel aliunde Hierosolymam venientes ibi moriebantur: nam ipsi Hierosolymitae sua jam sibi destinarant sepulcra...

Audi, quid de hoc agro sanguinis, sive de Haceldama, scribant Brochardus, Nicephorus, Bredembachius, Saligniacus, et ex iis Adrichomius in Descriptione Jerusalem, nu. 216, p. 173: ‚Haceldama, sive ager figuli ad Australem partem montis Sion situs est, cujus medium S. Helena quatuor muris longitudine septuaginta duorum, latitudine vero quinquaginta pedum fecit includi, ac superius testudine (quae septem foraminibus, per quae defuncta Christianorum corpora demittuntur, patet) concamerari. Est vero hujus terrae virtus mirabilis, et fidem pene superans, quod defunctorum corpora viginti quatuor horarum spatio in pulverem redigat: quam virtutem et in alias regiones devecta minime perdit. Nam cum jussu imperatricis Helenae de hoc agro, quantum terrae plures naves capere poterant, Romam avectum ac juxta montem Vaticanum in eum locum exoneratum sit, quem incolae Campum Sanctum vocitant, licet mutarit, eamdem retinere vim quotidiana experientia docet. Romanos enim respuens, sola peregrinorum corpora ad sepulturam admittit: quorum etiam hic omnem carnis substantiam intra viginti quatuor horas prorsus consumit, ossibus tantum residuis.' Hucusque Adrichomius.

Saepius Romae vidi, et visi Campum sanctum, ac ita se rem habere ab ipso loci Parocho, ejusque asseclis et Romanis ceteris audivi.

Tropologice Haceldama, id est ager pretio sanguinis Christi pro peregrinis comparatus, est Ecclesia, ait S. Chrysost. et Augustin. ser. 114 de Temp. ac praesertim status Religiosorum, qui se peregrinos aestimant in terra, ac cives coeli et domesticos Dei, ideoque Christi sanguinis fructum, id est gratiam et gloriam participant: de quibus ait S. Petrus epist. 1. c. 2 ‚Obsecro vos tamquam advenas et peregrinos, abstinere vos a carnalibus desideriis.' Ubi S. Chrysost. ‚Nihil' ait, ‚beatius hac sepultura, super qua gaudent omnes et angeli et homines et angelorum Dominus. Si haec vita non est vita, sed abscondita est vita nostra tamquam mortui vita ista vivere debemus.' Et S. Paulus Colos. 3 ‚Mortui estis et vita vestra abscondita est cum Christo in Deo.' Hac forte de causa, et hoc symbolo carnes sepultorum in campo santo intra 24 horas consummuntur, uti paulo ante dixi" (Commentarius in quatuor evangelia auctore R. P. Cornelio Cornelii a Lapide [Antverpiae 1681], Commentaria in Matthaeum, c. 27. v. 7–8, p. 517–518).

Herr Dr. Rolfs, ein Münsteraner, der seine Studien in der Propaganda gemacht hat, ist hier schon seit mehreren Jahren Rector, und liegt ihm allein die Sorge ob, für Obdach etc. der hier ankommenden deutschen Pilger und ‚Heirathsleute' (Tyroler und Baiern, welche wegen Mangel der vom Gesetze vorgeschriebenen Geldsumme in ihrer Heimath nicht getraut werden dürfen, und deshalb nach Rom kommen, um sich hier vom deutschen Pönitentiar trauen zu lassen), sowie die Sorge für den sonn- und festtäglichen Gottesdienst in der Kirche, insbesondere noch für den Gottesdienst der hier bestehenden deutschen Bruderschaft Santa Maria della Pietà (der schmerzhaften Mutter Gottes). Letztere ist ziemlich zahlreich und besteht aus den hiesigen deutschen Priestern, Künstlern, Gewerbsleuten und Handwerkern. Den religiösen Eifer der Väter belohnt die Bruderschaft durch Doten, die sie an deren Töchter vertheilt. Auch hat sie das ausschließliche jus sepulturae auf dem hiesigen Friedhofe, und insofern wenigstens sind die Worte des Cornelius a Lapide über denselben: ‚Romanos respuens sola peregrinorum corpora ad sepulturam admittit' wahr. Die Stiftung von Campo Santo, früher S. Salvator in ossibus, reicht bis auf Carl den Großen zurück.

Daß ich hier schon am 24. October vorigen Jahres nach einer ebenso angenehmen als lehrreichen Reise über Land und Meer gesund und munter angekommen, im Monat Januar an der hiesigen Universität promoviert habe und mich darauf in das ‚Studio' der Congregation des Concils, an dem ich nunmehr Theil nehme, habe aufnehmen lassen, haben Sie gewiß von Herrn Official Dr. Knopp erfahren ..."[196]

Es folgt dann ein längerer Bericht über die Studien und die Praxis an der Kongregation, dann fährt er fort: „Außer mir arbeiten im Studio des Concils noch drei andere deutsche Priester, die Herrn Dr. von Monbach und Dr Janke, beide aus Breslau, und Dr. Krye aus Ermland. Dann sind noch ein paar Belgier und ein Pole dort. Die Herrn Dr. Bangen und Dr. Giese, welche bisher ebenfalls im Concil arbeiteten, reisen die künftige Woche mit ihrem Bischofe (Johann Georg Müller) nach Münster ab. So bleibe ich denn mit den beiden Herrn Rolfs und Janke allein im Campo Santo zurück. Dann sind aber in der zweiten hiesigen deutschen Stiftung ‚S. Maria dell'anima', die aber aus einer spezifisch östreichischen von Rechtswegen erst wieder zu einer schlechtweg deutschen gemacht werden muß, noch vier andere deutsche Priester, von denen aber nur Herr von Monbach ein Preuße ist[197].

Nicht unbedeutend ist die Zahl der hiesigen deutschen Künstler, insbesondere Maler und Bildhauer und jetzt Cornelius. Den Winter und Frühling über hielten wir deutsche Priester, so viel sich von uns um christliche Kunst interessierten, mit ihnen zusammen im Hause des deutschen Buchhändlers Spithöver[198] jeden Sonntag Abend eine Kunstconferenz, in welcher verschiedene Arten der christlichen Architektur, Sculptur und Malerei zur Sprache kamen und die einschlägigen Zeichnungen zur Ansicht vorgelegt wurden. Im Sommer läßt sich dieser Abendverein wegen der Hitze und der großen Distanzen nicht fortsetzen ..."[199]

---

[196] Nikolaus Knopp, Dr., geboren am 19. 1. 1814 in Wittlich, zum Priester geweiht am 21. 12. 1844 in Trier, Bischöflicher Geheimsekretär, 1851 Offizial, 1860 Domkapitular, gestorben am 28. 7. 1865: *Weltklerus* 186.

[197] Die Herrn Dr. Rolfs, Dr. Bangen und Dr. Giese waren Mitglieder des Campo Santo. Dr. Janke wohnte ursprünglich in der Anima, siedelte aber Anfang 1853 in den Campo Santo über: *David* 18.

[198] Über Josef Spithöver (1813–1892) vgl. *David* (Anm. 191) 13 Anm. 35.

[199] Rom, 30. 6. 1853: *BAT* 85 Nr. 1310.

Bischof Johann Georg Müller, der 1848 bereitwillig Dr. Rolfs als Kaplan (Rektor) in den Campo Santo geschickt hatte, war ein bevorzugter Schüler des Ehrenbreitsteiner Generalvikars und späteren Bischofs Josef von Hommer gewesen. Dieser hatte ihn auch 1827 zum Weiterstudium nach Rom gesandt und von Bunsen empfohlen[200]. Seit dieser Zeit war er ein Freund der Stadt Rom und sicher auch des Campo Santo. Wie wir aus dem Bericht von Wilhelm Lambrecht hörten, nahm er 1853 seine bis dahin im Campo Santo weilenden Diözesanpriester Dr. Bangen und Dr. Giese mit nach Münster. Sicher besuchte er damals auch den Campo Santo, besonders weil der Rektor Priester seiner Diözese war. Und als er 1862 zur Heiligsprechung der japanischen Märtyrer abermals nach Rom kam, wohnte er im Campo Santo. Der ehemalige Kaplan Heinrich Bangen war ihm vorausgereist und hatte seinem Bischof mit Zustimmung des Bruderschaftsrates auf eigene Kosten ein Zimmer einrichten lassen[201].

---

[200] Siehe Anm. 168 u. 169.
[201] *David* (Anm. 191) 22.

Die Erforschung des Konzils von Trient und der Campo Santo

Von REMIGIUS BÄUMER

Das Forschungsvorhaben, das das deutsche Priesterkolleg beim Campo Santo in Rom[1] in weiten Kreisen der wissenschaftlichen Welt bekannt gemacht hat, ist die Edition der Trienter Konzilsakten: das „Concilium Tridentinum"[2]. Mitglieder des Kollegs haben an den großen Fortschritten, die die Erforschung des Konzils von Trient in unserem Jahrhundert gemacht hat, führenden Anteil. In den letzten hundert Jahren lebten im Campo Santo Wissenschaftler, die unsere Kenntnis von dem Konzilsgeschehen in Trient nachhaltig gefördert und dort ideale Voraussetzungen für ihre wissenschaftliche Arbeit gefunden haben.

Die Wege der Tridentinumsforschung hat 1948 Hubert Jedin in ihren Schwerpunkten aufgezeigt und dabei den Anteil des Römischen Instituts der Görres-Gesellschaft an diesem Forschungsvorhaben gewürdigt[3]. Dank des Entgegenkommens von Rektor Professor Dr. E. Gatz, in dessen Person heute Campo Santo und Römisches Institut der Görres-Gesellschaft personell vereinigt sind, konnte ich 1976 Einblick nehmen in die Akten des Römischen Instituts, die u.a. einen aufschlußreichen Briefwechsel zwischen dem Präsidenten der Görres-Gesellschaft, Heinrich Finke[4], und dem Direktor des Römischen Instituts der Görres-Gesellschaft, Prälat Professor Dr. Joh. Peter Kirsch[5], enthalten.

Bereits in den Jahresberichten der Görres-Gesellschaft vom Jahre 1888 wurde die Förderung hervorgehoben, die das Römische Institut durch die entgegenkommende Haltung des Rektors des deutschen Campo Santo erfahre[6]. Diese Tatsache hat 1936 A. Allgeier in seinem Bericht über das Römische Institut noch einmal herausgestellt[7]. Für die Stipendiaten habe es sich als sehr günstig erwiesen, daß der Rektor des Campo Santo, Monsi-

---

[1] *S. Merkle,* Der Deutsche Campo Santo zu Rom, in: Historisch-politische Blätter 121 (1898) 53–64; *E. David,* Vorgeschichte und Geschichte des Campo Santo, in: RQ 35 (1927) 3–73; *A. Schuchert,* Der Campo Santo in Rom (Rom 1958); *ders.* in: LThK² II 912.

[2] *H. Jedin,* Das Konzil von Trient. Ein Überblick über die Erforschung seiner Geschichte (Rom 1948); *ders.,* Die Erforschung der kirchlichen Reformationsgeschichte seit 1876 (Erträge der Forschung 34) (Darmstadt 1975); *R. Bäumer,* Das Concilium Tridentinum: Die Erforschung der kirchlichen Reformationsgeschichte seit 1931: ebd. 140ff; *S. Merkle,* Zum 50jährigen Jubiläum des Historischen Instituts der Görres-Gesellschaft in Rom. Das Concilium Tridentinum, in: Jahresbericht der Görres-Gesellschaft 1938 (Köln 1939) 59–101, abgedruckt: S. Merkle, Ausgewählte Reden und Aufsätze, hrsg. von *Th. Freudenberger* (Würzburg 1965) 306–341.

[3] *H. Jedin,* Das Konzil von Trient. Ein Überblick über die Erforschung seiner Geschichte (Rom 1948).

[4] Vgl. über ihn: *J. Spörl* in: HJ 58 (1938) 241–248; *G. Schreiber* in: LThK² IV 140f.

[5] *J. Sauer* in: HJ 61 (1941) 467–474; *E. Molitor,* J.P. Kirsch (Luxemburg 1958).

[6] Jahresbericht der Görres-Gesellschaft für das Jahr 1888 (Köln 1889) 9ff.

[7] *A. Allgeier* in: Jahresbericht… 1936 (Köln 1937) 36.

gnore de Waal[8], dem Römischen Institut von Anfang an ein lebhaftes Interesse entgegenbrachte und das Priesterhaus im Schatten des Petersdomes in den Dienst des Instituts stellte. Zwei Kaplaneien am Campo Santo wurden für Historiker bestimmt. Die Wohnung in einem geistlichen Haus, in unvergleichlicher Lage, in unmittelbarer Nähe des Vatikanischen Archivs und der Vatikanischen Bibliothek, zusammen mit gleichgerichteten strebsamen Menschen unter einem Rektor, der selbst mitten in der archäologischen Arbeit stand und alle maßgebenden geistlichen und wissenschaftlichen Stellen Roms persönlich kannte, habe für das Römische Institut eine Atmosphäre geschaffen, in der es glücklich gedeihen konnte[9].

Die Unterstützung, die das Priesterkolleg am Campo Santo der Edition des „Concilium Tridentinum" der Görres-Gesellschaft zuteil werden ließ, hat 1938 auch Sebastian Merkle, der mehrere Jahre hindurch Mitglied des Kollegs war, herausgestellt. Er wies auf die wesentliche Förderung hin, die das Unternehmen durch die entgegenkommende Haltung des Rektors des deutschen Campo Santo, Monsignore de Waal, erfuhr, der den Stipendiaten und der Bibliothek Unterkunft bot[10].

In der geistigen Atmosphäre des Kollegs konnte die Edition des „Concilium Tridentinum" glücklich voranschreiten und zu der großen Gemeinschaftsleistung werden, die die Anerkennung der Wissenschaft fand[11]. Die Herausgabe dieses Monumentalwerkes überragte bald an wissenschaftlicher Bedeutung die übrigen Arbeiten des Römischen Instituts der Görres-Gesellschaft, hat aber auch ihre Hauptkraft auf Jahrzehnte in Anspruch genommen.

Am 16. Mai 1894[12] hatte der Vorstand der Görres-Gesellschaft beschlossen, die Quellen zur Geschichte des Konzils von Trient herauszugeben. Er folgte damit einer Anregung des päpstlichen Unterarchivars, Heinrich Denifle[13], des berühmten Erforschers der Universitätsgeschichte des Mittelalters und des anregenden Kritikers der Theologie Martin Luthers, der im Oktober 1893 den Vorschlag einer Edition der Trienter Konzilsakten unterbreitet hatte. Papst Leo XIII. erfüllte Anfang Juli 1894 die Bitte des Präsidenten der Görres-Gesellschaft, des Freiherrn von Hertling[14], um Freigabe der Tridentinischen Akten[15].

---

[8] Vgl. über ihn: *E. Göller,* A. de Waal (1917); *E. David,* Vorgeschichte und Geschichte des Priesterkollegiums am Campo Santo (Freiburg i. Br. 1928); *J. E. Gugumus* in: LThK² X 904f.

[9] Jahresbericht der Görres-Gesellschaft 1936 (Köln 1937) 36.

[10] S. Merkle, Ausgewählte Reden (Würzburg 1965) 306.

[11] Hier sei nur hingewiesen auf die Urteile von *R. Seeberg* in: Theologisches Literaturblatt 24 (1903) 9; *K. Brandi* in: HZ 90 (1903) 118ff, 160 (1939) 134ff.

[12] Zu den unterschiedlichen Angaben über den Vorstandsbeschluß der Görres-Gesellschaft vgl. *H. Jedin,* Das Konzil von Trient, Die Erforschung... 199. Jedin entscheidet sich für den 16. Mai mit Berufung auf *H. Cardauns,* Die Görres-Gesellschaft 1876–1901 (1901) 69. Ebenso *Th. Freudenberger,* S. Merkle, Ausgewählte Reden 7. Das irrige Datum vom 17. Mai findet sich in den Jahresberichten von 1894 (1895) 4 und Jahresbericht 1895 (1896) 29. So auch S. Merkle, Ausgewählte Reden 319.

[13] Vgl. über ihn: *H. Grauert* in: HJ 26 (1905) 959–1018; *M. Grabmann,* P. H. Denifle (Mainz 1905). Das Urteil von Merkle in: Ausgewählte Reden (1965) 307 und 319. Er spricht von dem „berühmten Denifle" und dem „gelehrten Unterarchivar" und vom „Weitblick Denifles". Seine Bedeutung für die Lutherforschung: *H. Jedin,* Die Erforschung der kirchlichen Reformationsgeschichte (Erträge der Forschung 34) (Darmstadt 1975) 21ff.

[14] Vgl. über ihn: *J. M. Hausladen* in: LThK² V 282; *W. Spael,* Die Görres-Gesellschaft (Paderborn 1957).

[15] Jahrbuch der Görres-Gesellschaft für das Jahr 1894 (Köln 1895) 21.

Die deutschen Bischöfe erklärten auf der Fuldaer Bischofskonferenz[16] ihre Bereitschaft, den Editionsplan durch Beurlaubung geeigneter Priester zu unterstützen, und antworteten damit auf eine Denkschrift des Präsidenten der Görres-Gesellschaft über die Forschungsvorhaben des Römischen Instituts. Am 22. August 1894 schrieb der Kölner Kardinal, Erzbischof Philipp Krementz[17]: „Mit besonderer Freude begrüßen es die Herren Bischöfe, daß die Stipendiaten der Görres-Gesellschaft mit Genehmigung des Heiligen Vaters die im päpstlichen Archiv vorhandenen Akten des Trienter Konzils zu bearbeiten in Aussicht genommen haben."[18]

In seiner Denkschrift an die Bischöfe hatte Präsident Hertling an die Verdienste erinnert, die sich der Rektor am deutschen Campo Santo, Monsignore de Waal, durch die Bereitstellung von zwei Kaplaneistellen um das Römische Institut erworben habe[19].

Der erste Stipendiat und Kaplan am Campo Santo, der sich der Edition des „Concilium Tridentinum" widmete, war der Rottenburger Priester Sebastian Merkle[20]. Er sollte für die Geschichte der Edition von größter Bedeutung werden. Am 20. August 1894 teilte er dem bischöflichen Ordinariat Rottenburg mit, daß ihm die Görres-Gesellschaft die Präsentation auf eine Kaplanei am Campo Santo in Rom nebst einem jährlichen Stipendium von 1200 M. zugesichert habe, wenn er sich verpflichte, sich an ihrer Arbeit zur Herausgabe der Akten des Trienter Konzils zwei Jahre lang zu beteiligen. Er, Merkle, glaube diese Bitte um so eher wagen zu dürfen, als nunmehr die Materialien für die Geschichte des Tridentinums bearbeitet werden sollten. Das Ordinariat in Rottenburg erteilte bereits am 24. August diesem Gesuch Merkles seine Zustimmung[21]. Anfang Oktober 1894 traf Merkle in Rom ein und wurde Mitglied des deutschen Priesterkollegs am Campo Santo Teutonico. Bereits am 17. Mai 1894 war er zum erstenmal nach Rom gekommen und hatte am 9. Juni 1894 – noch als Gast – seinen ersten Vortrag im Campo Santo gehalten. Wie er am 9. Oktober 1894 seinem Ordinariat mitteilte, nahm er am 8. Oktober 1894 seine Editionsarbeiten auf. In seinem Brief wies er darauf hin, daß das Vatikanische Archiv nach der Berechnung von Professor Heinrich Finke an ungedruckten Materialien über das Tridentinum mindestens sechs Bände biete. Die Edition dieses Materials erfordere, so äußerte er sehr optimistisch, für zwei Mitglieder gut zwei Jahre. Die Arbeiten werde er in Gemeinschaft mit H. Professor Kirsch aus Freiburg in der Schweiz durchführen.

Gleichzeitig richtete Merkle an das Ordinariat die Bitte um gütige Präsentation und Rekommendation als Kaplan am Campo Santo an den Protektor des Kollegs, Eminenz Melchers. Baron von Hertling habe ihm heute, d. h. am 9. Oktober 1894, mitgeteilt, daß

---

16 Die Akten der Fuldaer Bischofskonferenz, hrsg. von *E. Gatz*, stehen vor dem Erscheinen.

17 Über Erzbischof Krementz vgl. *E. Gatz*, Bischof Philippus Krementz und die Rezeption des ersten Vatikanischen Konzils im Bistum Ermland, in: Annuarium Historiae Conciliorum 4 (1972) 106–187; *ders.*, Philipp Krementz (1819–1899), in: Rheinische Lebensbilder 6, hrsg. von B. Poll (Köln 1975) 121–147.

18 Jahresbericht ... 1894 (Köln 1895) 31.

19 Die Denkschrift ist abgedruckt im Jahresbericht für das Jahr 1894 (Köln 1895) 28ff.

20 Vgl. über ihn: *Th. Freudenberger*, Sebastian Merkle. Ein Gelehrtenleben, in: S. Merkle, Ausgewählte Reden (Würzburg 1965) 1–56; *H. Jedin*, Sebastian Merkle und das Concilium Tridentinum, in: HJ 52 (1932) 451–457; *ders.*, S. Merkle, in: Tübinger Theologische Quartalschrift 130 (1950) 1–20; *A. Bigelmair*, Sebastian Merkle, in: HJ 62–69 (1949) 944–958; *J. Lortz* in: Sebastian Merkle Ausgewählte Reden (1965) 57–94.

21 Th. Freudenberger hat das Verdienst, die Rottenburger Archivalien der Forschung zugänglich gemacht zu haben: S. Merkle, Ausgewählte Reden und Aufsätze (1965) 7.

sich der Vorstand der Görres-Gesellschaft über seine Kompetenz im Campo Santo insofern im Irrtum befunden habe, als er die Präsentation von Kaplänen für das Kolleg für sich in Anspruch nehmen zu dürfen glaubte aufgrund der großen finanziellen Opfer, welche die Görres-Gesellschaft für das Haus bringe. Seine Eminenz Kardinal Melchers, als Protektor des Instituts, halte dies jedoch mit den Statuten des Kollegs für unvereinbar und verlange, daß der zuständige Bischof eines Aufzunehmenden für denselben um Aufnahme nachsuche[22].

Der Rottenburger Bischof Reiser ging auf diese Bitte von Sebastian Merkle umgehend ein. Bereits am 16. Oktober empfahl er ihn in einem Brief an Kardinal Melchers als Kaplan am Campo Santo. Er bat den Kölner Erzbischof, die Wohltat der Einsetzung in eine Kaplaneistelle am Campo Santo seinem Diözesanpriester S. Merkle huldvollst zuteil werden zu lassen[23].

Der Bischof erfüllte auch die Anregung von Merkle, der in seinem Brief erwähnt hatte, daß eine gleichzeitige Mitteilung an den Rektor des Campo Santo wünschenswert wäre. So richtete der Bischof am 16. Oktober auch einen Brief an Rektor Monsignore de Waal mit der Bitte, das Gesuch für Merkle befürworten zu wollen. Der bisherige Studiengang Merkles, seine gute Begabung sowie die mehrfachen Arbeiten, welche aus seiner Feder geflossen, bürgten mit Sicherheit dafür, daß er das Vertrauen, welches die Görres-Gesellschaft in ihn gesetzt, rechtfertigen dürfte[24]. Der Empfehlungsbrief von Bischof Reiser hatte Erfolg. Kardinal Melchers erteilte umgehend seine Zustimmung, und Merkle konnte die Kaplanei am Campo Santo übernehmen[25].

Nachdem Merkle mit den Vorarbeiten für die Edition der Konzilsakten begonnen hatte, stellte sich bald heraus, daß die von Ph. Woker erstellte und unter Döllingers Namen erschienene Ausgabe „Ungedruckte Berichte und Tagebücher zur Geschichte des Concils von Trient“[26] gravierende Mängel enthielt. Merkle selbst hat hierüber in seinem Beitrag „Das Concilium Tridentinum“ eingehend berichtet[27]. Auch die Protokolle des Tridentinums waren zwar von Theiner[28] gedruckt, aber so, daß sie mehr Fragen stellten als beantworteten[29]. Aufgrund der Finkeschen Übersicht erstellte Merkle mit Kirsch einen Arbeitsplan. Finke hatte zunächst die Ansicht vertreten, daß es genügen würde, Ergänzungen zu den Theinerschen Acta zu edieren, wobei nur die fehlenden

---

22 *Th. Freudenberger:* S. Merkle, Ausgewählte Reden (1965) 8.

23 Ebd. 8. 24 Ebd. 8.

25 Ebd. 8.

26 *I. Döllinger*, Ungedruckte Berichte und Tagebücher zur Geschichte des Konzils von Trient, hrsg. von I. von Döllinger I/1 (Nördlingen 1876) XXVII: „Die Bearbeitung und den Druck hat Herr H. R. Prof. Dr. Woker, jetzt in Bern, besorgt.“ Über Philipp Woker vgl. *H. Jedin*, Das Konzil von Trient. Ein Überblick (1948) 225; S. Merkle, Ausgewählte Reden und Aufsätze (1965) 313 ff. Philipp Woker (1847–1924) stammte aus Brilon (Sauerland), war Assistent von Döllinger und wurde 1874 Professor an der neu errichteten „Christkatholischen Fakultät der Universität Bern“, vgl. I. von Döllinger, Briefwechsel, hrsg. von *V. Conzemius* III (1971) 116.

27 Jahresbericht... 1938 (Köln 1939) 59–101, abgedruckt: Ausgewählte Reden 306–341.

28 Acta genuina Ss. Oecumenici Concilii Tridentini, 2 Bde. (Agram 1874). Vgl. dazu *H. Jedin*, Das Publikationsverbot der Monumenta Tridentina Augustin Theiners im Jahre 1858, in: Annuarium Historiae Conciliorum 3 (1971) 89–97. Vgl. auch *ders.*, Gustav Hohenlohe und Augustin Theiner, in: RQ 66 (1971) 171–186; *ders.*, Augustin Theiner: Zum 100. Jahrestag seines Todes am 9. August 1874, in: Archiv für Schlesische Kirchengeschichte 31 (1973) 134–176. Eine Bibliographie Theiners, erstellt von R. Samulski, ebd. 177–186.

29 So lautet das Urteil von Sebastian Merkle: S. Merkle, Ausgewählte Reden 318.

Protokolle der Bologneser Zeit nachzuholen seien. Die Überprüfung ergab die Notwendigkeit, sämtliche Quellentexte neu zu edieren.

Angesichts der kritischen Feststellungen von Merkle sah sich der Vorstand der Görres-Gesellschaft im Frühjahr 1895 veranlaßt, das Editionsprogramm der Trienter Konzilsakten neu zu umschreiben. Man beschloß, nicht nur die noch ungedruckten Tagebücher zu edieren, sondern auch jene, die sehr ungenügend und lückenhaft veröffentlicht waren[30]. Merkle übernahm die Aufgabe, die Bologneser Protokolle herauszugeben, außerdem die Ergänzung und Verbesserung der Wokerschen Diarien.

Trotz intensiver Arbeit mußte Merkle bei der Materialfülle der Konzilsakten um eine Verlängerung seines Studienurlaubs bitten. Der Präsident der Görres-Gesellschaft, Freiherr von Hertling, bat am 24. Mai 1896 Bischof Reiser, er möge Merkle gestatten, noch ein weiteres Jahr als Mitarbeiter des Historischen Instituts in Rom zuzubringen. Hertling erinnerte daran, daß die Görres-Gesellschaft mit ausdrücklicher Ermächtigung des Heiligen Vaters Leo XIII. durch ihr Historisches Institut eine umfassende Ausgabe des Tridentiner Konzils vorbereite. „Einer unserer tüchtigsten Mitarbeiter bei diesem Unternehmen ist Herr Dr. Sebastian Merkle, Priester der Diözese Rottenburg. Seine umfassende und gründliche Vorbildung hat ihn befähigt, sich in glücklichster Weise in die Materie einzuarbeiten, und seinem eisernen Fleiß ist es in erster Linie mit zu verdanken, daß die vor noch nicht zwei Jahren begonnenen Arbeiten so weit gefördert wurden ... Der Vorstand der Görres-Gesellschaft legt seinerseits den allergrößten Wert darauf, diese vorzügliche Kraft wenigstens noch ein weiteres Jahr für das große Werk unserer ‚Amplissima collectio' besitzen zu dürfen."[31]

Bereits am 27. Mai 1896 bewilligte der Bischof den Urlaub für Merkle bis zum 1. Oktober 1897. Auch dieses Jahr war angefüllt mit intensiver Arbeit. Anfang Oktober 1896 reiste Merkle nach Trient, um die dort befindlichen Vorlagen zu den Diarien, die I. Döllinger bzw. Ph. Woker ediert hatten, mit den eigenen Abschriften aus dem Vatikanischen Archiv zu vergleichen. Seine Überprüfung bestätigte Merkles Ansicht von der Unbrauchbarkeit der Döllingerschen Edition[32].

Bei einem Besuch in Bologna erhielt Merkle auch Zutritt zu dem Archiv des Grafen Isolani[33], in dem er u.a. die Aufzeichnungen von Gabriel Paleotti über die letzte Periode des Trienter Konzils entdeckte[34].

Die Zeit reichte nicht aus, um die vorgesehenen Arbeiten abzuschließen. So mußte Merkle wiederum seinen Bischof um Verlängerung seines Urlaubs bitten. In seiner Begründung wies er darauf hin, daß die Edition größere Reisen erforderlich gemacht hätte und daß durch neue Funde die Arbeit nicht innerhalb der vorher angesetzten Zeit zum Abschluß kommen konnte. Erst im neuen Arbeitsjahr könne der Druck endgültig begonnen werden. Er bat daher um Verlängerung seines Urlaubs bis zum 1. Oktober 1898. Am 21. September 1897 erfüllte das Ordinariat die Bitte Merkles[35], der

---

30 Vgl. dazu *H. Jedin*, Das Konzil von Trient. Ein Überblick (1948) 197; S. Merkle, Ausgewählte Reden 319. Zu Finkes Bericht vgl. Jahresbericht ... 1894 (Köln 1895) 4f, 1895 (Köln 1896) 29; *Th. Freudenberger:* S. Merkle, Ausgewählte Reden 9

31 Personalakte Merkle: Bischöfliches Ordinariatsarchiv Rottenburg: Vgl. *Freudenberger* in: S. Merkle, Ausgewählte Reden 10.

32 Jahresbericht ... 1896 (Köln 1897) 29.

33 Ebd. 29. Vgl. Merkles eigenen Bericht in: S. Merkle, Ausgewählte Reden 328.

34 Vgl. *S. Merkle*, Gabriel Paleottis literarischer Nachlaß, in: RQ 11 (1897) 33–45.

35 Vgl. *Th. Freudenberger* in: S. Merkle, Ausgewählte Reden 11.

nun daranging, das Manuskript für den ersten Diarienband des Trienter Konzils druckfertig zu machen. Anfang November 1897 schickte Merkle die erste Teilsendung an den Verlag Herder in Freiburg. Bis Ende Juni 1898 lagen 25 gedruckte Bogen vor[36].

Im vierten Jahr seines Italienaufenthaltes gab Merkle seine Kaplanstelle beim Campo Santo auf, um von allen Verpflichtungen, die dieses Amt mit sich brachte – durch das Vertrauen von Monsignore de Waal übernahm Merkle u.a. die Arbeiten für die Redaktion der „Römischen Quartalschrift" –, frei zu sein. Er mietete eine Privatwohnung in Rom[37].

1898 erfolgte die Berufung Merkles auf den Lehrstuhl für Kirchengeschichte in Würzburg, wo er Nachfolger von Albert Ehrhard werden sollte, der im Frühjahr 1899 einem Ruf nach Wien Folge geleistet hatte[38]. Durch die Berufung nach Würzburg wurde Merkle mitten aus der Arbeit an der Drucklegung der Konzilsdiarien herausgerissen. Das Erscheinen erfuhr dadurch eine Verzögerung, aber im Mai 1901 konnte das Werk, das dem Gedenken an den Konzilshistoriker Karl Josef von Hefele, Merkles Heimatbischof, gewidmet war, ausgeliefert werden[39]. Im Vorwort erwähnte er dankbar den Campo Santo und seinen Rektor Anton de Waal[40].

Die Edition Merkles fand in der wissenschaftlichen Welt eine hervorragende Aufnahme[41]. Besonders erfreut zeigte sich Merkle über die Besprechung des protestantischen Dogmengeschichtlers Reinhold Seeberg, der das Werk als den vorzüglichen Anfang eines großartigen literarischen Unternehmens bezeichnete, durch das die kirchengeschichtliche Arbeit um ein „monumentum aere perennius" bereichert werde[42]. Sehr angetan war Merkle auch von dem Urteil des belgischen Kirchenhistorikers A. Cauchie, der in der „Revue d'Histoire ecclésiastique" schrieb: „Wenn das gelehrte Deutschland mit Recht stolz ist auf seine Monumenta Germaniae Historica, so hat es nicht weniger Grund, es auf seine Nuntiaturberichte und sein Concilium Tridentinum zu sein, und dieses letztere Unternehmen ist das Werk der Görres-Gesellschaft und seiner gelehrten Mitarbeiter Ehses und Merkle."[43] Merkle hat diese beiden Besprechungen noch 1938 in seinem Beitrag zum 50jährigen Jubiläum des Historischen Instituts der Görres-Gesellschaft in Rom zitiert. Mit Cauchie hatte Merkle im Juli 1894 den Vesuv bestiegen, weil das Archiv geschlossen war. Cauchie hatte den ersten beiden Bänden (CT I und V) eine 26 Seiten lange Besprechung gewidmet, „die bei mir Fehler entdeckte, auf welche kein anderer gekommen ist, und bei Ehses teilweise dieselben Ausstellungen machte wie ich"[44].

Der zweite Band der Diarien aus der Feder von Sebastian Merkle erschien 1911[45].

---

[36] Jahresbericht... 1897 (Köln 1898) 14.

[37] *Th. Freudenberger* in: S. Merkle, Ausgewählte Reden 12.

[38] Ehrhards Ernennung erfolgte am 21. März 1898. Vgl. *A. Dempf*, Albert Ehrhard (Colmar o.J.) 41.

[39] Concilium Tridentinum. Diariorum pars prima (Freiburg 1901).

[40] Concilium Tridentinum I (1901) VIII.

[41] Vgl. das Urteil von *F. X. Funk* in: Tübinger Theologische Quartalschrift 86 (1902) 291. Eine Zusammenstellung der Besprechungen durch *Freudenberger* in: S. Merkle, Ausgewählte Reden 30.

[42] Theologisches Literaturblatt 24 (1903) 9.

[43] RHE 6 (1905) 868–887.

[44] Vgl. S. Merkle, Ausgewählte Reden 341.

[45] Diariorum pars secunda (Freiburg i. Br. 1911). Vgl. dazu die Selbstanzeige in: ZRGkan 2 (1912) 345–360.

Auch er fand eine positive Aufnahme[46]. 1931 konnte dann der dritte Diarienband erscheinen[47].

Neben Sebastian Merkle gehörte Stephan Ehses[48] zu den Männern der ersten Stunde am „Concilium Tridentinum". Seit 1895 arbeitete er an der Herausgabe der Trienter Konzilsakten und wurde der Editor, der am „Concilium Tridentinum" den größten Anteil hatte.

Ehses war am 9. Dezember 1855 in Zeltingen a. d. Mosel geboren. Er studierte u.a. in Würzburg, wo er als Schüler von Franz Xaver Wegele 1880 promoviert wurde. Nach seiner Priesterweihe 1883[49] konnte er seine reformationsgeschichtlichen Studien in Rom fortsetzen. Als er 1883 Mitglied des Priesterkollegs beim Campo Santo wurde, arbeitete er zunächst über Clemens VII. 1885 ging er in die Seelsorge nach Koblenz-Ehrenbreitstein und wurde 1887 nach Koblenz – Liebfrauen versetzt. Als er 1891 nach Rom zurückkehrte, übernahm er die Herausgabe der Kölner Nuntiaturberichte während des Pontifikates Sixtus' V. und der Schweizer Nuntiatur der Jahre 1586/87. 1891 wurde er Sekretär des Römischen Instituts der Görres-Gesellschaft und am 1. Januar 1895 als Nachfolger von Professor Dr. Peter Kirsch Direktor dieses Instituts[50]. Seitdem er die Leitung des Instituts übernommen hatte[51], arbeitete er mit enormem Fleiß an der Edition des „Concilium Tridentinum". Das hat kein geringerer als Sebastian Merkle 1938 bezeugt: Ehses warf sich mit seiner gewaltigen Arbeitskraft und seinem enormen Fleiß auf seine Aufgabe. Finke hatte zunächst nur an die Ausfüllung der von Theiner zugegebenen Lücken gedacht. Eine genaue Überprüfung zeigte, daß bei dem „morschen Zustand des ganzen Baues solches Flickwerk vergeblich wäre... So galt es auch hier, ganze Arbeit zu tun und von vorne anzufangen."[52] Im Juli/August 1895 ging Ehses mit Merkle auf Archivreise nach Neapel und konnte hier das römische Material zum Tridentinum in der Nationalbibliothek und im Farnesianischen Archiv ergänzen, wo sich der Nachlaß des Augustinergenerals und späteren Konzilslegaten Seripando fand[53]. Im Arbeitsbericht für das Jahr 1894/95 wies Ehses bereits darauf hin, daß für die Protokolle zunächst die Acta genuina von Theiner in einem sehr umfassenden Maßstab zu ergänzen und zu berichtigen seien, weil durch Theiner bzw. durch die Herausgeber nach seinem Tode bei einer Unmenge von Sitzungen die Protokolle mit ganz planloser Willkür gekürzt, verstümmelt oder nur höchst summarisch skizziert worden seien[54]. Erst wenn diese Arbeit getan sei,

---

[46] Vgl. z. B. die Besprechung von *G. Buschbell* in: Theologische Revue 11 (1912) 233ff; *K. Brandi* in: HZ 113 (1914) 120ff; *N. Paulus* in: HJ 33 (1912) 380ff.

[47] Vgl. dazu *H. Jedin* in: Theologische Revue 31 (1932) 433ff. Über Merkles wissenschaftliches Werk seit seiner Berufung nach Würzburg vgl. *Th. Freudenberger* in: S. Merkle, Ausgewählte Reden 12ff, 28ff; *A. Bigelmair*, Sebastian Merkle, in: Lebensläufe aus Franken 6 (1960) 418–435; *H. Jedin*, Sebastian Merkle, in: HJ 82 (1963) 263–276.

[48] Vgl. über ihn: *H. Bastgen* in: RQ 34 (1926) 83–88; *H. Ries* in: AMrhKG 7 (1955) 388–408, 402ff Bibliographie.

[49] Die Priesterweihe empfing er am 15. Juli 1883 in Eichstätt, weil das Trierer Priesterseminar infolge des Kulturkampfes noch geschlossen war.

[50] Den Titel „Direktor" hatte ihm S. Merkle auf dem Titelblatt der Römischen Quartalschrift (deren Faktotum Merkle für de Waal war) eigenmächtig verliehen, vgl. S. Merkle, Ausgewählte Reden 331 Anm. 32.

[51] Jahresbericht... 1895 (1896) 29.

[52] S. Merkle, Ausgewählte Reden 331.

[53] Jahresbericht... 1895 (1896) 30. Vgl. *H. Jedin*, Girolamo Seripando, 2 Bde. (Würzburg 1937).

[54] Jahresbericht... 1894/95 (1895) 29.

könne den zahllosen Originalvoten, dogmatischen Abhandlungen, Reformvorschlägen und Gutachten jeglicher Art ihre richtige Stelle angewiesen werden. Diese doppelte Arbeit habe Ehses übernommen[55].

Voraussetzung für die Editionsarbeit war zunächst eine genaue Inventarisierung der 151 Bände „Concilio" des Vatikanischen Archivs und eine Zusammenstellung der vielen einschlägigen Codices der Vatikanischen und anderer römischer Bibliotheken[56].

1896 konnte Ehses in seinem „Bericht über die Arbeiten des Instituts 1895/96" mitteilen, daß Merkle die Edition der Konzilsakten von Bologna (1547/49), Ehses die der ersten Periode (1545/47) und W. Hoffmann die der zweiten Trienter Periode 1551/52 übernommen habe. Ehses sei bis Mitte Mai 1546, d.h. in die Beratungen für die Sessio quinta, vorgedrungen. Dr. Merkle und W. Hoffmann hätten für ihre Abschnitte die Kongregationsprotokolle ganz oder annähernd zu Ende geführt. Das für die erste Periode fertiggestellte Material (von Ehses) habe den Umfang eines starken Bandes. Die Fortsetzung bis zur Verlegung nach Bologna werde einen zweiten Band füllen. Dem Druck der Akten müßten jedoch die Tagebücher und Diarien vorangehen, weil u.a. die Akten selbst sich vielfach an die Tagebücher anschließen und aus denselben ihre Erläuterung erhielten. Mit Stolz kündigt Ehses an, die Edition der Tagebücher aus der Feder von Dr. Merkle sei weit fortgeschritten: Der erste Band liege bereits druckfertig vor, der zweite werde unmittelbar folgen. Ehses' eigne Arbeiten seien den Originalakten Massarellis zu der ersten Trienter Periode gewidmet. Die ersten fünf Sessionen, inzwischen vollständig abgeschlossen, hätten ein so reiches Material ergeben, daß damit der erste Band bereits vollständig belastet sein dürfte[57].

Über den Fortgang der Arbeiten hieß es im „Bericht über die Arbeiten des Römischen Instituts 1896/97", Ehses habe das ganze Jahr hindurch in Rom vornehmlich an den Akten der ersten Trienter Periode gearbeitet und das gesamte Material in möglichster Vollständigkeit zu gewinnen gesucht. Die Masse des Materials sei allerdings beängstigend groß. Über den geplanten Ablauf der Arbeiten machte er die hoffnungsvolle Aussage, daß in nicht zu langen Fristen folgende sechs Bände erscheinen könnten: Band I und II: Diarien und Tagebücher, Band III und IV: Trienter Akten von Dezember 1545 bis März 1547, Band V: Bologna von März 1547 bis September 1549, Band VI: Zweite Trienter Periode 1551/52. Diese Aussage erwies sich als allzu optimistisch, wie die nächsten Jahrzehnte zeigten[58].

Ehses' erster Aktenband „Concilium Tridentinum IV" erschien 1904. Im Vorwort, das unter dem Eindruck des Todes Leos XIII. geschrieben war, erwähnte Ehses dankbar den Campo Santo[59]. Das Werk enthielt die mit dem Konzil in Verbindung stehenden Akten aus den Jahren 1536–1547, d.h., er schloß auch jene Zeit ein, die dem Zusammentritt des Konzils vorausging[60]. In den nachfolgenden Jahren setzte Ehses in Rom die Edition der Protokolle fort. 1911 konnte der zweite Band erscheinen, der u.a. die Protokolle über die Beratungen des Konzils über die Glaubensquellen, Erbsünde und Rechtfertigung enthielt[61].

Sebastian Merkle hat 1912 die beiden Bände von Ehses eingehend besprochen. Trotz einer Reihe von Ausstellungen[62] faßte er das Urteil über die beiden Bände in den Worten zusammen: „Wer jemals mit Editionsarbeiten sich befaßt hat, der kann sich einen unge-

[55] Ebd. 29. [56] Jahresbericht... 1895/96 (1896) 27. [57] Ebd. 27f.
[58] Jahresbericht... 1896/97 (1898) 13. [59] Concilium Tridentinum IV, S. IX.
[60] Vgl. dazu CT IV, S. XV. [61] CT XI (Freiburg i.Br. 1911).
[62] Vgl. z.B.: Zeitschrift für Rechtsgeschichte kan. Abtl. (ZRGkan) 2 (1912) 359f.

fähren Begriff machen von dem unermeßlichen Aufwand an Zeit, Kraft, Wissen und Geduld, den diese zwei Bände erforderten. Ganz wird die Leistung wohl nur der würdigen, der selbst mit dieser Zeit und diesem Gegenstande lange Jahre sich beschäftigte. Der Herausgeber hat ein Werk geliefert, das, wie es seit Jahrhunderten ersehnt war, auch auf Jahrhunderte genügen wird – monumentum aere perennius."[63]

Der Eintritt Italiens in den Ersten Weltkrieg zwang Ehses, im Mai 1915 Rom zu verlassen. Er hatte inzwischen das Manuskript seines dritten Bandes abschließen können, der die Protokolle der Schlußtagung enthielt und bis zur 22. Session reicht. Er erschien als „Concilium Tridentinum VIII", wurde während des Ersten Weltkrieges gedruckt und trägt das Erscheinungsjahr 1919[64].

Ende 1921 konnte er auch seinen vierten Band abschließen: „Concilium Tridentinum IX". Er umfaßte XXXI und 1193 Seiten und erschien 1924. Dank der Spenden Benedikts XV. und Pius' XI., der deutschen Bischöfe und der Notgemeinschaft der deutschen Wissenschaft war der Druck während der Inflationsjahre ermöglicht worden. Das Werk war eine fast übermenschliche Leistung des alternden und kranken Ehses, der in den Kriegs- und Nachkriegsjahren ohne festen Wohnsitz von Archiv zu Archiv, von Bibliothek zu Bibliothek gereist war[65].

1925 kehrte Ehses nach Rom zurück, um seine Arbeit an der Edition des „Concilium Tridentinum" fortzusetzen. Sein Plan war, auch die Protokolle der zweiten Sitzungsperiode für das „Concilium Tridentinum" herauszugeben. Diese Edition war 1895 von W. Hoffmann begonnen worden[66]. Nach seinem Weggang übernahm A. Postina[67], der über Eberhard Billick[68], 1551/52 Teilnehmer des Tridentinums, seine Dissertation geschrieben hatte, die Weiterführung der Arbeiten. Postina, ein Schüler von A. Knöpfler, war im Januar 1898 in den Campo Santo eingetreten[69]. Ehses schlug am 5. Januar 1898 vor, daß Postina, „dessen Eintritt in das Institut und seine Arbeiten uns äußerst willkommen sind", am besten die Fortsetzung und Durchführungen der Arbeiten von Hoffmann über die zweite Trienter Periode unter Papst Julius III. in Angriff nehme und damit die Behandlung der ausgedehnten Reformtätigkeit unter dem genannten Papst nach der Suspension des Konzils verbinde[70]. Am 22. April 1899 sprach Postina bei einer Sabbatina im Campo Santo über „Die Protestanten auf dem Konzil von Trient". Im Jahresbericht für das Jahr 1898[71] heißt es, daß Postina seine Arbeiten über die zweite Trienter Periode (1551/52) fortgesetzt und ergänzt habe. Bis Ostern hoffe er, mit den Akten dieser Periode zu Ende zu kommen. Im folgenden Jahr berichtete Ehses, daß Postina im vollständigen Besitz des gesamten Aktenmaterials über die von ihm behandelte Periode sei. Der Jahresbericht 1900 spricht von dem Abschluß der Vorarbeiten Postinas[72], der inzwischen in seine Heimatdiözese Straßburg zurückberufen wurde. Er

---

[63] ZRGkan 2 (1912) 345–360, die Stelle 360.

[64] CT VIII (Freiburg i. Br. 1919).

[65] CT IX (Freiburg i. Br. 1924). Vgl. dazu *S. Merkle* in: Theol. Revue 23 (1924) 428f; S. Merkle, Ausgewählte Reden (1965) 334.

[66] Jahresbericht ... 1895/96 (1896) 27.

[67] Vgl. dazu *Th. Freudenberger* in: CT VII, S. VII.

[68] *A. Postina*, Der Karmelit E. Billick (Freiburg i. Br. 1901).

[69] Vgl. seine eigenhändige Biographie im Vitenbuch des Campo Santo.

[70] Jahresbericht ... 1896/97 (1898) 15.

[71] Vgl. das Sabbatinenbuch im Campo Santo. Über seine Arbeiten vgl. Jahresbericht ... 1898 (1899) 49.

[72] Jahresbericht ... 1899 (1900) 28; Jahresbericht ... 1900 (1901) 105.

stellte damals in sichere Aussicht, daß sein Band im Laufe der kommenden Jahre druckfertig vorliegen werde. Aber seine seelsorglichen Verpflichtungen in Schlettstadt, Münchhausen im Unterelsaß, dann in Wanzenau und in Weißenburg im Elsaß hinderten ihn, den Band druckfertig zu machen[73]. So blieben die Editionsarbeiten jahrelang liegen, bis im Herbst 1921 Postina sein Material an das Römische Institut zurückgab. Der Freiburger Kirchenhistoriker E. Göller[74] erhielt die Aufzeichnungen und brachte sie nach Rom. Nach einer eingehenden Sichtung erkannte er, daß zum Abschluß des Werkes ein längerer Aufenthalt in Rom erforderlich sei und er bei seinen Lehrverpflichtungen in Freiburg die Vollendung des Bandes nicht ermöglichen könne. So übernahm St. Ehses diese Aufgabe. Aber bereits am 19. Januar 1926 starb er in Rom und fand seine Ruhestätte auf dem deutschen Campo Santo bei St. Peter[75].

Sein Gelehrtenleben hatte ganz im Dienst des Römischen Instituts der Görres-Gesellschaft gestanden. In Anbetracht seiner Verdienste um die Tridentinumsforschung verlieh ihm die Theologische Fakultät der Universität Freiburg bereits 1911 den theologischen Ehrendoktor[76]. Sebastian Merkle sprach von der „fast übermenschlichen Leistung" Ehses'[77]. Hubert Jedin hat sein Werk „als wahrhaft ehrfurchtgebietend" gewürdigt. „Solange es eine Geschichte des Konzils von Trient gibt, wird der Name Ehses mit ihr verbunden bleiben."[78]

Einer der ersten Mitarbeiter der Edition des „Concilium Tridentinum" war ferner Dr. M. von Domarus[79]. Er hatte sich 1893–1896 als Stipendiat in Rom mit dem Pontifikat Hadrians VI. beschäftigt, dann aber gemeinsam mit Merkle an den Trienter Konzilsakten gearbeitet[80]. Er war mit Merkle 1896/97 in Bologna, wo er die sehr bedeutende Korrespondenz des Auditor Rotae und späteren Kardinals Gabriel Paleotti[81] aus den Jahren 1562 und 1563 erhob. Merkle selbst hat darüber eingehend berichtet. In Trient hatte Merkle von dem dortigen Bibliotheksdirektor, Carlo Giuliani, Kenntnis von einem Brief des Direktors des Bologneser Staatsarchivs, Carlo Malagola, erhalten, der über umfangreiche Aufzeichnungen des Uditore Gabriele Paleotti höchst verlockende Andeutungen machte. In Bologna konnte er dank der Unterstützung des Staatarchivdirektors acht Heftchen in Taschenformat mit Aufzeichnungen in sauberer Bleistiftschrift im Arbeitssaal des Staatsarchivs abschreiben. Merkle erbat sich von der Görres-Gesellschaft eine Hilfe, und so kam Herr Dr. von Domarus aus Rom und kopierte einen umfangreichen Briefband, aus dem nachmals wertvolle Stücke in den Kommentar zu Paleotti aufgenommen wurden[82]. In Rom arbeitete er dann an der Korrespondenz zwischen Kardinal Farnese und den Konzilslegaten und Konzilsvätern während der ersten Trienter Periode

[73] Vgl. das Vorwort von Th. Freudenberger zu Band CT VII.

[74] Vgl. über ihn: *R. Bäumer* in: LThK² IV 1048; *H. Finke* in: HJ 53 (1933) 277–279; *J. P. Kirsch* in: RQ 41 (1933) 1–13 (Bibliographie von seinem Schüler K. A. Fink). Zu der Aktenübergabe vgl. *St. Ehses* in: HJ 44 (1924) 405.

[75] Vgl. *H. Ries* in: AMrhKG 7 (1955) 401.

[76] Die Verleihung erfolgte am 28. Oktober 1911.

[77] S. Merkle, Ausgewählte Reden (1965) 334.

[78] *H. Jedin,* Das Konzil von Trient. Ein Überblick über die Erforschung (Rom 1948) 208.

[79] Vgl. *A. Schmidt* in: AMrhKG 1 (1949) 367f.

[80] Vgl. Jahresbericht... 1896 (1897) 28f.

[81] Inzwischen liegt über ihn die Arbeit von *P. Prodi* vor: Il cardinale G. Paleotti, 2 Bde (Rom 1959–67); vgl. auch *H. Jedin,* Geschichte des Konzils von Trient IV/1 u. IV/2 (Freiburg i. Br. 1975) passim.

[82] S. Merkle, Ausgewählte Reden (1965) 328f.

und der Bologneser Zeit[83]. Im Herbst 1898 trat er in den preußischen Archivdienst und war von 1900 an Archivar, seit 1921 Staatsarchivdirektor in Wiesbaden. Sebastian Merkle hat ihn 1938 in seinem Bericht über das Römische Institut ehrenvoll erwähnt. Er erinnerte daran, daß manche heutige Inhaber eines Lehrstuhls, manche kirchliche oder weltliche Würdenträger Mitglied des Römischen Instituts gewesen seien, wie z.B. der Staatsarchivdirektor i.R. M. von Domarus in Wiesbaden[84]. Seine Aufgabe übernahm Gottfried Buschbell[85], ein Neffe des bekannten Jesuiten und Geschichtsschreibers des Ersten Vatikanischen Konzils, Th. Granderath. Er war am 13. Juli 1872 in Giesenkirchen bei Rheydt geboren, studierte zunächst Theologie in Bonn, dann Philosophie und Geschichte in Bonn, Berlin und Münster, wo er Schüler von Heinrich Finke wurde. Mitte September 1898 trat er seine Reise nach Rom an, wo er mit Sebastian Merkle eine Freundschaft schloß, die bis zum Tode Merkles dauerte. Buschbell sollte die Briefe im Zusammenhang mit dem Trienter Konzil edieren. In ihm fand die Görres-Gesellschaft einen ausgezeichneten, ebenso fleißigen wie trefflich geschulten Arbeiter[86]. Er hat sich ganz besonders des Briefwechsels des Kardinals Marcello Cervini angenommen, dessen aus- und eingegangene Briefe vollständig in den berühmten Carte Cerviniane erhalten sind, die auf verschiedenen Umwegen in das Staatsarchiv in Florenz gekommen waren. Reiche Ausbeute boten auch die Carte Farnesiane. Bereits im Februar 1900 mußte Buschbell die Rückreise nach Deutschland antreten, weil seine Beurlaubung abgelaufen war. Sein Name aber ist trotzdem mit der Edition der Görres-Gesellschaft eng verbunden: er hat zwei Briefbände des „Concilium Tridentinum" in zäher Arbeit ediert. Das 1898–1900 für den ersten Band gesammelte Material – es waren Briefe aus den Jahren 1545–1547 – konnte Buschbell in den kommenden Jahren ergänzen und 1912 mit dem Druck beginnen, der 1916 vollendet wurde. Der Band ist dem Präsidenten der Görres-Gesellschaft, dem damaligen bayerischen Ministerpräsidenten Graf von Hertling, zu seinem 70. Geburtstag gewidmet. Das Werk wurde von der Kritik sehr positiv aufgenommen[87]. Der zweite Band konnte erst nach über zwanzig Jahren erscheinen. Durch die Kriegs- und Nachkriegszeit wurde die erforderliche Reise nach Spanien erst 1925 möglich. Das Ergebnis einer weiteren Reise im Frühjahr 1930 waren über tausend Fotokopien für die Edition. Weitere Archivreisen nach Österreich und Italien im Herbst 1933 ermöglichten eine reiche Ausbeute. Der Band, der 1937 erschien, enthält fünfhundertneunundneunzig Briefe aus den Jahren 1547–1552 und Ergänzungen für die Zeit von 1545 bis 1547. Auch dieser Band wurde von der Fachwelt lobend aufgenommen. Hubert Jedin wies in seiner Besprechung darauf hin, daß der Band Texte in fünf Sprachen enthalte, und erinnerte an die allein darin liegende philologische Leistung[88]. Sebastian Merkle urteilte: Was an Lob über den ersten Band gesagt wurde, gilt eher in erhöhtem Maße für den zweiten, bei dem die Gewinnung des Materials viel mühsamer und umständlicher war als bei jenem[89]. Der zweite Band ist Heinrich Finke, seinem ehemaligen Lehrer, zum 80. Geburtstag gewidmet[90].

---

[83] Jahresbericht... 1896/97 (1898) 12.

[84] S. Merkle, Ausgewählte Reden 307.

[85] Vgl. über ihn: *J. Ramackers*, Gottfried Buschbell, in: 100 Jahre Gymnasium Krefeld 1951 (1951) 112–142; vgl. auch den Nachruf: HJ 75 (1956) 513ff.

[86] Vgl. S. Merkle, Ausgewählte Reden 337.

[87] Vgl. *K. Brandi* in: HZ 121 (1920) 477–481; *S. Merkle* in: ZRGkan 16 (1927) 349–359.

[88] Vgl. *H. Jedin* in: RQ 47 (1939) 163–171.

[89] Vgl. S. Merkle, Ausgewählte Reden 339.

[90] Das Verhältnis von Lehrer und Schüler war gespannt. Vgl. dazu die Urteile von *Ramackers*, a.a.O. 124, 128f. Auch die noch unedierten Briefe H. Finkes im Archiv des Römischen Institutes legen von diesen Spannungen Zeugnis ab.

Große Verdienste um das „Concilium Tridentinum" erwarb sich auch Vinzenz Schweitzer[91]. Er war am 10. Dezember 1872 in Altheim[92] (Diözese Rottenburg) geboren, studierte Theologie in Tübingen, wo er Schüler von Sebastian Merkle war. 1904, am Fest des hl. Martin von Tours, dem Patron der Diözese Rottenburg, kam er in den Campo Santo nach Rom[93] und begann seine Arbeiten an der Edition der Trienter Konzilsakten. Er übernahm den Traktatenband, der theologische und kanonistische Abhandlungen des Konzils bringen sollte. Seine Edition gehörte zu den schwierigsten Editionsaufgaben, weil ihr Material über alle Bibliotheken Europas zerstreut war. Mit Recht hat Jedin darauf hingewiesen, daß die schon lange vor Beginn des Konzils einsetzenden Traktate über Verfassung und Aufgabe des Konzils, über theologische Kontroversfragen und über die Kirchenreform für das Verständnis der Konzilsverhandlungen nicht entbehrt werden können[94]. Nachdem Heinrich Finke in seinem Vorbericht vom Frühjahr 1894 auf diese Quellengruppe aufmerksam gemacht hatte, wurde erst im Herbst 1904 Vinzenz Schweitzer als Bearbeiter gefunden. Er hat in den Jahren 1904–1907 als Mitglied des deutschen Priesterkollegs am Campo Santo die römischen Archive und Bibliotheken durchforscht[95]. Im Campo Santo selbst berichtete er verschiedentlich über sein Forschungsgebiet. Bereits am 13. Mai 1905 hielt er im Campo Santo seinen Vortrag über „Kardinal Guidiccione von Lucca (1469–1549)", den einflußreichen Berater Pauls III. in der Konzilsfrage[96]. 1907 erschien sein Aufsatz: „Zur Geschichte der Reform unter Julius III."[97] Aber bereits 1908 ging Schweitzer nach Deutschland zurück und wurde Pfarrer in Nenningen. Im folgenden Jahr übernahm er (bis 1921) das Amt des Direktors des Tübinger Theologenkonviktes. Er hat auch weiter an seiner Edition gearbeitet, besonders nach seiner Entpflichtung in Tübingen. In ausgedehnten Bibliotheksreisen fand er neues Material für seinen Traktatenband. Gleichzeitig arbeitete er nach seinem Weggang von Rom seit 1926 an der Vervollständigung der Akten der zweiten Konzilsperiode, die er von St. Ehses übernommen hatte.

Im Jahresbericht 1927/28 heißt es, daß V. Schweitzer in Deutschland weile, um den Druck des zwölften Bandes fortzusetzen. Im Februar 1929 kündigt Schweitzer noch über 140 Seiten Manuskript an[98].

1930 konnte der Band erscheinen[99]. H. Jedin, der den fast ganz blind gewordenen Schweitzer bei der Drucklegung durch Mitlesen der Korrekturen unterstützt hatte, schrieb am 2. Juni 1930 an den Direktor des Römischen Instituts, Kirsch: „Heute sehe ich Concilium Tridentinum XII zum ersten Mal. Hoffentlich ist die Kritik nicht allzu scharf."[100]

Schweitzer plante, auch den zweiten Traktatenband noch fertigzustellen. Aber bereits

---

91 Vgl. *S. Merkle* in: HJ 51 (1931) 574f.

92 Sein Geburtsjahr war 1872, nicht 1871, wie bei S. Merkle, Ausgewählte Reden 339, zu lesen ist.

93 Vgl. seine kurze handschriftliche Autobiographie, die er bei seinem Eintritt in den Campo Santo für das Vitenbuch verfaßt hat.

94 Vgl. *H. Jedin,* Das Konzil von Trient. Ein Überblick ... 210.

95 Ebd. 210.

96 Vgl. Das Sabbatinenbuch im Campo Santo.

97 Jahresbericht ... 1906 (1907) 51–56.

98 Jahresbericht ... 1927/28 (1929) 104. Der Brief Finkes ist datiert: Freiburg 5.2.29.

99 CT XII (Freiburg i.Br. 1930).

100 Der Brief findet sich im Nachlaß Kirschs im Archiv des Römischen Instituts der Görres-Gesellschaft.

bei einer Besprechung des Vordruckes der Görres-Gesellschaft am 21. September 1930 in Köln wurde festgestellt: „Es erscheint fraglich, ob er die Arbeit bei seiner Kurzsichtigkeit noch zuverlässig leisten kann." Kirsch schlug vor, man solle das ganze Manuskript unauffällig nachprüfen lassen[101]. Zum Abschluß des Bandes ist es nicht mehr gekommen, da Schweitzer bereits am 5. Dezember 1931 in Altshausen starb[102]. Sebastian Merkle hat seinem ehemaligen Schüler einen pietätvollen Nachruf gewidmet[103].

Die Arbeit Schweitzers übernahm Hubert Jedin[104]. Er war im Oktober 1928 als Stipendiat in das Römische Institut eingetreten, nachdem er bereits vorher zwei Jahre im Campo Santo an seiner Habilitationsschrift über Seripando gearbeitet hatte. Im Jahresbericht 1927/28 des Römischen Institutes heißt es: „Mitte Oktober 1928 tritt Dr. Jedin ebenfalls als Stipendiat in das Römische Institut ein, um an den Arbeiten für die Herausgabe des ‚Concilium Tridentinum' mitzuwirken. Als nächste Aufgabe wurde ihm die Bearbeitung des Bandes VII zusammen mit V. Schweitzer anvertraut."[105] Damals entdeckte Jedin – mit Friedrich Stegmüller – auch das Original von Massarellis erstem Diarium, das S. Merkle 1898 in Spanien gesucht hatte. Jedin blieb bis zum Schluß des Wintersemesters 1929/30 in Rom, wo er seine Tätigkeit an der Sammlung und Sichtung des Materials für Band VII fortsetzte, und habilitierte sich im Sommersemester 1930 in Breslau. Am 21. September 1930 wurde bei der Besprechung des Vorstandes der Görres-Gesellschaft über das „Concilium Tridentinum" in Köln mitgeteilt, daß Jedin nächstes Jahr die Fortsetzung der Briefe übernehmen möchte[106]. Aber dieser Wunsch sollte zunächst nicht in Erfüllung gehen. Nach dem Tode von Schweitzer hatte er die Bearbeitung des zweiten Traktatenbandes zu Ende zu führen und für den Druck vorzubereiten, eine Aufgabe, aus der die Beschäftigung mit den Reformarbeiten 1552/60 herauswuchs. Er blieb den ganzen Sommer über in Rom und konnte auch nach seiner Rückkehr nach Breslau den Druck des Traktatenbandes weiterführen[107].

Inzwischen hatte sich im Campo Santo eine personelle Veränderung ergeben. Der langjährige Rektor Dr. Emmerich David[108], der 1920 Nachfolger von Anton de Waal geworden war und übrigens sich auch an der Erforschung des Tridentinums beteiligt hat[109], wurde 1930 zum Generalvikar in Köln ernannt. Damit war die Stelle eines Rektors des deutschen Priesterkollegs beim Campo Santo neu zu besetzen. Verständlicherweise schaltete sich bei den Überlegungen über die Berufung des neuen Rektors auch die

---

[101] Ebd.

[102] Vgl. HJ 51 (1931) 574.

[103] *S. Merkle:* HJ 51 (1931) 574ff; S. Merkle, Ausgewählte Reden 339.

[104] Vgl. über ihn *B. Stasiewski* in: Archiv für Schlesische Kirchengeschichte 33 (1975) 1–8; *R. Bäumer*, H. Jedin als Geschichtsschreiber des Konzils von Trient, in: Annuarium Historiae Conciliorum 7 (1975) 1–16.

[105] Jahresbericht ... 1927/28 (1929) 105. Über seine damalige Entdeckung der Guidi-Diarien vgl. *H. Jedin* in: RQ 37 (1929) 440–448; *ders.* in: Kirche des Glaubens I 125. Über das Massarelli-Diarium vgl. *H. Lennerz* in: Gregorianum 15 (1934) 573–576; dazu *H. Jedin,* Kirche des Glaubens II 562. Vgl. ferner *S. Merkle,* Das Concilium Tridentinum: Ausgewählte Reden 330; *H. Jedin* in: Kirche des Glaubens I 123f.

[106] Jahresbericht ... 1928/29 (1930) 87. Das erwähnte Protokoll findet sich in den Akten des Römischen Instituts.

[107] Jahresbericht ... 1931/32 (1933) 29f.

[108] Vgl. auch o. S. 12ff.

[109] Vgl. seinen Aufsatz: Textverstümmelungen in einem Kanon des Trienter Konzils, in: RQ 34 (1926) 75–82.

Görres-Gesellschaft ein, angesichts der engen Verbindungen von Campo Santo und „Concilium Tridentinum“ eine verständliche Sache. Am 30. Oktober 1930 wandte sich Heinrich Finke in einem persönlichen Brief an Kardinal Ehrle. Er schlug als neuen Rektor – falls die Gewinnung von Kirsch nicht möglich sei – zwei Forscher vor, die beide jahrelang Mitarbeiter des Kollegs gewesen und die nach seiner Ansicht für die Leitung des Kollegiums wie für die Förderung der Interessen der Görres-Gesellschaft geeignet seien: Subregens Dr. Arendt aus Braunsberg und Privatdozent Dr. Jedin aus Breslau. Die wissenschaftlichen Interessen beider Herren gehörten dem Tridentinum. Arendt habe zuletzt die Brevenbände Clemens' VII. bearbeitet, Jedin publiziere die Biographie Seripandos. „Ich bin überzeugt, daß beide sich alsbald direkt in den Dienst des Tridentinums stellen werden.“ Finke bezeichnete Jedin als eine „mehr repräsentative Persönlichkeit“[110]. An den Direktor des Römischen Instituts Prälat Kirsch schrieb Finke, Jedin werde ja wohl der Nachfolger von David werden. Für das Tridentinum sei das die beste Wahl[111]. Bereits am 12. Februar 1930 hatte Heinrich Finke gegenüber Kirsch das Anliegen geäußert, Jedin für das Tridentinum festzuhalten. „Es müssen doch noch die anderen Bände begonnen werden.“ Kirsch bemerkte dazu: „Wir wollen beraten, wie wir Jedin an das Tridentinum binden.“[112]

Am 8. Dezember 1930 schrieb auch der Generalsekretär Prof. Allgeier, Freiburg, an Kirsch: „Die Entscheidung des Herrn Dr. Jedin begrüßen wir im Interesse des Campo Santo lebhaft.“[113]

Aber die endgültige Lösung der Rektorenfrage war noch nicht gefunden, denn Jedin zog es vor, in Breslau als Privatdozent zu bleiben. Bei einem Besuch von Dr. Montebaur in Freiburg erfuhr Finke von der Wendung in der Rektoratsangelegenheit. Über die Ablehnung durch Jedin zeigte sich Finke überrascht und erinnerte daran, daß er vor 30 Jahren gern nach Rom gegangen sei. Die Enttäuschung über seine Nichtberufung zum Direktor des Preußisch-Historischen Instituts habe ihm eine der wenigen schlaflosen Nächte seines Lebens bereitet[114].

Nach der Ablehnung Jedins, das Amt des Rektors zu übernehmen, wandte sich Finke nochmals an Kardinal Ehrle und nannte jetzt als möglichen Nachfolger neben Arendt den Namen Montebaur[115]. Aber inzwischen hatte man bereits für die Nachfolge des Rektors am Campo Santo eine andere Lösung gefunden. Neuer Rektor wurde Dr. Hermann Maria Stoeckle[116], der das Amt von 1931 bis 1954 innehaben sollte.

Jedin setzte inzwischen seine Editionsarbeiten am Band XIII des „Concilium Tridentinum“ fort. Er war im Sommersemester 1932 beurlaubt und hielt sich von Mai bis Oktober, mit einer kurzen Unterbrechung im Juli infolge des Todes seiner Mutter, in Rom auf. Im August 1932 wurde der Vertrag zwischen der Tipografia Poliglotta Vaticana, dem Verlag Herder und der Görres-Gesellschaft unterzeichnet. Am 19. August unterschrieb Herder, am 22. August Generalsekretär Allgeier. Am 28. August konnte Jedin dem Leiter des Römischen Instituts, Kirsch, berichten, daß „der von Herder deutsch vorbereitete Vertrag nunmehr in der von mir hergestellten italienischen Fassung mit einigen Änderungen von Prof. Allgeier und Herder unterzeichnet“ worden sei. Er werde

---

110 Der Brief findet sich in den Akten des Römischen Instituts.

111 Ebd. 112 Ebd. 113 Ebd.

114 Vgl. den Brief von Finke an Kirsch vom 16. Dezember 1930 im Archiv des Römischen Instituts.

115 Vgl. seinen Brief vom 16. 12. 1930.

116 Er starb am 12. März 1972 in Rom. Vgl. über ihn o. S. 18–27.

nach der Unterschriftsleistung der Tipografia Poliglotta Vaticana noch vor der Paderborner Generalversammlung in den Händen von Prof. Allgeier sein. Er sah für 600 Exemplare auf holzfreiem Papier einen Bogenpreis von 800 Lire vor. Außerordentliche Korrekturen sollten allerdings besonders berechnet werden. Jedin konnte aber mitteilen, daß Pater W. Hümpfner ihm aufgrund seiner Erfahrungen erklärt habe, daß die Vatikanische Druckerei im großen und ganzen in dieser Hinsicht kulant sei. „Ich glaube, daß wir mit diesem Ergebnis zufrieden sein können. Der Druck wird sofort beginnen... Das Manuskript für den ersten Teil liegt bereits seit Anfang Juni in der Druckerei."[117]

Über seine Arbeiten an der Edition teilte Jedin mit, daß er sich seit Juni in der Hauptsache mit Reformfragen aus der Zeit von 1551–1560 beschäftige. Daran sei so gut wie noch nichts gearbeitet. Es liege nur ein Wust von meist – wegen des Mangels jeder Editionstechnik – unbrauchbaren Abschriften vor. „Ich mußte ab ovo anfangen, habe aber, wie ich wohl sagen darf, in angestrengtester Arbeit (täglich 7–8 Stunden im Archiv) nun im wesentlichen Klarheit geschaffen und hoffe, in 8 Tagen an die Durcharbeitung der eigentlichen Konzilstraktate für die letzte Konzilsperiode gehen zu können." Bis Anfang August sei die Temperatur durchaus erträglich gewesen. „Seitdem ist es sehr heiß. Ich hause mit Dr. Thomas allein im Campo Santo; im Vatikanischen Archiv ist wenigstens vormittags P. Gauchat, der am Eubel arbeitet, mein Gefährte."[118]

Das Wintersemester verlebte Jedin in Breslau, wo er intensiv an der Edition arbeitete. Die Machtübernahme durch Hitler am 30. Januar 1933 brachte jedoch für Jedin entscheidende Veränderungen: Der Preußische Kultusminister entzog ihm im Sommersemester 1933 die venia legendi, weil seine Mutter Konvertitin jüdischer Abkunft war[119]. Über die damaligen Ereignisse informiert ein Brief von Jedin an Kirsch vom 9. Juni 1933. Darin heißt es: „Gern würde ich mich Ihrer Auffassung anschließen, daß es sich bei meinen Schwierigkeiten um eine vorübergehende Entscheidung handelt. Aber gerade in diesen Tagen erhalte ich durch Kardinal Bertram, der mit dem Ministerialdirigenten über meinen Fall gesprochen hat, die Gewißheit, daß mir in der allernächsten Zeit auch die venia entzogen wird. Mit meiner akademischen Laufbahn ist es zu Ende. Aber nicht zu Ende soll, so Gott will, meine wissenschaftliche Laufbahn sein. Ich bleibe bei meinen Plänen hinsichtlich des Concilium Tridentinum. Zunächst versuche ich von Breslau aus weiter zu arbeiten. Sollte es mir durch die mit der Entziehung der venia eintretenden Erschwerungen in der Benutzung der Universitätsbibliothek unmöglich werden (insbesondere dadurch, daß man mich von Katalog und Magazin ausschließt), so müßte ich bitten, mich wieder in den Campo Santo aufzunehmen und mich durch ein kleines Stipendium der Görres-Gesellschaft über Wasser zu halten."[120]

Jedin teilte gleichzeitig mit, daß Prof. Altaner beurlaubt worden sei. Rauer sei wegen seiner Betätigung im Friedensbund deutscher Katholiken eine Zeitlang in Schutzhaft gewesen. Er verliere seine Fakultätsassistentenstelle. „Mit Prof. Altaner bilden wir Abgesägten jetzt ein Trio." Kardinal Bertram habe ihm sehr wohlwollend geschrieben. Auch Sebastian Merkle. „Geradezu gerührt hat mich die brüderliche Sorge, mit der Klauser mich umgibt", schrieb Jedin am 25. August 1933 an Kirsch. „Wenn ich an ihn und den Kreis im Campo Santo (Fink, Birkner) denke, fällt es mir tatsächlich schwer, (vorläufig) auf eine Rückkehr nach Rom zu verzichten. Aber es ist doch wohl das Richtigere."[121]

---

117 Vgl. die Briefe in den Akten des Römischen Instituts. 118 Ebd.

119 Vgl. *H. Jedin* in: Anzeiger für die katholische Geistlichkeit 85 (1976) 74ff.

120 Der Brief findet sich in den Akten des Römischen Instituts.

121 Ebd.

Aber bereits im September 1933 ergab sich eine neue, glückliche Wendung, wie aus einem Brief von Jedin an Kirsch vom 10. September 1933 hervorgeht. Rektor Dr. Stoeckle habe ihm durch Schreiben vom 7. September von sich aus die durch den Weggang von Schuchert[122] frei werdende Kaplaneistelle angeboten. „Dadurch wird m. E. die Situation wesentlich verändert und mir ein Schrieb erspart, der mir sehr schwergefallen wäre. Ich bin deshalb geneigt, trotz der Bedenken, die ich Ihnen in meinem letzten Brief ja geschildert habe, meine hiesige Stelle aufzugeben und Ende Oktober meinen 8. Romzug anzutreten, freilich mit dem Fähnlein auf halbmast. In Rom werde ich endlich hinter den Druck von CT XIII ein wenig Dampf bringen können, und im Campo Santo werden wir jetzt wieder alte Arbeits- und Lebensfreude aufleben lassen."[123] Von 1933 bis 1936 konnte sich Jedin im Campo Santo ganz der Edition von „Concilium Tridentinum XIII" widmen. Das Urteil des Herausgebers der Konstanzer Konzilsakten, H. Finke, über die Qualitäten Jedins wird deutlich in einem Brief Finkes vom 25. November 1933. Er schrieb an Kirsch: „Einen besseren Editor finden wir kaum."[124] Finke drängte verständlicherweise darauf, daß der Druck des Bandes in möglichster Eile vollendet wurde. Wörtlich schrieb er am 12. Dezember 1933, nachdem er die in Aussicht stehende Spende Pius' XI. für die Drucklegung des „Concilium Tridentinum" erwähnt hatte: „Der Papst wird sterben, der Pius XII. nichts geben, der Finke stirbt! ..."[125] So kam es zu Spannungen zwischen dem Präsidenten und den Stipendiaten, die ihr wissenschaftliches Ansehen durch eine übereilte Arbeit nicht gefährden wollten.

Über die Schwierigkeiten, die der langsame Druck des Bandes bei der Tipografia Poliglotta Vaticana machte, gibt ein Brief von Jedin vom 24. Mai 1934 an Kirsch Auskunft: „Nachdem ich rund ein Dutzendmal ohne Erfolg in der Vatikanischen Druckerei vorstellig geworden bin, um den Druck von CT XIII vertragsmäßig zu beschleunigen, sehe ich mich gezwungen, Ihre Intervention anzurufen. Es war vereinbart worden, daß während der Bearbeitung der ersten Korrektur von Bogen 10–20 durch die Druckerei der Satz der folgenden Bogen nicht unterbrochen werden dürfe. Statt dessen hat die Lieferung von Fahnen seit Ostern vollkommen gestoppt. An zweiten Korrekturen habe ich bis Pfingstmontag lediglich sechs Bogen erhalten. Auf diese Weise ist eine verhängnisvolle Unterbrechung entstanden, die die Fertigstellung des Bandes von neuem hinausschiebt[126]. Aber bereits am 7. Juni 1934 kann Jedin mit Freude mitteilen, daß er seit einer Woche mit Druckbogen bzw. Revisionen überschüttet werde[127].

In seinem Bericht über das Arbeitsjahr vom 1. Oktober 1933 bis 1. Juli 1934 heißt es: „Der Druck des zweiten Bandes der Konzilstraktate (Concilium Tridentinum XIII) in der Vatikanischen Druckerei ist so weit fortgeschritten, daß 22 Bogen (Seite 1–352) ausgedruckt vorliegen."[128] Auch in den nachfolgenden Monaten arbeitete Jedin intensiv an der Edition. Seinen Urlaub 1935 verlebte er, nach einem Besuch bei Merkle in Würzburg, in Breslau. Vom 25. August bis 6. September 1935 forschte er im Staatsarchiv in München an den dortigen Tridentina und kehrte am 9. September nach Rom zurück[129].

Der Campo Santo war fast leer. „Birkner, der den ganzen Sommer hindurch hier ausgehalten hatte, Fink ... waren die einzigen Insassen. Ich sitze wieder an den Manuskripten

---

[122] Über A. Schuchert, den späteren Rektor vom Campo Santo, vgl. den Nachruf von *J. E. Gugumus* in: RQ 59 (1964) 125f; *L. Lenhart* in: AMrhKG 14 (1962) 537f. Vgl. auch o. S. 27–30.

[123] Der Brief findet sich in den Akten des Römischen Instituts.

[124] Ebd. [125] Ebd. [126] Ebd. [127] Ebd.

[128] Jahresbericht... 1934 (1935) 18.

[129] Vgl. seinen Brief an Kirsch vom 5. 10. 1935 im Archiv des Römischen Instituts.

CT XIII. Trotz meines Drängens vor den Ferien und nach denselben sind bis jetzt keine Druckbogen von der Tipografia Vaticana erschienen ... Das Haus ist fast vollzählig mit Ausnahme einiger Amerikaner, auch der Rektor steht noch aus."[130]

Im April 1936 ging Jedin auf Wunsch von Kardinal Bertram nach Breslau zurück und wurde dort Diözesanarchivar, eine Arbeit, die ihn so stark anspannte, daß er sich nur kurze Stunden für die Edition des CT buchstäblich stehlen mußte[131].

Über den weiteren Fortgang der Edition berichtet u.a. ein Brief von H. Finke vom 28. November 1936 an Kirsch: „Sie kennen meine Sehnsucht, noch einmal nach Rom zu kommen und Pius XI. zu sprechen. So werde ich wohl versuchen, Mitte Januar in Rom zu sein. Ich bitte Sie, die Audienz vorzubereiten. Den Schluß des Bandes von Jedin – ca. 15 Bogen – werden wir wohl bei Herder drucken müssen."[132]

Aber auch die Sehnsucht Jedins nach Rom kommt in einem Brief vom 18. September 1936 zum Ausdruck: „Manchmal möchte ich mich am liebsten auf den D-Zug setzen und nach Rom fahren, um etwas Bewegung in den Teich Bethesda zu bringen. Von Rom habe ich in der letzten Zeit so gut wie nichts gehört."[133]

Um den baldigen Abschluß des Bandes zu ermöglichen, verfiel man auf die Lösung, den Band XIII des „Concilium Tridentinum" zu teilen. Da von Jedins Band 42 Bogen ausgedruckt waren und bei Bogen 45 ein tiefer Einschnitt war, wurde hier der Band XIII geteilt. Finke bat Kirsch am 26. März 1937, der Vatikanischen Druckerei zu sagen, daß die restlichen drei Bogen schleunigst gedruckt werden müßten, damit Band XIII im Juni fertig ist. „Wenden Sie all Ihren Einfluß auf, daß die drei Bogen sofort nach Ankunft gedruckt werden. Jedin wird pünktlich sein."[134]

Jedin begrüßte den Vorschlag von Finke, wie er am 21. April an Kirsch schrieb. Der zweite Teil (CT XIII/2) mit eigener Paginierung und dem Register würde allerdings sehr schmal sein (ca. 300 Seiten). Der Vorteil, der sich bei dieser Lösung biete, sei die Einheitlichkeit des Bandes und die leichtere Auseinandersetzung zwischen Görres-Gesellschaft, der Vatikanischen Druckerei und Herder. „Auch bin ich für den Rest nicht so gejagt und kann mir mehr Zeit nehmen, womit ich allerdings nicht sagen will, daß ich dieses onus lange auf meinen Schultern ruhen lassen möchte, im Gegenteil, ich möchte es möglichst bald los sein, um frei zu werden für andere Aufgaben."[135] Gleichzeitig erwähnt er: Vom Campo Santo höre er in der letzten Zeit auffallend wenig. „Wenn es mir nur möglich wäre, im Spätsommer nach Rom zu kommen ..."[136]

Der Plan, den Band XIII/1 bis Juni abzuschließen, ging jedoch nicht in Erfüllung. Erst am 19. Oktober 1937 teilt Jedin Kirsch mit, daß Band XIII/1 fertig gesetzt sei. Es seien genau 46 Bogen, dazu ein halber Titelbogen mit kurzer Praefatio und Inhaltsverzeichnis geworden: 735 Seiten. Die Fortsetzung werde bei Herder gedruckt[137]. „In den Weihnachtsfeiertagen hoffe ich, endlich Zeit zu finden, die Praefatio zu CT XIII/1 zu vollenden, damit der Band erscheinen kann."[138] Am 31. Mai 1938 konnte der Präsident der Görres-Gesellschaft Heinrich Finke – zusammen mit Hubert Jedin – das Werk Papst Pius XI. überreichen. „Nie werde ich diese lange Audienz vergessen, in der Pius XI., schon todkrank, sein Urteil über den Nationalsozialismus schonungslos aussprach und den Krieg vorhersagte."[139]

Im Vorwort des Bandes gedachte Jedin dankbar des Priesterkollegs beim Campo Santo

[130] Ebd. [131] Vgl. seinen Brief an Kirsch vom 20. 5. 1936.

[132] Archiv des Römischen Instituts. [133] Ebd. [134] Ebd.

[135] Ebd. [136] Ebd. [137] Ebd. [138] Ebd.

[139] Vgl. seinen Beitrag in der Gedächtnisschrift „Pio XI nel trentesimo della morte" (Milano 1969) 585f und den Bericht Jedins in: Anzeiger für die katholische Geistlichkeit 85 (1976) 74.

und erinnerte daran, daß auch Stephan Ehses, Sebastian Merkle und Vinzenz Schweitzer einst Mitglieder des Hauses waren. Ein besonderes Dankeswort richtete er an den Freund Joachim Birkner[140].

Die Edition des Monumentalwerkes „Concilium Tridentinum" war jetzt so weit gediehen, daß Jedin in der „Römischen Quartalschrift" 1938 hoffnungsvoll bemerkte: Die vor mehr als einem Menschenalter von der Görres-Gesellschaft begonnene Sammlung der Quellen zur Geschichte des Konzils von Trient schreite nunmehr ihrem Ende entgegen. Er bedauerte, daß es dem greisen Präsidenten der Görres-Gesellschaft H. Finke nicht mehr vergönnt gewesen sei, den Abschluß des großen Werkes zu erleben, an dessen Anfängen er durch orientierende Archivarbeiten beteiligt war und dessen Fortsetzung er seit 1924 als Präsident durch Bereitstellung der erforderlichen Mittel und durch unausgesetztes Drängen der Mitarbeiter gefördert habe[141].

Bei seinem letzten Aufenthalt in Rom gab Finke, der am 19. Dezember 1938 starb[142], Jedin die Anregung, eine Geschichte des Konzils von Trient zu schreiben. Als Jedin 1939 nach Rom kam, schilderte er Kardinal Mercati seine schwierige Situation und fragte ihn, ob er es ermöglichen könnte, daß er nach Rom komme, um eine Geschichte des Trienter Konzils zu schreiben. Der Kardinal sagte sofort zu. Bevor aber Jedin seine Breslauer Arbeit abwickeln konnte und von Kardinal Bertram seine Beurlaubung erhielt, brach der Krieg aus. Trotzdem gelang es ihm, noch im November 1939 nach Rom überzusiedeln, und er traf am 10. November in Italien ein. Im Priesterkolleg am deutschen Campo Santo fand er eine Bleibe und erhielt im Frühjahr 1940 dort eine Freistelle. So konnte er seine ganze Kraft der Geschichte des Trienter Konzils widmen, die in den Jahren 1949–1975 in Freiburg erschien[143]. Dem Campo Santo hat Jedin immer eine tiefe Dankbarkeit gezeigt und diesen Dank in verschiedenen Publikationen ausgedrückt[144].

Langjähriger Weggenosse von Hubert Jedin bei der Edition des „Concilium Tridentinum" war Joachim Birkner[145], ein Schüler von Sebastian Merkle. Dieser schlug 1930 den damaligen Präfekten am Würzburger Ferdinandeum als Mitarbeiter am „Concilium Tridentinum" vor. Der Leiter des Römischen Instituts Prälat Kirsch wandte sich wegen der Beurlaubung Birkners an Kardinal Faulhaber und bemühte sich gleichzeitig um eine Kaplanei am Campo Santo. Der Vorschlag wurde von der Görres-Gesellschaft am 21. September 1930 angenommen. Es wurde geplant, daß sich Birkner mit Jedin die Editionsarbeit in der Form teilen sollte, daß Birkner das italienische und Jedin das spanische Quellenmaterial erforschen sollte[146]. Am 29. März 1932 bemerkte Heinrich Finke:

[140] CT XIII, Praefatio VIIf. [141] RQ 47 (1939) 163.

[142] Vgl. den Nachruf von *J. Spörl* in: HJ 58 (1938) 241–248.

[143] Geschichte des Konzils von Trient I–IV/1 u. 2 (Freiburg 1949–1975). Die Besprechungen des Werkes sind angeführt bei: *R. Samulski*, Bibliographie H. Jedin, in: Reformata Reformanda. Festgabe für H. Jedin zum 17. Juni 1965 II (Münster 1965) 665–715. Die Fortsetzung der Bibliographie von 1965–1975 in: Annuarium Historiae Conciliorum 8 (1976) 693–699.

[144] Vgl. z.B. das Vorwort zu Girolamo Seripando I (1937) X: „Die Rektoren des deutschen Campo Santo in Rom, die Prälaten Emmerich David und (seit 1931) Hermann Maria Stoeckle, gewährten mir liebevolle Aufnahme im ‚Schwalbennest am Petersdom', das otium litterarum und mehr als dieses: In den Samstagabendvorträgen (Sabbatinen), die das Priesterkollegium veranstaltet, wurden viele der in diesem Buch berührten Fragen durchgedacht und durchgesprochen; in fortwährendem Austausch mit den Freunden, die ich dort gewann, reiften die Anschauungen allgemeiner Art, die der Verarbeitung des Stoffes zugrunde liegen." Das Sabbatinenbuch des Campo Santo verzeichnet viele einschlägige Referate von Jedin zum Tridentinum.

[145] Vgl. über ihn *Th. Freudenberger* in: HJ 76 (1957) 623–625.

[146] Vgl. das Protokoll über die Sitzung im Archiv des Römischen Instituts.

„Wichtig ist nur, daß die beiden Herren Jedin und Birkner zunächst und zuallererst die beiden Nachlässe aufarbeiten, daß also mit dem Druck baldigst begonnen werden kann.“ Für Heinrich Finke ging die Ablieferung des Manuskriptes von Birkner nicht schnell genug. Am 11. März 1933 beklagte sich Finke bei Kirsch: „Birkner schickte drei Bogen. Wie ist das möglich? Ist tatsächlich so wenig Manuskript vorhanden?“[147]

Birkner hatte eine undankbare Aufgabe übernommen. Das Manuskript von Ehses, das er zu edieren hatte, mußte abgeschrieben werden, der ganze Text war zu kollationieren, da keine Seite fehlerfrei war. Der Apparat mußte neu gemacht werden. Jedes Zitat war nachzuprüfen, die Weimarer Ausgabe überall nachzutragen. Trotzdem hoffte er, bis 1. Juni 1933 das ganze Manuskript bis auf die Einleitung druckfertig zu machen[148]. Wie sehr er sich mit dieser Voraussage täuschte, sollten die kommenden Jahre zeigen. Am 29. Dezember 1933 berichtete Finke an Kirsch, er habe heute mit Herder verhandelt wegen des fertiggestellten Bandes von Birkner[149].

Birkner hatte zunächst den Auftrag, die Korrespondenz aus der letzten Periode des Tridentinums zu sammeln[150]. Aus der Beschäftigung mit diesem Themenkreis erwuchsen zwei Aufsätze: „Das Konzil von Trient und die Reform des Kardinalkollegiums unter Pius IV.“[151] und „Ein zweiter Carafa-Prozeß unter Pius IV.“[152] Birkner, der eine Biographie Morones plante, begann mit der Sammlung von Briefen aus der Zeit von Präsident Morone (März–Dezember 1563). Die Arbeit am Briefkorpus mußte er dann jedoch zurückstellen, um den von Stephan Ehses unvollständig hinterlassenen vierten Aktenband zu übernehmen, der die Akten der zweiten Tagungsperiode des Konzils von 1551–1552 enthalten sollte. In seinem Jahresbericht vom 2. Dezember 1934 schrieb er: „Im letzten Jahre habe ich die Arbeiten an dem Aktenband für die Konzilssitzungen der Jahre 1551–52 unter Julius III. fortgesetzt. Besonderes Augenmerk wurde der Herstellung eines guten Textes zugewandt, der alles handschriftliche Material, soweit es irgendwie von Belang ist, im Apparat heranzieht. Der erste und größere Teil des Manuskriptes konnte fertiggestellt werden.“[153]

Die Unzufriedenheit Finkes mit Birkner kommt wiederum in einem Brief vom 4. Januar 1935 zum Ausdruck. Er bittet Kirsch, ihm über die Arbeit von Birkner das Tatsächliche mitzuteilen. „Ich muß wissen, warum er das Manuskript nicht geschickt hat und wann ich das Manuskript erhalte ... Ich habe auch Merkle geschrieben und ihn gefragt, ob zum Herbst für Birkner in Würzburg gesorgt ist.“[154] Am 27. Januar 1935 teilte Birkner Direktor Kirsch mit, daß er Geheimrat Finke den Anfang seines Manuskriptes übersandt habe. Aber im Laufe des Jahres 1935 tat sich nicht viel. Am 23. Februar 1935 hielt Birkner im Campo Santo seinen Vortrag über „Kardinal Marcello Creszenzio“, unter Julius III. Präsident des Konzils. Leider ging aber die Editionsarbeit nicht entsprechend voran, so daß am 7. November 1935 Finke in einemBrief an Kirsch klagte: „Bezüglich des Herrn Dr. Birkner kann ich nichts weiter sagen, als daß wir hier die Langsamkeit seines Druckes nicht verstehen.“ Birkner habe zum 1. November 1934 ein druckfertiges Manuskript versprochen und Herder habe sich nach diesem Versprechen gerichtet. „Erklärungen, daß andere auch langsam gedruckt hätten, haben doch angesichts unserer Notlage keine Bedeutung.“[155]

---

[147] Ebd. [148] Vgl. auch das Urteil von S. Merkle, Ausgewählte Reden 333f.

[149] Der Brief findet sich in den Akten des Römischen Instituts.

[150] Vgl. Jahresbericht ... 1930/31 (1931) 32, 1931/32 (1933) 30.

[151] HJ 52 (1932) 289–312. [152] RQ 41 (1933) 79–99. [153] Jahresbericht ... 1934 (1935) 18.

[154] Der Brief findet sich im Archiv des Römischen Instituts. [155] Ebd.

Als Birkner im Campo Santo noch das Amt des Dekans und die Redaktionsarbeiten für die „Römische Quartalschrift" übernahm, kam die Edition noch mehr ins Stocken. Bei Birkner zeigten sich bereits die Anzeichen seiner Krankheit. Er wurde mit der Fülle des Materials nicht fertig. Am 22. April 1939 berichtete er noch im Campo Santo über „Die Akten des Trienter Konzils für die zweite Tagungsperiode unter Papst Julius III."[156] Im Sommer 1940 kehrte er auf Veranlassung von Kardinal Faulhaber in seine Heimatdiözese zurück und konnte in den nachfolgenden Jahren den Text des ersten Teilbandes fertigstellen. Seine schwere Krankheit hinderte ihn jedoch, die Korrekturen zu lesen. So mußte angesichts der Kriegsverhältnisse der weitere Satz eingestellt werden. Die ausgedruckten 23 Bogen fielen bei dem Luftangriff auf Freiburg am 27. November 1944 den Flammen zum Opfer. Nach seinem Tode hat Theobald Freudenberger die Endredaktion des Bandes übernommen und glücklich abgeschlossen. Der Band erschien 1961, fünf Jahre nach Birkners Tod, der am 30. Januar 1956 gestorben war[157].

Th. Freudenberger[158] entwickelte sich im Laufe der Jahre zum vorbildlichsten Herausgeber des „Concilium Tridentinum": Er kommt aus der Schule von Sebastian Merkle, der ihn auch in die Editionsarbeit des „Concilium Tridentinum" einführte. Seine Dissertation hatte er über den italienischen Kontroverstheologen des 16. Jahrhunderts, den Augustinerchorherrn Augustin Steuchus (1497–1548)[159] geschrieben. Bereits 1934 trat Freudenberger in das Blickfeld der Görres-Gesellschaft. Im November 1934 hatte Merkle dem Sekretär der Görres-Gesellschaft, Professor Allgeier, über Freudenbergers Arbeiten berichtet und ihm mitgeteilt, daß Freudenberger demnächst auch nach Italien reisen wolle. Allgeier berichtete darüber an Kirsch: „Ich nehme an, daß er sich zur gegebenen Zeit mit Ihnen in Verbindung setzt."[160] Freudenberger erhielt ein Stipendium der Görres-Gesellschaft zur Unterstützung Merkles bei seiner Editionsarbeit der Bologneser Akten. Er wurde dann beauftragt, den Band allein herauszugeben. Das Material dazu hatte Sebastian Merkle z.T. während seiner römischen Zeit gesammelt und es im Herbst 1898 mit nach Deutschland genommen. Am 23. Januar 1936 berichtete Heinrich Finke an Kirsch: „In absehbarer Zeit wird Dr. Freudenberger auf einige Wochen kommen, um für den Bologneser Band zu kollationieren. Merkle hat es so gewünscht."[161] Der Druck der Protokolle, Originalvoten und anderer Akten der Bologneser Konzilsperiode wurde 1937, nachdem Freudenberger 1936 und 1937 das Material in italienischen Bibliotheken ergänzen und überprüfen konnte, begonnen. Ende März 1938 waren 272 Seiten, September 1943 816 Seiten gedruckt. Das Ende des Druckes erwartete man 1944. Er kam jedoch nicht zum Abschluß. Die bereits gedruckten Bogen von Band VI/1 fielen dem Bombenkrieg zum Opfer und verbrannten am 27. November 1944 in Freiburg. 1949 trat Freudenberger eine weitere Forschungsreise nach Rom an.

---

[156] Quellen und Forschungen 29 (1939) 297–311.

[157] Vgl. den Nachruf von *Th. Freudenberger* in: HJ 76 (1957) 623ff; ferner das Vorwort von *Th. Freudenberger* in: CT VII.

[158] Vgl. über ihn die Würdigung von *Th. Kramer* in: Aus Reformation und Gegenreformation. Festschrift für Th. Freudenberger (Würzburg 1974) 1–14 (mit Bibliogr.).

[159] *Th. Freudenberger*, Augustinus Steuchus aus Gubbio, Augustiner-Chorherr und Päpstlicher Bibliothekar (1497–1548) und sein literarisches Lebenswerk (Münster 1935).

[160] Der Brief Allgeiers an Kirsch findet sich im Archiv des Römischen Instituts.

[161] Ebd. Vgl. auch Jahresbericht... 1936 (1937) 113.

1950 konnte der Band VI/1, der dritte Aktenband[162], der die Konzilsakten der Bologneser Periode enthielt, erscheinen. Nachdem Freudenberger 1961 auch den Band von Birkner zum Druck befördert[163] hatte (VII/1), erschien 1972 ein weiterer Band mit Bologneser Konzilsakten (VI/2)[164], 1974 der dritte Band (VI/3)[165], der u.a. die Summarien aus der Bologneser Zeit enthielt. 1976 edierte Freudenberger den Band VII/2[166] mit Reden, Voten und Sentenzen der zweiten Trienter Tagungsperiode. Mit dieser fruchtbaren Editionstätigkeit hat Freudenberger nicht nur rein quantitativ den größten Anteil an der Edition des „Concilium Tridentinum", sondern seine Bände stellen auch an Editionstechnik[167] und Verifizierung eine Spitze dar. Wenn in den kommenden Jahren noch die Reformdenkschriften in Band XIII/2 von Klaus Ganzer, einem Schüler von K. A. Fink, ebenfalls einem Alt-Camposantiner und Nachfolger Merkles in Würzburg, vorgelegt werden und wenn Josef Steinruck, ein Schüler Freudenbergers, auch Alt-Camposantiner, den abschließenden Halbband der Konzilsdiarien CT III/2 ediert hat, ist das Monumentalwerk der Görres-Gesellschaft fast abgeschlossen[168]. Es wird den Namen des deutschen Campo Santo in der wissenschaftlichen Welt lebendig erhalten.

---

[162] Am 30. April 1949 berichtete Th. Freudenberger im Campo Santo über: Die Verhandlungen der Bologneser Periode über die Reform der Stolgebühren, gedruckt: Münchener Theologische Zschr. 1 (1950) 40–53. Vgl. ferner das Vorwort von Band CT VI/1 (Freiburg 1950). Der Band wurde in den Besprechungen als vorbildlich gerühmt. Vgl. z.B. *H. Jedin* in: HZ 172 (1951) 569–571.

[163] CT VII/1 (Freiburg i.Br. 1961). Vgl. *J. A. de Aldama* in: Archivio Teologico Granadino 25 (1962) 408f.

[164] CT VI/2 (Freiburg i.Br. 1972); vgl. dazu *R. Bäumer* in: Annuarium Historiae Conciliorum 5 (1973) 449ff; *K. Ganzer* in: RQ 71 (1976) 112ff.

[165] CT VI/3 (Freiburg i.Br. 1974); dazu *J. Steinruck* in: Theologische Revue 71 (1975) 396; *K. Ganzer* in: RQ 71 (1976) 116f.

[166] CT VII/2 (Freiburg i.Br. 1976).

[167] Vgl. das Urteil von *H. Jedin* in: Jahresbericht ... 1949 (1950) 22; *ders.*, Notulae zu den Konzilsprotokollen von 1562, in: Aus Reformation und Gegenreformation (Würzburg 1974) 197.

[168] Vor dem Erscheinen steht ein weiterer Band von *Th. Freudenberger* (Band VII/3), der ergänzende Konzilsakten für die Jahre 1551/52 enthält. Das Manuskript ist abgeschlossen, so daß der Band im kommenden Jahre (1978) vorliegen wird. In Bearbeitung sind noch die Rechnungsbücher des Tridentinums. Zu überlegen wäre, ob nicht auch der frühere Plan einer Fortsetzung der Edition des Briefwechsels aus der letzten Konzilsperiode realisiert werden sollte.

Joseph Wilpert und die Erforschung der römischen Katakomben

Von ERNST DASSMANN

I.

Am 10. Oktober 1884 kam ein junger Mann zum erstenmal nach Rom, in die Ewige Stadt. Als er über den Petersplatz fuhr und den „Riesendom des Apostelfürsten" sah mit seiner „himmlischen Kuppel", hatte er nur die eine Sorge, wie er es anstellen könne, länger als zwei Jahre in Rom zu bleiben. Dieser Zeitraum war dem jungen Geistlichen von seinem Oberhirten, Kardinal Fürstenberg, Fürst-Erzbischof von Olmütz, zugestanden worden, um in Rom wissenschaftliche Studien zu treiben[1]. Aus den zwei Jahren wurden annähernd sechzig. Am 10. März 1944 starb Joseph Wilpert in Rom, das er nur wenige Jahre während des Ersten Weltkriegs hatte verlassen müssen. Seine ganze Schaffenskraft hat Rom gegolten, insbesondere der Erforschung des unterirdischen Roms, der frühchristlichen Begräbnisstätten in den Katakomben und der übrigen frühchristlichen Denkmäler[2].

Joseph Wilpert wurde am 22. August 1857 in Eiglau in Schlesien geboren. Er studierte Philosophie und Theologie in Innsbruck, wo er am 2. Juli 1883 zum Priester geweiht wurde. Schon damals verspürte er den Wunsch, „die von der ersten Christenheit hinterlassenen sichtbaren Spuren zu erforschen". Schwierig war nur, den Wunsch in die Tat umzusetzen, denn seine Vermögensverhältnisse waren nicht derart, daß er als Privatgelehrter seinen Aufenthalt in Rom hätte selbst bestreiten können. Bereits von Innsbruck aus nahm er durch einen Mitstudenten, der nach Rom reiste, um sich dort seinem amerikanischen Bischof vorzustellen, Verbindung mit dem Rektor des deutschen Priesterkollegs am Campo Santo, Msgr. Anton de Waal, auf. Er hatte sich an den richtigen Mann gewandt. De Waal ließ Wilpert sagen, „daß der von ihm geleitete Campo Santo gerade den Zweck habe, Geistlichen, welche historische oder archäologische Studien betreiben wollten, freie Unterkunft und dazu noch ein monatliches Gehalt von 10 Lire – damals zwei Dollar – zu bieten"[3]. Eine solche Stelle als Kaplan am Campo Santo Teutonico genügte Wilpert. Die Antwort De Waals versetzte ihn – nach seinen eigenen Worten – „in den dritten Himmel"[4].

Schon am Tag nach seiner Ankunft nahm De Waal ihn mit in die Katakombe des hl. Kallistus. Rückblickend schreibt Wilpert: „Es waren feierliche Momente. Da betrat ich nun zum ersten Mal die Gruft, in welcher Päpste aus dem 3. Jahrhundert begraben

---

[1] *J. Wilpert,* Erlebnisse und Ergebnisse im Dienste der christlichen Archäologie. Rückblick auf eine fünfundvierzigjährige wissenschaftliche Tätigkeit in Rom (Freiburg i. Br. 1930) 3f.

[2] Neben der vorgenannten Arbeit, die zahlreiche autobiographische Bemerkungen enthält, vgl. noch *A. Ferrua,* Al servizio della scienza e della fede. Mons. Wilpert nel suo ottantesimo, in: CivCatt 89 (1938) 510–521; *E. Josi,* Artikel Wilpert, in: Encicl. Catt. 12 (1954) 1691f; *E. Kirschbaum,* Artikel Wilpert, in: LThK² X (1965) 1170f.

[3] *Wilpert,* Erlebnisse 3.

[4] Ebd. 3.

waren; ich sah die Malereien der sogenannten Sakramentskapellen, der ‚cinque santi', der ‚cripta delle pecorelle', der ‚Gruft der Lucina' und die an Ort und Stelle verbliebenen, mit Skulpturen geschmückten Steinsärge."[5] Einen eigentlichen Lehrer fand Wilpert im Campo Santo nicht, wohl einen väterlichen Freund im Rektor des Kollegs und einen jüngeren Kollegen, den Luxemburger Priester Johann Peter Kirsch, der ungefähr zur gleichen Zeit nach Rom gekommen und ebenfalls als Kaplan in den Campo Santo eingetreten war[6]. Wilpert und Kirsch verband dasselbe Interesse; beide waren von ländlicher Abkunft, Kirsch etwas kräftiger und widerstandsfähiger als der aufgeschossene Wilpert. Das war nicht unwichtig bei der Arbeit in den Katakomben, die an die körperliche Leistungsfähigkeit nicht geringe Anforderungen stellte[7].

Tag für Tag durchforschten die beiden die wichtigsten Katakomben, um einen ersten Überblick zu bekommen. Anfangs mußte ein Fossor (einer aus der alten Zunft der Katakombengräber und -konservatoren) sie begleiten, damit sie sich in den zahlreichen Galerien und Gängen der meist mehrstöckigen Katakomben nicht verirrten. Die beiden notierten und beschrieben die gesehenen Bilder, klatschten die wichtigsten Inschriften ab, um zuverlässige Faksimile zu bekommen, und versuchten vor allem, sich im Labyrinth der Gänge zurechtzufinden und von der Führung durch den Fossor unabhängig zu werden[8].

Nach der allgemeinen Orientierung konnte die eigentliche Forschungsarbeit beginnen. Wilpert fühlte sich weniger von den architektonischen, topographischen und historischen Problemen der Katakomben angezogen als vielmehr von ihrer künstlerischen Ausstattung, vor allem von den Malereien, die ihn durch den Reiz der Farben ganz besonders ansprachen[9]. Das zwang ihn, sich von Kirsch zu trennen und eigene Wege zu gehen, was allerdings auch seiner persönlichen Neigung entgegengekommen sein dürfte, die nicht auf Zusammenarbeit aus war. Wilpert war Autodidakt und Einzelgänger; er hat weder Lehrer gesucht noch – in späteren Jahren – Schüler gefunden. Er hat sich zwar erfolgreich um engen Kontakt zu Giovanni Battista de Rossi (1822–1894), dem anerkannten Begründer einer wissenschaftlichen christlichen Archäologie[10], bemüht, ohne jedoch in den engeren Kreis von De Rossis Schülern Eingang zu finden, zu denen er eher in einem gespannten Verhältnis stehengeblieben zu sein scheint[11]. Die Bemerkung, De Rossi habe ihm für verschiedene bescheidene Dienste die Erlaubnis erteilt, in den Katakomben frei zu forschen und neu entdeckte Malereien zu veröffentlichen, läßt vermuten, daß Wilpert in De Rossi weniger den Lehrer, sondern vor allem den einflußreichen Mentor gesehen hat, ohne dessen wohlwollende Protektion für einen Anfänger und Ausländer fruchtbares Arbeiten auf dem erwählten Feld der Wissenschaft nicht möglich war[12]. Für Wilpert war die Erforschung der frühchristlichen Denkmäler keine wissen-

[5] *Wilpert*, Erlebnisse 4.

[6] J. P. Kirsch wurde später Professor für Patrologie und Christliche Archäologie an der Universität Fribourg und gründete 1925 im Auftrag Pius' XI. das Pontificio Istituto di Archeologia Cristiana; vgl. LThK² VI (1961) 307.

[7] *Wilpert*, Erlebnisse 6. [8] Ebd. 6–8. [9] *Wilpert*, Erlebnisse 8.

[10] Vgl. *C. M. Kaufmann*, Handbuch der christlichen Archäologie (Paderborn ³1922) 24; *P. Testini*, Le catacombe e gli antichi cimiteri in Roma (= Roma Cristiana 2) (Bologna 1966) 26f.

[11] Vgl. *Wilpert*, Erlebnisse 23f.

[12] Ebd. 23, 30. Wie notwendig Wilpert anfangs eine schützende Hand brauchte, beweist seine Bemerkung, die anerkannte Qualität seiner ersten Farbreproduktion habe zu einem Veröffentlichungsverbot weiterer farbiger Katakombenbilder durch die zuständige Kommission geführt. Ebd. 33.

schaftliche Mode und müßige Liebhaberei, sondern eine Aufgabe, der er zielstrebig, mit großem Ernst und ohne Rücksichten auf Gesundheit und persönliche Vorteile seine ganze Kraft widmete. Das muß De Rossi schon bald erkannt und dazu bewogen haben, dem jungen Geistlichen seine Förderung angedeihen zu lassen. Wilpert hat sie ihm durch lebenslange Loyalität gedankt. Angefangen von einer der frühesten Publikationen über Prinzipienfragen der christlichen Archäologie mit wütenden Angriffen gegen die protestantischen Archäologen V. Schultze, A. Hasenclever und H. Achelis[13] bis hin zu seinem geistlichen Testament über den ikonographischen Niederschlag des Glaubens der Kirche in den frühchristlichen Denkmälern[14], ist Wilpert der von De Rossi vorgezeichneten „dogmatisch-theologischen Auslegung"[15] der Bilder treu geblieben. Er hat den Meister gegen alle Angriffe bedingungslos in Schutz genommen.

Ein besonderer Gunsterweis De Rossis führte am Ende dazu, daß Wilpert sein Domizil im Campo Santo aufgab und als Untermieter zu einem befreundeten Kanoniker am Lateran zog. Durch Vermittlung De Rossis war Wilpert der Auftrag zuteil geworden, „das Kardinalsbarett für den Primas von Ungarn (Vaszary) dem Kaiser Franz Joseph zu überbringen"[16]. Neben der Ehre brachte die Gesandtschaft nach Wien Wilpert eine ansehnliche Geldsumme und eine Beförderung in der kirchlichen Hierarchie ein. Der junge Kaplan stieg in der klerikalen Stufenleiter über den Rektor des Kollegs, Msgr. de Waal. Um diesen nicht normalen Zustand zu beenden – zumal er herausfühlte, daß De Waal sein Austritt aus dem Campo Santo nicht unangenehm sein würde –, wechselte Wilpert den Wohnsitz. Persönliche Verbundenheit und Zusammenarbeit mit De Waal scheinen durch diese Veränderungen aber nicht belastet worden zu sein[17].

Von einer Abberufung Wilperts aus Rom sprach nach einigen Aufenthaltsverlängerungen niemand mehr. Wissenschaftliche Förderung, kirchliche Karriere und akademische Anerkennung – bereits 1892 verlieh ihm die Theologische Fakultät in Münster/Westfalen die Würde eines Ehrendoktors[18] – kamen nicht überraschend. Nach gut drei Jahren intensiver Arbeit konnte Wilpert die ersten Ergebnisse seiner Katakombenforschungen vorlegen, die dann in einer kontinuierlichen Folge größerer oder kleinerer, doch stets gehaltvoller Publikationen ihren Niederschlag fanden. Sie dokumentierten jedoch nicht nur die Ergebnisse abgeschlossener Forschungen, sondern schufen zugleich Schritt für Schritt die Voraussetzung für größere wissenschaftliche Unternehmungen[19]. Betrachtet man die zahlreichen Veröffentlichungen[20], läßt sich rückblickend sagen, daß

---

[13] Der volle Titel lautet: *J. Wilpert,* Principienfragen der christlichen Archäologie mit besonderer Berücksichtigung der „Forschungen" von Schultze, Hasenclever und Achelis (Freiburg i. Br. 1889).

[14] „Il libro-testamento" nennt *Ferrua,* Servizio 520, die späte Arbeit von *J. Wilpert,* La fede della chiesa nascente secondo i monumenti dell'arte funeraria antica (= Collezione „Amici delle Catacombe") (Città del Vaticano 1938).

[15] Diese als „römisch" bezeichnete Methode der Bildinterpretation wird bis heute heftig kritisiert; vgl. *E. Dassmann,* Sündenvergebung durch Taufe, Buße und Martyrerfürbitte in den Zeugnissen frühchristlicher Frömmigkeit und Kunst (= Münsterische Beiträge zur Theologie 36) (Münster 1973) 46–50.

[16] *Wilpert,* Erlebnisse 30.

[17] Wilpert blieb weiterhin regelmäßiger Mitarbeiter an der von A. de Waal gegründeten und herausgegebenen „Römischen Quartalschrift" (vgl. die Bibliographie in: RivAC 15 [1938] 6–16), was gegenseitige Kritik nicht ausschließt; vgl. *Wilpert,* Erlebnisse 174.

[18] Vgl. die Widmung in: *J. Wilpert,* Die Malereien der Sacramentskapellen in der Katakombe des hl. Callistus (Freiburg i. Br. 1897) Vf.

[19] Vgl. *Wilpert,* Erlebnisse 15.

[20] Die Bibliographie in der RivAC 15 (1938) 6–16 enthält bereits 123 Nummern.

Wilpert bei aller Vielfalt der einzelnen Aktivitäten seine Arbeit doch zielstrebig auf wenige Aufgaben konzentriert hat[21], von denen die Bemühungen um eine zuverlässige und vollständige Wiedergabe der frühchristlichen Bilddokumente am erfolgreichsten gewesen sind[22].

II.

Der Anstoß zum ersten großen Werk über die römischen Katakombenbilder ergab sich aus der für den jungen Forscher bestürzenden Erfahrung, daß die Kopien in den bisherigen Veröffentlichungen Antonio Bosios und anderer Katakombenforscher von den Originalen nicht selten erheblich abwichen[23]. Zuerst glaubte Wilpert, sich selbst zu irren und die Bilder bei seinen zahlreichen Besuchen in den dunklen Kammern und Gängen der Katakomben, die durch flackerndes Talglicht nur notdürftig erhellt waren, nicht richtig erkannt zu haben[24]. Huschende Schatten, Zerstörungen der Malflächen durch Rußflecke, abgebröckelter Stuck und Sinterüberzug erschweren in der Tat eine zuverlässige Wahrnehmung, und es kann leicht geschehen, daß ein phantasiebegabter Beschauer alle möglichen Figuren und Ornamente im trügerischen Farbenspiel der unzulänglich beleuchteten Bilder erkennen zu können glaubt. Wilpert jedoch war, seinem ganzen Schrifttum nach zu urteilen, eher ein nüchterner Beobachter als ein phantasiebegabter Ästhet, Wissenschaftler, nicht Künstler. Nach einer gewissen Zeit kam er zu der Überzeugung, daß nicht er, sondern die alten Kopisten sich geirrt haben mußten und eine zuverlässige Wiedergabe der Malereien dringend geboten sei, weil aus den fehlerhaften Kopien z.T. erhebliche ikonographische und theologische Fehlschlüsse für die Interpretation der Bilder gezogen wurden.

So befand sich in einer Kammer in Ss. Pietro e Marcellino in den vier Zwickeln der Decke die Abbildung eines Trinkgefäßes inmitten von schön geschlungenen volutenartigen Ranken. Es dürfte sich um einfache Dekorationsstücke handeln, wie sie sich häufig als Füllsel in den Ecken zwischen figürlichen Darstellungen eingestreut finden. Bosios Kopist hatte daraus ein Lamm gemacht, das auf dem Rücken ein nimbiertes Milchgefäß trug und dem ein Palmzweig zwischen den Vorderbeinen steckte (Taf. 7a)[25]. Entsprechend lauteten die Deutungen: Das Christuslamm trägt auf seinem Rücken das Milchgefäß als eucharistisches Symbol entsprechend 1 Petr 2,2, in dem die Neugetauften ermahnt werden, nach der unverfälschten geistigen Milch, d.h. der Eucharistie, zu verlangen. Noch ausgeklügelter war der Hinweis auf die Vision der Perpetua, in der die Märtyrin im himmlischen Garten von Gott in der Gestalt eines greisen Hirten einen Brocken geronnener Milch gereicht bekommt in der Weise, in der damals die Eucharistie gespendet wurde. Der Palmzweig sollte dabei auf das Martyrium hinweisen, und die

---

[21] In Erlebnisse 1f nennt Wilpert selbst den Kampf gegen falsche Bildkopien, gegen falsche Bilddeutungen und gegen den Primat der christlich orientalischen vor der römischen Kunst als die Hauptthemen seiner wissenschaftlichen Arbeit.

[22] Das ist Wilpert auch von den schärfsten Gegnern seiner Bilddeutungen zugestanden worden. Vgl. als ein Beispiel unter zahlreichen anderen: *L. v. Sybel,* Christliche Antike. Einführung in die altchristliche Kunst 1 (Marburg 1906) 141–143.

[23] Vgl. *J. Wilpert,* Die Katakombengemälde und ihre alten Copien (Freiburg i. Br. 1891).

[24] *Wilpert,* Erlebnisse 8–10.

[25] *Wilpert,* Die Katakombengemälde und ihre alten Copien 60f und Taf. XXVI; vgl. *A. Bosio,* Roma Sotterranea (Rom 1632) 363.

Deutung schien über allen Zweifel erhaben. „Unangenehm war mir nur", schreibt Wilpert, „daß das Original wenig Ähnlichkeit mit der Kopie aufwies."[26]

Schwierigkeiten machte auch die Interpretation der bekannten „Taufszene" aus der Kammer X der Lucina-Region in S. Callisto (Taf. 7b)[27]. Die über der Taufszene schwebende Taube schien einen Zweig im Schnabel zu tragen ähnlich der Taube, die Noah in der Arche das Trockenwerden des Landes angekündigt hatte. Wenn es sich bei dem Bild um die Jesustaufe im Jordan handeln sollte, hätte die Geist-Taube eigentlich keinen Ölzweig im Schnabel tragen dürfen. Mit Ölzweig müßte man eher an die Taufe eines Katechumenen denken. Dem stand jedoch wiederum entgegen, daß die Kleidung des Taufspenders, das kurzgesteckte Philosophen-Pallium, auf den biblischen Täufer Johannes, nicht aber auf die liturgische Kleidung eines kirchlichen Sakramentenspenders hinwies. Ob die Unterscheidung der Kleidung hinreicht, auf die Jordantaufe oder eine Katechumenentaufe schließen zu können[28], ob es sich überhaupt bei der Darstellung in Lucina um eine Taufszene handelt – es sind auch andere Interpretationen versucht worden[29] –, kann hier nicht näher verfolgt werden. Wilpert konnte durch Reinigung und genaue Untersuchung der Malerei feststellen, daß es sich bei dem Zweig, den die Taube im Schnabel tragen sollte, in Wirklichkeit um deren zweiten Flügel handelte. Damit wurden alle Spekulationen, die sich an den Ölzweig geheftet hatten, hinfällig[30]. Wenn es um die Erfassung des Bildinhaltes ging, war Wilpert von einer bemerkenswerten Nüchternheit. Aus einer Darstellung in der Bäckergruft von Domitilla, auf der man bislang zu Zwangsarbeit verurteilte Märtyrer oder Reminiszenzen an ein biblisches Ereignis erkennen zu können geglaubt hatte, machte er aufgrund genauer Beobachtungen eine Szene aus dem täglichen Leben: Hafenarbeiter, die ein Schiff beladen (Taf. 8a)[31].

Die hier geschilderten Erfahrungen mit der Ungenauigkeit von Kopien und phantasiebeflügelten Bildbeschreibungen, die leicht um weitere Beispiele vermehrt werden könnten, ließen Wilpert den Plan fassen, alle Katakombenbilder neu zu untersuchen und originalgetreu zu publizieren. Welche Arbeit damit verbunden war, konnte er zu Beginn schwerlich ahnen. Über die Anfänge schreibt Wilpert: „Die Arbeit war mit großen Schwierigkeiten verknüpft. Da ich mir damals weder Wagen noch Gehilfen leisten konnte, so mußte ich alles allein besorgen. Den Weg machte ich zu Fuß – ungefähr eine gute Stunde –, und in der Katakombe vereinigte ich Lichtträger und Zeichner in einer Person, indem ich mit der linken Hand das Album und ein Wachslicht hielt, das mir die Zeichnung, und ein Schilfrohr mit einem zweiten Wachslicht, das die Malerei beleuchtete. So primitiv ausgerüstet zeichnete ich in der stockfinsteren Katakombe, weit vom

---

26 *Wilpert,* Erlebnisse 12.

27 *J. Wilpert,* Die Malereien der Katakomben Roms, Tafelband (Freiburg i. Br. 1903) Taf. 29, 1 (im folgenden abgekürzt WK).

28 Die Bedeutung von Kleidung oder Gesten als Hilfe bei der Identifizierung von Personen oder Handlungen ist an sich unbestritten und durch zahlreiche Untersuchungen belegt. Wilpert hatte sie bereits erkannt und erforscht – wenngleich in noch unzulänglicher Weise; vgl. *J. Wilpert,* Die Gewandung der Christen in den ersten Jahrhunderten. Vornehmlich nach den Katakomben-Malereien dargestellt (Köln 1898); ebenso WK, Textband 63–102.

29 Vgl. *Dassmann,* Sündenvergebung 349f.

30 *Wilpert,* Erlebnisse 70f.

31 *J. Wilpert,* Ein unbekanntes Gemälde aus der Katakombe der hl. Domitilla und die cömeterialen Fresken mit Darstellungen aus dem realen Leben, in: RQ 1 (1887) 29–32; WK 194; *Wilpert,* Erlebnisse 12–15.

Eingang entfernt und mutterseelenallein... bis die Augen, von dem scharfen Zusehen ermüdet, mir den Dienst versagten: alles floß auf der Zeichnung ineinander!"[32]

Viel erreicht war mit solchem Kopieren noch nicht, denn die Zeichnungen – mochten sie auch einige ikonographische Details genauer erfassen und darauf verzichten, Gewänder und Gesten, wie bisher geschehen, in der Manier des Zeitgeschmacks darzustellen – blieben doch farblose Skizzen und vermochten den Eindruck der unterirdischen Malereien nur unvollkommen wiederzugeben. Da sich seine finanzielle Lage inzwischen verbessert hatte und er bei seiner persönlichen Bedürfnislosigkeit willens war, alle verfügbaren Mittel in die Vorbereitung seines geplanten großen Katakombenwerkes zu stecken, begann Wilpert Versuche mit photographischen Aufnahmen der Katakombenmalereien. Einer der besten Photographen Roms, Pompeo Sansaini, konnte für das Unternehmen gewonnen werden. Er war von der Aufgabe so begeistert, daß er sich nicht scheute, durch halbverfallene Gänge in z. T. eingestürzte Cubicula zu kriechen und, wie sein Auftraggeber auf dem Rücken liegend, die Arbeit durchzuführen. Daneben bildete Wilpert einen jungen Maler, Carlo Tabanelli, heran, der die auf präpariertes Papier übertragenen Photographien, vor den Originalen kauernd, kolorierte, bis der photographische Untergrund verschwand.

Mag im Zeitalter technisch nahezu unbegrenzter Möglichkeiten der Farbphotographie die ganze Prozedur auch etwas umständlich erscheinen, gegenüber den alten Kopien in den Werken Bosios, De Rossis und anderer stellte das Verfahren Wilperts einen enormen Fortschritt dar. „Il suo pittore stacca i quadri dal muro – Ihr Maler löst die Bilder von der Wand!"[33] riefen begeisterte Besucher aus, wenn sie Wilperts Kopien sahen. Und es muß hinzugefügt werden, daß ein Großteil von ihnen die besten Reproduktionen geblieben sind bis auf den heutigen Tag. Andere werden es für immer sein, denn obwohl der Zustand der Fresken sich in den letzten Jahrzehnten, seitdem die Katakomben ausgegraben sind und Luft und Feuchtigkeit an die Bilder gelangen können, so sehr verschlechtert hat, daß einige bereits vollständig zerstört sind und andere Gefahr laufen, restlos zu verderben, ist es bisher nicht gelungen, eine vollständige farbphotographische Reproduktion aller bekannten und erreichbaren Katakombenbilder durchzuführen[34]. Die Gründe, warum es bis heute zu einer wissenschaftlich einwandfreien Aufnahme wenigstens der einzelnen Bilder, geschweige denn zu einer szenographischen Abwicklung ganzer Wände, Decken und Arkosolien, die den für die Interpretation so wichtigen ikonographischen Kontext der Szenen zuverlässig erkennen ließe, nicht gekommen ist, können nur vermutet werden und sind in diesem Zusammenhang nicht zu erörtern[34a].

Bei der Sammlung des Materials gelangen Wilpert einige wichtige Entdeckungen bzw. Identifizierungen verschollener oder fast ganz zerstörter Malereien. Lange Zeit widerstand seinen Bemühungen eine Kammer in Ss. Pietro e Marcellino, die Bosio nur als „Cubicolo dipinto e in parte scolorito" zu benennen gewußt hatte[35]. In dieser Kammer 54 war die Stuckverkleidung zwar noch überall erhalten, jedoch so mit schwarzen und grauen Flecken überkrustet, daß von den Bildern nur noch wenige Farb-

---

[32] *Wilpert*, Erlebnisse 14f. [33] Ebd. 31.

[34] Welche Qualität der Wiedergabe bei Katakombenbildern heute zu erreichen ist, beweisen einzelne Abbildungen in neueren Veröffentlichungen; vgl. etwa *C. Bertelli – G. Pozzi Bellini*, Roma Sotterranea (= Forma e colore 29) (Florenz 1965).

[34a] Inzwischen ist mit Hilfe der Deutschen Forschungsgemeinschaft unter der Leitung von *J. G. Deckers* mit der photogrammetrischen Aufnahme der wichtigsten Kammern in Ss. Pietro e Marcellino begonnen worden. Dem Unternehmen sind Erfolg und weitere Fortführung dringend zu wünschen. [35] *Wilpert*, Erlebnisse 27f; vgl. *Bosio*, Roma Sotterranea 591 D.

reste durchschimmerten. Längere Zeit hatte Wilpert der halbverschütteten Kammer deshalb keine Beachtung geschenkt. Als er jedoch eines Tages mit der geplanten Arbeit früher als angenommen fertig war, besuchte er wiederum die Kammer. Auf dem Rücken liegend bemerkte er, wie die Umrisse einer Figur zum Vorschein kamen, wenn er das Licht seitwärts in einer gewissen Entfernung hielt, so daß die unregelmäßig dicken Farbschichten bzw. die durch den Pinseldruck im feuchten Putz entstandenen Unebenheiten Schatten werfen konnten[36]. Nachdem er die mit Sicherheit erkennbaren Linien übertragen hatte und nach vollständiger Ausgrabung der benachbarten Kammern die dort besser erhaltenen Malereien zu Vergleichszwecken heranziehen konnte, gelang es Wilpert, die Szenen der reich ausgemalten Decke in der Kammer 54 zu ergänzen, so daß eine Identifizierung möglich wurde (Taf. 8b u. c).

In solchen Ergänzungen war Wilpert Meister. Vor allem bei den Sarkophagen hat er oft aus wenigen Fragmenten, einer Hand, einem Baumstück, ein paar Gewandfalten, ganze Szenen und Sarkophagfronten rekonstruiert. Wer solche Ergänzungen zum erstenmal in einer Nachzeichnung sieht, möchte sie für willkürlich halten. Trotzdem sind sie in den meisten Fällen zutreffend. Die überwiegende Zahl der frühchristlichen Bildmotive ist häufig wiederholt worden und hat dabei einen bestimmten Darstellungstypos erhalten. Es genügt daher in der Regel die Identifizierung eines charakteristischen Details, um die ganze Szene rekonstruieren zu können. Bei seiner unübertroffenen Kenntnis der frühchristlichen Monumente besaß Wilpert die besten Voraussetzungen, durch Vergleiche und Ergänzungen den ursprünglichen Bildinhalt zurückzugewinnen und eine sichere Identifizierung zu ermöglichen[37].

Eine weitere wichtige Entdeckung gelang Wilpert in der sogenannten Cappella Greca in der Priscilla-Katakombe. Diese unterirdische Kammer läßt sich mit einer „Basilika im kleinen" vergleichen, bestehend aus einem einschiffigen Hauptraum mit anschließendem Apsidenraum[38]. Die Malereien des Hauptraumes waren längst bekannt[39]. Wilpert vermutete, daß auch der Apsidenraum ausgemalt gewesen sei, wenngleich keine Spuren mehr zu erkennen waren, weil eine graue Sinterschicht, die sich infolge des durch einen Lichtschacht einsickernden Wassers gebildet hatte, alles überdeckte. Wilpert schreibt: „Meine Annahme wurde zur Gewißheit, als ich eines Tages an der obersten Stelle der Decke, unmittelbar neben dem Lichtschacht, Waschungen mit Wasser und Seife vornahm ... Von dem Schmutz befreit, zeigten sich Gebäulichkeiten auf rotem Grund, und davor, stark verblaßt, Daniel zwischen zwei Löwen."[40]

Wegen der Delikatesse der Arbeit und um nichts zu zerstören, bat Wilpert De Rossi, einen Techniker zu beauftragen, mit geeigneten chemischen Mitteln die Säuberung des gesamten Raums durchzuführen. Leider wurde De Rossi schwer krank, so daß er dem Wunsche nicht entsprechen konnte und Wilpert sich selbst mit einem geeigneten Mann in Verbindung setzen mußte. Nach einigen Versuchen mit verschiedenen Lösungen erwies sich mit Wasser verdünnte Salzsäure am wirksamsten; sie löste den Sinter auf, ohne

---

[36] *J. Wilpert,* Ein Cyclus christologischer Gemälde aus der Katakombe der heiligen Petrus und Marcellinus (Freiburg i. Br. 1891) 1f; mit leichten Veränderungen ebenfalls berichtet in *Wilpert,* Erlebnisse 25f.

[37] Im Verhältnis zur Unmenge der von Wilpert bestimmten Bildinhalte sind es nur wenige, deren Richtigkeit von der späteren Forschung in Frage gestellt worden ist; vgl. *Dassmann,* Sündenvergebung, Tabellen.

[38] *Wilpert,* Erlebnisse 34.

[39] *J. Wilpert,* Fractio Panis. Die älteste Darstellung des eucharistischen Opfers in der „Cappella Greca" (Freiburg i. Br. 1895) Taf. II.

[40] *Wilpert,* Erlebnisse 34.

die Farben zu beschädigen. (Wieviel von den Farben trotz Wilperts Beteuerung dennoch mit abgewischt wurde, läßt sich nicht mehr nachprüfen.) Wilpert berichtet weiter: „Nach der notwendigen praktischen Anleitung übernahm ich die Aufdeckung der Malereien und führte sie nach zweiwöchentlicher angestrengter Tätigkeit zu Ende ... Die Anwendung der Salzsäure zwang mich, wegen der erstickenden Dämpfe die Arbeit jeden Augenblick zu unterbrechen. Zum Glück liegt die Kapelle nicht weit vom Eingang der Katakombe, so daß man in ein paar Minuten an der frischen Luft war. Die Mühe wurde reichlich belohnt. Unter den von mir freigelegten Gemälden befindet sich eines, das nichts Geringeres als die fractio panis, die Handlung des Brotbrechens, also die älteste Darstellung des eucharistischen Opfers oder der Messe ... verbildlicht, und zwar mit geschickter Benützung des Symbols, der wunderbaren Vermehrung der fünf Brote und zwei Fische, welche das Mahl zu einem religiösen stempelt" (Taf. 9a)[41].

Es bedeutete für Wilpert eine große Genugtuung, als er nach Beendigung der Arbeiten De Rossi zur Besichtigung der neuentdeckten Malereien in die Cappella Greca einladen konnte. Schwerkrank, am Arme seines Bruders, schleppte De Rossi sich mühsam in die Kammer, wo er lange bei der Betrachtung der „fractio panis" verweilte. „Con questa scoperta ha coronato gli scavi – Mit dieser Entdeckung haben Sie den Ausgrabungen die Krone aufgesetzt", bekannte er Wilpert beim Verlassen der Cappella[42].

Bei Wilpert häufte sich allmählich das Material, eine Fülle von kolorierten Photographien, die nahezu den vollständigen damals bekannten Bestand an Katakombenmalereien umfaßten. Es fehlten nur noch die Bilder einer Kammer und eines Arkosols aus der Prätextat-Katakombe. Der Zugang dazu lag in einem kleinen Garten, der einem Advokaten gehörte. Seit zwanzig Jahren weigerte sich dieser Mann verbissen, irgendeinem Archäologen den Zugang zu gestatten. Der große De Rossi war fortgejagt worden „come un gatto frustato"[43], und auch Wilpert war grob die Tür gewiesen worden, als er vorgesprochen hatte. Doch er wollte die Malereien vollständig, und dazu brauchte er die Bilder aus Prätextat. Hatte der Besitzer einen Dickschädel, so Wilpert noch mehr. Mit Hilfe von einigen Theologiestudenten ließ er von einem Nachbargrundstück, das dem Fürsten Torlonia gehörte, unter der Vigna des Advokaten einen Zugang zu der Kammer graben, ohne daß irgend jemand etwas merkte. Vier Monate dauerte die Arbeit. An einem Osterdienstag konnten Wilpert, der Photograph und der Maler durch ein enges Loch in den bisher versperrten Teil der Katakombe kriechen und die Fresken kopieren[44].

Ungefähr fünfzehn Jahre waren vergangen, seitdem Wilpert mit seinen Forschungen begonnen hatte. Nach Veröffentlichung zahlreicher Einzeluntersuchungen konnte nun endlich das große Werk herauskommen. Eine letzte Schwierigkeit bestand darin, 80000 österreichische Kronen aufzutreiben, auf die die Druckkosten geschätzt waren. Wilpert hatte seine bisherigen Arbeiten häufig veröffentlichen können, indem er sie interessierten Persönlichkeiten widmete, die dann für die Kosten aufkamen[45]. Doch diesmal hatte er Pech. Einem hohen Würdenträger war an der Widmung nichts mehr gelegen, als die ersten Rechnungen bezahlt werden mußten. Wilpert war genötigt, einige Wertpapiere zu verkaufen, er erhielt Zuschüsse von Kaiser Wilhelm II. und dem Kardinal-Fürstbischof Kopp von Breslau, und der Rest der Kosten konnte aus dem Erlös der verkauften

---

[41] Ebd. 35. [42] Ebd. 36f. [43] Ebd. 39. [44] Ebd. 39–41.

[45] So finanzierte ihm Pia von Angelini, Oberin des Klosters von der ewigen Anbetung in Innsbruck, sein Werk: Die gottgeweihten Jungfrauen in den ersten Jahrhunderten der Kirche (Freiburg i. Br. 1892); A. de Waal finanzierte: Ein Cyclus christologischer Gemälde aus der Katakombe der heiligen Petrus und Marcellinus (Freiburg i. Br. 18[illegible]1). Vgl. *Wilpert*, Erlebnisse 33, 29.

Exemplare gedeckt werden. 1903 erschien das Werk bei Herder in Freiburg i. Br.[46]; es brachte seinem Verfasser und Organisator endgültig Anerkennung unter den Gelehrten in aller Welt.

Gemessen an heutigen Ansprüchen und dem gegenwärtigen Stand der Forschung sind Wilperts Katakombenbände nicht mustergültig. Der chronologische Ansatz der Malereien ist weitgehend falsch, die topographischen Angaben sind ungenau, manche Interpretationen anfechtbar. Die Übersichtstabellen enthalten viele falsche Zahlenangaben, die Lokalisierungshinweise gestatten es nur mühsam, oft sogar überhaupt nicht, die einzelnen Bilder des Tafelbandes eindeutig in den Kompositionszusammenhang der entsprechenden Kammern oder Arkosolien einzuordnen. Und dennoch: die Arbeit insgesamt ist bis heute unerreicht. Sie ist das Werk eines einzelnen, obwohl es die Kräfte eines einzelnen übersteigt. Ein ganzes Team von Forschern und Technikern muß heute aufgeboten werden, will man über die Leistung Wilperts wirklich hinauskommen. Solange das nicht geschehen ist, bleiben Wilperts Bände Grundlage der ikonographischen Katakombenforschung. In der Tat erscheint bis auf den heutigen Tag keine einschlägige Untersuchung über frühchristliche Kunst, in der nicht nahezu Seite für Seite auf Wilperts Tafelband zurückgegriffen und verwiesen wird. Daß viele seiner Thesen über Chronologie und theologische Bedeutung der Katakombenbilder korrigiert werden konnten, dafür hat Wilpert selbst mit seiner Veröffentlichung der Monumente den Grund gelegt[47].

III.

Der glückliche Abschluß des großen Werkes dürfte Wilpert erheblichen Auftrieb gegeben haben. Noch bevor mit dem Druck der Tafeln begonnen worden war, reiften neue Pläne. Die frühchristliche Kunst erschöpft sich nicht in Katakombenbildern. Seit Konstantin dem Großen beherbergen auch oberirdische Räume, Basiliken und Baptisterien, wertvolle Malereien und Mosaiken. Lag es nicht nahe, nach der Dokumentation der Katakombenmalerei nunmehr eine Veröffentlichung aller erhaltenen Kunstwerke aus den oberirdischen Räumen von den Anfängen bis zum Mittelalter folgen zu lassen? Das Unternehmen war noch aufwendiger und umfangreicher als das soeben glücklich beendete. Aber es gelang. Bereits 1916 konnte die Sammlung aller römischen Mosaiken und Malereien der kirchlichen Bauten vom 4. bis 13. Jahrhundert in vier großen Bänden mit über 1200 Seiten Text, 300 farbigen Tafeln und 542 Abbildungen im Text wiederum bei Herder herauskommen[48].

Auch diesmal hatte Wilpert in den Jahren der Vorbereitung mit erheblichen Schwierigkeiten wissenschaftlicher, organisatorischer und finanzieller Art zu kämpfen gehabt.

---

[46] *J. Wilpert,* Die Malereien der Katakomben Roms. Mit 267 Tafeln und 54 Abb. im Text, 2 Bde. (Freiburg i. Br. 1903); italienische Ausgabe: Le pitture delle Catacombe romane. Con 54 incisioni nel testo e 267 tavole. 2 voll. Desclée-Lefebvre, Roma 1903). Vgl. *Wilpert,* Erlebnisse 103–105.

[47] Unter den zahlreichen positiven wie negativen Kritiken, die Wilperts Werk erfahren hat, sei hier nur auf eine abgewogene Stellungnahme aus neuerer Zeit verwiesen: *J. Kollwitz,* Die Malerei der konstantinischen Zeit, in: Akten des VII. Internationalen Kongresses für christliche Archäologie, Textband (= Studi di antichità cristiana 27) (Città del Vaticano – Berlin 1969) 31 f.

[48] Die römischen Mosaiken und Malereien der kirchlichen Bauten vom IV. bis XIII. Jahrhundert. Unter den Auspizien und mit allerhöchster Förderung Seiner Majestät Kaiser Wilhelms II. hrsg. von *J. Wilpert* (Freiburg i. Br. 1916). Vor kurzem erfolgte eine teilweise Neuauflage in einem Band: *J. Wilpert - W. N. Schumacher,* Die römischen Mosaiken der kirchlichen Bauten vom IV.–XIII. Jahrhundert. Mit 124 Farbtafeln (Freiburg i. Br. 1976).

Beherztes Verhandeln war z.B. notwendig gewesen, um die Erlaubnis zur Veröffentlichung der soeben erst freigelegten Fresken in der Kirche S. Maria Antiqua auf dem Forum Romanum zu erhalten (Taf. 10)[49]. Um die ersten Auslagen zu decken, verkaufte Wilpert seine Aquarellsammlung, nach der die Klischees für die Katakombenmalereien hergestellt worden waren. Namhafte Zuschüsse von Kaiser Wilhelm II., Kardinal Kopp von Breslau und Herrn Krupp von Bohlen und Halbach brachten mehr als ein Drittel der Gesamtkosten zusammen. Ungeahnte Schwierigkeiten machte auch die Herstellung der übergroßen Klischees. Eine deutsche Firma, die sich erboten hatte, in vier Monaten dreißig Tafeln zu klischieren, brachte nur drei zustande. Die letzten Arbeiten der dreizehnjährigen Vorbereitung fielen in die Zeit des Ersten Weltkriegs. Wilpert hatte Rom verlassen müssen und bei seinem Verleger Herder Aufnahme gefunden. Er hatte gehofft, in wenigen Monaten nach Rom zurückkehren zu können und darum nur wenige Unterlagen mitgenommen. Ein Teil des Textes des letzten Bandes mußte daher in Freiburg neu geschrieben werden[50].

Etwas anderes verdient erwähnt zu werden. Als der Druck seinem Ende entgegenging, wurde im Mai 1916 die Subskription auf das Werk eröffnet. Schon im Juli waren alle Exemplare gezeichnet, so daß die Subskriptionsliste vorzeitig geschlossen werden mußte. Dieser Erfolg war ein eindrucksvolles Zeugnis für das Vertrauen, das sich Wilpert mit seinen Katakombenbänden erworben hatte! Ein Exemplar der „Mosaiken und Malereien" kam auch nach England, und „ein englisches Blatt sprach offen seine Verwunderung darüber aus, daß die Publikation eines so reich ausgestatteten Werkes in Deutschland während des Krieges möglich war". Für Wilpert fiel sogar ein bescheidener Gewinn ab, der allerdings nicht lange vorhielt, weil er durch die Inflation wieder verlorenging[51].

Wollte Wilpert sein Lebenswerk, die Veröffentlichung der frühchristlichen Monumente, vollenden, fehlten jetzt nur noch die Sarkophage als Denkmäler der plastischen Kunst. Noch in Deutschland, sofort nach dem Druck der Tafelbände mit den Mosaiken und Malereien, machte er sich daran, dieses letzte große Werk zu konzipieren. Es ist noch umfangreicher als die beiden vorhergehenden, insofern es nicht nur die römischen, sondern auch alle übrigen Sarkophage, besonders die gallischen und spanischen, wenigstens der Intention nach vollständig in die Untersuchung einbezieht. Natürlich konnten in Deutschland nur einige Vorarbeiten durchgeführt werden. Um voranzukommen, mußte Wilpert zurück nach Rom und weiter nach Frankreich, vor allem nach Arles, denn nur an den Monumenten selbst, nicht an Photographien und Reproduktionen hat Wilpert seine Ergebnisse erarbeitet. Endlich, im Oktober 1919, konnte er nach Rom zurückkehren und dann in den Jahren 1925–1927 drei Studienreisen nach Frankreich unternehmen, die wegen der noch nicht vernarbten Kriegswunden sorgfältig vorbereitet werden mußten und nicht ohne Schwierigkeiten vonstatten gingen[52]. Erschwerend hinzu kam der Umstand, daß sich nicht wenige Skulpturen in Privatbesitz befanden und oft gar nicht oder nur widerwillig der Erforschung und Veröffentlichung zur Verfügung gestellt wurden[53]. Die meisten Hindernisse vermochte Wilpert mit Geschick und Zähigkeit zu überwinden, und bereits ab 1929 konnten zwei Text- und zwei Tafelbände, gefolgt von einem Supplementband, in Rom erscheinen[54]. Vielleicht auch dies ein Hinweis auf die Zeitverhältnisse: Wilperts drittes Monumentalwerk kam nicht mehr in Deutschland

[49] *Wilpert,* Erlebnisse 111; vgl. *Ferrua,* Servizio 517. [50] *Wilpert,* Erlebnisse 144f.

[51] Ebd. 145f. [52] Ebd. 147, 151f, 156. [53] Ebd. 158–160.

[54] *G. Wilpert,* I sarcofagi cristiani antichi, 2 Text- u. 2 Tafelbde., Supplementband (= Monumenti dell'antichità cristiana) (Rom 1929–1936).

heraus. Die Bedeutung von Wilperts Sarkophagcorpus erhellt wiederum die Tatsache, daß es erst in jüngster Zeit gelungen ist, den ersten Band eines Werkes herauszubringen, das einmal Wilperts Sarkophagbände ablösen könnte[55].

IV.

Da sich das Hauptaugenmerk auf Wilperts Beitrag zur Katakombenforschung richten soll, ist die Entstehungsgeschichte der beiden letzten Denkmälersammlungen hier nur kurz gestreift worden. Diese Beschränkung ist aber auch sachlich gerechtfertigt, insofern die Publikation der Katakombenmalereien Wilperts großer Wurf gewesen ist, den er in den nachfolgenden Arbeiten an den übrigen Objekten der frühchristlichen Kunst zu verifizieren versucht hat. Auf die Treue der von ihm besorgten Abbildungen und ihren Nutzen für die archäologische Forschung wurde schon mehrfach hingewiesen. Selbst wenn Wilperts kühne Behauptung: „Kein Mensch wird mir in den hunderten Kopien von Katakombengemälden, die ich veröffentlicht habe, einen Irrtum nachweisen können"[56], in dieser Ausnahmslosigkeit nicht zutrifft, so darf ihnen ein hohes Maß an Zuverlässigkeit gleichwohl zugesprochen werden. Wilperts Schwächen liegen nicht auf dem Gebiet der Dokumentation, sondern auf dem der Interpretation, verbunden mit einem falschen chronologischen Ansatz für die Datierung der Denkmäler.

Die bereits erwähnte „fractio panis" in der Cappella Greca der Priscilla-Katakombe vermag dieses Urteil zu illustrieren. Wilpert war mit dem nötigen Spürsinn begabt, der ihn in der längst entdeckten Kammer nach weiteren Bildern forschen ließ; er bewies Findigkeit und praktischen Sinn, als er nach Mitteln suchte, um die mit Sinter verkrusteten Malereien wieder sichtbar zu machen; er besaß Fleiß und Ausdauer, die ihn die Mühsal wochenlanger strapaziöser Arbeit in der dunklen Gruft durchhalten ließen; schließlich begnügte er sich nicht mit dem Entdecken und Freilegen, sondern sorgte für eine angemessene Reproduktion und Publikation der wiedergefundenen Malereien. So hat Wilpert der christlichen Archäologie die „fractio panis" der Cappella Greca geschenkt; das ist sein bleibendes Verdienst. Der Interpretation der Malerei als Darstellung der Eucharistiefeier in dem Augenblick, da der Bischof das Brot bricht (= fractio panis)[57], ebenso der Datierung der Szene in „die ersten Jahrzehnte des 2. Jahrhunderts"[58] – beides hat Wilpert zeit seines Lebens erbittert verteidigt – wird heute dagegen kaum noch ein christlicher Archäologe zustimmen. Die „fractio panis" gilt eher als symbolische Darstellung der jenseitigen cena celestis[59] oder in noch nüchternerer Betrachtung als Darstellung eines Totenmahls, das die Angehörigen zu Ehren des Verstorbenen besonders am Tag des Jahresgedächtnisses zu halten pflegten. Der Raum, in dem die „fractio panis" sich befindet, und seine Umgebung bieten Anzeichen für eine solche Verwendung[60]. Und was die Zeit betrifft, so neigen die meisten Forscher heute einer Datierung

---

[55] Vgl. Repertorium der christlich-antiken Sarkophage, 1. Bd. (Text- u. Tafelbd.): Rom und Ostia, hrsg. von *F. W. Deichmann* (Wiesbaden 1967).

[56] *Wilpert*, Erlebnisse 81f, 209.

[57] *Wilpert*, Fractio Panis 8f; *ders.*, Erlebnisse 36, 58f; *ders.*, La fede 93.

[58] *Wilpert*, Fractio Panis 32.

[59] *L. v. Sybel*, Christliche Antike 1, 202f; *C. M. Kaufmann*, Handbuch 275.

[60] *F. J. Dölger*, ΙΧΘΥΣ V (Münster 1943) 503–527; *A. Stuiber*, Refrigerium interim. Die Vorstellung vom Zwischenzustand und die frühchristliche Grabeskunst (= Theophaneia 11) (Bonn 1957) 134f.

in konstantinische Zeit oder sogar erst in die zweite Hälfte des 4. Jahrhunderts zu[61].

Die Fehlinterpretation der „fractio panis“ und ihre ungerechtfertigte Frühdatierung wären an sich kein Grund, sie hier zu erwähnen. Sie sind jedoch kein Einzelfall und signalisieren ein Auslegungsprinzip, das Wilpert ganz bewußt angewandt hat, das ihm gleichwohl – sein Urteil präjudizierend – vorgegeben war. Die christliche Archäologie vor Ort in Rom hatte Methoden und Prinzipien ihrer Forschung nicht Schritt für Schritt in einem neutralen Raum entwickeln können, sondern war von Anfang an in theologisch-apologetische Auseinandersetzungen eingespannt gewesen. Man las die Bilder mit den dogmatisch geschulten Augen römischer Theologen und war entzückt, in diesen uralten Zeugnissen aus apostolisch-nachapostolischer Zeit den Glauben wiederzufinden, den die Kirche noch heute verkündet. In dieser Tradition stand Wilpert durch seinen Lehrer De Rossi, zugleich im Anziehungsbereich der römischen Kurie, die die frühchristlichen Denkmäler gerade wegen ihres Zeugnischarakters schätzte, auf deren Förderung Wilpert aber wiederum angewiesen war, wenn er seine großen Forschungsvorhaben durchführen wollte[62]. Das braucht nicht zu bedeuten, daß Wilperts Bildinterpretationen gegen seine eigene Überzeugung entstanden wären, aber diese – auch wissenschaftlich verantwortete – Überzeugung hat sich nicht in einem voraussetzungslosen Raum gebildet, sondern wurde von dem Klima mitgeformt, in dem Wilpert lebte und arbeitete.

Ein typisches Beispiel für die Wechselwirkung von Zeitsituation, Forschungsinteresse und wissenschaftlichem Ergebnis bietet Wilperts Petrusikonographie. Verständlicherweise war die Kurie wenige Jahrzehnte nach dem Ersten Vatikanischen Konzil höchst erfreut, wenn es gelang, die ununterbrochene Petrustradition in Rom auch archäologisch und ikonographisch abzusichern. So hat Wilpert der Frage nach der Vorrangstellung des Petrus in den frühesten Monumenten große Aufmerksamkeit geschenkt[63]. Dabei wird die aus Sarkophagen und Apsiden bekannte Szene der sogenannten Gesetzesübergabe (Dominus legem dat) zur Primatsübertragung an Petrus und damit an den Bischof von Rom[64], die Petrus-Leseszene vom römischen Brüdersarkophag (Taf. 9b)[65] oder von einem Arleser Sarkophag (Taf. 9c)[66] zum archäologischen Beweis für die päpstliche Infallibilität[67] und ein bestimmter bärtiger Typ des Hirtenbildes zu „S. Pietro Buon Pastore“[68]. Nicht von ungefähr ist Wilpert gerade bei diesem Gegenstand – wissen-

---

[61] So F. Wirth, A. M. Schneider, H. L. Hempel, F. Gerke, E. Dinkler, J. Kollwitz; vgl. *Dassmann*, Sündenvergebung 12f. Erst in jüngster Zeit tritt *L. de Bruyne*, La „Cappella Greca“ di Priscilla, in: RivAC 46 (1970) 291–330; *ders.*, L'importanza degli scavi lateranensi per la cronologia delle prime pitture catacombali, in: RivAC 44 (1968) 81–113, wieder für eine Frühdatierung um 180–190 ein.

[62] Vgl. *Wilpert*, Erlebnisse 105.

[63] Außer in seinen Hauptwerken hat er sich in vielen Aufsätzen mit der Petrusfrage befaßt: Die Bronzestatue des hl. Petrus, in: Apostel-Kalender für das Jahr 1886 (Rom); Das Grab des Petrus im Lichte der geschichtlichen Nachrichten, in: Vereinsschriften der Görres-Gesellschaft 2 (1907) 7–23; S. Pietro nelle più cospicue sculture cimiteriale antiche, in: Studi Romani 3 (1922) 14–34; Pietro fondatore della chiesa di Roma e successore di Cristo come Vescovo secondo le sculture del sarcofago 174 e il Catalogo Filocalino, in: Amici delle Catacombe 7 (Rom 1937) 2–18; Restauro di sculture cristiane antiche e antichità moderne, in: RivAC 4 (1927) 59–101, 289–343; Erlebnisse, 54f, 103, 161–184.

[64] *Wilpert*, Erlebnisse 171.

[65] Repert. christl.-ant. Sark. Nr. 45 (Taf. 15); *Wilpert*, Sarcofagi, Taf. 91, 153/1.

[66] *Wilpert*, Sarcofagi, Taf. 152/1, 153/2. [67] *Wilpert*, Erlebnisse 184.

[68] *Wilpert*, Erlebnisse 162–166; *ders.*, Sarcofagi, Textbd. 129–145.

schaftlich gesehen – die größte Entgleisung geschehen. Nach – allerdings mißverständlichen – Angaben im Liber Pontificalis hat er einen Bronzebehälter von 5 m Länge, 3,75 m Breite und 3,70 m Höhe, eine Art Riesensarkophag, rekonstruiert, in dem die Gebeine des hl. Petrus unter dem Papstaltar von St. Peter bestattet sein sollten. Nach Berechnungen der Fa. Krupp würde der Sarkophag etwa 300 Tonnen gewogen haben[69].

Leider war es Wilpert nicht gegeben, die eigenen Ergebnisse kritisch zu betrachten und behutsam auf die Argumente anderer zu hören. Er versichert zwar an einer Stelle, für jede Belehrung zugänglich zu sein, bittet aber gleichzeitig darum, sich dafür als Objekt nicht die Katakombenmalereien auszuwählen[70]. An einer anderen Stelle schreibt er, nachdem er die Interpretation der Orante durch O. Wulff, C. M. Kaufmann und L. v. Sybel zerpflückt hat: „Diese Auslegungen sind um so unbegreiflicher, als die richtige Deutung schon vor achtunddreißig Jahren von mir bekanntgegeben wurde ... Ich erlaube mir, die drei erwähnten Autoren auf meine Studie aufmerksam zu machen.“[71] Die Kontroversen wurden auch von seiten der wissenschaftlichen Gegner scharf geführt, noch vertieft durch konfessionelle Gegensätze, bei denen man protestantische Freiheit in der Forschung gegen römisch-dogmatische Knebelung ausspielte[72]. Dabei hätten sich die Kontrahenten hervorragend ergänzen können. Wilpert besaß eine von kaum einem anderen erreichte und am Original selbst geschulte Kenntnis der frühchristlichen Monumente verbunden mit einem umfassenden Wissen über frühchristliche Literatur, Theologie und Frömmigkeit, die opponierenden Forscher dagegen besaßen einen geübten Blick für die allgemein-religiösen Hintergründe der frühchristlichen Kunst und sahen deutlicher die religionsgeschichtlichen Parallelen, die zwischen pagan-römischen und christlich-sepulkralen Bräuchen und Vorstellungen bestanden, ebenso den formalen Zusammenhang zwischen den heidnischen Vorbildern und den christlichen Nachschöpfungen.

Allerdings wäre es falsch, die wissenschaftlichen Gegner Wilperts nur im Lager der anderen Konfession zu suchen. Gerade auf historischem Gebiet waren – zumindest in Wilperts letzten Lebensjahrzehnten – die konfessionellen Grenzen längst dabei, abgebaut zu werden. In der Aufdeckung der antiken Wurzelgründe frühchristlicher Kunst hat vor allem Franz Joseph Dölger Hervorragendes geleistet. Ohne sich immer und ausdrücklich gegen Wilpert zu wenden, hat er doch in seinen Forschungen dessen Fehlerquellen schonungslos aufgedeckt[73]. Dölger aber war katholischer Priester und Bewohner des deutschen Kollegs am Campo Santo, ebenso der Schweizer Paul Styger, dessen Forschungsergebnisse Wilpert zu seinem eigenen Schaden immer nur bekämpft und nie ernsthaft geprüft hat[74]. Styger, der im Gegensatz zu Wilpert weniger an der Ikonographie

---

[69] *J. Wilpert*, La tomba di S. Pietro, in: RivAC 13 (1936) 34–36. [70] *Wilpert*, Erlebnisse 93.

[71] Ebd. 65 f. Da den inkriminierten Autoren Wilperts Studie natürlich bekannt war (es handelt sich um: Ein Cyclus christologischer Gemälde 30–49), wird der Hinweis wenig gefruchtet haben.

[72] Vgl. *J. Strzygowski*, Religion in Geschichte und Gegenwart, in: Altchristliche Kunst 1,382: „Auf der anderen Seite wütet der Vatikan gegen die Modernisten, die sich dem Banne der starr im mittelalterlichen Aberglauben verharrenden römischen Orthodoxen entziehen und die Religion wieder vor die Kirche, auf unserem Gebiet die historische Wahrheit vor das romzentrische Wahngebilde setzen wollen. Es ist ein Prüfstein für die Kraft der modernen Bewegung, ob ein Wilpert noch länger Anhänger findet oder nicht.“ Erhellend ist in diesem Zusammenhang auch ein Essay über Glauben und Forschen, das *v. Sybel*, Christliche Antike 1, 1–9, seiner Einführung in die altchristliche Kunst voranstellt. [73] Vgl. Anm. 60.

[74] Was die ungewöhnlich scharfen Angriffe (vgl. nur *Wilpert*, Erlebnisse 5, 14, 20, 47, 54 f., 79–82, 113) provoziert haben mag, bleibt dem Außenstehenden rätselhaft.

als an der Topographie und Architektur der Katakomben interessiert war, hatte eine an vielen Details erhärtete Theorie der Grabungsmethode in den Katakomben aufgestellt, die eine zutreffendere Datierung der Zömeterien und damit ihres Bildschmucks ermöglichte[75]. Wilpert hat sich dem Stygerschen Ansatz, der einen Verzicht auf die Anfänge der Kunst in apostolischer Zeit und zugleich eine Revision mancher Deutungen erfordert hätte, nicht angeschlossen.

Diese Kritik an Wilperts Forschungen will nicht den Wert seines Lebenswerkes schmälern. Im Gegenteil, man muß den Stand der Forschung, an den er anknüpfen konnte, die Bedingungen, unter denen er zu arbeiten hatte, die geistige und religiöse Umwelt, in der er zu Hause war, einbeziehen, um würdigen zu können, was er tatsächlich geleistet hat. Wilpert hat mit den ihm verliehenen Gaben – und das waren neben den weitgehend selbst erworbenen wissenschaftlichen Voraussetzungen Fleiß, außerordentliche Beharrlichkeit und eine vorbildliche Genügsamkeit in allen persönlichen Bedürfnissen – mitgeholfen, die Grundlagen zu schaffen, auf denen die exakte Erforschung der frühchristlichen Kunst weiterbauen konnte. Wilpert selbst hat die drei großen Publikationen der Katakombenbilder, Kirchenmosaiken und -fresken sowie der Sarkophage als die eigentliche Leistung seines Lebens angesehen, vor denen die weit über hundert anderen Veröffentlichungen aus seiner Feder zurücktreten müssen. Materiellen Profit hat er aus seiner Arbeit nicht gezogen. Der Aquarellist Tabanelli konnte sich von den bei Wilpert verdienten Honoraren zunächst ein Villino bauen und später ein zweites Stockwerk daraufsetzen[76]. Wilpert selbst ist zeit seines Lebens Untermieter geblieben: nach seinem Aufenthalt im Campo Santo Teutonico und der Zeit bei dem lateranensischen Kanonikus zuletzt in dem von Prälat Hudal geleiteten deutschen Hospiz der Anima. Als Wilpert wählen konnte zwischen einem Kanonikat an St. Peter und der Würde eines der sieben Apostolischen Protonotare, wählte er letztere. Als Kanonikus hätte er ein gutes Gehalt, aber wenig freie Zeit gehabt, als Protonotar bezog er kaum Gehalt, behielt aber alle Zeit für seine Arbeit[77]. Diese selbstlose Hingabe verdient Respekt und versöhnt mit manchen harten und polemischen Äußerungen in seinen Schriften. Ein weicherer, verbindlicherer Charakter hätte die Strapazen und Schwierigkeiten, die mit der selbst gestellten Aufgabe verbunden waren, schwerlich durchgestanden.

Joseph Wilpert starb in Rom am 10. März 1944. Er ruht auf dem Campo Santo Teutonico. Unter den vielen Gelehrten und Würdenträgern, denen Collegio und Campo Santo Wohnung gewesen und letzte Ruhestätte geworden sind, verdient er ein ehrendes Gedächtnis.

---

[75] Vgl. *P. Styger,* Die römischen Katakomben. Archäologische Forschungen über den Ursprung und die Bedeutung der altchristlichen Grabstätten (Berlin 1933). Auch Styger sind Fehldatierungen unterlaufen. Heute ist man zunehmend der Meinung, daß die frühesten Katakombenmalereien nicht vor 230–240 entstanden sind; vgl. *Th. Klauser,* Studien zur Entstehungsgeschichte der christlichen Kunst 4, in: JbAC 4 (1961) 130f; *Dassmann,* Sündenvergebung 10f.

[76] *Wilpert,* Erlebnisse 106, 146.

[77] Ebd. 106.

Was nicht in den Akten steht: Erinnerungen an das Priesterkolleg unter dem Rektorat David

Von HUBERT JEDIN

Rom, 2. Januar 1926: Vor dem Portal des Campo Santo hält ein Taxi. Der Fahrgast kann wegen seines dürftigen Italienisch mit dem Fahrer nicht einig werden, der zum angezeigten Fahrpreis ein ungewöhnlich hohes „Supplemento" fordert. Da erscheint der Dekan des Priesterkollegs Hugo Herrmann und schlichtet den Streit. Für mehr als vier Jahre wird das „Schwalbennest am Riesendom" meine zweite Heimat.

Vorangegangen war das Angebot des Rektors Emmerich David an den damaligen Fürstbischof von Breslau Kardinal Bertram, einen Priester seiner Diözese für die im Heiligen Jahr 1925 vom „Katholischen Kaufmännischen Verein" (KKV) für drei Jahre gestiftete Kaplanei zu benennen. Die Wahl fiel auf mich, obwohl meine Promotion zum Dr. theol. noch nicht abgeschlossen war; erst am Ende des Sommersemesters 1925 hatte ich meine Dissertation eingereicht. Hochbeglückt bereitete ich mich darauf vor, die römische Kaplanei im Oktober anzutreten, das Rigorosum jedoch erst nach Ablauf des ersten römischen Jahres abzulegen. Da ließ mir der Kardinal sagen: Nach Mitteilung des Rektors solle, wenn möglich, die Promotion vorher abgeschlossen sein; ich solle also das Rigorosum noch vor meiner Abreise hinter mich bringen. Ein guter Rat! Sonst hätte ich das kostbare erste Jahr mit der Vorbereitung auf das Examen vertan. In fretta e furia bereitete ich mich darauf vor und bestand es noch vor Weihnachten 1925. Am Fest des hl. Stephanus trat ich den ersten Iter italicum an; Verona und Florenz waren tiefbeeindruckende Zwischenstationen, das erste, nie verblassende Italienerlebnis.

Nun war ich in Rom und Mitglied des Priesterkollegs am Campo Santo. „Old man forget; yet all shall be forgot, but he'll remember" (Shakespeare). Zum 100. Jahrestag der Gründung des Priesterkollegs sei es mir erlaubt, einige persönliche Erinnerungen aus meinen ersten römischen Jahren aufzufrischen, als das Priesterkolleg ein halbes Jahrhundert bestand.

Rektor war seit dem 24. Dezember 1920 Emmerich David[1]. In Gillenfeld in der Eifel, wo sein Vater Bürgermeister war, am 2. Mai 1882 geboren, war er nach dem Studium der Theologie in Bonn und Köln am 12. Juni 1905 zum Priester geweiht worden, dann eine Zeitlang Assistent am Bischöflichen Konvikt in Neuß gewesen, bis er am 1. November 1908 zum Weiterstudium in Rom beurlaubt wurde. Am Collegium Angelicum der Dominikaner erwarb er den Doktorgrad und – außer soliden Kenntnissen in der systematischen Theologie – eine vorzügliche dialektische Schulung, die ihn befähigte, später mit großem Scharfsinn in unsere Diskussionen einzugreifen. Nach der Rückkehr erhielt er (am 17. Oktober 1912) seine Anstellung als Repetent am Collegium Albertinum in Bonn. Im Ersten Weltkrieg zum Militärdienst einberufen, erhielt er 1916 auf Veranlas-

[1] Nach Mitteilung von Bischofsvikar Dr. Joseph Teusch sind die Personalakten des ehemaligen Generalvikars Dr. Emmerich David im Kölner Generalvikariat verloren. Die obigen Angaben beruhen auf einem Personalbogen, den Prälat Teusch zusammen mit persönlichen Erinnerungen zur Verfügung gestellt hat.

sung des Heiligen Stuhls eine äußerst schwierige und delikate Mission: sich mit einem nur mündlich erteilten Auftrag des Deutschen und des Österreichisch-Ungarischen Hauptquartiers „in die asiatische Türkei zu begeben und dort [bei den verfolgten Armeniern] soviel Unheil zu verhindern, wie möglich" sei[2]. Begreiflicherweise wurde er von den türkischen Dienststellen „mit Unbehagen, wenn nicht Mißtrauen empfangen und behandelt". Mir erzählte er einmal, daß er nach seiner Ankunft im damals noch ganz provinziellen Ankara zwar mit Mühe ein Zimmer fand, dann aber mit ansehen mußte, daß es sofort polizeilich „geräumt" wurde, so daß er sich eine andere Unterkunft suchen mußte. Unter diesen Umständen waren seinem Wirken enge Grenzen gesetzt. Er half Armeniern bei der Flucht, betreute die dem Tode Geweihten seelsorglich, wenn es ging, auch physisch, vor allem nahm er sich armenischer Kinder an, deren Eltern der Verfolgung zum Opfer gefallen waren. Einige von ihnen gelangten schließlich in ein päpstliches Waisenhaus in Castelgandolfo. Als der nunmehrige Rektor David dort eines Tages einem Zug von Waisenkindern begegnete, stürzte sich eine Gruppe auf ihn zu und umringte ihn: die Kinder erkannten in ihm ihren Lebensretter wieder. Am Ende seines Aufenthaltes in der Türkei erlebte er in Palästina den Zusammenbruch der türkischen Front.

Die Aufgabe, die er als Rektor des Campo Santo übernahm, war nicht leicht: als Rektor der Erzbruderschaft deren gesamtdeutschen (im Sinne des alten Reiches) Charakter wiederherzustellen und für das Weiterbestehen des Priesterkollegs, da früher gestiftete Kaplaneien durch die Inflation entwertet waren, die notwendigen finanziellen Voraussetzungen zu schaffen[3]. Die mir übertragene Kaplanei des KKV war eine Frucht dieser Bemühungen. Für seine Person sorgte er zuallerletzt. Mehrere Jahre, auch als sich die finanzielle Lage des Hauses bereits gebessert hatte, bezog er von ihm kein Gehalt und bestritt seine Ausgaben aus den Gebühren der Agenzie für die Erzdiözesen Köln und Freiburg und aus Meßstipendien. Seine Wohnung bestand praktisch aus einem einzigen Zimmer im 1. Stock des Altbaus, denn das Vorzimmer, wo die Audienzempfehlungen ausgestellt wurden, besaß außer einem alten Schreibtisch nur einen Marmortisch in der Mitte und an den Wänden Stühle; das Schlafzimmer war ein kümmerlicher Alkoven. Der Schreibtisch im eigentlichen Arbeitszimmer war in der Regel mit einer hohen Schicht von Briefen bedeckt, in deren Mitte eine Nische für den Briefschreiber ausgespart war; viele Briefe, behauptete er, erledigten sich durch Liegenlassen.

Wir damaligen Mitglieder des Priesterkollegs haben den Rektor oft kritisiert, schon deshalb, weil er kein zünftiger Archäologe oder Historiker war. Erst viel später habe ich gelernt, die Großzügigkeit zu bewundern, mit der er uns junge Priester behandelte. Zu Beginn eines jeden Studienjahres, meist Ende Oktober, hielt er eine Art Einführungsstunde, in der er einige Verhaltensregeln einschärfte, dann aber auch den Grundsatz aufstellte: Jeder darf alles sagen, was er denkt und auf dem Herzen hat, niemand darf den

---

[2] Für die Tätigkeit Davids zur Rettung der Armenier stütze ich mich außer auf die erwähnten Erinnerungen von Prälat Teusch, seinem langjährigen engen Mitarbeiter in Köln, auch auf Erzählungen von ihm mir gegenüber in Rom. Bei *J. Lepsius,* Deutschland und Armenien 1914/18 (Potsdam 1919), wird David nur einmal (351f) erwähnt, wohl deshalb, weil er gemäß seinem konfidentiellen Auftrag nicht mit den diplomatischen Stellen korrespondierte, so daß dort keine Akten über ihn vorhanden sind.

[3] Zur amtlichen Tätigkeit Davids im Dienst der Bruderschaft und der Stiftung vgl. o. S. 12ff. Ich begnüge mich mit Erinnerungen an das Leben im Priesterkolleg unter seinem Rektorat, über das er selbst schon in seiner Schrift „Vorgeschichte und Geschichte des Priesterkollegiums am Campo Santo" (Freiburg 1928) 48–52, einiges mitgeteilt hat. Außerdem benutze ich den seinerzeit von mir angelegten Protokollband III der Sabbatinen im Archiv des Campo Santo, Libro 86.

anderen verketzern. Ja, was hatten wir nicht alles auf dem Herzen! Die ganz anders geartete Frömmigkeit der Italiener, die wir täglich in St. Peter beobachten konnten, die Art und Weise der Priester zu zelebrieren, das Zeremoniell des Vatikanischen Hofes, mit dem wir durch die Betreuung der Pilger in Berührung kamen, die uns fremde Bürokratie der Römischen Kurie. Wir platzten vor Kritik, aber wir durften unserem Unmut Luft machen. David verteidigte oft mit guten, zuweilen auch nur mit schwachen Argumenten das Bestehende, bis wir selbst tiefere Einblicke gewonnen hatten, Vatikan und Kurie als historisch geworden *verstehen* und die scheinbare Ehrfurchtslosigkeit vieler Italiener im Gotteshaus, an der die Pilger oft schweren Anstoß nahmen, als das Sich-geborgen-Fühlen der Kinder Gottes im Hause des Vaters auffassen lernten. So wurde der oberflächliche Anti-Romanismus überwunden, ohne in eine kritiklose Bewunderung alles Römischen zurückzuschlagen, die damals in Deutschland noch weit verbreitet war. Man lernte historisch zu denken und nüchtern zu urteilen, das Große und das Kleine in seinen richtigen Dimensionen zu sehen.

Die Palästra unseres wissenschaftlichen Strebens waren die an jedem Samstagabend in der Bibliothek stattfindenden Sabbatinen. Jedes Mitglied des Priesterkollegs berichtete aus seinem Studiengebiet: die „Studenten", die eine der römischen Hochschulen besuchten, aus ihren Studiengebieten, die Archäologen und Historiker über ihre Spezialforschungen, Gäste aus ihren Interessengebieten. Der Rektor dirigierte und leitete die oft hitzigen Diskussionen, die sich an die Vorträge anschlossen, trug aber selbst nur selten vor. So am 22. Juni 1929 über die Wohltäter des Campo Santo, deren Porträts wir im Speisesaal täglich vor Augen hatten. Er teilte sie in zwei Gruppen ein, deren jede eine Glanzperiode der Stiftung repräsentierte: die Zeit von 1650 bis 1710, während der Georg Meisel wirkte, und die Zeit von 1840 bis 1860, also noch vor der Gründung des Priesterkollegs, der Spithöver und Achtermann angehörten.

Die „Römische Quartalschrift für christliche Altertumskunde und Kirchengeschichte", die während des Krieges nach dem Tode De Waals eingeschlafen war, wurde wiederaufgenommen, zunächst in einem schmalen, die Jahre 1916–1922 überspannenden Überbrückungsband, seit 1923 wieder regelmäßig, bestritten nahezu ausschließlich von ehemaligen und derzeitigen Mitgliedern des Priesterkollegs, das auf dem Titelblatt als Eigentümer der Zeitschrift bezeichnet wurde.

Die Redefreiheit, die bei uns herrschte, war für das Kolleg nicht ungefährlich, nämlich dann, wenn unbedachte Äußerungen, die gelegentlich fielen, aus dem Haus hinausgetragen wurden. David weigerte sich entschieden, einen als Liturgieforscher bekannten und hochgeschätzten deutschen Benediktiner aufzunehmen, weil dieser in seiner Naivität Gehörtes kritiklos weiterzuerzählen pflegte, ohne zu bedenken, welches Unheil er damit anrichten konnte. Dann war auch zu bedenken, daß wir im faschistischen Italien lebten. Die Macht Mussolinis war zwar noch nicht gefestigt, die immer noch vorhandene Opposition noch nicht zum Schweigen gebracht. Als nach einem mißlungenen Attentat auf ihn die Schwarzhemden auf Lastwagen tumultuarisch durch die Stadt fuhren und aufpaßten, ob die Passanten der Trikolore den faschistischen Gruß leisteten, blieb mir nichts anderes übrig, als mich in einem Hausflur zu verstecken, um nicht verprügelt zu werden. Das deutsche Volk, meinte ich damals, würde sich einem solchen Terror niemals beugen. Welch ein Irrtum!

Die Kapläne am Campo Santo waren verpflichtet, bei den Andachten der Erzbruderschaft mitzuwirken. Diese war stark italianisiert; in den ersten Jahren habe ich selbst noch den üblichen Kreuzweg italienisch gehalten und das „Evviva la Croce" gesungen. David sorgte dafür, daß die deutschen Mitglieder des Kollegs als „fratelli" in die Erzbruderschaft eintraten und den „Sacco" anzogen. Governatoren waren die Brüder Albrecht, Besitzer einer Birreria nahe bei Capolecase, nicht weit von der Spanischen Treppe. Dort erlabten wir uns an heißen Sommerabenden zuweilen an dem vorzüglich gepflegten Bier vom Faß, wie, allerdings am Nachmittag, zuweilen auch der Archivpräfekt Angelo Mercati. Prominente fratelli waren Herr Fonck, ein Bruder des Jesuiten Leopold Fonck im Bibelinstitut und in der Uhrenfirma Hausmann tätig, und der ehemalige Bankbeamte Olbrich, Herr Frielingsdorff und andere, die seit Jahrzehnten in Rom lebten. Neu eingetreten war ein Beamter der Vatikan-Botschaft Klebanowski, der während des Heiligen Jahres 1925 die Pilgerzüge aus Deutschland betreut hatte und auch in der Folgezeit es sich nicht nehmen ließ, die deutschen Pilgergruppen zur Audienz bei Pius XI. zu begleiten.

Es war eine der Ideen De Waals gewesen, mit denen er die Gründung des Priesterkollegs rechtfertigte, daß die Kapläne den Zweck der Erzbruderschaft unter den veränderten Verkehrsverhältnissen sinngemäß erfüllten, indem sie die von Reisebüros technisch organisierten Pilgerzüge als geistliche Führer betreuten. Diese meist 3–4 Tage dauernden Pilgerführungen waren deshalb äußerst anstrengend, weil viele Wege zu Fuß gemacht wurden und man darauf achten mußte, daß die zuweilen großen Gruppen (bis zu 80) die Vorträge und Erklärungen ihrer Führer verstanden, sie waren aber auch für uns eine willkommene Abwechslung von der Bibliotheks- und Archivarbeit, brachten uns die Dankbarkeit der Pilger ein und – für unsere schmalen Geldbeutel ein sehr erwünschtes Honorar.

Ehemalige Mitglieder des Priesterkollegs aus der Zeit De Waals, die in unser Haus kamen, wußten zu berichten, daß zu ihrer Zeit die Verpflegung viel zu wünschen übrigließ, weil der Rektor, erpicht auf den Ausbau der Bibliothek und den Erwerb altchristlicher Altertümer, der alten Haushälterin Schirdewan zuwenig Haushaltsgeld gab. Inzwischen hatte sich vieles zum Besseren gewandelt. Kardinal Schulte, zuvor Bischof von Paderborn, hatte seinen Einfluß dafür geltend gemacht, daß die Paderborner Schwestern von der christlichen Liebe die Ökonomie des Priesterkollegs übernommen hatten. Ihre Gründerin, Pauline von Mallinckrodt, eine Schwester des Zentrumsführers Hermann von Mallinckrodt, hatte, als sie die päpstliche Bestätigung ihrer Kongregation betrieb, in dem damaligen Pilgerhaus für Frauen (wir nannten es „Damenstift") gewohnt[4]. Die derzeitige Oberin des kleinen Konventes, Schwester Alfredis Schreiber, war eine ungewöhnlich kluge und energische Frau, die sich später als Generalprokuratorin große Verdienste um die Kongregation erwarb (gestorben 17. Oktober 1974 in Paderborn). Ihr zur Seite standen die gütige Küchenschwester Euthymia und drei, später vier Schwestern, die vorbildlich Ordnung im Hause hielten. Die größten Opfer für das Kolleg haben die Schwestern freilich erst in den Notzeiten des Zweiten Weltkrieges gebracht.

In das erste Jahr meines Campo-Santo-Aufenthalts fiel das fünfzigjährige Jubiläum des Priesterkollegs. Seinen Verlauf hat David in seiner Schrift über die Vorgeschichte und Geschichte des Kollegs geschildert[5]. Für mich ist unvergeßlich das Auftreten des damaligen Kardinalprotektors, des über 90jährigen Vincenzo Vannutelli. Er verkörperte

---

[4] Pauline von Mallinckrodt war die älteste Schwester des Zentrumspolitikers Hermann von Mallinckrodt, die nach dem frühen Tod der Mutter (1834) den elterlichen Haushalt geführt und 1850 die Kongregation gegründet hatte; sie starb am 30. April 1881 in Paderborn. *O. Pfülf,* Hermann v. Mallinckrodt (Freiburg ²1901) 12ff; Weiteres bei *A. Hüffer,* Pauline v. Mallinckrodt (Münster 1902).

[5] *David,* Vorgeschichte (s. Anm. 3) 55–73.

ein gutes Stück Kirchengeschichte, denn er war noch unter Pius IX. Unterstaatssekretär gewesen, unter Leo XIII. Nuntius in Portugal; seit 36 Jahren trug er den Purpur. „Mit jugendlicher Lebhaftigkeit" – so der Bericht – gedachte er Pius' IX., unter dessen Pontifikat das Kolleg ja gegründet worden war; „quel grande Pontefice" nannte er ihn. Schon der damalige Zuhörer ging dazu in Distanz.

In Deutschland herrschte noch kein Priestermangel. Etwa die Hälfte der Mitglieder des Kollegs waren Deutsche. Es entsprach der Tradition, daß unter ihnen Archäologen und Historiker das Sagen hatten. Adolf Kalsbach, Schüler von Heinrich Schroers in Bonn, dessen Dissertation über die altchristlichen Diakonissen noch im gleichen Jahr als Beiheft zur „Römischen Quartalschrift" erschien, war Assistent am Deutschen Archäologischen Institut. Reich an Kenntnissen in der Patrologie und der Alten Kirchengeschichte, war er ein passionierter Sammler antiker Münzen, literarisch allerdings wenig produktiv. Ihm, dem Toscani-Raucher, war das Mißgeschick passiert, daß er im Sale-e-Tabacchi-Laden auf der Piazza Rusticucci unter dem Grinsen der Anwesenden „una Toscana" verlangte. Als er am 24. Februar 1928 seinen 40. Geburtstag feierte, widmeten wir ihm eine pseudo-historisch-humoristische Festschrift, an der sich die deutschen Mitglieder beteiligten. Der gleich zu erwähnende Pfarrer Marx hatte eine päpstliche Privilegienbulle konzipiert, in der ein gewisser Adolphus, päpstlicher Familiar, Zigarren ex optimis Palatinis (aus Pfälzer Tabak) und die Postkarte erhielt, in der Gaius Julius Caesar dem römischen Senat meldete, daß er den Rubikon überschritten habe. Kalsbach starb am 8. August 1974 als Honorarprofessor und Pfarrer von Porz-Libur.

Kalsbachs Nachfolger auf dem Assistentenposten, Josef Montebaur, hatte in Berlin bei Strecker in Mittel-Latein promoviert und war an der Berliner Staatsbibliothek als Bibliothekar ausgebildet; so ergab sich, daß er in der großartigen Bibliothek des Archäologischen Instituts eingesetzt wurde. Vormittags arbeitete er meist in der Vatikanischen Bibliothek an der Handschriftenkatalogisierung, ins Institut ging er nur an den Nachmittagen. Als wohlbestallter Assistent gut bei Kasse, spendierte er, wenn wir abends beisammensaßen, den – äußerst billigen – Wein, was zum Anlaß wurde, daß wir an einem 1. April in den Lippstädter „Patriot", der regelmäßig ins Haus kam, eine Notiz brachten, daß im Schatten von St. Peter eine deutsche Gaststätte „Zum frommen Josef" eröffnet worden sei. Der ausgeglichenen, zutiefst priesterlichen Persönlichkeit Montebaurs gelang es, zu Ludwig Curtius, der 1928 als Nachfolger Amelungs Erster Direktor des Archäologischen Instituts geworden war, ein so enges Verhältnis herzustellen, daß dieser, als Montebaur, inzwischen Bibliotheksrat an der Deutschen Bücherei in Leipzig geworden, auf der Rückreise von einem Erholungsurlaub (nach überstandener Operation) am 27. Januar 1937 in Rom starb, an seinem Grabe sagte: „Er war der beste Mensch, dem ich in meinem Leben begegnet bin."

Als Stipendiat mit dem Archäologischen Institut verbunden war Theodor Klauser, der seine bei Franz Joseph Dölger eingereichte Dissertation über die Cathedra im Totenkult durch eifrige Forschungen in den Katakomben weiter ausbaute; bei der Festakademie zum Kollegjubiläum hielt er einen Vortrag über „Das altchristliche Totenmahl nach dem jetzigen Stand der Forschung". Zwei Jahrzehnte später wurde er mein engster Fachkollege (als Professor für Alte Kirchengeschichte) und Freund in Bonn. Er wurde ein führender Forscher auf dem Gebiet der Liturgiegeschichte und weltweit bekannt durch seine „Realenzyklopädie für Antike und Christentum"[6].

---

[6] Bibliographie in: *Th. Klauser*, Gesammelte Arbeiten zur Liturgiegeschichte, Kirchengeschichte und Christlichen Archäologie, hrsg. von E. Daßmann (Münster 1974) 413–423.

Auch der temperamentvolle Alfons Maria Schneider, der bei Joseph Sauer in Freiburg promoviert hatte, baute seine Dissertation über das „Refrigerium“ aus, befaßte sich also mit den Jenseitsvorstellungen der Christen während der ersten Jahrhunderte. Kirchlich wie politisch gab er sich radikaler, als er wirklich war. Über die von der Päpstlichen Archäologischen Kommission verfügten Einschränkungen beim Besuch der Katakomben war er so erbittert, daß er eines Tages erklärte: „Ich setze keinen Fuß mehr in eine römische Katakombe.“ Er ging zunächst nach Griechenland, wo er an den Ausgrabungen auf der Insel Ägina teilnahm, von da nach Palästina und zuletzt nach Konstantinopel, wo er endgültig zu einem mit Recht hochangesehenen Byzantinisten wurde (gest. 4. Oktober 1952 in Aleppo)[7].

Noch früher vollendete sich das Leben des Kunsthistorikers Paul Markthaler, der, aus der Schule Heinrich Wölfflins kommend, dessen kunstwissenschaftliche Kategorien auf die Katakombenmalereien anzuwenden versuchte. Er hatte bei den zünftigen Archäologen keinen leichten Stand, um so mehr Erfolg aber als kunsthistorischer Führer von Pilgern und Touristen, die er zu begeistern verstand, auf deren oft genug törichte Fragen er stets eine Antwort wußte. Wir bogen uns vor Lachen, wenn er die Führung eines italienischen Priesters durch die Stanzen Raffaels anhand eines veralteten Führers nachahmte, in dem der Eingang noch an der entgegengesetzten Seite wie heute, d.h. vom Konstantinssaal aus, vorgesehen war. Der gute Priester verstand es, die „Schule von Athen“ als „Disputà“ zu erklären. Ein monatelanger Aufenthalt in der ehemaligen Reichsabtei Farfa bei unzureichender Ernährung förderte eine bei ihm längst vorhandene Lungentuberkulose, der er am 26. April 1930 erlag.

Wie Klauser, so kamen die Ende 1927 in das Kolleg eingetretenen Priester der Diözese Münster Friedrich Sühling und Johannes Quasten aus der Schule Franz Joseph Dölgers. Beide trugen in Sabbatinen Ergebnisse aus dem Bereich ihrer Dissertationen vor, Sühling sprach über den „Vogel als Sonnen- und Lebenssymbol“, Quasten über den „Liturgischen Frauengesang im christlichen Altertum“. Er führte die anfangs noch offene, später aber ablehnende Haltung der Großkirche gegen den Frauengesang auf das Auftreten von Frauen als Prophetinnen und Sängerinnen im Gottesdienst der Häretiker (Marcion, Bardesanes, Valentin u.a.) zurück, machte aber auch darauf aufmerksam, daß das apokryphe „Testamentum Domini Nostri Jesu Christi“ sogar Vorsängerinnen vom Ambo aus vorsah. Sühling starb als Domkapitular in Münster am 29. April 1963. Quastens spätere große Wirksamkeit an der Catholic University of America in Washington und seine Verdienste um die Förderung der Patrologie in den Vereinigten Staaten sind bekannt[8]. Auch der spätere Patrologe von Freiburg/Schweiz, Othmar Perler, hat dem Priesterkolleg angehört (1929/30). Er debütierte mit einer Sabbatina über Augustinus und den Neuplatonismus, die auf sein späteres Arbeitsgebiet hinwies.

Unter den Historikern genoß der Ermländer Paul Arendt deshalb ein gewisses Ansehen, weil er bei Heinrich Finke in Freiburg den Dr. phil., bei Emil Göller den Dr. theol. erworben hatte, beide Grade allerdings mit Teilen derselben Arbeit über die Predigten des Konstanzer Konzils. Er war Stipendiat der Görres-Gesellschaft und wanderte täglich ins Vatikanische Archiv, dessen Eingang – ebenso wie der zum Vatikanischen Museum – noch über die Via delle fondamenta (hinter der Apsis von St. Peter) zu errei-

---

[7] Nachruf auf A.M. Schneider von *J. Kollwitz* in: Byz. Zeitschrift 46 (1953) 267–269.

[8] Bibliographie in: Kyriakon. Festschrift Johannes Quasten, hrsg. von P. Graufield und J.A. Jungmann, II (Münster 1970) 924–938.

chen war, um dort die politischen Breven Papst Clemens' VII. zu sammeln, von denen man sich einen besseren Einblick in die Religionspolitik der Kurie vor und nach dem Augsburger Reichstag erhoffte. Die Berichte des Kardinallegaten Lorenzo Campeggio und des Nuntius Aleander waren zwar, allerdings lückenhaft und unzureichend, publiziert, die fortlaufende Serie der Nuntiaturberichte aus Deutschland setzte jedoch erst mit der Nuntiatur Pierpaolo Vergerios 1533 ein. Arendts umfangreiche Materialsammlung ist beim Einfall der Russen in Ostpreußen, wo er Regens des Priesterseminars in Braunsberg geworden war, untergegangen. Obwohl mit einem so groß angelegten Geist wie Otto Miller verwandt und befreundet, neigte er zur Skrupulosität, auch auf wissenschaftlichem Gebiet, woraus sich erklärt, daß er über seine römischen Forschungen nichts publiziert hat (gest. 28. Februar 1974)[9].

Als Rechtshistoriker ausgewiesen war Josef Wenner, der, als Priester der Erzdiözese Paderborn in der Nähe von Halle angestellt, bei Albert Werminghoff promoviert hatte. In Rom setzte er diese rechtshistorischen Studien nicht fort, sondern erstrebte als Ziel die Promotion im Kirchenrecht an der Fakultät von San Apollinare. Wie Arendt hatte er schon die Dreißig überschritten. Nach seiner Rückkehr in die Heimat wurde er Professor für Kirchenrecht an der Akademie und Offizial des Erzbistums Paderborn (gest. 2. Oktober 1966)[10].

Näher als Arendt und Wenner stand mir der gleichaltrige Ermländer Bruno Groß, der ebenfalls Kirchenrecht an S. Apollinare studierte. Mit ihm wanderte ich oft an Sonntagen durch die Campagna Romana, und dann erzählte er von seinen Lehrern an S. Apollinare, den späteren Kardinälen Ottaviani, Bruno und Cicognani. Sein späteres Schicksal war das härteste von allen: Er wurde 1945 als Domkapitular an der Frauenburger Kathedrale und Kanzler des Bistums Ermland völlig schuldlos nach Rußland verschleppt und kam dort in einem Konzentrationslager um; vergeblich bemühte sich Bischof Kaller, wie er uns während seines Rombesuches Ende 1945 berichtete, um seine Befreiung.

Im Herbst 1927 trat in das Priesterkolleg ein Karl August Fink, Schüler Emil Göllers in Freiburg. Als Assistent am Preußischen Historischen Institut war er mit der Sammlung des Materials für das „Repertorium Germanicum" für den Pontifikat Martins V. beauftragt, über dessen Beziehungen zum Königreich Aragon er gearbeitet hatte. Hauptquelle waren die langen Serien der Suppliken; er arbeitete sich wie wenige andere in den Geschäftsgang der Kurie ein, verfaßte eine grundlegende Studie über die Anfänge der päpstlichen Breven und die beste Einführung in das Vatikanische Geheimarchiv, diese allerdings erst später. Mit dem sportlichen Karl August Fink fuhr ich im Sommer am Sonntagmorgen nach der Frühmesse mit der elektrischen Schnellbahn nach Ostia, wo wir dann weit ins Meer hinausschwammen und, auf dem Rücken liegend, aus der Odyssee griechische Verse rezitierten, die wir auf dem Gymnasium gelernt hatten. Unvergeßlich sind für mich die langen Wanderungen mit ihm in die Volsker- und Sabinerberge, an

[9] Nach Mitteilung von K. A. Fink vom 15. 1. 1976 war Monsignore Dr. theol. et phil. Paul Arendt 1933–1945 Regens des Priesterseminars in Braunsberg, 1945–1971 Superior der Kongregation der Franziskanerinnen vom Canisiushaus in Schwäbisch Gmünd. Sein Grab befindet sich auf dem dortigen Dreifaltigkeitsfriedhof. Eine Bibliographie des im Text erwähnten Otto Miller, dessen z. T. äußerst humorvolle Gedichte weit verbreitet sind, von *E. M. Wermter* in: Zeitschrift für die Geschichte und Altertumskunde des Ermlandes 33 (1969) 202–218.

[10] Nachruf auf J. Wenner von *P. Wacker* in: Theologie und Glaube 57 (1967) 151–157; Wenner war Professor des Kirchenrechts an der Akademie Paderborn 1932–1964.

den Lago di Bracciano, die Berge am Lago di Vico und auf den Soracte, oft auf den Spuren der „Wanderjahre" von Ferdinand Gregorovius.

Ein anderer Historiker, mit dem ich lange Sonntagswanderungen unternahm, war der Laie Michael Seidlmayr, Schüler des Münchner Mediävisten Heinrich Günther, bei dem er über das weit ausgreifende, aber sehr schwierige Thema „Nord und Süd im Mittelalter" promoviert hatte; am 27. April 1929 berichtete er darüber in einer Sabbatina. Aus seiner römischen Arbeit an den schwer zu entziffernden „Libri de schismate", die er im Auftrag der Görres-Gesellschaft unternahm, ging sein Werk über die Anfänge des Großen Abendländischen Schismas (1940) hervor. Als der kleingewachsene Seidlmayr und ein anderes Mitglied des Kolleges mit dem großgewachsenen, stattlichen Barion einen Ausflug nach dem hochgelegenen Capranica (zwischen Palestrina und Genazzano) unternahmen, hörten sie einen Dortigen sagen: „Ecco un Lord inglese con due servitori." Seidlmayrs katholische Gesinnung und seine Haltung im Dritten Reich waren über jeden Tadel erhaben. Mit tiefer Trauer habe ich später, als er nach dem Kriege Professor in Würzburg geworden war, den Konflikt miterlebt, in den er durch eine Ehesache verwikkelt wurde, ich habe es aber nicht übers Herz bringen können, mit diesem geraden und liebenswerten Menschen zu brechen.

Körperlich wie geistig ein ganz anderer Typ war der westfälische Priester Heinrich Börsting. Er hatte bis dahin westfälische Landesgeschichte getrieben und referierte in seinen Sabbatinen über die Bedeutung des Landadels in Westfalen (16. Februar 1929) und die soziale Lage des Bauerntums vor der Bauernbefreiung (15. Februar 1930). In Rom beschäftigte er sich mit den „Provincialia", den Bistumslisten der Kirchenprovinzen. Seine Neigung zu Ironie und Satire verband ihn mit Barion. Er starb als Bistumsarchivar in Münster am 19. Januar 1969.

Mit den Assistenten und Stipendiaten der drei deutschen wissenschaftlichen Institute in Rom, des Archäologischen, des Historischen und der Biblioteca Hertziana unterhielten die Archäologen und Historiker schon deshalb rege Beziehungen, weil sie auf die reichen Bibliotheken dieser Institute angewiesen waren; unsere recht gute Hausbibliothek im Campo Santo reichte für Spezialforschungen begreiflicherweise nicht aus. Die hochmögenden Direktoren der Institute Amelung bzw. Ludwig Curtius, Paul Kehr und Ernst Steinmann schwebten natürlich als „Götter" hoch über uns, wir sahen sie meist nur bei den Adunanzen. Der Sekretär des Preußischen Historischen Instituts, mein späterer Bonner Kollege Walther Holtzmann, führte mich schon in den ersten Wochen meines Romaufenthaltes in die Vatikanische Bibliothek, aber auch in die italienische Nationalbibliothek Vittorio Emanuele ein. Die Assistenten des Instituts, der hochbegabte Carl Erdmann, Mitarbeiter Kehrs für die „Lusitania Pontificia", und Otto Vehse, ehemaliger Corpsstudent, der über die politische Propaganda Kaiser Friedrichs II. gearbeitet hatte, kamen gern zu uns in den Campo Santo zu einem Haustus Moselwein, den Montebaur lieferte. Bei einer dieser Gelegenheiten beklagte sich Erdmann, der als Institutsarbeit die Wiederaufnahme der Nuntiaturberichte aus Deutschland hatte, daß Paul Kehr die hervorragende Arbeit über den Ursprung der Kreuzzugsidee, mit der er beschäftigt war, als eine rein literarische Angelegenheit betrachtete, weil sie nicht „archivalisch" war. Wenn Kehr, der ja im Hauptamt Generaldirektor der Preußischen Staatsarchive war, seinen Besuch in Rom ankündigte, hieß es im Institut: „Paolo fuori le mura!"

Im Herbst 1928 traten in das Priesterkolleg zwei junge Priester ein, die beide schon hervorragende Proben ihres Könnens abgelegt hatten: Hans Barion und Georg Pfeilschifter. Der scharfsinnige Jurist Barion hatte sich durch seine Arbeit über das fränkische Synodalrecht einen Namen gemacht; in Rom studierte er ohne Begeisterung für die dortige Lehrmethode Kirchenrecht. Die Verstrickung in die Kirchenpolitik des Dritten Reiches hat später seine ungewöhnliche Begabung nicht voll zur Entfaltung kommen lassen; im Priesterkolleg hielt er sich etwas abseits und gehörte zu den schärfsten Kritikern des Rektors[11].

Wie Barion, so war auch Pfeilschifter ausübender Musiker. Wenn er auf dem Friedhof Cello spielte, hörten manche Bewohner der benachbarten Canonica von St. Peter seinem ausgezeichneten Spiel zu. Von seinem Vetter, dem Münchner Kirchenhistoriker gleichen Namens, gefördert, hatte er schon ein umfangreiches Werk über den Salzburger Kongreß veröffentlicht, neben dem sich meine Dissertation mehr als bescheiden ausnahm. Als unentwegter Arbeiter im Vatikanischen Archiv (vor- und nachmittags) war er unübertroffen; als er auf Drängen des Rektors notgedrungen eine Pilgerführung übernahm, mußte er eingestehen, daß er bis dahin noch nie auf dem Forum Romanum gewesen war. Die Frucht seines unermüdlichen Fleißes und seines Finderglücks späterer Jahre sind die monumentalen „Acta Reformationis Catholicae".

Die Studiengebiete der Mitglieder des Priesterkollegs waren weit gefächert. Der spätere Bonner Moraltheologe Werner Schöllgen nahm am Cursus Superior für Philosophie an der Gregoriana teil, ohne von dem dortigen Betrieb befriedigt zu sein. Der ebenfalls der Erzdiözese Köln angehörende Karl Theodor Schäfer besuchte das Bibel-Institut. Wegen seiner jugendlichen Erscheinung hatte er von den Schülerinnen des Sacré-Cœur-Instituts in Pützchen bei Bonn den Spitznamen „Bubi" erhalten, auch das Mißfallen der hochgestochenen Oberin erregt, weil man ihn gesehen hatte, wie er im Garten des Hauses jungenhaft über die kleinen Heuhaufen sprang. Nach dem bewährten Grundsatz „Promoveatur ut amoveatur" hatte ihn daraufhin Kardinal Schulte nach Rom beurlaubt, nachdem seine große philologische Begabung schon seinem Lehrer im Neuen Testament, Heinrich Vogels, aufgefallen war. Tagtäglich pilgerte er durch die Via Coronari, die damals noch von offenen Handwerkerläden eingefaßt war, zur Piazza Pilotta, wo der spätere Erzbischof und Kardinal von Utrecht, Alfrink, sein Mitschüler war, der jedoch nicht bei uns, sondern in der Anima wohnte. Schäfer und der Holländer Hendrik van Schaick knüpften die Beziehungen zum Bibel-Institut, die jedoch schon vorher in P. Leopold Fonck verkörpert gewesen waren. Als gelegentlicher Gast am Mittagstisch des Campo Santo erzählte der seeleneifrige Jesuit von seinen Erfahrungen bei den Gottesdiensten, die er für die Hirten und Landarbeiter in der Campagna Romana hielt, und tat dabei den Ausspruch: „Wenn in der Umgebung Roms die kirchliche Hierarchie nicht schon seit 2000 Jahren bestände, müßte dieses Gebiet der Kongregation für die Ausbreitung des christlichen Glaubens unterstellt werden." Schäfer arbeitete noch an seiner Dissertation über die Textgeschichte des Hebräerbriefs, war aber keineswegs nur philologisch begabt und interessiert. In den Diskussionen, die sich an die Sabbatinen anschlossen, glänzte er durch Kenntnisse und Scharfsinn. Vielleicht war diese vielseitige Begabung schuld daran, daß er, nach kurzer Tätigkeit als Professor der neutestamentlichen Theologie in Regensburg und Braunsberg, als Nachfolger seines Lehrers Vogels in Bonn (seit 1946) allzusehr in der Fakultäts- und Hochschulpolitik aufging. Sein letztes und umfangreichstes Werk war eine Verfassungsgeschichte der Universität Bonn 1818–1960, die just in dem Augenblick erschien, als der Umsturz die deutschen Universitäten von Grund auf veränderte[12].

---

[11] Nachruf auf Hans Barion (gest. 15. 5. 1973) von *H. Flatten* in: Archiv für kath. Kirchenrecht 142 (1973) 71–79.

[12] Für K. Th. Schäfer (gest. 4. 10. 1974) benutze ich den Nachruf der Kath. Theol. Fakultät Bonn:

Ebenfalls aus Köln kam der Religionsphilosoph Gottlieb Söhngen, den Kardinal Schulte eigentlich für das Albertus-Magnus-Institut vorgesehen hatte, dessen editorisch-philologische Ausrichtung ihm aber nicht lag. Söhngen gab unseren Gesprächen und Disputen einen philosophischen Einschlag – und einen guten Schuß Humor. Der lebhafte, musikalische Rheinländer fand sein späteres Wirkungsfeld an der Universität München (gest. 14. November 1971).

Während die Konviktoren aus dem englischen Sprachgebiet wie Jacob Geragthy von der Missionsgesellschaft des hl. Columban, Leo McNicholas und Jacob Fleming sich am Gemeinschaftsleben des Kolleges wenig beteiligten, nahmen die jungen Priester aus Holland, das damals noch kein Priesterkolleg besaß, obenan der Kanonist Jan Geerdinck, der spätere Generalvikar von Utrecht, an unseren Tischgesprächen und Disputen lebhaften Anteil. Sie vertraten meist die streng „römische" Linie und nahmen zuweilen an unseren kirchlichen Ansichten Anstoß, weil sie ihnen zu „protestantisch" schienen. Die Zeiten ändern sich!

Das Römische Institut der Görres-Gesellschaft, das seinen Sitz im Campo Santo hatte, stand unter der Leitung des Herausgebers der Trienter Konzilsakten Stephan Ehses, der aber wenige Tage nach meiner Ankunft in Rom am 19. Januar 1926 im Krankenhaus der Grauen Schwestern in der Via Olmata starb. Sein Nachfolger war Johann Peter Kirsch, der in unserem Hause wohnte, bis er als Direktor des Päpstlichen Archäologischen Instituts eine eigene Wohnung in dessen Nähe bezog. Der trotz seines Alters quicklebendige Luxemburger, zuvor Professor der Kirchengeschichte an der katholischen Universität Fribourg in der Schweiz, war eine überaus glückliche Ergänzung des Rektors, nicht nur in den allwöchentlichen Sabbatinen, sondern auch in den täglichen Tischgesprächen, die sich oft um wissenschaftliche und kirchliche Fragen drehten. Für uns junge Leute war „Papa" Kirsch aber noch weit mehr als ein wissenschaftlicher Anreger. Zusammen mit seinem Freund Joseph Wilpert hatte er in seinen jungen Jahren selbst dem Priesterkolleg angehört und war dessen lebendige Chronik. Wenn er mit uns einen harmlosen Streich ausheckte, schob er das schwarzseidene Käppchen, das er im Hause zu tragen pflegte, schief und gab seine Ratschläge. Opfer eines der am besten gelungenen Streiche war der Freiburger Kirchenhistoriker Emil Göller.

Als langjähriges Mitglied des Priesterkollegs und des Preußischen Historischen Instituts und Verfasser eines umfangreichen Werkes über die Apostolische Pönitentiarie, das ihn zu Forschungen über die Geschichte der Buße anregte, war Göller ein häufiger Gast im Hause, zumal nachdem er sich als Professor der Kirchengeschichte in Freiburg i. Br. das große Ziel gesteckt hatte, die finanziellen Beziehungen zwischen der Kurie und Deutschland im späten Mittelalter bis zum Ausbruch der Glaubensspaltung aktenmäßig zu untersuchen. Wenn er am Morgen nach seiner Ankunft in violett eingefaßter Soutane, mit violetten Strümpfen und Schnallenschuhen zur Zelebration in der Sakristei erschien, wurde er von dem weißbärtigen Sagrestano Maggiore (durch eigene Ernennung) Giuseppe mit tiefen Verbeugungen und einer kleinen Ansprache empfangen, hinter der natürlich die Hoffnung auf eine entsprechende mancia stand. Wenn Göller mittags aus dem Archiv zurückkam, berichtete er häufig begeistert von den Entdeckungen, die er dort gemacht hatte. Er war zwar wohlbestallter Professor der Kirchengeschichte in Freiburg, hätte aber ganz gern einen Ruf an eine andere deutsche Universität erhalten. Diese

---

Habilitation in Bonn 1931, außerordentl. Professor für NT und Patrologie in Regensburg 1932–1937, ordentl. Prof. an der Akademie Braunsberg/Ostpr. 1937–1945, ordentl. Professor für NT an der Universität Bonn 1946–1965, Rektor der Universität 1956/57, emeritiert 1965.

Aussicht schien sich zu eröffnen, als Albert Ehrhard in Bonn emeritiert wurde. Der Aprilscherz, den wir ausheckten, bestand darin, daß ein angeblicher Privatbrief des damaligen Bonner Dekans Feldmann entworfen wurde, der die Anfrage enthielt, ob Göller gegebenenfalls einem Ruf nach Bonn folgen würde. Diesen Brief fand Göller auf seinem Platz im Speisesaal vor, als er mittags bei Tisch erschien. Er verließ sofort den Raum, um den Brief zu lesen, verriet aber nichts von dessen Inhalt. Nach dem Abendessen erfuhren wir von Göllers Freund Rieder, der in Rom an den Konstanzer Bistumsregesten arbeitete, zu unserm Schrecken, daß er bereits über die zu erteilende Antwort nachdachte. Nun war es hohe Zeit, ihn über den Aprilscherz aufzuklären. Welcher Skandal wäre entstanden, wenn er an den Bonner Dekan geschrieben hätte! Prälat Kirsch übernahm die Aufklärung, Göller war jedoch tief gekränkt und gestand mir noch Jahre später, als ich in der Karwoche 1932 mit ihm von Nepi nach Sant'Elia wanderte, daß er diesen Aprilscherz als einen üblen Scherz betrachtete, womit er ja nicht unrecht hatte.

Zusammenstöße zwischen der jungen und der älteren Generation waren kaum vermeidbar. Als Nikolaus Hilling, der Freiburger Kanonist, in einer Sabbatina ein Gegenargument Wenners nicht zu widerlegen vermochte, wies er diesen im Vollbewußtsein seiner professoralen Autorität zurecht: „Sie werden mich doch nicht belehren wollen", wodurch er bei uns eben diese Autorität unwiederbringlich verlor.

Ich mußte einen scharfen Verweis einstecken, als ich gegenüber dem Bonner Philosophen Adolf Dyroff die Effizienz und Beliebtheit des päpstlichen Regimes im Kirchenstaat dadurch in Zweifel zog, daß ich auf das Ergebnis der Volksabstimmung nach dem 20. September 1870 hinwies. Ein derartiger Zweifel widersprach der communis opinio des damaligen deutschen Katholizismus. Daß Volksabstimmungen der Manipulation unterliegen können, hatten wir Jungen damals noch nicht erfahren.

Mit großem Respekt begegneten wir, wenn er das Institut der Görres-Gesellschaft besuchte, deren Präsident Heinrich Finke. Am 16. März 1929 entwarf er in einer Sabbatina ein Bild der Persönlichkeit Ludwig von Pastors und verschwieg nicht die Einseitigkeit seiner Papstgeschichte; an der Diskussion beteiligte sich auch Pastors Nachfolger Philipp Dengl. Sebastian Merkle habe ich nur einmal in Rom erlebt, als er (am 2. April 1929) in einer Sabbatina nicht etwa sein Spezialgebiet, das Konzil von Trient, behandelte, sondern die „Escatologia Muselmana en la Divina Comedia"; es war eine Auseinandersetzung mit dem gleichnamigen Buch des Asín Palacio.

Während sich Kirsch, Göller und andere deutsche Professoren, die meist in den akademischen Ferien nach Rom kamen (z.B. Steffens aus Freiburg/Schweiz, der an den Schweizer Nuntiaturberichten arbeitete, und Josef Mausbach, der in einer Sabbatina das kirchliche Verbot der studentischen Mensuren zu rechtfertigen versuchte), sich zuweilen lebhaft an unseren Disputen beteiligten, hielt ein ständiger Gast des Hauses, P. Bruno Katterbach OFM, Professor für Paläographie an der Vatikanischen Archivschule und Archivar, sich eher zurück. Mit bewundernswertem Fleiß arbeitete er an seinem Werk über die „Referendarii utriusque Signaturae", das 1931 erschien, eine Fundgrube für biographische Angaben über hohe Kurialbeamte der neueren Zeit. Des Morgens war er der erste in der Kirche, lange vor der offiziellen Öffnung des Archivs wanderte er dorthin, nur ungern ertrug er die Tischgespräche, die die Zeit des Mittagessens verlängerten, denn er kehrte sofort wieder ins Archiv zurück. Näher als er stand uns der ehemalige Pfarrer von St. Kastor in Koblenz, Joseph Marx, der sich, weil kränkelnd, vorzeitig hatte pensionieren lassen und nach Rom gekommen war, um seine letzten Lebensjahre im Schatten der Peterskuppel zu verbringen. Auch er wanderte täglich zum Vatikanischen Archiv, um sich bei der Katalogisierung der gewaltigen Bestände nützlich zu machen, was ihm die Ernennung zum Ehrenscriptor eintrug. Allen seinen wirklichen und eingebildeten Krankheiten zum Trotz hat der kleine, bescheidene Priester aus guter trierischer Familie einen Lebensabend von nahezu 30 Jahren im Campo Santo verbracht (gest. 31. Mai 1953).

Im Priesterkolleg lernte man aber nicht nur gelehrte Theologen aus Deutschland kennen, sondern auch Bischöfe, für die im III. Stock des Altbaus zwei Bischofszimmer reserviert waren. Kardinal Schulte von Köln wohnte regelmäßig bei uns und besuchte dann seine Titelkirche, die Santi Quattro Coronati. Bei dem Freiburger Erzbischof Fritz fiel mir auf, mit welchem Nachdruck er am Ende des Tischgebetes das „Dominus det nobis suam pacem" sprach. Auch Bischof Bornewasser von Trier, der Nachfolger Korums, war wiederholt Gast des Hauses. Der Kölner Weihbischof Hamels nahm an unserer Silvesterfeier teil, entschuldigte sich aber schon um 22.30^{h}; da sagte der ihn begleitende Domvikar in vorwurfsvollem Tone: „Aber Herr Bischof, Sie liegen sich ja wund bis morgen früh!"

Mein Diözesanbischof, Kardinal Bertram, wohnte während seiner Rombesuche regelmäßig in der Anima, deren Priesterkolleg er angehört hatte. Wenn er ohne seinen Geheimsekretär kam, mußte ich dessen Stelle vertreten und ihn dann auch zu Papst Pius XI. begleiten. Ich wußte, daß zwischen dem Bischof von Breslau und dem seinerzeitigen Delegaten für das oberschlesische Abstimmungsgebiet Spannungen bestanden hatten; beim Abschied Bertrams vom Papst in dessen Privatbibliothek, dem ich beiwohnte, merkte man davon nichts.

In das Rektorat Davids fiel der Abschluß der Lateran-Verträge, durch die die Rechtsstellung des Campo Santo erheblich verändert wurde. Obwohl die Vorverhandlungen streng geheimgehalten wurden, war doch etwas über einen bevorstehenden Friedensschluß zwischen Vatikan und Quirinal durchgesickert. Rektor David versuchte, Msgr. Gustavo Testa, der eines der Dachzimmer des Altbaus bewohnte, aber nicht im Hause verpflegt wurde, über den Stand der Sache auszuhorchen. Testa, Mitglied des Staatssekretariats und zweifellos bestens informiert, weil er bald darauf Mitglied der Gemischten Kommission für die Ausführung der Lateranverträge wurde, verriet kein Sterbenswörtchen und zog sich aus der Affäre durch die an den Frager gestellte Gegenfrage: „Und daran glauben Sie?" Daraufhin glaubte David alle anderslautenden Gerüchte dementieren zu dürfen. Als dann wenige Wochen später die Verträge doch abgeschlossen wurden, standen wir am Ende der Exerzitien, die gewöhnlich während der letzten Karnevalstage im Hause gehalten wurden. Die Nachricht schlug wie eine Bombe ein. Am Abend vor Aschermittwoch streiften wir durch den Borgo. Außer nach dem Sturz Mussolinis (1943) habe ich niemals die Römer in einer so spontanen Freude gesehen wie an diesem Abend. Als etwas später die Verträge durchgeführt wurden und sich die italienische Polizei aus der Umgebung von St. Peter zurückgezogen hatte, war ich Zeuge, wie zwei päpstliche Gendarmen durch die Bögen unter dem Sakristeigang von St. Peter hindurch gemessenen Schrittes dem Arco delle Campane zustrebten. Die Città del Vaticano war konkrete Wirklichkeit geworden.

Seit dem Herbst 1928 war ich Dekan des Priesterkollegs und als solcher ständiger Vertreter des Rektors, der in dessen Verhinderung die sog. Audienzempfehlungen für Rompilger auszustellen hatte. Das Geschäft war zeitraubend, aber nicht uninteressant, weil man sich ja mit den Antragstellern unterhalten mußte, zuweilen aber auch riskant. Eine unangenehme Rückfrage des Maestro di Camera gab es, als einige protestantische Schweden, die vom Campo Santo für die allgemeine Audienz empfohlen worden waren, sich strikt weigerten, dabei zu knien, weil sie diesen Bestandteil des Hofzeremoniells fälschlich als religiösen Akt auffaßten.

Im Frühjahr 1930 schlug für mich endgültig die Abschiedsstunde. Ich hatte vor, mich noch im Sommersemester zu habilitieren, mußte aber meine Abreise vorverlegen, weil ich zu meinem schwerkranken Bruder nach Meran gerufen wurde. Am 10. März 1930 wartete ich, begleitet von meinem Freund Josef Montebaur, in der Stazione Termini traurig auf den Schnellzug nach Norden. Ich ahnte nicht, daß ich nach erfolgter Habilitation drei Jahre später, durch das Regime Hitlers aus dem akademischen Lehramt entfernt, – mit einer Unterbrechung 1936–1939 – bis zu meiner Berufung nach Bonn 1949 dem Priesterkolleg von neuem angehören würde. Rektor David wurde am 30. Juli 1930 zum Domkapitular in Köln, am 23. März 1931 zum Generalvikar des Kardinals Schulte ernannt. Sein Wirken durch mehr als zwei Jahrzehnte im Erzbistum Köln und weit darüber hinaus bis zu seiner Ernennung zum Vicarius generalis emeritus am 28. Februar 1952 gehört der Kirchengeschichte an. Wie eng er bis zu seinem Tode mit Rom verbunden blieb, offenbart ein scheinbar nebensächlicher Zug: Schon bettlägerig und vom Tode gezeichnet, studierte er, als mein Bruder ihn besuchte, den damals gerade erschienenen Bericht über die Ausgrabungen unter St. Peter.

Der Grenzverlauf des Vatikanstaates und die Frage nach dem Rechtsstatus des Campo Santo Teutonico

Von WINFRIED SCHULZ

Wenn wir uns im folgenden mit dem Grenzverlauf des sicher friedlichsten aller Staaten, nämlich des Stato della Città del Vaticano, im Zusammenhang mit der Frage nach dem Rechtsstatus des Campo Santo Teutonico beschäftigen, dann sind dahinter keine Grenzstreitigkeiten zu vermuten. Es geht uns auch nicht um die Erfassung der *inneren* Rechtsstruktur dieses allgemein als Stiftung charakterisierten und sich sicher nicht zu Unrecht auf Karl den Großen berufenden Areals bei Sankt Peter[1] oder gar um eine Klärung der rechtlichen Zuordnung der Arciconfraternità di Santa Maria della Pietà in Campo Santo dei Teutonici e Fiamminghi, d. h. des unbestrittenen Trägers dieser Stiftung, zum Collegio Teutonico di Santa Maria della Pietà[2]. Unsere Fragestellung will vielmehr deutlich machen, daß die besondere geographische Lage der ältesten deutschen Nationalstiftung bei Sankt Peter in Rom so eng mit dem Problem des Grenzverlaufs des 1929 durch die Lateranverträge geschaffenen Vatikanstaates verbunden ist, als daß ohne Klärung desselben Verbindliches über den *äußeren* Rechtsstatus des Campo Santo Teutonico ausgesagt werden könnte[3].

Aufgrund dieses Tatbestandes wird es sinnvoll sein, zunächst die Diskussion um den Grenzverlauf bis zur Unterzeichnung des „Trattato" zwischen dem Heiligen Stuhl und dem Königreich Italien vom 11. Februar 1929[4] zu verfolgen. In einem zweiten Abschnitt

---

[1] Die Erwähnung im „Liber Pontificalis" ist erwiesen: Lib. Pont., Leo III., 19, hrsg. von Duchesne, II, 6. Am kompetentesten hat hierüber nach unserer Meinung der spätere Kardinal-Protektor der Erzbruderschaft vom Campo Santo gehandelt: *F. Ehrle,* L'Oratorio di S. Pietro sul sito dell'antica „Scuola dei Franchi", in: L'Oratorio di S. Pietro (Festschrift zur Eröffnung desselben) (Roma 1924), vor allem 30–40.

[2] Die derzeitig gültigen Statuten der Erzbruderschaft, genehmigt durch Breve Sr. Heiligkeit Papst Pius' IX. vom 21. 11. 1876, enthalten in § 3, Ziff. 2, Abs. 4 wenig mehr als einen Hinweis auf das von J. Spithöver projektierte „Priesterheim". Vgl. hierzu *E. David,* Vorgeschichte und Geschichte des Priesterkollegiums am Campo Santo, in: RQ 40 (1927), vor allem 12–26. Ungleich verbindlicher ist diese Zuordnung von Erzbruderschaft und Priesterkolleg in den mit Breve vom 15. 4. 1914 durch Pius X. konfirmierten „Regulae in Collegio Pio Campi Sancti Teutonici Urbis imposterum observandae" zum Ausdruck gebracht. Vgl. daselbst das „Prooemium" 6 sowie die im Wortlaut fast identische Bestimmung für die Ernennung des Rektors des Kollegs und der Erzbruderschaft (Statuti § 3, Ziff. 1; Regulae I, Ziff. 1).

[3] Formulierungen: „Hier ist deutscher Boden ... Ist es nur eine Laune der Geschichte oder hat es tiefere Bedeutung, daß den Deutschen als einziger Nation der Erde das Privileg zufiel, an einem so einzigartigen Ort ein Fleckchen Erde ihr eigen zu nennen", wie sie der derzeitig angebotene Führer durch den Campo Santo enthält (*B. Hanssler,* Campo Santo Teutonico [Rom – München – Zürich 1974] 2), sind nicht geeignet, den von uns gemeinten „äußeren Rechtsstatus" zu erhellen.

[4] Bekanntlicherweise bestehen die „Patti Lateranensi", im Deutschen kurz als „Lateranverträge" bezeichnet, aus drei Vertragswerken: einem politischen Vertrag, „Trattato" genannt, der die Gründung des Vatikanstaates und dessen völkerrechtliche Beziehungen zu Italien zum Gegenstand hat;

wollen wir sodann die offensichtlich aufgetretenen technisch-praktischen Schwierigkeiten bei der Grenzziehung und deren rechtliche Konsequenzen untersuchen. Diese führten im Laufe der Zeit zu De-facto-Modifikationen im Grenzverlauf, deren mögliche Auswirkungen auf den Rechtsstatus des Campo Santo Teutonico zu überprüfen sein werden. Eine zusammenfassende Beurteilung des derzeitigen „Status" dieser Stiftung soll unsere Untersuchung abschließen.

1. Die Diskussion um den Grenzverlauf bis zum „Trattato" vom 11. Februar 1929

Die mit dem Turiner Parlamentsbeschluß: „Roma capitale" vom 27. März 1861 durch Cavour heraufbeschworene und mit der Einnahme Roms am 20. September 1870 entstandene „Questione Romana", die Frage, „deren Lösung das Wohl der katholischen Kirche nicht bloß in Italien, sondern in der ganzen Welt seit fast siebzig Jahren dringend heischte ... diese Frage ist jetzt gelöst, beigelegt, den Akten der Geschichte übergeben", schrieb in für ihn ungewöhnlich enthusiastischem Ton P. Robert Leiber S. J. im Jahre 1929 in einem ersten Kommentar zu den gerade abgeschlossenen Lateranverträgen[5]. Dabei hatte sich spätestens in den Jahren während des Ersten Weltkriegs die Überzeugung immer deutlicher herausgebildet, daß an eine Wiederherstellung des ehemaligen Kirchenstaates zur Lösung der „Römischen Frage" nicht zu denken war; ja daß auch eine Zurückgabe der Hauptstadt Rom oder gar nur der rechtstiberinischen Zone (etwa Trastevere, der Gianicolo bis zur Villa Pamphili mit einem möglichen Zugang zum Meer) der in den Krieg verstrickten italienischen Regierung nicht zuzumuten wäre.

Unter Benedikt XV. wurden bereits sehr realistische Möglichkeiten erwogen, die den im „Trattato" der Lateranverträge getroffenen Übereinkünften sehr nahekommen. So schlug bereits 1916 P. Franz Ehrle S. J. vor, daß zumindest der Vatikan, der bisher dem Papst gemäß dem Garantiegesetz vom 13. Mai 1871 zum Nießbrauch überlassen worden war[6], „als souveräner, weltlicher Besitz ihm zurückgestellt werden" müßte[7]. Als guter Kenner des historischen Gewordenseins und der damaligen Verhältnisse in der „Città Leonina"[8] veröffentlichte er sogar einen Plan dieses Areals mit deutlichen Grenzangaben: „Die Linie von der Fassade der St. Petersbasilika bis zur Porta Cavallegieri und anderseits von der Schweizerkaserne bis zur ehemaligen Porta Angelica würde das von allen anderen Seiten durch die Mauern Leos IV., Nikolaus' III. und Pius' IV. umgrenzte Gebiet so abschließen, daß bei dieser Grenzführung nur durch die Linie von der Fassade vor St. Peter zur Porta Cavallegieri eine Strecke von unbedeutender Ausdehnung dem

---

einem Konkordat („Concordato"), das die Relationen zwischen dem Heiligen Stuhl und dem Königreich Italien in staatskirchenrechtlichen Fragen regelt, und schließlich einem Finanzabkommen („convenzione finanziaria"), in welchem der Heilige Stuhl für den größten Teil des 1870 von Italien annektierten Gebietes des alten Kirchenstaates eine einmalige Abfindung in Höhe von 750 Mill. Lit. in bar und eine Milliarde Lit. in 5%igen italienischen Staatsanleihen zugesprochen erhalten hat. Die Texte dieser Vertragswerke finden sich in: AAS 21 (1929) 209–295.

[5] *R. Leiber,* Die Lösung der römischen Frage durch die Lateranverträge, in: StdZ 117 (1929) 161.

[6] Legge sulle prerogative del Sommo Pontefice e della Santa Sede, e sulle relazioni dello Stato colla Chiesa, Art. 5 in Verbindung mit Art. 16, Abs. 3. Racc. Uff. n. 214 5^{e}II, Gazz. Uff. 15 mag. 1871.

[7] *F. Ehrle,* Benedikt XV. und die Lösung der römischen Frage, in: StdZ 91 (1916) 521.

[8] Er war langjähriger Präfekt der Vatikanischen Bibliothek.

1870 festgesetzten Gebiet angegliedert würde, das Gebiet nämlich, welches sich von dieser Linie zur Höhe der Mauer des vatikanischen Gartens und zur ehemaligen päpstlichen Münze hinaufzieht." Übrigens sei der größte Teil, „abgesehen von wenigen kleinen Häusern, bereits im Besitz der Palastverwaltung oder anderer geistlicher Körperschaften ... so daß ein nachbarfreundliches Verhältnis mit dem angrenzenden italienischen Gebiet leicht anzubahnen wäre"[9].

Es ist nicht bekannt, ob Franz Ehrle seine Pläne mit Prof. Francesco Pacelli[10] ausgetauscht hat, der mit der Führung der Verhandlungen zur Lösung der „Römischen Frage" am 6. Oktober 1926 durch Kardinal-Staatssekretär Pietro Gasparri betraut worden ist[11]. Sicher ist, daß Francesco Pacelli in seinem ersten Entwurf des „Trattato"[12], der am 4. November 1926 in Audienz von Pius XI. mit wenigen Modifikationen als Diskussionsgrundlage gutgeheißen worden war[13] und auch die grundsätzliche Zustimmung Kardinal Gasparris gefunden hatte[14], von Italien folgendes Territorium für einen geplanten Stato della Città del Vaticano übereignet haben wollte: „... una zona di territorio che si compone del Palazzo Vaticano con la Basilica di S. Pietro e tutti gli altri edifici, i giardini ed i terreni annessi e dipendenti, del *Palazzo di S. Uffizio ed annessi*[15], della Villa Pamphili e di una adeguata zona di terreno che ponga in diretta comunicazione il Palazzo Apostolico e la detta Villa"[16]. Zur Festlegung der „limiti più esatti" wurden bereits dem ersten Entwurf sowie allen späteren jeweils eine „planimetria" beigegeben.

Wir wollen uns im Rahmen unserer Untersuchung nun auf jenes Gebiet beschränken, das durch alle Entwürfe des Traktates immer unter der Bezeichnung „Palazzo del Sant'Uffizio ed annessi" oder „adiacenze"[17] läuft; denn unter den „annessi" bzw. „adiacenze" dieses Palastes befindet sich, wie ein Studium der Pläne und Zeichnungen deutlich ergeben hat, stets auch das Areal des Campo Santo Teutonico mit Kirche, Friedhof und

---

[9] *F. Ehrle*, a.a.O. 522.

[10] Es ist eine ziemlich grobe Verwechslung, wenn Raffel behauptet: „... am 24. November 1926 beendeten Professor Eugenio Pacelli, Vertrauensmann Gasparris und späterer Papst Pius XII., und der Staatsrat Domenico Barone, Beauftragter Mussolinis, die gemeinsame Arbeit an einem Entwurf zu einem politischen Vertrag (*R. Raffel*, Die Rechtsstellung der Vatikanstadt [Bonn 1961] 8). Der Irrtum ist um so unverzeihlicher, als bereits seit 1959 in der Bearbeitung von M. Maccarrone das Tagebuch Francesco Pacellis, des Bruders Pius' XII., vorliegt, wobei diese Edition im Anhang eine umfangreiche Dokumentation der verschiedenen Entwürfe der Lateranverträge mit allen wichtigen Varianten bringt, die auch die inhaltlichen Angaben Raffels widerlegen: *F. Pacelli*, Diario della Conciliazione con verbali e appendice di documenti (Città del Vaticano 1959).

[11] Nachdem Francesco Pacelli über den mit ihm befreundeten Barone ein Autograph Mussolinis erhalten hatte, das er Kard. Gasparri gegeben und dieser an Pius XI. weitergeleitet hatte, wurde Francesco Pacelli am 6. 10. 1926 mit streng vertraulichen Sondierungen beauftragt, denen am 24. 10. 1926 der offizielle, wenn auch konfidentielle Verhandlungsauftrag folgte. Die entsprechenden Schreiben sind veröffentlicht bei *C. A. Biggini*, Storia inedita della Conciliazione (Milano 1942) 93–95.

[12] Abgedruckt bei *F. Pacelli*, Diario a.a.O. Anhang 210–216.

[13] *F. Pacelli*, Diario a.a.O. 16–17.

[14] Siehe hierzu im Anhang zum Diario die „Appunti del Card. Gasparri" vom 5. 11. 1926: ebd. 216–222.

[15] Die kursive Hervorhebung stammt von uns.

[16] *F. Pacelli*, Diario a.a.O. Anhang Art. 3, 211.

[17] Die Schreibung schwankt in den Dokumenten zwischen: Sant'Uffizio oder Sant'Offizio. Wir folgen dem jeweiligen Original. Der definitive Text gebraucht die Schreibweise: „... il palazzo del Sant'Offizio ed adiacenze..." So in Art. 15, Abs. 1 des Traktats, in: AAS 21 (1929) 217.

Priesterkolleg. „Annessi del Sant'Uffizio" oder „Sant'Uffizio ed adiacenze" sind mithin ein Sammelbegriff, der in der Tat eine ganze Reihe von Gebäulichkeiten und Grundbesitz unterschiedlicher Eigentümer und Träger umfaßt. Hierzu gehörten das „Oratorio di S. Pietro" genauso wie die Tagesstätte für bedürftige Kinder samt Aufenthaltsräumen und Kapelle, die von den Vinzentinerinnen verwaltet wurde. Mit „Sant'Uffizio ed adiacenze" sind außerdem noch das „Museo Petriano", die „Segheria di S. Pietro" mit einer Reihe von Wohnhäusern für die S. Petrini und die „Palazzina detta di Santa Marta" gemeint, in der einige Bedienstete des Staatssekretariats wohnten. Kurz: der von der Piazza dei Protomartiri Romani und der via della Sagrestia im Norden, dem vicolo dell'Inquisizione im Osten, der via Teutonica im Süden und dem später erweiterten Largo della Sagrestia im Westen umgrenzte teutonische Besitz figuriert bis in die definitive Fassung des „Trattato" der Lateranverträge als „Anhängsel" oder „Umgegend" des Palastes vom Heiligen Offizium. Als solche sollte er auch, wäre nicht die kurzfristige und völlig unerwartete Umdisposition am Nachmittag vor der Unterzeichnung der Lateranverträge geschehen, dem eigentlichen Staatsgebiet einverleibt werden. Alle uns bekannten Entwürfe des Traktates bis zu den „bozze", d.h. bis hin zum bereits gedruckten Entwurf vom 6. Februar 1929[18], und der in Art. 3 dieser Entwürfe stereotyp erwähnte „allegato n. 1"[19] weisen die „annessi" bzw. „adiacenza del Sant'Uffizio" als vatikanisches Staatsgebiet aus. Eine Ortsbesichtigung, vorgenommen von Mussolini, Cozza (dem architektonisch-technischen Berater von Mussolini) und Pacelli am 7. Februar 1929 nachmittags, schien irgendwelche, kurzfristig aufgekommene Zweifel endgültig ausgeräumt zu haben. Es heißt im darüber gefertigten Protokoll ausdrücklich: „che parimenti sarà incorporata in detto territorio la striscia di zona stradale larga circa otto metri avanti il palazzo di S. Ufficio"[20].

Das Tagebuch von Francesco Pacelli gibt uns über die entscheidenden Gründe für die kurzfristige Änderung nur wenig Anhaltspunkte. Es heißt da unter dem 9. Februar 1929: „Dalle 21 alle 23,15 adunanza in casa Mussolini... Si impegna una lunga discussione circa la zona stradale avanti S. Uffizio: io a nome del S. Padre insisto e la detta zona viene definitivamente concessa... Si procede quindi alla lettura dei testi stampati, che vengono definitivamente approvati ed all'esame delle piante. Si prendono accordi per la firma, fissata per lunedì alle 12 nel Palazzo Lateranense."[21] Am Morgen des 10. Februar 1929 berichtet Francesco Pacelli in Audienz Papst Pius XI., „come S.E. Mussolini a stento abbia aderito alla richiesta della zona di rispetto avanti il palazzo del Sant'Offizio"[22]. Der Papst scheint einverstanden zu sein; denn man spricht nur noch

---

[18] *F. Pacelli,* Diario a.a.O. Anhang 485–497. Selbst die von 21.00 bis 0.10 Uhr dauernde „seduta in casa Mussolini", auf der ein intensives Studium der bereits gedruckten Vertragsentwürfe vorgenommen wurde, brachte – wie der Text zeigt – nur wenige Modifikationen: *F. Pacelli,* Diario a.a.O. 122 und das entsprechende Protokoll 197–198.

[19] „I confini di detta Città sono indicati nella Pianta che costituisce l'allegato I del presente Trattato, del quale forma parte integrante": *F. Pacelli,* Diario a.a.O. Anhang Art. 3, 486.

[20] *F. Pacelli,* Diario a.a.O. Verbali 202.

[21] Ebd. 125. Die für uns interessanten Passagen aus dem Protokoll dieser Sitzung lauten: „L'Avv. Pacelli ha portato varie copie dei testi definitivi stampati ed il Conte Cozza le piante. Mussolini solleva di nuovo la questione circa la striscia di zona stradale avanti S. Uffizio da incorporare nel territorio Vaticano. L'Avv. Pacelli a nome del S. Padre insiste. Rimane quindi stabilito... che detta zona... sarà incorporata nel territorio e quindi nella pianta sarà colorita in rosso come il rimanente territorio": *F. Pacelli,* Diario a.a.O. Verbali 203.

[22] Ebd. 125.

über einige Details der für den folgenden Tag festgesetzten Unterzeichnungszeremonie. Um 13.20 Uhr wird Pacelli telefonisch in den Vatikan gebeten. Der Papst eröffnet ihm, „che ha riflettuto essere più conveniente lasciare il Palazzo del S. Offizio coll'Oratorio di S. Pietro, il Museo Petriano e adiacenze fuori del territorio della Città del Vaticano, limitandosi a chiedere il privilegio della extraterritorialità"[23]. Interessanterweise fügt Pacelli in seinen Tagebuchaufzeichnungen noch hinzu, daß der Papst ausdrücklich bemerkt habe, daß in diesem Gebiet die „segheria della Fabbrica di S. Pietro" sei, die ja nicht nur für die Dombauhütte arbeite, sondern auch Aufträge von außen annehme und ständig Travertinblöcke zu im- und exportieren habe[24]. Ob das der ausschließliche Grund war, sei dahingestellt[25]. Sicher auf falscher Fährte befindet sich Paul Poupard, wenn er annimmt, daß Pius XI., um anzuzeigen, daß er für seine weltliche Macht nur eine „Minimallösung" gewollt habe, dies dadurch zum Ausdruck gebracht habe, „indem er auf bestimmte Gebiete, die innerhalb des italienischen Staatsgebietes liegen – das Palais des Heiligen Offiziums und das Oratorium des heiligen Petrus –, verzichtete"[26]. Ein Blick auf den seinem Buch beigegebenen Plan hätte ihn belehrt, daß dieses Gebiet eben gerade auch architektonisch zur „Città Leonina" gehört[27].

Fest steht jedenfalls, daß trotz aller Komplikationen und Schwierigkeiten, über die wir im folgenden noch zu handeln haben werden, durch den „Trattato" der Lateranverträge der Campo Santo Teutonico aus dem vatikanischen Staatsgebiet ausgenommen worden ist[28]. Der in Art. 3 erwähnte Plan läßt das Areal weiß[29], und die Tafel 10 von Anhang II zeigt deutlich dessen Umrisse[30]. Art. 15, Abs. 1 sagt es dann ausdrücklich: „... il palazzo del Sant'Offizio ed adiacenze ... benchè facenti parte del territorio dello Stato Italiano, godranno delle immunità riconosciute dal diritto internazionale alle sedi degli agenti diplomatici degli Stati esteri"[31].

---

[23] Ebd.

[24] Ebd. 125–126. Pacelli erwähnt in seinem Tagebuch, daß er sich sofort zu Mussolini begeben habe. „Questi rimane meravigliato della generosa proposta del S. Padre. Si impegna a sistemare a spese dello Stato il nuovo accesso al Vaticano, nonchè a restaurare tutte le Mura Vaticane. Mi raccomanda di provvedere alla correzione del testo del trattato e delle piante, non potendosi differire la firma fissata per domani": ebd. 126. In einer abschließenden Audienz um 16.30 Uhr desselben Tages wird die Sache besiegelt, woraufhin sich Comm. Castelli an die Änderungen der Zeichnungen macht und Prof. Pacelli sich zwecks Korrekturen der Texte in die Tipografia Vaticana begibt.

[25] Es sieht so aus, als sei damit endgültig ein in Kreisen des Campo Santo Teutonico von Pius XI. als angeblich echt überliefertes Dictum in den Bereich der Legende versetzt. Er soll anläßlich der so kurzfristig anberaumten Ausklammerung des um das Heilige Offizium gelegenen Gebietes und unter Bezugnahme auf den Friedhof und die Erzbruderschaft samt Priesterkolleg geäußert haben: „I tedeschi morti accetto, i tedeschi vivi no!"

[26] *P. Poupard,* Der Vatikan heute (Paderborn 196[illegible]) 29.

[27] Ebd. 219–220.

[28] Soweit ich sehe, erwähnt R. Leiber als einziger der Kommentatoren dieses Faktum exakt in seinem bereits zitierten Artikel über die Lösung der römischen Frage durch die Lateranverträge, a.a.O. 167.

[29] AAS 21 (1929) 225. Man vgl. zur Orientierung unsere Abbildung auf S. 201.

[30] AAS 21 (1929) 247.

[31] AAS 21 (1929) 217.

2. Schwierigkeiten bei der technisch-praktischen Durchführung der Grenzziehung und deren rechtliche Konsequenzen

Hatte die oben erwähnte, von Franz Ehrle bereits 1916 vorgeschlagene Grenzführung auf dem Gedanken aufgebaut, die „Città Leonina", die sowohl architektonisch als auch durch die sie umgebenden Mauern städtebaulich eine gewisse abgeschlossene Einheit bildete, zum zentralen Territorium für das neu zu schaffende Staatsgebiet einer „Città del Vaticano" zu machen, so war dieses Prinzip durch die kurzfristige Entscheidung Pius' XI. durchbrochen worden. Daraus resultierende Schwierigkeiten stellten sich sehr bald im Zuge der technisch-praktischen Realisierung der Grenzziehung ein.

Mit deren Durchführung wurde eine aus Vertretern des Stato della Città del Vaticano und des italienischen Staates gebildete Kommission betraut. Sie stellte offensichtlich schon sehr bald fest, daß für die geplante Erweiterung des Largo della Sagrestia ein Teil des als „Damenstift" bezeichneten Gebäudeteils des Campo Santo im Wege war. Genau an dessen Mauer entlang nämlich verlief die Grenze, wie es der bereits erwähnte Anhang zum Traktat ausweist. Man trat deshalb von vatikanischer Seite an den Rektor des Campo Santo Teutonico, Msgr. Emmerich David, zwecks „Gebietsbereinigung" heran. Im Protokollbuch der Verwaltungsratssitzung vom 26. Februar 1929 ist zu lesen: „Der Rektor berichtet über eine im Zusammenhang mit der Errichtung der Città del Vaticano geplante Enteignung und Niederlegung des über die Friedhofsmauer in den zukünftigen Kirchenstaat hineinragenden Teiles des Gebäudes am Oratorium. Die Ausführung des Planes wird für den Campo Santo den Verlust zweier in künstliche Katakomben umgewandelter Kellerräume, des an Herrn St. vermieteten Ladens und fünf anderer Räume zur Folge haben. Der Rektor hat bereits schriftlich Darlegungen der sich für die Stiftung so ergebenden Schädigungen Sr Eminenz dem Herrn Kardinalprotektor[32] und im Vatikan überreicht[33]. Der Herr Kardinalprotektor hat aus dem Staatssekretariat die Antwort erhalten, daß die beabsichtigte Enteignung Inhalt des Vertrages zwischen dem Heiligen Stuhle und Italien sei und ersterer erst nach Ratifizierung der Verträge[34] und Ernennung eines Nunzius bei Italien über Abänderung der geschlossenen Verträge unterhandeln könne. Der Rektor selbst hat vom Sekretär der Vermögensverwaltung des Heiligen Stuhles die Mitteilung erhalten, daß letzterer für eine angemessene Entschädigung eintreten werde und der Rektor über die weiteren Phasen der Angelegenheit fortlaufend unterrichtet werden würde. Nach ausführlicher Besprechung beauftragt die Versammlung den Rektor, seine Vorstellungen – und zwar diesmal ausdrücklich im Namen des Verwaltungsrates – zu wiederholen."[35] Schon bald darauf, nämlich am 19. April 1929, versammelte sich der Verwaltungsrat der Erzbruderschaft erneut, um sich mit dem Problem der bevorstehenden „Enteignung" auseinanderzusetzen. „Der Rektor berichtet über neue Bemühungen, die aus der angekündigten Enteignung des vorspringenden Teiles des Nebenhauses der Stiftung drohende Schädigung zu verhüten. Doch ist es bis

---

[32] Kardinalprotektor der Erzbruderschaft war zu jener Zeit Vincenzo Kardinal Vannutelli.

[33] Diese sicher interessanten Dokumente konnten dem Verf. leider nicht zugänglich gemacht werden.

[34] Mit der Legge n. 810 vom 27. 5. 1929 erhielten die Lateranverträge im Königreich Italien Gesetzeskraft. Der Austausch der Ratifikationsurkunden erfolgte am 7. 6. 1929.

[35] Protokollbuch der Sitzungen des Verwaltungsrates, Sitzung vom 26. 2. 1929, 83. – Die Protokolle werden daselbst handschriftlich eingetragen. Die Orthographie der verschiedenen Protokollanten wird in der Zitation unverändert beibehalten, falls es sich nicht um offensichtliche „lapsus" handelt.

jetzt nicht gelungen, bezüglich der Höhe und Form der Entschädigung bindende Zusicherungen zu erhalten. Dagegen wurde aus dem Vatikan der Wunsch geäußert, der Campo Santo möge die gegenwärtige Gelegenheit benützen, seine Gebäude zu ergänzen und ihnen ein der Nachbarschaft von St. Peter entsprechendes würdiges Äußere zu geben."[36]

Aus den zitierten Protokollauszügen sind drei Dinge hervorzuheben:

Zunächst, daß es sich bei dem zur Enteignung anstehenden Gebäude um einen in sogenanntes vatikanisches Staatsgebiet hineinragenden Teil eines Bauwerks gehandelt hat. Dieser Tatbestand nämlich scheint die Ursache für die erst viel später zutage getretenen Unklarheiten über den tatsächlichen Grenzverlauf zwischen Vatikanstaat und exterritorialem Gebiet an dieser Stelle gewesen zu sein. Wir werden weiter unten noch ausführlicher darüber zu handeln haben.

Zum anderen ist hervorzuheben, daß sich die vatikanischen Behörden als Unterhändler für die Enteignungsmodalitäten für kompetent erklärten[37]. Stand noch im Protokoll der Sitzung des Verwaltungsrates vom 9. Juli 1928, daß man bei den italienischen Behörden die „polizeiliche Erlaubnis" für die offensichtlich schon damals geplante „Überbauung auf der Terrasse des Schwesternhauses" einholen wollte[38], so hatten sich nun offensichtlich die Zuständigkeiten geändert. Bringt doch Art. 5 des Traktates deutlich zum Ausdruck, daß zur Regelung der Gebietsteile des für den Vatikanstaat in Aussicht genommenen Territoriums, „per quanto riflette gli immobili ... apartenenti ad istituti od enti religiosi, provvederà direttamente la Santa Sede a regolare i suoi rapporti con questi"[39].

Was schließlich die sanfte, aber deutliche Aufforderung der vatikanischen Behörden hinsichtlich einer würdigeren Gestaltung und Restaurierung der Gebäulichkeiten des Campo Santo Teutonico anbetrifft, so ist deren Rechtsgrundlage ebenfalls im Traktat der Lateranverträge gegeben. Hier nämlich hat sich der Heilige Stuhl für die Immobilien, die trotz ihrer Zugehörigkeit zum italienischen Staatsgebiet die Immunitäten genießen, die vom internationalen Recht für die Residenzen diplomatischer Vertreter vorgesehen sind, das Recht gesichert, „di dare ... l'assetto che creda, senza bisogno di autorizzazioni o consensi da parte di autorità governative, provinciali o comunali italiane ..."[40]

Bald nach der Ratifizierung der Lateranverträge sind deshalb die vatikanischen Behörden zur Tat geschritten. Das Protokoll der Verwaltungsratssitzung der Erzbruderschaft vom 19. Juli 1929 berichtet, „daß die Vatikanischen Behörden die Abschließung des Ganges über die Friedhofsmauer wenigstens nach einer Seite hin angeordnet haben und selbst die Zumauerung des Friedhofseinganges nach der Peterskirche hin vornehmen lassen werden. Es wird beschlossen, in letzterem Falle das schöne Gittertor in den Eingang von der via Teutonica her übertragen zu lassen."[41] Offensichtlich waren es dann doch ästhetische Gesichtspunkte, die die vatikanischen Behörden dazu brachten, doch nicht den Friedhofseingang zuzumauern. Wohl aber mußte bei Einbruch der Dunkelheit

[36] Protokollbuch, Sitzung vom 19. 4. 1929, 86.

[37] Während der Hinweis auf das Abwarten der Ratifizierung der Verträge sinnvoll ist, bleibt unklar, weshalb man auf die Aufnahme normaler diplomatischer Beziehungen zwischen Italien und dem Heiligen Stuhl warten wollte. Möglicherweise befürchtete man Schwierigkeiten bei der Grenzziehung und hat mit neuen diesbezüglichen Verhandlungen gerechnet. Es kann aber auch nur ein Vertröstungsargument, für den Rektor des Campo Santo bestimmt, gewesen sein.

[38] Protokollbuch, Sitzung vom 9. 7. 1928, 79.

[39] AAS 21 (1929) 211.

[40] Art. 16, Abs. 2, in: AAS 21 (1929) 217.

[41] Protokollbuch, Sitzung vom 19. 7. 1929, 87–88

das Friedhofstor verschlossen werden – eine Aufgabe, die die damit betraute Schwester von der Kongregation der Schwestern der christlichen Liebe aus Paderborn mit Akribie noch bis 1967 ausgeübt hat, d.h. bis zum Beginn der in Verbindung mit dem Bau der Audienzhalle notwendig gewordenen statischen Sicherungs- und Renovierungsarbeiten am „Braccio di Carlo Magno"[42].

Für die Sicherung des Staatsgebietes sorgten eine in Verlängerung der westlichen Friedhofsmauer, entlang dem Largo della Sagrestia gezogene Mauer, die die via Teutonica abschloß[43], und der zwischen dem „Braccio di Carlo Magno" und dem Turmtrakt des Kollegsgebäudes am Ende der via della Sagrestia mit dem Wappen Pius' XI. geschmückte große „cancello", über dessen Öffnung und Schließung ein Schweizergardist wachte. Kam in der Kriegs- und Nachkriegszeit (etwa bis zum Jahre 1967) ein Kollegsmitglied nach Einbruch der Dunkelheit (in den späteren Jahren nach 22 Uhr), so mußte er die Schweizerwache bemühen. Das unmittelbar neben dem großen „cancello" gelegene Wachhäuschen war noch bis zum Ende des Zweiten Vatikanischen Konzils untertags mit einem Schweizergardisten besetzt. Dadurch wurde manifestiert, daß hier vatikanisches Staatsgebiet beginnt.

Um die eben bereits erwähnte Mauer zwecks Schließung der via Teutonica errichten zu können, war also die „Enteignung der Ecke am Damenstift"[44] notwendig geworden. Die Architekten Ing. Momo (seitens des Governatorats) und Setacci (seitens der Erzbruderschaft) verhandelten über die technischen Einzelheiten, während der als stellvertretender Rektor fungierende Msgr. Kirsch die Verhandlungen über die zur Debatte stehende Entschädigungssumme in Höhe von Lit. 100000,– mit dem Gouverneur des Vatikanstaates führte. Signifikant ist die Formulierung des Verbale über die diesbezügliche Entscheidung des Verwaltungsrates: „Der Verwaltungsrat erklärt sich, da die Entscheidung auf dem Willen des Heiligen Vaters fußt, mit der genannten Summe einverstanden."[45] Den in der vorgeschriebenen notariellen Form in italienischer Sprache abgefaßten Übereignungsentscheid traf der Verwaltungsrat im Beisein des damaligen Kardinalprotektors Franz Ehrle am 9. Juni 1931[46], unter der Bedingung, daß „tutte le spese di demolizione e ricostruzione nonchè quelle della necessaria stipulazione, sarebbero assunte dallo Stato della Città del Vaticano, il quale pagherebbe al Luogo Pio un'idennità di lire centomila"[47].

Als dann die oben bereits erwähnte, aus Vertretern des Vatikanstaates und des Königreichs Italien bestehende Kommission 1932 die ihr übertragene Aufgabe der konkreten Grenzziehung übernahm und in ihrer Sitzung am 8. August 1932 auch über die Grenzführung am Campo Santo Teutonico zu befinden hatte, war der Eigentumswechsel an jenem auf sogenanntes vatikanisches Gebiet herausragenden Gebäudeteil bereits vollzogen. Vergleicht man aber den topographischen Verlauf der Grenze des vatikanischen Staatsgebietes, so wie er sich in den von Kardinal Gasparri und Mussolini unterzeichneten

---

[42] Im Verfolg dieser Arbeiten war der Zugang zum Kollegseingang in der via della Sagrestia 17 für gut zwei Jahre versperrt, so daß die päpstliche Gendarmerie um das Offenhalten des Friedhofstores nachsuchte. Es liegt hierüber eine entsprechende Korrespondenz vor.

[43] Ein zugemauerter Torbogen erinnerte noch bis 1970 an diese Situation. Er mußte nach Fertigstellung der Audienzhalle einem Eisengitter weichen.

[44] So lautet die knappe Formulierung des Protokolls der Sitzung des Verwaltungsrates vom 8.4.1931, Protokollbuch 108.

[45] Ebd. 109.

[46] Protokollbuch, Sitzung vom 9.6.1931, 113–116.

[47] Ebd. 114.

amtlichen Plänen befindet, mit der von der gemischten Kommission vorgenommenen Grenzziehung und bringt diesen Tatbestand statt in mehreren Plänen mit unterschiedlichen Maßstäben in einer einzigen Karte gleichen Maßstabs zum Ausdruck, dann muß man feststellen, daß hier im nördlichen, vor allem aber im westlichen Bereich des Grenzverlaufs erhebliche Abweichungen zu konstatieren sind. Wir haben versucht, diesen Tatbestand graphisch in einer Karte zu erfassen[48].

Daraus ergibt sich sofort die Frage: Welches ist hier gegenüber den „adiacenze del Sant'Uffizio" nun der wirkliche Verlauf der vatikanischen Staatsgrenze? Die Vermutung liegt nahe, daß infolge der kurzfristigen Umdisposition Pius' XI. und nach offensichtlich eiliger Rücksprache des Comm. Castelli am Spätnachmittag des 10. Februar 1929 mit Francesco Pacelli, aufgrund deren dann von der Fa. Castelli die Pläne gefertigt wurden, die anderntags von Kardinal Gasparri und Mussolini unterzeichnet wurden[49], daß eben diese Pläne auf den zu jener Zeit bei der Comune di Roma vorhandenen Katasterzeichnungen basierten. Diese aber wiesen (falls auf dem laufenden) den damaligen Gebäudebestand des Campo Santo Teutonico aus. Damit aber würden sich die auffällige Ausbuchtung und der darauffolgende Einschnitt im westlichen Grenzverlauf des Campo Santo Teutonico und der anschließenden exterritorialen Immobilien erklären[50], die bei der „linea di confine effettiva" fehlen, jedenfalls so, wie sie die gemischte Kommission am 8. August 1932 festgelegt hat[51]. Der Grund liegt auf der Hand; denn in der Zwischenzeit hat genau jene Grenzbegradigung stattgefunden, von der wir oben gesprochen haben.

Selbst wenn man einräumt, daß jene Kommission ja von beiden vertragschließenden Parteien beauftragt war, den definitiven Grenzverlauf festzulegen und dies auch in von den Unterhändlern beider Seiten unterzeichneten Protokollen steht, so hätten die Abmachungen entweder vor der Ratifizierung der Verträge stattfinden oder durch einen anschließenden Notenwechsel rechtlich geklärt werden müssen. So aber sind nach unserer Auffassung die von Gasparri und Mussolini unterschriebenen Pläne die für den Grenzverlauf ausschlaggebenden. Oder aber man hätte in irgendeiner anderen offiziellen Form die Arbeiten der gemischten Kommission bestätigen müssen. Bis heute sind ja nicht einmal deren Protokolle und Pläne publiziert worden.

Es sei aber noch der Hinweis gestattet, daß die Grenzführung am Campo Santo Teutonico keineswegs die einzige Ungereimtheit ist, die sich im Grenzverlauf des vatikanischen Staatsgebietes gegenüber Italien findet. Vergleicht man die amtlichen Publikationen der Kartenanlagen zum „Trattato" in der „Gazzetta Ufficiale" des Königreichs Italien mit der in den „Acta Apostolicae Sedis", so sieht man auf dem Plan „allegato I", daß die „Piazzale per i servizi della stazione" ausdrücklich als „in territorio italiano" liegend ausgewiesen ist, wie es u.a. auch eine Fußnote deutlich macht. Dennoch ist sie in den „Acta Apostolicae Sedis" – offensichtlich durch Irrtum der Druckerei – von der Farbgebung her und der Umgrenzung dem vatikanischen Staatsgebiet zugeschlagen worden[52]. Ein Vergleich der beiden Wiedergaben macht auch deutlich, daß das auf der nördlichen Kolonnadenseite zum Apostolischen Palast hin gelegene vatikanische Postamt und der dortige Zeitungskiosk gemäß vatikanischer Darstellung auf vatikanischem Territorium

[48] Siehe unsere Abbildung auf S. 203. [49] *F. Pacelli,* Diario a.a.O. 126.

[50] Vgl. hierzu unsere zeichnerische Wiedergabe auf S. 203.

[51] Hierüber gibt das Verbale dieser Kommission über ihre Sitzung vom 8. 8. 1932 samt „planimetria" Aufschluß.

[52] AAS 21 (1929) 225–226. Vgl. hierzu die entsprechenden Reproduktionen auf S. 201 bzw. S. 202 dieses Beitrages, wo wir die Divergenzen durch Hinweispfeile gekennzeichnet haben.

liegen, sich aber in der von der „Gazzetta Ufficiale" publizierten Version auf italienischem Staatsgebiet befinden[53].

Sicher ist man geneigt, diese Divergenzen, die ja seit fast 50 Jahren bestehen und bis heute keinen „casus belli" darstellen, nicht zu übertreiben. Auch soll nicht verschwiegen werden, daß manche juridische Unklarheiten bzw. Mißverständnisse ihr Gutes haben. Wie wäre es wohl ohne die rechtlich anfechtbare Schließung der beiden Tore rechts und links des Museo Petriano gelungen (wo bis zum Beginn des Zweiten Weltkriegs freier Zugang zur via Teutonica und via della Sagrestia gewährleistet war), einer großen Zahl von Juden und anderen Verfolgten der faschistischen und nationalsozialistischen Machthaber Unterschlupf im Campo Santo Teutonico zu geben, damit sie u. U. ihr Leben retten konnten?

Anders allerdings ist diese Sachlage zu beurteilen, als man 1945 nach Beendigung der Wirren glaubte, gewohnheitsrechtlich vorgehen zu dürfen, und diese Tore nie mehr öffnete. Das führt uns zum nächsten Schritt unserer Überlegungen, in welchem wir über „de facto" getroffene Modifikationen im Grenzverlauf handeln wollen.

3. Gibt es Modifikationen im Grenzverlauf des vatikanischen Staatsgebietes seit den Lateranverträgen?

Mit dem von Papst Paul VI. gefaßten Entschluß der Errichtung einer Audienzhalle zwischen dem Palast des Heiligen Offiziums, der Leoninischen Mauer, dem Hospiz Santa Marta und der via Teutonica ergaben sich neben statischen Schwierigkeiten der komplizierten Bodenverhältnisse wegen für die vatikanischen Behörden auch solche rechtlicher Natur. Ausschließlich dem zuletzt genannten Fragenkomplex wollen wir uns im folgenden widmen; denn daß die Bewältigung des immer mehr anwachsenden Pilgerstromes, der alljährlich nur noch in Millionen gezählt werden kann, hier auch die vatikanischen Behörden vor völlig neue Probleme gestellt hat, die bei Abschluß der Lateranverträge nicht geahnt werden konnten, steht außer Zweifel.

Nachdem man sich entschieden hatte, das oben bezeichnete Areal für die Errichtung der Audienzhalle zu benutzen, schien es zunächst notwendig, sich mit den Eigentümern bzw. Rechtsträgern der hier gelegenen Immobilien zu verständigen. Unabhängig von der in der Doktrin nicht einhellig beantworteten Frage, ob es nämlich gemäß Art. 3 des Traktates der Lateranverträge im Vatikanstaat überhaupt Privateigentum an Immobilien geben könne[54], war es stets das Bestreben des Governatorats des Vatikanstaates, diese Frage durch Geltendmachung gesetzlich festgelegter Vorkaufsrechte[55] oder auf dem

---

[53] Der zum Dekret Nr. XXIX des Gouverneurs des Vatikanstaates vom 14. 5. 1932 als Anhang veröffentlichte Plan weist dieses Gebiet ebenfalls als vatikanisches Territorium aus, und zwar mit dem Namen „Triangolo del Porticato": AAS Suppl. 4 (1932) n. 3., 14 mag. 1932, 10–11. Welcher Drucker hat sich nun hier geirrt?

[54] Heißt es hier doch ausdrücklich, daß Italien das volle Eigentum des Heiligen Stuhles über den Vatikan anerkennt, so wie er gegenwärtig besteht, mit allem seinem Zubehör und seinen Dotationen: AAS 21 (1929) 210. Zugegeben, daß sich das primär auf die durch die „Legge sulle guarantige" (vgl. Anm. 6 unserer Untersuchung) dem Heiligen Stuhl in Nießbrauch gegebene Zone bezieht; dennoch steht für Cammeo fest: „In ogni modo lo S.C.V. non ha la proprietà privata di tutto il territorio, bensì di quella parte di esso che non appartenga ad altri": *F. Cammeo,* Ordinamento giuridico dello Stato della Città del Vaticano (Firenze 1932) 47.

[55] Hierhin gehören vor allem die Bestimmungen des Art. 20a der „Legge sulle fonti del diritto" Nr. I vom 7. 6. 1929, in: AAS Suppl. 1 (1929) n. 1., 8 giu. 1929, 11, und die Art. 2 und 3 der „Legge

Wege von Verhandlungen[56] gar nicht erst aufkommen zu lassen, indem man sie „via facti“ ausklammerte. In der gleichen Weise ist man auch bei der „Erwerbung“ des für die Audienzhalle bestimmten Areals verfahren.

Soweit die betroffenen Immobilien bereits Eigentum des Heiligen Stuhles waren[57], oder die Eigentümer freiwillig darauf verzichteten[58], gab es keine Probleme. Andere zeigten sich weniger enthusiastisch gegenüber dem Audienzhallenbau[59]. Fest steht jedenfalls, daß der Heilige Stuhl vor Errichtung desselben auf dem genannten Areal alle notwendigen Eigentumsrechte erworben hat.

Nun aber setzt das juristische Problem ein. Die Halle befindet sich zu ca. einem Fünftel auf vatikanischem Staatsgebiet und zu ca. vier Fünfteln auf zwar rechtmäßig vom Heiligen Stuhl erworbenem Gebiet; diese vier Fünftel, „benchè facenti parte del territorio dello Stato Italiano, godranno delle immunità riconosciute dal diritto internazionale alle sedi degli agenti diplomatici degli Stati esteri“[60]; sie sind deswegen aber noch nicht vatikanisches Staatsgebiet und werden es auch nicht dadurch[61]. Ob hierüber zwischen dem italienischen Staat und dem Stato della Città del Vaticano eine wie immer auch geartete Absprache stattgefunden hat, konnte nicht festgestellt werden. Es scheint aber, als hätte man sich auf den Standpunkt von Art. 16, Abs. 2 des Traktates der Lateranverträge gestellt, wonach es in das Belieben des Heiligen Stuhles gestellt ist, diesem Areal, ohne daß es einer Genehmigung oder Zustimmung von seiten italienischer Regierungs-, Provinzial- oder Kommunalbehörden bedarf, diejenige Gestaltung zu geben, die er für gut befindet. Schließlich können sich diese Behörden „... all'uopo fare sicuro assegnamento sulle nobili tradizioni artistiche che vanta la Chiesa Cattolica“[62].

sull'ordinamento economico, commerciale e professionale“ Nr. V vom 7.6.1929, in: AAS Suppl. 1 (1929) n. 1, 8 giu. 1929, 25–26. Daß es sich bei Privateigentum von Immobilien im Vatikanstaat immer um eine Ausnahme handeln wird, legt auch ein Passus in Art. 20, Abs. 1 in der „Legge sulla cittadinanza ed il soggiorno“ Nr. III vom 7. 6. 1929 nahe, wo es heißt, daß den im Vatikan Residierenden eine Dienstwohnung angeboten werden kann, „salvo il caso eccezionale di alloggio di proprietà privata“, in: AAS Suppl. 1 (1929) n. 1, 8 giu. 1929, 18. Auf diesen Ausnahmecharakter weist auch Ciprotti hin: *P. Ciprotti,* Appunti di Diritto Privato Vaticano (Roma 1938) 114–116.

[56] Das trifft vor allem auf die exterritorialen Immobilien zu, bei denen sich der Vatikanstaat zwar das Recht auf Genehmigung jedweder Veränderungen gesichert hat (Art. 16, Abs. 2 des Traktates, in: AAS 21 [1929] 217), nicht aber über einen Eigentumsanspruch verfügt.

[57] Das trift für das Museo Petriano, die Segheria der Dombauhütte und einige ihr angeschlossene Wohnhäuser in der via della Sagrestia sowie auf einen Teil des Grund und Bodens des „Oratorio di S. Pietro“ zu.

[58] So berichtet am 18. 5. 1965 (Prot. Nr. 46.854) der damalige Substitut Msgr. Angelo Dell'Acqua freudig an Kardinal Di Iorio, daß die „Associazione dei Cavalieri di Colombo ... la loro porzione dell'Oratorio di San Pietro“, die auf 500000,– US-Dollar geschätzt worden war, dem Heiligen Stuhl geschenkt habe.

[59] Die Vinzentinerinnen, die eine sehr geschätzte Tagesstätte für bedürftige Kinder in der via Teutonica unterhielten (zu der u.a. auch eine Kapelle gehörte, die später der Spitzhacke zum Opfer fiel) und die in diesem Werk von Kardinal Borgongini kräftig unterstützt worden waren, waren ebensowenig begeistert (so ein Brief der Generaloberin vom 28. 10. 1964 an Kardinal Di Iorio) wie der Padre Commissario (P. Raimondo Verardo O.P.) des „Conventino del Sant'Uffizio“, da sein Konvent demoliert werden mußte. Auch mußte die „Palazzina detta Santa Marta“ dem Neubau weichen.

[60] Art. 15, Abs. 1 des Traktates, in: AAS 21 (1929) 217.

[61] Als Kuriosität mag angemerkt sein, daß sich der Päpstliche Thron in der Audienzhalle genau in dem einen Fünftel befindet, das zweifellos vatikanisches Staatsgebiet ist.

[62] AAS 21 (1929) 217.

Für den eben dargelegten vermuteten Standpunkt spricht auch die Tatsache, daß die im Zuge des Neubaus des Kollegs vorübergehend niedergelegte Grenzmauer an der via Teutonica, die auf ausdrückliches Verlangen seitens des Vatikans seinerzeit auf Kosten der Erzbruderschaft wiederaufgebaut worden war, erst kurz vor Fertigstellung der Audienzhalle von den vatikanischen Behörden abgebrochen und später durch ein Eisengitter ersetzt worden ist. Dieses Eisengitter könnte u.U. noch einen kleinen Teil des alten Grenzverlaufs markieren. Wahrscheinlich aber hat es praktische Gründe[63], um nämlich die Audienzteilnehmer nach Verlassen der Aula nicht erst durch Wachen in Richtung „Ausgang" dirigieren zu müssen.

Ungleich probativer für die eben dargelegte These scheint der Inhalt einer Aufzeichnung der „Direzione Generale dei Servizi Tecnici" des Governatorats zu sein[64], in welcher auf die „eliminazione delle antiestetiche costruzioni che si frapponevano tra la via Teutonica, il vicolo dell'Inquisizione e la via della Sagrestia" hingewiesen wird, „realizzando un'ampio spiazzo che ha permesso di mettere in vista la pregiata architettura berniniana del Braccio di Carlo Magno all'uopo consolidata e restaurata". Hier hat offensichtlich bis in die Formulierung der bereits zitierte Art. 16, Abs. 2 des Traktates der Lateranverträge Pate gestanden.

Ein weiterer Hinweis auf den von uns vermuteten Tatbestand findet sich in dem Faktum, daß nach Fertigstellung der gerade aufgeführten Arbeiten anstelle der früher bestandenen „cancelli ... all'imboccatura delle due strade, via Teutonica e via della Sagrestia", ein zusammenhängendes Eisengitter angebracht worden ist, hinter welchem die Schweizergarde Dienst tut, als hätte sie, wie seit eh und je, vatikanisches Staatsgebiet zu bewachen.

Es kann somit festgestellt werden, daß „de facto" eine Modifikation im Grenzverlauf des vatikanischen Staatsgebietes gegenüber den „adiacenze del Sant'Uffizio" stattgefunden hat. Wie aber verhält es sich „de iure", und welche Folgen hat das für den Rechtsstatus der altehrwürdigen Stiftung des Campo Santo Teutonico?

4. Eine zusammenfassende Beurteilung des derzeitigen Rechtsstatus des Campo Santo Teutonico

Überblickt man das bisher Gesagte, so kommt man zu dem Schluß, daß trotz aller angeführten Modifikationen, die „via facti" erfolgt sind, der äußere Rechtsstatus des Campo Santo Teutonico seit den Lateranverträgen von 1929 keine Veränderung erfahren hat. Es handelt sich bei diesem Areal nach wie vor um italienisches Staatsgebiet, das sich dank seiner Zugehörigkeit zu den „adiacenze del Palazzo del Sant'Uffizio" aufgrund Art. 15, Abs. 1 des Traktates des Vorzugs der Exterritorialität erfreuen darf[65]. Zweifel kommen einem eigentlich erst, wenn man die gelebte Wirklichkeit sieht, in der sich z.B. folgender, keineswegs hypothetischer „casus" ereignet hat:

Ein Priester ist mit einem in Deutschland zugelassenen Auto nach Italien eingereist. Er hält sich studienhalber länger als ein halbes Jahr in Rom auf. So ist er gesetzlich verpflichtet, entweder seinen Wagen nach Deutschland zurückzuführen und dort zu belassen oder ihn offiziell nach Italien einzuführen, um nach Erledigung der notwendigen

---

[63] Denn alle Anlieger erinnern sich noch genau, daß erst einige Zeit nach Inbetriebnahme der Halle das Eisengitter errichtet wurde.

[64] Nr. 112 vom 23.9.1971.

[65] AAS 21 (1929) 217.

Formalitäten und Entrichtung entsprechender Abgaben die sogenannte „nazionalizzazione“ zu erhalten. Wohnte der Betreffende nicht im Campo Santo Teutonico, sondern irgendwo in Rom, würde ihm das zwar der etwas umständlichen bürokratischen Prozedur wegen einigen Verdruß bereiten, aber bei etwas Glück wäre er nach 2 oder 3 Tagen im Besitz einer „targa romana“. Ganz anders die Situation, wenn es sich um ein Mitglied des Collegio Teutonico di Santa Maria della Pietà in Campo Santo handelt. Man ist es von der Postanschrift: „Città del Vaticano, via della Sagrestia 17“, gewohnt, sich in einem solchen Falle an das vatikanische Governatorat zu wenden. Beziehen von dort ja auch die Kollegiaten die Gutscheine für verbilligten Einkauf des Benzins. Hier allerdings erhält man den Bescheid – der juristisch völlig exakt ist –, daß sich das Kolleg am Campo Santo nicht auf vatikanischem Staatsgebiet befinde, man also auch keine „targa SCV“ erhalten könnte. Vielmehr möge man sich an die italienischen Behörden wenden. Bei der Anagrafe angekommen, erhält man trotz Vorlage einer Aufenthaltsgenehmigung keine Residenzbescheinigung. Die Begründung: „Una via della Sagrestia non risulta dai nostri elenchi.“ Auch die Versicherung, daß man da bestimmt wohne und seine Post dorthin zugestellt bekomme, beeindrucken den Beamten nicht. Ein gemeinsamer Blick in das offizielle Verzeichnis überzeugt nun auch den Antragsteller: Eine via della Sagrestia gibt es hier nicht.

Schwieriger wird der Fall, wenn es sich um einen Bediensteten in der via della Sagrestia 17 handelt, der z.B. zur Erlangung seiner Pension seine „Residenza romana“ nachweisen muß.

Dabei steht fest: Alle einschlägigen Dokumente des Vatikanstaates, sowohl zur Zeit der Grenzziehung im Zusammenhang mit der Realisierung des Traktates der Lateranverträge als auch die neueren in bezug auf die Errichtung der Audienzhalle, sie alle führen die Straßenbezeichnungen: via Teutonica, via della Sagrestia, vicolo dell'Inquisizione usw. Aber weder das Dekret des Gouverneurs Nr. XXIX vom 14. Mai 1932 über die Straßen- und Platzbezeichnungen[66] noch das jüngste diesbezügliche Dekret der Pontificia Commissione per lo Stato della Città del Vaticano Nr. LXXXIV vom 1. Juli 1972[67] enthalten die oben genannten Namen, was nach unserer Auffassung völlig korrekt ist; denn es handelt sich hier um italienisches Staatsgebiet. Um so verwunderter ist man dann wieder, wenn dem zuletzt zitierten Dekret eine mehrfarbige „planimetria“ beigegeben ist, in der die „adiacenze del Sant'Uffizio“ ebenso koloriert dargestellt sind wie das vatikanische Staatsgebiet. Auch fehlt jede Grenzmarkierung zwischen dem Vatikanstaat und unserem exterritorialen Areal. Das ganze stellt sich vielmehr dem Betrachter zweifelsfrei als eine Einheit dar. Da es sich hier um ein Rechtsdokument jüngsten Datums handelt, wird man nicht einfach erneut auf ein irrtümliches Versehen des Druckers schließen dürfen. Dieses Faktum ist wohl eher im Kontext des im voraufgegangenen Abschnitt Gesagten zu sehen: Es besteht eine De-facto-Einbeziehung der von Pius XI. seinerzeit aus dem Staatsgebiet ausgenommenen „annessi del Sant'Uffizio“. Nur an einigen Grenzfällen, wie den eben dargestellten, wird noch der wahre Rechtsstatus dieses Gebietes deutlich. Dabei ist es doch offensichtlich, daß z.B. die widerrechtliche Schließung der via Teutonica und der via della Sagrestia, vor allem nach dem Aufrechterhalten dieses Tatbestandes auch noch nach dem Zweiten Weltkrieg, ja die heute vorgenommene faktische Tilgung dieser Straßen durch Abbruch der Gebäude, es den Beamten der Anagrafe seit mehr als 35 Jahren gar nicht möglich gemacht haben, dieses Gebiet zwecks „aggiornamento“ ihrer „elenchi“ zu betreten. Aber selbst wenn die Gebäulichkeiten des Campo

[66] AAS Suppl. 4 (1932) n. 3, 14 mag. 1932, 8–11.
[67] AAS Suppl. 44 (1972) n. 8, 1 lug. 1972, 29–32.

Santo Teutonico als einzige Nummer, nämlich als Nummer 17 der via della Sagrestia übriggeblieben sind, so ist ihr Rechtsstatus gegenüber dem Vatikanstaat und gegenüber Italien unverändert.

De facto und verwaltungstechnisch hat sich das vatikanische Staatsgebiet so abgerundet, wie es Franz Ehrle schon 1916 vor seinem geistigen Auge gesehen hatte und wie es in der städtebaulichen Logik dieses Areals und seiner Bestimmung als Staatsterritorium für den Vatikanstaat begründet liegt. Das Eingreifen Pius' XI. aber hat dem Campo Santo Teutonico einen Rechtsstatus verliehen, der neben der mutigen Renovierung der Gebäude durch die Erzbruderschaft sicher wesentlich dazu beigetragen hat, daß dieser ältesten deutschen Nationalstiftung in Rom ihr hervorragender Platz neben Sankt Peter erhalten geblieben ist.

Abb. 1: Das vatikanische Staatsgebiet gemäß Kartenanlage, veröffentlicht in den „Acta Apostolicae Sedis“.

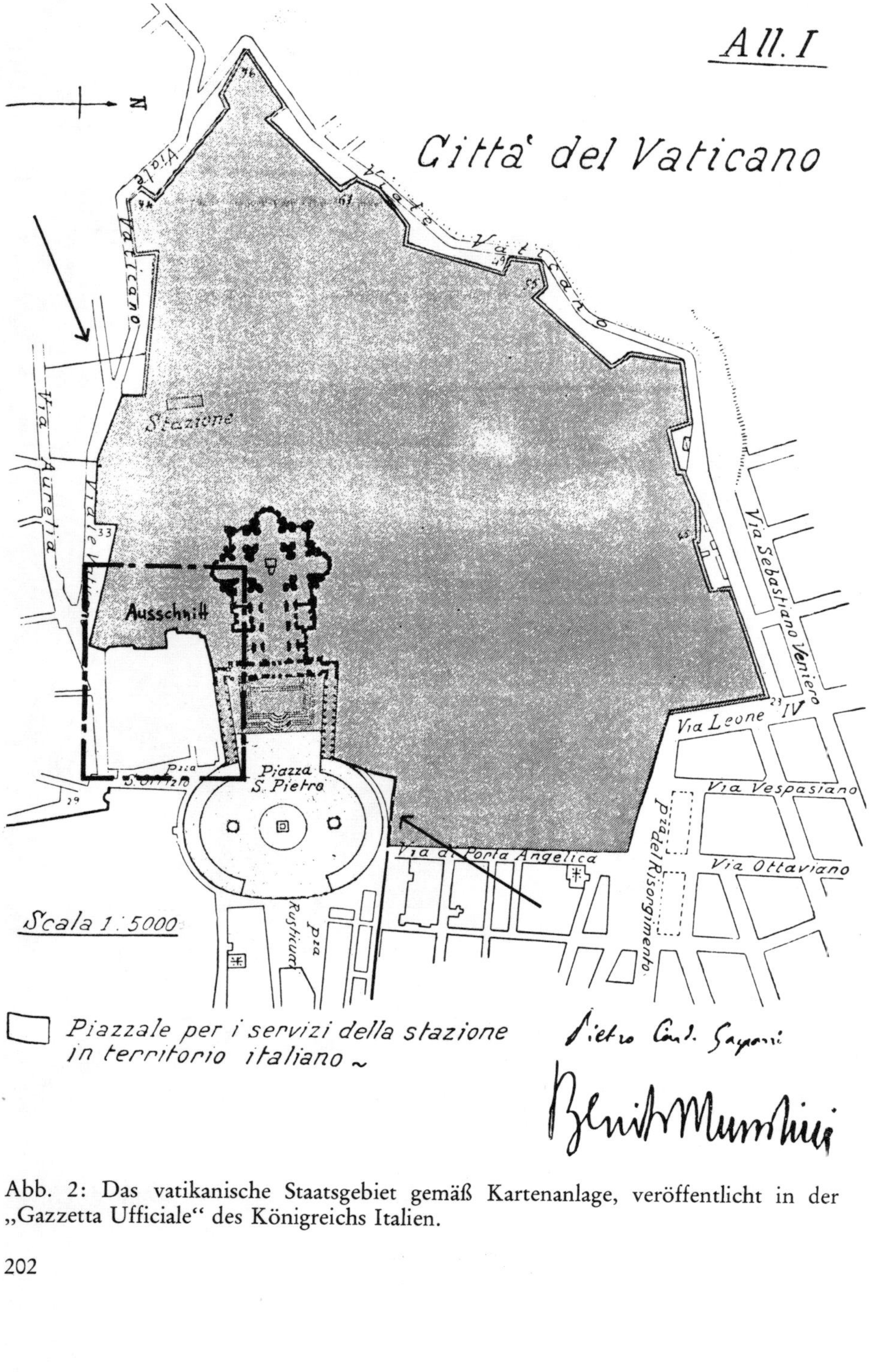

Abb. 2: Das vatikanische Staatsgebiet gemäß Kartenanlage, veröffentlicht in der „Gazzetta Ufficiale" des Königreichs Italien.

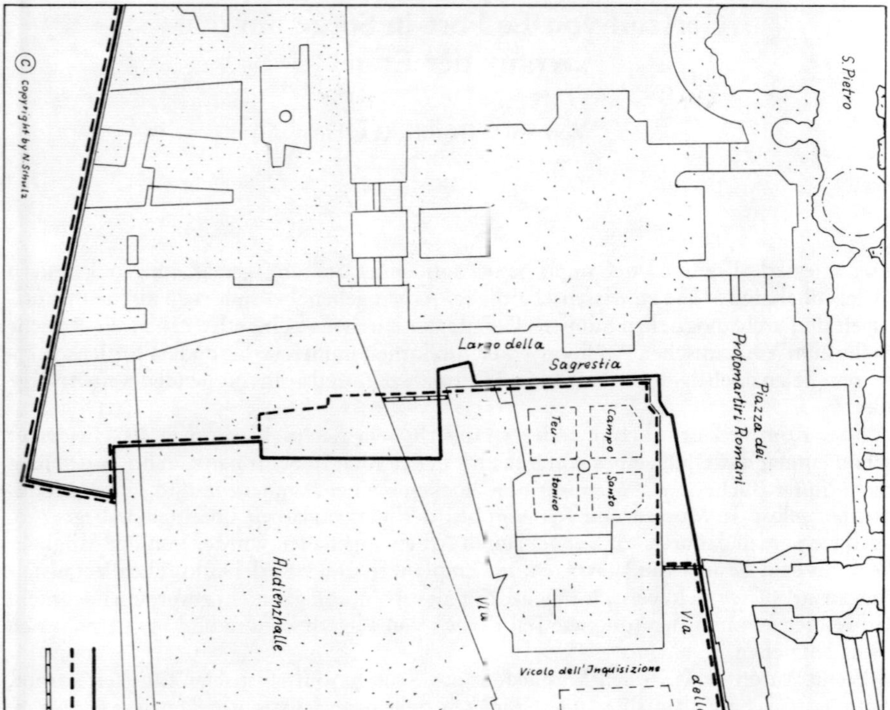

Abb. 3: Ausschnitt: Der Grenzverlauf beim Palazzo del Sant'Uffizio ed annessi. (Man beachte die Abweichungen zwischen dem im Anhang Nr. 1 des Traktates festgelegten Grenzverlauf und der tatsächlichen Grenzführung heute.)

Gertrud von Le Fort in Sorge um den „Kranz der Engel"

Von ERWIN ISERLOH

Das Priesterkollegium am Campo Santo soll seiner Stiftung gemäß jungen Priestern Gelegenheit und Muße zu wissenschaftlicher Arbeit geben, besonders zu kirchenhistorischen und archäologischen Studien. Gerade die Kirchengeschichtler haben die örtliche Nähe zum Vatikanischen Archiv wie zur Bibliothek immer als besonders förderlich erfahren: fielen doch dadurch die in einer Weltstadt zeit- und kräfteraubenden weiten Wege fort.

Aber Rom verlangt auch in anderer Hinsicht sein Recht. Wenn man als Historiker schon einmal das Glück eines Aufenthaltes in der Ewigen Stadt hatte, dann durfte man nicht hinter Büchern und Manuskripten hocken bleiben, sondern mußte an den Monumenten selbst, in Museen und Katakomben der Vergangenheit unmittelbar begegnen, auch wenn man dadurch von der geplanten Arbeit abgehalten wurde. Von der Möglichkeit, mit dem Besuch von Vorträgen, auf Empfängen und vielerlei kulturellen Veranstaltungen auf sicher nicht geistlose Weise Zeit zu vertun, soll gar nicht gesprochen werden; Gottesdiensten und Beratung wie Führungen von Pilgern konnte und wollte man sich nicht entziehen.

Wenn Anton de Waal den Mitgliedern des Kollegs journalistische Tätigkeit verbot, dann hatte das nichts mit Pressefeindlichkeit oder paternalistischer Restriktion zu tun, sondern mit der Sorge darum, daß junge Menschen der Verlockung vordergründiger – wenn vielleicht auch lukrativer – Tätigkeiten nachgaben und darüber das Eigentliche vergaßen, um dessentwillen sie nach Rom gekommen waren.

In den Jahren nach dem Zweiten Weltkrieg, als es für uns Deutsche eine Ausnahme war, ins Ausland zu reisen und dort gar mit Unterkunft und Verpflegung versorgt zu sein, trat man aus der Heimat mit den verschiedensten, manchmal recht wunderlichen Anliegen an uns heran. Hier wollte ein frisch ernannter Päpstlicher Geheimkämmerer wissen, wie die Crocia aussieht, von der die der Ernennungsurkunde beiliegende Kleidervorschrift sprach – möglichst sollte man Abbildung oder Schnittmuster mitliefern; einem Bischof oder Weihbischof sollte ein zur Zeit in Deutschland nicht erhältliches Kleidungsstück besorgt werden; von einem Hochschullehrer wurde man gebeten, nach einer illegalen Übersetzung eines seiner Werke ins Italienische zu fahnden, von der er gerüchteweise gehört hatte, die er aber lieber nicht in kurialen Händen wissen wollte.

Von einer ähnlichen, aber schwerwiegenderen Sorge berichten die beiden hier mitgeteilten Briefe der Dichterin Gertrud von Le Fort (1876–1971), die selbst mit römischen Verhältnissen bestens vertraut war.

Es handelt sich um das 1946 erschienene Werk „Der Kranz der Engel", den zweiten Teil zu „Das Schweißtuch der Veronika" (1928). Um diesen Roman war es zu einer ernsten Auseinandersetzung gekommen, nicht um den literarischen Wert, sondern um die darin vertretene Theologie der Gnade und des Menschen unter ihrem Anspruch. Meint doch die Heldin des Romans, an der Seite des geliebten, dem Christentum aber feindlichen Mannes um seines Heiles willen ausharren zu müssen. Sie sieht „die Rettung im Opfer der eigenen Sicherheit und im äußersten Wagnis der Liebe“, d.h. in einer Ehe ohne den Segen der Kirche. In Rezensionen war der Dichterin „dogmatischer Irrtum“, u.a. eine von protestantischer Theologie vertretene Lehre der Kenosis, vorgeworfen worden, was bei ihr, die in den „Hymnen an die Kirche“ doch ein bis in die feinsten Nuancen reichendes Wissen um das Dogma bewiesen habe, besonders befremdlich sei. Man munkelte von einer Indizierung des Romans.

Während dieser Diskussion um den „Kranz der Engel“ wurde ich November 1947 mit Empfehlungsschreiben meiner bischöflichen Behörde, aber ohne Geld, für das ich mir in Basel die Fahrkarte hätte kaufen können, nach Rom beurlaubt, um dort meine Habilitationsschrift anzufertigen. Generalvikariatsrat Joseph Leufkens[1], ein alter „Römer“, gab mir gute Ratschläge mit und bat dazu um einen für mich recht ungewöhnlichen Dienst. Er legte mir den unten abgedruckten Brief der Dichterin an ihn vom 26. Juni 1947 vor mit der Bitte, bei Bischof Alois Hudal[2] als Konsultor des Heiligen Offiziums vorzusprechen und ihm von der Not der Dichterin angesichts der heftigen und ihre kirchliche Haltung in Frage stellenden Kritik ihres Buches zu berichten. Bischof Hudal, der die Dichterin aus ihren römischen Jahren kannte, war unterrichtet und bat mich, die Dichterin zu beruhigen; von römischen Stellen sei nichts zu befürchten. Ganz abgesehen davon, daß das Heilige Offizium sich nicht mit Schöner Literatur beschäftige, stehe Gertrud von Le Fort in hohem Ansehen und erfreue sich nicht nur bei ihm besonderen Vertrauens.

Ich war froh und fühlte mich selbst etwas geehrt, daß ich diese Auskunft der von mir seit meiner Schulzeit hochgeschätzten Dichterin mitteilen konnte. Ihre Antwort, der Brief vom 12. Februar 1948, beweist ihre Sorge wie die große Beruhigung, die meine Mitteilung für sie bedeutet hatte.

1. Gertrud von Le Fort an Joseph Leufkens

Gertrud von Le Fort
z.Z. Genf, Grange Canal
10 Chemin Verey
d. 26.6.47

Hochverehrter, lieber Herr Prälat!
Sie haben mir mit Ihrem Brief eine so große Freude gemacht, und zwar in einem Augenblick, als ich sie besonders gut brauchen konnte. Zwar habe ich die Besprechung meines Buches in den „Stimmen der Zeit“[3] nicht selbst gelesen, ich erfuhr aber ihren Charakter durch eine ganze Anzahl Briefe, die ich darüber erhielt. Und natürlich war ich etwas traurig. Trotzdem glaube ich eigentlich nicht, daß hinter dieser Besprechung eine allgemein gültige kirchliche Meinung steht, auch keine allgemeine des Jesuitenordens[4]. Ich

---

[1] Joseph Leufkens (1879–1962), Generalvikariatsrat in Münster, Rektor an St. Servatii, Päpstlicher Ehrenkämmerer. Als Seelsorger der deutschen Gemeinde betreute er Gertrud von Le Fort in der Zeit ihrer Konversion.

[2] Alois Hudal (1885–1963), Professor für Altes Testament und Biblisch-Orientalische Sprachen in Graz, seit 1923 Rektor der „Anima“ in Rom und seit 1933 Titularbischof von Ela.

[3] *Werner Barzel*, Weg oder Irrweg? Theologisches zu einem Roman, in: StdZ 139 (1946/1947) 474–477; abgedruckt in: Gertrud von Le Fort – Werk und Bedeutung. „Der Kranz der Engel“ im Widerstreit der Meinungen (München o.J. [1950]) 10–16.

[4] Vgl. in: Werk und Bedeutung (Anm. 3) die positiven Stellungnahmen von Pierre Lorson S.J. (26), Erich Przywara S.J. (27), Hubert Becher (32f.) und A. Focke S.J. (34ff.).

glaube von mir sagen zu dürfen, daß ich sehr gewissenhaft zu Werk ging: ich ließ das Manuskript, bevor ich es zum Druck gab, von einem Theologen und Priester prüfen, er erklärte mir, nachdem wir einige Formulierungen, die zu Mißverständnissen Anlaß geben konnten, geändert hatten, das Buch für völlig einwandfrei. Gleich nach seinem Erscheinen erhielt ich von Pater Erich Przywara S. J.[5] einen Brief, in dem er dem Buch seine warme Zustimmung aussprach. Er hat auch in München darüber kleine Vorträge in geschlossenem Kreise gehalten. Ein anderer Jesuitenpater bemühte sich um die Auslandsausgabe des Buches. Es sind in verschiedenen österreichischen katholischen Zeitschriften schon schöne Besprechungen über das Buch gebracht worden, andere sind hier in der Schweiz in Vorbereitung, wo das Buch von dem streng kirchlich orientierten Verlag Benziger zur Auslandsausgabe angenommen wurde. Auch Übersetzungen sind bereits angebahnt. Niemand hat bisher Anstoß an dem Buch genommen. Nach allem, was ich von befreundeter Seite erfahre und auch selbst für möglich halte, ist dies: daß man in dieser unfreundlichen Kritik das Werk einer ganz bestimmten Klique erkennen muß, die in München ihren Sitz hat und mir durch viele Jahre hindurch Leid angetan hat. Es war bezeichnend für diese Gruppe, daß sie kurz vor meinem 70. Geburtstag in München das Gerücht verbreitet hatte, ich sei wieder in die protestantische Kirche zurückgekehrt. Es war ein Jesuitenpater, der mich deswegen brieflich zur Rede stellte. Ich glaube, daß er es mit seiner Anfrage gut meinte, und offenbar hat er dann auch das Gerücht niedergeschlagen. Aber es war doch tief erschütternd für mich, daß eine solche Anfrage nötig wurde, daß man, nachdem ich mehr als 20 Jahre lang in jedem meiner Bücher meinen katholischen Glauben bekannt habe, ein derartiges Gerücht für Möglichkeit oder Wahrheit halten konnte – es war tief erschütternd für mich, daß man von einer fast 70jährigen Frau noch einen Religionswechsel für denkbar hielt! Hier konnte es sich nur um eine sehr, sehr tiefe Brunnenvergiftung handeln. Und um eine solche handelt es sich vermutlich wieder. Natürlich haben die „Stimmen der Zeit" nichts mit jener Klique zu tun – früher, als Pater Lippert[6] und Pater Przywara die Zeitschrift leiteten, war man mir dort sogar besonders verständnisvoll begegnet. Jetzt hat die Redaktion gewechselt, ich kenne dort niemand mehr, da ich schon sehr lange von München fort bin. Wahrscheinlich hat jene Klique auch dort den Brunnen vergiftet – meine Freunde glauben es.

Ich habe Jahrzehnte lang über diese Dinge geschwiegen, und nicht nur deshalb, weil Schweigen meistens viel nützlicher ist als Verteidigung. Ich habe auch deshalb geschwiegen, weil ich die Dinge erst im Inneren überwinden mußte – solange noch Groll darüber im Herzen ist, darf man nicht sprechen. Jetzt ist dies nicht mehr der Fall. Ich zürne niemand mehr, ich fühle nur noch Trauer, ich habe alles, was war, auch alles, was noch kommen könnte, vergeben. Und darum darf ich auch darüber sprechen, nicht an jeder Stelle und nicht zu vielen. Aber da, wo es nötig oder nützlich ist, darf ich nun die Wahrheit sagen, und dies scheint mir Ihnen gegenüber der Fall zu sein. Sie waren so gütig, mir nicht nur Ihre eigene religiös tief verständnisvolle Meinung über meine kleine Veronika auszusprechen, sondern Sie haben auch Herrn Dr. Hasenkamp[7] darauf

[5] Erich Przywara S. J. (geb. 1889; seit 1908 Jesuit) versucht in seinem breit angelegten theologischen, religionsphilosophischen und geisteswissenschaftlichen Lebenswerk moderne Fragestellungen und Erkenntnisse für den überlieferten christlichen Glauben fruchtbar zu machen.

[6] Peter Lippert (1879–1936; seit 1899 Jesuit). Als Meister der Sprache und tiefer Seelenkenner ein bedeutender geistlicher Schriftsteller und Rundfunkprediger.

[7] Gottfried Hasenkamp (geb. 1902), Konvertit. Schriftleiter in Münster i.W. Lyriker aus dem Geist katholischer Liturgie und der Formenwelt ihrer Hymnik.

aufmerksam gemacht – er teilte mir mit, er werde etwas über das Buch schreiben. Natürlich wird seine Stimme, die so überaus klar und rein ist, viel Gutes für mein Buch bedeuten. Es wird ihm bestimmt gelingen, bei allen Gutwilligen Mißverständnisse zu zerstreuen, die ja vom Thema aus an sich denkbar sind auch bei Wohlmeinenden. Ich war mir dessen wohl bewußt. Doch schien es mir, angesichts der ungeheueren Gottesferne so vieler unserer Mitmenschen nötig, bis zum äußersten zu gehen, nicht um ein Vorbild hinzustellen, sondern um die Richtung anzudeuten. Ich bin sehr beglückt, daß Sie es richtig deuteten, und danke Ihnen für alle Ihre guten Worte.

Um noch etwas Sie Erfreuendes zu sagen, darf ich Ihnen erzählen, daß ich neulich an der Universität Fribourg einen Autorenabend halten konnte, der sehr freundlich aufgenommen wurde. Zum Schluß veranstalteten die Schweizer Studenten eine Sammlung für notleidende deutsche Studenten: Dies war für mich sehr beglückend, denn die Sammlung war sehr ergiebig. Nun soll ich zum gleichen Zweck meinen Vortragsabend in Bern wiederholen. Ich bin so froh im Gedanken, für die Heimat etwas Gutes tun zu können – wie oft denke ich an ihre große Not. Ich habe mich hier, zwar langsam, aber gut erholt bei lieben Menschen, die großen Anteil an unserer Heimat nahmen. Ich bin immer wieder überrascht, welcher Güte und Teilnahme ich in Bezug auf das deutsche Geschick begegne.

Lieber und verehrter Herr Prälat, ich danke Ihnen nochmals innig und bin wie stets Ihre Ihnen treu ergebene Gertrud v. Le Fort.

Am Rande:
Unsere gemeinsame Freundin ist relativ gut versorgt in einem Schwesternhaus, wo ihre Mutter weilt, sie steht in einer schönen und befriedigenden Arbeit.
Im Laufe der nächsten Wochen denke ich nach Oberstdorf zurück zu kehren.

2. Gertrud von Le Fort an Erwin Iserloh

z. Z. Arosa, Florentinum, Schweiz
d. 12. 2. 48
Hochwürdiger Herr!
Sehr geehrter Herr Doktor!
Ihr Brief hat fast drei Monate gebraucht, mich zu erreichen, denn er ist sicher über Münster gereist. Mir selbst wurde er aus Oberstdorf in die Schweiz nachgesandt, wo ich ihn soeben erhalten habe. Es drängt mich sehr, Ihnen sogleich meinen großen Dank zu sagen, für den wertvollen Dienst, den Sie meinem Buch geleistet haben, und für die Hoffnung, die Sie für seinen weiteren Weg in der Welt glauben aussprechen zu dürfen. Ich kann diese Hoffnung sehr, sehr gut brauchen, denn ich muß Ihnen offen gestehen, daß ich die vielen und zum Teil sehr schweren Angriffe, denen meine kleine Veronica ausgesetzt ist, nur mit Schmerz und Unruhe ertrage, ja ich bin ganz krank daran geworden. Sie trafen mich völlig unerwartet, denn ich hatte mich – wie stets wenn ich in meiner Dichtung theologisches Gebiet streifte – von priesterlicher Seite beraten lassen. Der Geistliche, den ich befragte, ein ernster und tiefblickender Theologe, sagte mir, das Buch sei nicht angreifbar, wenn auch vielleicht nicht allen verständlich. Ich selbst halte die Angriffe für Mißverständnisse dessen, was ich sagen wollte. Der Verfasser der schönen Besprechung[8], die Sie mir senden, hat das, was ich sagen wollte, klar herausgedeutet,

[8] Hubert Jedin (geb. 1900) hatte in der Zeitschrift „Humanitas“ 2 (1947) 752–754 den „Kranz der Engel“ besprochen. Deutsche Übersetzung in: Werk und Bedeutung (vgl. Anm. 3) 43f.

und ich bin ihm, wie Ihnen, unendlich dankbar. Ganz besonders froh war ich über den Hinweis Msgr. Jedins auf das Wort des heiligen Paulus, der bereit war, verdammt zu werden, um dadurch die Brüder zu retten[9]. Eine solche Bereitschaft wird auch von der heiligen Caterina von Siena berichtet. Mehr als diese Bereitschaft liegt auch bei Veronica nicht vor: es kommt ja garnicht zu der ungesegneten Ehe, und es kann auch garnicht dazu kommen: wer aus reiner Gottes- und Bruderliebe verdammt sein will, der kann eben nicht verdammt werden: Gott nimmt ein solches Opfer nicht an, sondern er wandelt es um: hier in die Krankheit, in der Veronica ohne an der h. Kirche schuldig zu werden, stellvertretend und sühnend alle Leiden des gottesfernen Enzio erlebt. Ich meine, diese Linie ist ganz klar – es ist mir unbegreiflich, daß so viele sie nicht sehen, oder doch mir begreiflich durch gewisse seelsorgerische Bedenken, welche hier eine Aufforderung zur Nachahmung sehen. Aber ich meine, ein wirklich aufmerksamer Leser müßte bemerken, wie stark ich bemüht war, das Einmalige eines in dieser Form nicht zu wiederholenden Auftrags heraus zu arbeiten. Allgemeingültig ist dabei nichts wie die Richtung auf eine größere Liebe und Teilnahme an dem heute zum Massenschicksal gewordenen Los der ungläubigen Menschen, die nach meiner Meinung nötig ist: ich bin zu diesem Buch gekommen, weil mir im Verkehr mit ungläubigen und gottentfremdeten Menschen immer wieder der Vorwurf entgegen trat, daß wir sie mieden, verurteilten und ihrem Schicksal überließen. Dies ist nicht unbedingt und immer wahr, aber etwas ist dran. Auf der anderen Seite habe ich mehrmals erfahren, wie viel eine liebevolle Teilnahme am Schicksal solcher Menschen zuweilen vermag. Ich habe das nicht zuletzt durch dieses Buch selbst erfahren: während es immer wieder angegriffen wird, bringt es mir auch immer wieder erschütternde Briefe von Menschen ein, die Enzio sehr nahe stehen, und die dadurch ergriffen und an ihrem falschen Weg irre geworden sind. Ich meine, daß die Seelsorger nicht nur an die Frauen denken sollten, die es zu bewahren gilt, sondern auch an die Verlorenen, die wir gewinnen möchten.

Doch Sie hatten mich ja eigentlich nicht aufgefordert, mein Buch selbst zu verteidigen – verzeihen Sie, wenn ich Sie mit Dingen ermüdet habe, die Sie selbst ohne Zweifel wissen! Ich will also schließen, indem ich Sie bitte, nochmals meinen herzlichsten Dank entgegen zu nehmen und überzeugt zu sein, daß ich mich in der nächsten Zeit oftmals an die beruhigenden Worte erinnern werde, die Sie mir von Monsign. H[udal][10] übermittelten – sie bleiben selbstverständlich mein Geheimnis. Wenn Sie es für richtig halten, so, bitte, sagen Sie auch Monsig. meine Dankbarkeit – ich erinnere mich seiner noch sehr wohl aus den Fastenpredigten, die ich vor vielen Jahren in der Kirche Santa Maria del Anima hörte. Und auch Monsig. Jedin wollen Sie, bitte, meine ehrerbietigen Grüße und meinen Dank sagen. Auch mein Verleger wird sich sehr über seine Ausführungen freuen.

Ihnen selbst, hochwürdiger Herr, wünsche ich eine reichst gesegnete Studienzeit in der Ewigen Stadt, die ich so innig liebe, daß jeder Brief von dort oder dorthin mir eine Freude bedeutet. Ich finde es so beglückend, daß die erste Beruhigung über das Schicksal meiner kleinen Veronica mir aus Rom gekommen ist!

Mit dem Ausdruck der Verehrung grüßt Sie

Ihre ergebene

Gertrud vle Fort.

---

[9] Röm 9,3.

[10] Siehe o. Anm. 2.

Postbyzantinische Ikonen im Campo Santo Teutonico

Prolegomena zu einem Katalog

Von GERD HAGEDORN

Aus Anlaß der ersten Hundertjahrfeier seit Gründung des wissenschaftlichen Priesterkollegs am Campo Santo Teutonico im Jahre 1876 unter Anton de Waal[1] erscheint es nicht mehr als recht, auch einen Blick auf die nicht unbedeutenden Bestände des Museums des Campo Santo zu werfen, zumal dieses Museum selbst seine Entstehung im Jahre 1878 und den größten Teil seiner Bestände nichts anderem als dem unermüdlichen Eifer des Gründungsrektors zu verdanken hat[2]. Seine werteerhaltende und werteschaffende Idee war, dem Ausverkauf christlicher Altertümer nach Kräften Einhalt zu gebieten sowie den jungen Wissenschaftlern der christlichen Archäologie und der Kirchengeschichte, für die das neue Kolleg in erster Linie gedacht war, gleichsam das notwendige Anschauungsmaterial mit an die Hand zu geben und damit in Rom ein nationales Museum zu schaffen, das in mancher Hinsicht, wie De Waal sich in einem Ausblick von 1892 ausdrückt, die in Rom bereits bestehenden großen Sammlungen, einschließlich denen des damaligen Lateranmuseums und des Vatikanischen Museums, zu ergänzen in der Lage sein sollte[3].

[1] Als Gründungsurkunde des Priesterkollegs gelten die neuen Statuten der Erzbruderschaft der Schmerzhaften Muttergottes vom deutschen Gottesacker bei St. Peter in Rom, die am Abend des 4. 9. 1876 von Papst Pius IX. gebilligt wurden: vgl. den Eintrag im Tagebuch (Chronik) von *Anton de Waal*, Band I, unter dem Datum des 5. 9. 1876 und die dort ausgesprochene Bitte um Fürsprache der hl. Rosa von Viterbo, „an deren Festtag sie approbiert wurden", d. h. am 4. September (Archiv des Campo Santo Teutonico, Libro 69; bei *A. Schmidt*, Das Archiv des Campo Santo Teutonico nebst geschichtlicher Einleitung [= RQ 31. Supplementheft] [Rom–Freiburg–Wien 1967] 60). Mit Breve „Pietatis monumenta" vom 21. 11. 1876 wurden die Statuten in Kraft gesetzt, weshalb dieses Datum als Gründungsdatum des Priesterkollegs gilt (vgl. z. B. Annuario Pontificio per l'anno 1977 [Città del Vaticano 1977] 1433). Die bei *E. David*, Vorgeschichte und Geschichte des Priesterkollegiums am Campo Santo, in: RQ 35 (1927) 30 und separat Freiburg 1928, 30, angegebenen Daten des 5. 9. bzw. 24. 11. 1876 sind entsprechend zu berichtigen. – Im Folgenden Abkürzungen im allgemeinen nach *S. Schwertner*, Internationales Abkürzungsverzeichnis für Theologie und Grenzgebiete (Berlin – New York 1974).

[2] Wenn De Waal auch den schlesischen Kaplan Adolf Hytrek, der 1878 als erster Archäologe in das Kolleg gekommen war und mit dem De Waal noch im selben Jahr die ersten Streifzüge bei den römischen Antiquitätenhändlern unternahm, als den Anreger der Sammlung bezeichnet (vgl. *A. de Waal*, Gedenkblätter an die Wohltäter von Kirche und Collegium des deutschen Campo santo seit 1870 [1915] 47; hier nach *David*, Vorgeschichte 39), so hat er selbst doch schon den Gedanken daran in seinem Tagebuch (siehe vorige Anm.) unter dem Datum des 24. April 1876 notiert: „Plan zur Anlage einer archäologischen Bibliothek und Sammlung, sowie einer Imitation der Katakomben im ehemaligen Vestiarium unter dem Congregationssaal".

[3] Vgl. *A. de Waal*, Katalog der Sammlung altchristlicher Sculpturen und Inschriften im deutschen National-Hospiz von Campo Santo, in: RQ 6 (1892) 11; ebenfalls in: *A. de Waal* (Hrsg.), Archäologische Ehrengabe der Römischen Quartalschrift zu De Rossi's LXX. Geburtstage (Roma 1892) 11. Über den Zweck der Errichtung des Museums vgl. auch *J. Wittig*, Die altchristlichen Skulpturen im Museum der deutschen Nationalstiftung am Campo Santo in Rom. Festschrift zur Silberhochzeit

Zugleich übten aber und üben weiterhin die Bestände des Museums noch eine andere, viel höhere Funktion aus, und man darf vermuten, daß Anton de Waal dies in der ihm eigenen Begeisterung für christliche Kunst und Geschichte durchaus gewollt hat: wer über Jahre hinweg mit diesen bis auf die Frühzeit des Christentums zurückreichenden und keineswegs auf die Kirche Roms beschränkten, oft auch gar nicht als „Kunst" gemeinten Gegenständen zu tun hat, und sei es nur, weil er einfach in ihrer Umgebung wohnt und sie ihn auf jedem Gang durch das Haus begleiten, der kann von ihnen nicht unberührt bleiben, so als wären sie lediglich stumme Zeugen einer Vergangenheit, tote Überreste und Fragmente aus der fernen Zeit der Grundlegung der christlichen οἰκουμένη und ihrer Kultur; vielmehr werden sie ihm zu beredten Zeugen des Lebens und des Glaubens seiner Vorfahren in der Kirche, fordern ihn, der täglich mit ihnen lebt und umgeht und mit dem auch sie selbst zu leben scheinen – wenn er sich ein Gespür für die theologische Aussage dieser Dinge bewahrt hat –, zur persönlichen Begegnung und Stellungnahme heraus und regen ihn an zu wissenschaftlicher Forschung. Anton de Waal selbst ist mit seinen vielen archäologischen Untersuchungen und historischen Darstellungen das schönste Beispiel dafür[4].

So will auch dieser Blick auf einen kleinen Teil des Museums, nämlich auf die Ikonen des Campo Santo Teutonico, von denen drei hervorragende Exemplare dem Speisesaal des Kollegs seine religiöse Grundstimmung verleihen und auch einen flüchtigen Besucher gewiß nicht unbeeindruckt von dannen ziehen lassen, nicht nur eine trockene Bestandsaufnahme sein, sondern darüber hinaus versuchen, diese Ikonen zugleich auch als verehrungswürdige Kultbilder der Kirchen des Ostens für den Westen zum Sprechen zu bringen. Zuvor aber seien einige Bemerkungen über das Museum des Campo Santo als solches gestattet, dessen Geschichte im einzelnen noch der Aufhellung bedarf.

1. Das Museum des Campo Santo Teutonico

Als Anton de Waal am 23. Februar 1917 starb, vermachte er testamentarisch die Bestände des Museums zusammen mit den Büchern der Bibliothek, die rechtlich sein persönliches Eigentum waren, der Erzbruderschaft der Schmerzhaften Muttergottes vom Campo Santo Teutonico[5]. Es hatten nämlich vielfach die Geschenkgeber sich das Eigentumsrecht wegen der unsicheren Verhältnisse einstweilen noch vorbehalten oder es aber dem Rektor

des deutschen Kaiserpaares, hrsg. vom Priesterkollegium am Campo Santo (= RQ 15. Supplementheft) (Rom 1906) 5.

[4] Vgl. das Schriftenverzeichnis bei *Arthur de Waal,* Prälat Dr. Anton de Waal. Lebensgeschichte (Karlsruhe 1937) 157–159; *E. Göller,* Prälat Anton de Waal, Rektor des deutschen Campo Santo in Rom †. Eine Lebensskizze (Freiburg i. Br. 1917) 63–67; *J. Massarette,* Prälat Anton de Waal und der Campo Santo der Deutschen in Rom (Frankfurter Zeitgemässe Broschüren XXXVI/9–10) (Hamm 1917) 41–45, ferner unten Anm. 32.

[5] Über die entsprechende Sitzung des Verwaltungsrates vom 4. 3. 1917 ist im Protokollbuch vermerkt: „Dann wurde jener Teil des Testamentes des verstorbenen Rektors zur Kenntnis gebracht, der eine Beziehung zum Campo Santo hat; nämlich die Schenkung der Alterthümer im Museum, der Reliquiare, Kelche, Paramente, sowie die Bücher der Bibliothek, die jetzt infolge des Testamentes zu Eigentum der Erzbruderschaft von S. Maria della pietà in Campo Santo dei Teutonici e Fiamminghi zu Rom geworden sind" (Congregationsbuch der Ehrw. Erzbruderschaft U.L.F. vom deutschen Gottesacker von 1917 bis 1969, 3; im Archiv des Campo Santo Teutonico, ohne Signatur. Auch bei *Schmidt,* Archiv nicht erwähnt: vgl. dort 48). Zum Testament vgl. auch *Arthur de Waal,* Anton de Waal 130 und *Göller,* Prälat Anton de Waal 4.

persönlich übertragen, um die Sammlung vor etwaigen Nachteilen besser schützen zu können[6]. Was auch in ruhigen Zeiten den Bestand des Museums hätte sichern helfen, nämlich die Publizierung eines vollständigen Katalogs der Kunstschätze, konnte bedauerlicherweise bisher noch nicht verwirklicht werden. Mit dem Anwachsen der Bestände war zwar schon Anfang der achtziger Jahre des vorigen Jahrhunderts der Wunsch laut geworden, diese katalogisiert zu sehen, wie De Waal selbst bemerkt[7], aber noch zum fünfzigjährigen Bestehen des Priesterkollegs mußte der damalige Rektor Emmerich David wie auch wir heute feststellen: „Ein vollständiger gedruckter Katalog des Museums existiert nicht.“[8]

Dieser Mangel ist sicherlich einer der Gründe dafür, daß die Sammlung des Campo Santo Teutonico trotz ihrer fast hundert Jahre noch relativ unbekannt ist. Zwar fehlen nicht die Artikel über den Campo Santo in den einschlägigen Lexika der verschiedenen Jahrzehnte und der verschiedenen Sprachräume, aber meist wird das Museum nur ganz allgemein erwähnt, oder es werden allenfalls seine Bestände an christlichen Altertümern hervorgehoben zum Nachteil der jüngeren Kunstschätze, entsprechend der schon von Anton de Waal[9] bezeigten Vorliebe. Ihm sind die späteren Rektoren und sonstigen Verfasser in ihren Lexikonartikeln ausnahmslos gefolgt, so zum Beispiel van Gulik[10], David[11], Stöckle[12], Sauer[13], Kühn Steinhausen[14], Schuchert[15] und zum Teil Gugumus[16]. Besser trifft Friedrich Noack den Sachverhalt, wenn er die Sammlung ein „Museum für christliche Kunst“ nennt[17].

Während die neuesten und größten deutschen Nachschlagewerke zwar nicht den Campo Santo, wohl aber sein Museum, das doch vielleicht noch am ehesten allgemeines Interesse beanspruchen darf, fast alle mit Schweigen übergehen[18], ist dieses Museum

---

[6] Vgl. *A. de Waal*, Sechster Jahresbericht der deutschen National-Stiftung von Campo santo zu Rom für das Jahr 1880 (Regensburg 1881) 2. – Im folgenden werden die Jahresberichte Anton de Waals, die er für die Jahre 1875 bis 1914 regelmäßig herausgegeben hat, nur als „Jahresbericht“ mit der entsprechenden Nummer und dem Jahrgang zitiert.

[7] Vgl. Jahresbericht 9 (1883) 2; *A. de Waal*, Das Priester-Collegium am deutschen Campo santo zu Rom, in: Anzeiger für die katholische Geistlichkeit Deutschlands (Frankfurt 1883) Sonderabdruck 19; *ders.*, Katalog, in: RQ 6 (1892) 11.

[8] *David*, Vorgeschichte 39 Anm. 89.

[9] *A. de Waal*, Campo Santo de' Tedeschi, in: The Catholic Encyclopedia III (New York 1913) 224–225.

[10] *W. van Gulik*, Camposanto b), in: *M. Buchberger* (Hrsg.), Kirchliches Handlexikon I (München 1907) 826.

[11] *E. David*, Camposanto Teutonico, in: LThK II (Freiburg i. Br. 1931) 724–725.

[12] *E. M. Stöckle*, Collegi Ecclesiastici XXX.: Teutonico, in: Enciclopedia Cattolica III (Città del Vaticano 1949) 1961–1962.

[13] *J. Sauer*, Anton de Waal, in: LThK X (Freiburg i. Br. 1938) 705–707.

[14] *H. Kühn Steinhausen*, Camposanto: 2, Teutonico, in: Dizionario Ecclesiastico I (Torino 1953) 483.

[15] *A. Schuchert*, Camposanto Teutonico, in: LThK II (Freiburg i. Br. ²1958) 912.

[16] *J. E. Gugumus*, Anton de Waal, in: LThK X (Freiburg i. Br. ²1965) 904–905; jedoch *ders.*, Campo Santo Teutonico, in: New Catholic Encyclopedia II (New York u. a. 1967) 1116, erwähnt nach Aufzählung der Altertümer auch „paintings of the Middle Ages“.

[17] *F. Noack*, Das Deutschtum in Rom seit dem Ausgang des Mittelalters I (Stuttgart – Berlin – Leipzig 1927) 674, vgl. aber Band II, 622.

[18] Vgl. Art. Camposanto Teutonico, in: Brockhaus-Enzyklopädie III (Wiesbaden ¹⁷1967) 585; Art. Camposanto Teutonico, in: Meyers Enzyklopädisches Lexikon V (Mannheim – Wien – Zürich

bisher zweimal – und wiederum nur in seinem archäologischen Teil – Gegenstand eigener Lexikonartikel geworden, und zwar aus keiner geringeren Feder als der von Leclercq[19] und Josi[20]. Wo sonst in der Vergangenheit über den Campo Santo Teutonico geschrieben wurde, kam man im allgemeinen auch auf das Museum zu sprechen. Seine Anfänge im Sommer 1878 hat Anton de Waal selbst mehrfach dargestellt[21], aber sowohl er als auch die anderen Autoren haben sich wiederum jeweils auf die Nennung der der altchristlichen Muse zugehörigen Bestände beschränkt, ohne so wichtige und umfangreiche andere Abteilungen des Museums wie etwa die Bildersammlung auch nur zu erwähnen[22]. Das zeigt mit aller Deutlichkeit, daß trotz des wirklich universalen Sammeleifers des Rektors Anton de Waal das Bewußtsein vorherrschend geblieben war, daß das Museum vor allem für die Archäologen unter den jungen Wissenschaftlern des Priesterkollegs gegründet worden war und deshalb den christlichen Altertümern immer der erste Platz zukam. Des Kunstwertes der Bilder entsann man sich zum Beispiel erst, als man sich aus gegebenem Anlaß ihres Marktwertes bewußt wurde.

Diese besondere Hochschätzung der altchristlichen Bestände der Sammlung hatte immerhin zur Folge, daß wenigstens für große Teile von ihnen katalogartige Beschreibungen und Untersuchungen gedruckt vorliegen. Bereits im Jahre 1883 hatte Anton de Waal von den bedeutenderen Stücken der damals noch jungen Sammlung Zeichnungen anfertigen lassen in der Absicht, sie einem zu veröffentlichenden Katalog beizugeben[23], aber erst 1892, aus Anlaß des siebzigsten Geburtstages von Giovanni Bat-

---

⁹1972) 291. Eine erfreuliche Ausnahme machen die Artikel „Camposanto" in: Der Große Herder II (Freiburg i. Br. ⁵1953) 636 und „Camposanto Teutonico" in: Der Neue Herder I (Freiburg – Basel – Wien 1965) 675.

[19] *H. Leclercq*, Campo Santo (Musée du), in: DACL II/2 (Paris 1910) 1784–1802 mit Abb. 1956–1981, gibt eine Liste der einzelnen Sarkophage bzw. Skulpturfragmente, der Inschriften, Bleisiegel, Amulette, Gläser, Ton- und Bronzelampen.

[20] *E. Josi*, Campo Santo Teutonico, Museo del, in: Enciclopedia Cattolica III (Città del Vaticano 1949) 477–478, zählt summarisch Sarkophagfragmente, Inschriften, Goldgläser, Bronze- und Tonlampen auf. Das von Josi ausdrücklich genannte Gründungsdatum 1887 ist in 1878 zu korrigieren.

[21] Vgl. Jahresbericht 4 (1878) 1; *De Waal*, Priester-Collegium 11; *ders.*, Katalog, in: RQ 6 (1892) 9–11; *ders.*, Gedenkblätter 47; *David*, Vorgeschichte 39 Anm. 88. *Noack*, Deutschtum I, 674, weiß sogar zu berichten, daß die Gründung des Museums im *August* 1878 erfolgte.

[22] Vgl. *A. de Waal*, Der Campo Santo der Deutschen zu Rom. Geschichte der nationalen Stiftung, zum elfhundertjährigen Jubiläum ihrer Gründung durch Karl den Großen (Freiburg i. Br. 1896) 312; *A. de Waal – J. P. Kirsch*, Rompilger. Wegweiser zu den Heiligtümern und Sehenswürdigkeiten der Ewigen Stadt sowie der bedeutendsten Städte Italiens (Freiburg i. Br. ¹²1925) 127; *De Waal*, Priester-Collegium 11; *ders.*, Fünfundzwanzig Jahre in Rom, von 1870–1895. Ein Bild des katholischen Lebens in der deutschen Colonie (Frankfurt a. M. 1896) 12; *F. Noack*, Das deutsche Rom (Rom 1912) 18; *E. Göller*, Monsignore Anton de Waal, in: Hochland 10/I (1912/13) 363; *ders.*, Prälat Anton de Waal 9–10; *Massarette*, Prälat Anton de Waal 38; *David*, Vorgeschichte 39; *Arthur de Waal*, Anton de Waal 25; *Schmidt*, Archiv 23. Höchst selten hat Anton de Waal selbst einmal nicht nur von altchristlichen Kunstschätzen des Museums gesprochen: so, als die „mittelalterlichen Skulpturen und Mosaiken" einen eigenen Raum erhielten (Jahresbericht 19 [1893] 2) und aus Anlaß des ersten Jubiläums des Priesterkollegs, wo er auf das im Laufe der Zeit entstandene „Museum altchristlicher und mittelalterlicher Kunstschätze" hinweist, ohne diese allerdings näher zu erläutern (*A. de Waal*, Festgabe des Collegium Pium Teutonicorum ad Campum sanctum Vaticani zum 25. Jahrestage seiner Stiftung am 21. November 1901 [Fribourg 1901] II). Kritisch äußert sich über das Museum *P. M. Baumgarten*, Römische und andere Erinnerungen (Düsseldorf 1927) 79, 135.

[23] Vgl. oben Anm. 7.

tista De Rossi (1822–1894), des auch um den Campo Santo hochverdienten Begründers der Wissenschaft von der christlichen Archäologie, konnte De Waal selbst einen ersten Anfang machen mit einem Katalog der Skulpturen, Architekturfragmente, Mosaiken und Inschriften[24]. Ihm folgten später eine ergänzende und den damaligen Bestand vollständig wiedergebende Untersuchung von Joseph Wittig über die Skulpturen[25] mit umfassender photographischer Dokumentation und von Angelo Silvagni eine umfangreiche, aber kaum vollständige Wiedergabe der Inschriften[26]. Die Gläser der Sammlung, einschließlich der Goldgläser[27], stellte Mariano Armellini vor. In jüngster Zeit fanden die Goldgläser Aufnahme in den Katalog der Goldgläsersammlung der Vatikanischen Bibliothek von Morey und Ferrari[28]. Joseph Wilpert nahm sich wiederum der Sarkophage[29] an und reihte sie in sein Corpus ein, das neuerdings durch das vom Deutschen Archäologischen Institut in Rom herausgegebene, den modernen wissenschaftlichen Ansprüchen genügende „Repertorium" ersetzt wird[30]. Eine ziemlich ausführliche Übersicht über die altchristlichen Gegenstände des Museums mit zahlreichen Abbildungen und Literaturangaben hatte der schon genannte Henri Leclercq geboten[31], und Anton de Waal hat selbst immer wieder in vielen kleinen Beiträgen und Mitteilungen in der von ihm 1887 gegründeten „Römischen Quartalschrift" die Sarkophage und Inschriften, die Ton- und Bronzelampen, die Menas-Ampullen, Tonschüsseln und Stoffe des Museums dargestellt und untersucht[32], wobei er manchmal auch aufschlußreiche Hinweise über den Erwerb der einzelnen Stücke einstreute[33].

Mit dem Anwachsen der Bestände stellte sich natürlich jedesmal von neuem das Problem ihrer Unterbringung. Das erste Museum konnte bereits im Jahre 1880 als „archäologisches Cabinet" in einem eigenen Raum förmlich eingerichtet werden[34]; danach be-

---

24 *De Waal,* Katalog, in: RQ 6 (1892) 9–34, und *ders.,* Archäologische Ehrengabe 9–34.

25 Vgl. oben Anm. 3.

26 *A. Silvagni,* Inscriptiones Christianae Urbis Romae septimo saeculo antiquiores (Inscriptiones Italiae christianae I) N.S. 1 (Romae 1922) Nr. 1350–1400, S. 159–166; vgl. auch *A. de Waal,* Altchristliche Inschriften im Museum des Campo santo, in: RQ 26 (1912) 83–92.

27 *M. Armellini,* I Vetri cristiani della Collezione di Campo santo, in: RQ 6 (1892) 52–57; ebenfalls in: *de Waal,* Archäologische Ehrengabe 52–57.

28 *Ch. R. Morey – G. Ferrari,* The Gold-Glass Collection of the Vatican Library. With Additional Catalogues of Other Gold-Glass Collections (Catalogo del Museo Sacro della Biblioteca Apostolica Vaticana IV) (Città del Vaticano 1959) Nr. 202–219, S. 38–39, Abb. Taf. XXIV.

29 *G. Wilpert,* I sarcofagi cristiani antichi (Monumenti dell'Antichità cristiana I) 5 Bde. (Roma 1929–1936).

30 *F. W. Deichmann* (Hrsg.), Repertorium der christlich-antiken Sarkophage, I: Rom und Ostia (Wiesbaden 1967), Textbd. Nr. 840–909, S. 354–377; Tafelbd. Taf. 135–144.

31 Siehe oben Anm. 19.

32 Es ist hier nicht der Ort, die zahlreichen Arbeiten Anton de Waals einzeln aufzuführen. Man findet sie leicht im Registerband der „Römischen Quartalschrift": *G. Kloeters,* Register zu Band 1 (1887) – 50 (1955) (Rom – Freiburg – Wien 1966) 26–29, 60–64 und 67. Für die wichtigsten, selbständig erschienenen Schriften vgl. oben Anm. 4. – Die Öllampen fanden neuerdings Berücksichtigung in der Untersuchung von *A. Provoost,* Les lampes à récipient allongé trouvées dans les catacombes romaines. Essai de classification typologique, in: Bulletin de l'Institut historique belge de Rome 41 (1970) 17–55.

33 Die Neuerwerbungen hat Anton de Waal, wenn auch mit wechselnder Ausführlichkeit, jeweils beschrieben in den gedruckten Jahresberichten der deutschen National-Stiftung von Campo santo zu Rom Nr. 4 bis 39 (Regensburg 1879 – Roma 1913) für die Jahre 1878–1913.

34 Vgl. Jahresbericht 6 (1880) 2.

gannen ab 1885 seine „mannigfachen Wanderungen durch die Räume der Anstalt“[35], hervorgerufen durch die ständige Ausweitung der Sammlung. Eine neue Periode in der Geschichte des Museums begann im Jahre 1960, als der damalige Rektor August Schuchert mit dem Kuratorium der Villa Hügel in Verhandlungen trat, um das Museum in einer repräsentativen Auswahl wiederum auf Wanderung zu schicken, diesmal aber außerhalb des Hauses. Veranstalter einer öffentlichen Ausstellung sollte der gemeinnützige Verein Villa Hügel e.V. in Verbindung mit dem Bistum Essen sein. Vermehrt um einige besondere Stücke aus römischen Museen und dem Vatikan, konnte dann unter der Schirmherrschaft des Bischofs von Essen, Dr. Franz Hengsbach, im Herbst 1962 in der Villa Hügel die Ausstellung „Frühchristliche Kunst aus Rom“ der Öffentlichkeit vorgestellt werden[36]. Sie führte zwangsläufig zu einer ganz neuen Publizität des Museums und auch zu einer größeren Wertschätzung des nichtantiken Teils der Sammlung, besonders der bisher vernachlässigten Bildwerke.

Erstes Ziel dieser Ausstellung war, den christlichen Alltag der Frühzeit in seinen verschiedenen Dimensionen und entsprechend den Möglichkeiten, die die Sammlung des Campo Santo bot, aufzuzeigen und erste Vergleiche mit späteren Äußerungen christlicher Kunst zu ermöglichen. Aus dem Museum des Campo Santo Teutonico wurden deshalb vorgestellt: Architekturfragmente, Skulpturen, Reliefs und Sarkophage; Tonlampen, Menas-Ampullen, Tongefäße und -stempel; ferner geschnitzte koptische Türbalken, Kämme und ein Brotstempel aus Holz; Kleinkunst aus Bronze wie Lampen, Leuchter, Räuchergefäße und Schüsseln, Kreuze, Ampullen, Stempel, Medaillons, Anhänger und Pilgerabzeichen, Geräteschmuck und -beschläge, Löffel und Fingerringe, dazu zwei kleine Reliefikonen: aus Bronze gegossene russische Triptychen der Muttergottes und des hl. Nikolaus; außerdem Schnitzereien und Gegenstände aus Elfenbein; Goldgläser, Gemmen und Goldschmiedearbeiten; Verschlußplatten von Grabnischen in den Katakomben mit griechischer und lateinischer Inschrift und christlichen Symbolen der Hoffnung auf das ewige Leben sowie Sgraffiti, Wandmalereien, Stoffe, Mosaiken, Holzstatuen von Heiligen und Tafelmalereien verschiedener Jahrhunderte, darunter auch einige Ikonen. Damit war ein guter Querschnitt durch die reichhaltigen Bestände gegeben.

Für die Darbietung der Stücke hatte man deren Einteilung in Werkstoffgruppen gewählt, so wie sie sich aus der anläßlich der Ausstellung ebenfalls nach Werkstoffgruppen vorgenommenen Neuinventarisierung der gesamten Kunstschätze des Campo Santo ergab. Die völlig neue Inventarisierung und Anlage einer ausführlichen Kartei hatte sich als notwendig erwiesen, „da eine frühere Inventarisierung nicht mehr auffindbar“[37] war, ein Schicksal, das inzwischen auch diese neue Inventarisierung ereilt zu haben scheint.

Die Ausstellung nahm ihren Weg, zum Teil unter Variierung der Exponate, noch durch weitere Städte: Mainz, Mecheln, Utrecht und Wien[38] waren die einzelnen Stationen nach Essen. So erreichte sie auch ihr zweites Ziel, einer breiten internationalen Öffentlichkeit

---

[35] *David,* Vorgeschichte 39; der Zustand von 1917 bei *Göller,* Prälat Anton de Waal 19.

[36] Vgl. Ausstellungskatalog: Frühchristliche Kunst aus Rom, 3. September bis 15. November 1962 in Villa Hügel, Essen (Essen 1962); im folgenden zitiert: Katalog Essen.

[37] *L. Küppers,* Über den Katalog und den Zweck der Ausstellung, in: Katalog Essen, S. 20.

[38] Vgl. die jeweiligen Ausstellungskataloge: Vroeg-Christelijke Kunst uit Rome, 21 december 1962 – 17 maart 1963 Centraal Museum Utrecht (Utrecht 1962); im folgenden zitiert: Katalog Utrecht; ferner: Frühchristliche und Koptische Kunst. Ausstellung in der Akademie der bildenden Künste, Wien, 11. März bis 3. Mai 1964 (Wien 1964).

„die ausgezeichnete Privatsammlung des Campo Santo“[39] zum erstenmal vorzustellen. Nicht immer hat man dem Museum des Campo Santo Teutonico dieses hohe Lob gesungen, obwohl es durchaus berechtigt gewesen wäre, und nicht immer hat man bedauerlicherweise die Kunstschätze mit der gebotenen Sorgfalt gehütet und gepflegt. Noch zum fünfzigjährigen Jubiläum des Priesterkollegs wurde das Museum als „nicht so unentbehrlich für das Kollegium und so wichtig für die Allgemeinheit“ charakterisiert![40] So nimmt es nicht wunder, daß man im Jahre 1921, kaum daß der eigentliche Nachfolger De Waals, Emmerich David, ein Jahr im Amt war, damit begann, mit Genehmigung des Verwaltungsrates frühitalienische Tafelbilder zu verkaufen[41]: für den an chronischem Geldmangel leidenden Campo Santo der einfachste, aber zugleich der unfrömmste Weg aus der Krise.

Es war die italienische Regierung, die damals den Verkauf weiterer Bilder untersagte und eine Registrierung der Kunstschätze im Campo Santo Teutonico vornehmen ließ[42]. Wenn diese Registrierung noch vorhanden wäre, würde sie zweifellos das für den gesamten Bestand an Kunstschätzen einschließlich der Bilder offenbar machen, was wir weiter unten für die Ikonensammlung gezwungen sein werden festzustellen: Zur Zeit Anton de Waals erwiesen sich die damals getroffenen Vorsichtsmaßregeln praktisch als überflüssig, da unter seiner Ägide offenbar nicht nur der Bestand gewahrt, sondern noch ständig erweitert werden konnte, während dagegen unter seinen am Museum weniger interessierten Nachfolgern auch eine Inventarisierung der Kunstschätze den Niedergang nicht hat verhindern können, der im Laufe der Zeit zu einer ganz erheblichen Einbuße an den Beständen aufgrund von Verkäufen und sonstigen Verlusten geführt und damit das Museum in seinem Wert stark beeinträchtigt hat, wenn auch das, was bis heute erhalten geblieben ist, ohne Zweifel immer noch eine ansehnliche und museumswerte Sammlung darstellt[43], wovon nicht zuletzt der Katalog der Ausstellung „Frühchristliche Kunst aus Rom“ beredtes Zeugnis gibt.

Noch einem dritten Ziel diente die Wanderausstellung: im Zuge des notwendig gewordenen Neubaus des Südtraktes des Campo Santo Teutonico wurde nämlich im Jahre 1962 auch der Museumssaal abgerissen. Bis zum Ende der Bauarbeiten etwa blieben die Ausstellungsstücke unterwegs und damit in Sicherheit, und sie konnten dann nach Fertigstellung des Südflügels im Jahre 1966 zusammen mit dem im Campo Santo verbliebenen Rest neu aufgestellt werden. Dabei erfuhr wenigstens die Sammlung der christlichen Altertümer wieder eine relativ geschlossene Unterbringung, denn ein eigener Museumssaal hatte in dem Neubau keinen Platz mehr gefunden. Der größte Teil der

---

[39] *Küppers*, Ausstellung, in: Katalog Essen, S. 21.

[40] *David*, Vorgeschichte 39; vgl. auch *Baumgarten*, Erinnerungen 79.

[41] Vgl. die Sitzungsprotokolle des Verwaltungsrates vom 10. 2., 29. 4. und 14. 11. 1921, in: Congregationsbuch 33, 35 und 37.

[42] Gegen die erzwungene Inventarisierung hat man sich heftigst gesträubt, weil man Eingriffe des Staates befürchtete. Erst Mitte 1923 wurde die Liste mit einer Rechtsverwahrung dem italienischen Unterrichtsministerium übersandt. Vgl. dazu die Protokolle der Sitzungen des Verwaltungsrates vom 31. 1. 1922, 4. 4. 1922, Juni 1922, 20. 10. 1922, 20. 4. 1923 und 29. 5. 1923, in: Congregationsbuch 39, 40, 42, 43, 46 und 47.

[43] Unter dem derzeitigen Rektor, Prof. Dr. Erwin Gatz, ist eine umfassende Inventarisierung und Dokumentierung sämtlicher Bestände des Museums, der Kunstwerke in Kolleg und Kirche und der Friedhofsdenkmäler in Angriff genommen worden, um einen genauen Überblick über den Bestand zu erhalten und ihn nach Kräften vor weiteren Verlusten zu schützen (Protokoll der Sitzung des Verwaltungsrates vom 8. 4. 1976).

Skulpturen und Inschriften wurde damals definitiv in dem neuen Atrium und Treppenhaus und 1975 in der renovierten Eingangshalle des Altbaus, dem sogenannten Turmtrakt, angebracht, während die übrigen Stücke in Vitrinen des Vortragssaales und des Atriums übersichtlich ausgestellt wurden[44].

Die etwa einhundert Bilder, Ikonen, Mosaiken und Holzstatuen wurden dagegen provisorisch auf die Zimmer und Flure verteilt. Es wäre sicher wünschenswert, zumindest die besten Stücke museumsmäßig auszustellen und zu sichern und sie der interessierten Öffentlichkeit auch weiterhin zugänglich zu machen, zumal sie jetzt durch die Ausstellung „Frühchristliche Kunst aus Rom" endgültig aus ihrem Dornröschenschlaf aufgeweckt worden sind und man ihrem eigenständigen Wert gegenüber der altchristlichen Sammlung Rechnung zu tragen beginnt. Den Anfang mit dieser Aufwertung hatte August Schuchert gemacht, der in seinem kleinen Campo-Santo-Führer neben den christlichen Antiken ausdrücklich „eine Ikonensammlung und wertvolle Tafelbilder aus dem 14. und 15. Jahrhundert" erwähnt[45], und in der neuesten Ausgabe eines ähnlichen kleinen Führers durch den Campo Santo Teutonico von Bernhard Hanssler lesen wir in einem knappen, aber eigens dem Museum gewidmeten Abschnitt: „Das Kolleg besitzt eine wertvolle archäologische Sammlung und eine stattliche Anzahl altchristlicher und mittelalterlicher Gemälde... Ein besonderer Schatz sind die etwa 15 Ikonen."[46]

2. *Die Ikonensammlung des Museums*

Wie, wann und woher die einzelnen Ikonen, wie auch die übrigen Bildwerke, in das Museum des Campo Santo Teutonico gelangt sind, liegt noch völlig im dunkeln. Bei den verschiedenen Notizen über Entstehung und Ausbau des Museums werden sie nie erwähnt. Sie müssen aber durchweg noch aus der Amtszeit von Anton de Waal stammen, denn später hatte man wohl kaum Geld für weitere Ankäufe – im Gegenteil, man mußte Bilder verkaufen, wie wir gesehen haben – und über Schenkungen ist nichts bekannt. Auch die Tatsache, daß es sich bei den Ikonen um solche aus dem postbyzantinischen kretisch-venezianischen Raum handelt, könnte ein Hinweis auf eine frühe Entstehung der Sammlung sein, denn nach dem Ersten Weltkrieg wurde der Markt vor allem von russischen Ikonen bestimmt. Eine leider unbeachtet gebliebene Bemerkung in dem 1930 von W. F. Volbach herausgegebenen Katalog des Kaiser-Friedrich-Museums in Berlin nennt unter den besten Sammlungen griechischer und italo-byzantinischer Ikonen außer dem Byzantinischen und dem Benaki-Museum in Athen, dem Vatikan und San Giorgio dei Greci in Venedig die Sammlung des Campo Santo Teutonico[47]. Wichtigstes Beweis-

---

44 Unter den gegebenen Umständen war dies wohl die beste Lösung und ermöglicht Interessenten die Besichtigung des größten Teils der altchristlichen Bestände. Mit Recht weisen deshalb gute Romführer auf das Museum hin: *Touring Club Italiano* (Hrsg.), Roma e dintorni (Guida d'Italia) (Milano ^{3}1965) 561, und *A. Henze* u. a., Rom und Latium. Baudenkmäler und Museen (Reclams Kunstführer Italien V) (Stuttgart ^{3}1974) 390. Ein Hinweis findet sich auch bei *E. M. Jung-Inglessis*, Das deutsche Priesterkolleg am Campo Santo Teutonico und das Äthiopische Kolleg, in: Der Vatikan und das christliche Rom (Vatikanstadt 1975) 162.

45 *A. Schuchert*, Der Campo Santo Teutonico bei St. Peter zu Rom (Rom 1958) 12; vgl. auch *ders.*, Campo Santo Teutonico, in: Katalog Essen, S. 19.

46 *B. Hanssler*, Der deutsche Campo Santo in Rom. Campo Santo Teutonico, Rom (Schnell, Kunstführer 1000) (München – Zürich 1974) 22 und 23.

47 Vgl. *W. F. Volbach*, Mittelalterliche Bildwerke aus Italien und Byzanz (Staatliche Museen zu

stück für das Alter und den früheren Umfang der Sammlung ist ein handschriftliches Verzeichnis der Ikonen des Museums des Campo Santo[48], das vor kurzem aufgefunden wurde und das ich aufgrund seiner Orthographie und der gelegentlich eingestreuten Literaturangaben in die Zeit kurz vor dem Ersten Weltkrieg datieren möchte, also jedenfalls noch in die Ära Anton de Waal[49].

In diesem Verzeichnis werden 57 Ikonen aufgezählt und, entsprechend dem lückenhaften Kenntnisstand der Zeit, nach bestem Können katalogartig beschrieben. Von diesen 57 Ikonen, darunter offenbar hervorragende Stücke, was Alter und Ikonographie angeht, sind heute nur noch 16 vorhanden, wobei eine einzige Identifizierung nicht ganz sicher ist[50]. Eine weitere, von mir nicht mehr mitgezählte Ikone mit der Darstellung zweier Heiliger, die aber noch die Ausstellung „Frühchristliche Kunst aus Rom" zierte, wird seit Jahren vermißt[51]. Nur das Triptychon der Passion von Giovanni Maria Scupola[52] fehlt in dem alten Verzeichnis, ferner zwei kleine russische Reliefikonen aus Bronze[53], die Ikone aus der Schweizerkapelle in der Kirche des Campo Santo Teutonico[54] und die Ikone der Galaktotrophousa mit dem hl. Dominikus[55]. Bei der letzteren konnte der Verfasser des Verzeichnisses jedoch mit Recht im Zweifel sein, ob es sich um eine wirkliche Ikone handelte; die Muttergottes-Ikone in der Kirche gehörte nicht zum Museum, und die beiden kleinen Bronze-Ikonen wurden vielleicht deshalb ausgelassen, weil in

---

Berlin. Bildwerke des Kaiser-Friedrich-Museums) (Berlin – Leipzig 1930) 175. Hohes Lob spendet auch *Ph. Schweinfurth*, Geschichte der Russischen Malerei im Mittelalter (Den Haag 1930) 404 Anm. 1 und S. 411, der das Museum erwähnt und einige Ikonen aufzählt, sowie *S. Bettini*, La pittura bizantina. Parte Prima (Novissima Enciclopedia Monografica Illustrata 73) (Firenze 1938) 62.

48 Das Verzeichnis ist enthalten in einer Kladde in Quart-Format mit der Aufschrift: „Ikonen des Camposanto Museums, c. d. Enr. Wuscher/Becchi" (Archiv des Campo Santo Teutonico, ohne Signatur). Die Seiten sind fortlaufend beschrieben, und die Ikonen sind bis auf einige Ausnahmen numeriert, was auf eine bereits bestehende Inventar-Nummer der einzelnen Stücke schließen läßt. Dies bestätigt die Ikone mit der heutigen Inv.-Nr. I 33, eine Darstellung der Madonna mit Johannes dem Täufer, die auf der Bildseite noch gut sichtbar die alte Nr. 13 aufgeklebt trägt (Taf. 21a).

49 Der Verfasser des Verzeichnisses, Prof. E. Wüscher-Becchi, der zwischen 1901 und 1911 schon mehrere Aufsätze in der „Römischen Quartalschrift" veröffentlicht hatte, wurde im Jahre 1914 – möglicherweise im Zusammenhang mit der von Pius X. am 15. 4. 1914 konfirmierten neuen Ordnung des stark geschrumpften Kollegs (vgl. Regulae in Collegio Pio Campi Sancti Teutonici Urbis imposterum observandae [Romae 1930] 9) – der erste eigene Bibliothekar des Campo Santo Teutonico: Jahresbericht 40 (1914) 2.

50 Es handelt sich um eine Galaktotrophousa mit Johannes dem Täufer (Taf. 21b, Inv.-Nr. I 29; Katalog Essen 446, S. 214), die in dem Verzeichnis von Wüscher-Becchi wahrscheinlich der Nr. 22 entspricht. Der dort mit der Nr. 24 erwähnte „Ecce homo" könnte eventuell dem italienischen Tafelbild mit der jetzigen Inv.-Nr. I 65 (unveröffentlicht) entsprechen, wodurch sich die Anzahl der noch vorhandenen Stücke auf 17 erhöhen würde. Die Tafel I 65 ist allerdings keine Ikone.

51 Es ist dies die Ikone mit der Darstellung eines Evangelisten, vielleicht des hl. Markus, und des hl. Antonius des Großen (Inv.-Nr. I 26 = Katalog Essen 443, S. 213; bei Wüscher-Becchi Nr. 34).

52 Abb. Taf. 18b und 19; Inv.-Nr. I 19 = Katalog Essen 436, S. 209–210.

53 Inv.-Nr. D 76 = Katalog Essen 327, S. 164, ein Triptychon der Muttergottes, und Inv.-Nr. G 28 = Katalog Essen 405, S. 196, ein Triptychon des hl. Nikolaus.

54 Es handelt sich um eine Ikone vom Typ der Gottesmutter Hodegetria (Taf. 24), die nach der Ausmalung der Kirche und Kapelle (1873) dort an der Rückwand der Apsis über dem Altaraufbau angebracht wurde und ein Wandgemälde des auferstehenden Christus, signiert „Giov. Amberg pinxit 1873", verdeckt. Dazu auch *De Waal*, Campo Santo 292.

55 Inv.-Nr. I 48; Taf. 22b.

das Verzeichnis nur die gemalten Bildtafeln aufgenommen werden sollten[56]. So bleibt als einzige möglicherweise später erfolgte Neuerwerbung das Triptychon von Scupola.

Das genannte Verzeichnis läßt uns über die materiale Beschreibung des Bestandes hinaus auch einen Blick tun auf die Ikonen als Bestandteil des Museums des Campo Santo Teutonico. Zunächst überrascht ihre große Anzahl, die eine wirkliche Sammlung ausmacht. Aus gelegentlichen Bemerkungen des Verfassers des Verzeichnisses wie „an derselben Wand", „im Kasten" oder „Glasschrein" ergibt sich ferner, daß er eine geschlossen aufgestellte Sammlung[57] beschreibt, was auch aus den Inventarnummern hervorgeht, denn es handelt sich offenbar um solche, nicht um eine fortlaufende Numerierung, da bei einigen Ikonen der Raum für die Nummer ausgespart ist, um später eingesetzt zu werden[58].

Wir stellen also fest, daß schon zur Zeit Anton de Waals im Campo Santo Teutonico eine qualitativ bemerkenswerte und quantitativ erstaunlich umfangreiche Sammlung von Ikonen als *Kunstwerken* besteht, die eine eigenständige Abteilung innerhalb des Museums der christlichen Altertümer des Priesterkollegs bildet. Dies ist um so bemerkenswerter, als die Ikonen zu jener Zeit von der gelehrten Kunstwelt im allgemeinen als minderwertig, archaisch, stereotyp, hieratisch, konservativ, manieriert, abstrakt, leblos, überholt oder formalistisch oder als das alles zusammen abgetan wurden und man ihnen bestenfalls illustrativen Charakter für die vom Irrationalen bestimmte, mystisch durchtränkte Volksfrömmigkeit einer hoffnungslos erstarrten und rückständigen orthodoxen Kirche zuzugestehen bereit war, gemäß dem Bild, das man sich damals einfältigerweise von Byzanz und der Orthodoxie machte[59]. Tatsächlich hat für die Anerkennung der Ikonen als Kunstwerke nach dem Vorgehen von N. P. Kondakov zu Anfang

[56] Tatsächlich sind diese beiden Reliefikonen als Devotionalien eher der christlichen Kleinkunst zuzurechnen. Obwohl von der russischen Kirche anerkannte Ikonen, sind sie doch aufgrund ihrer Herkunft, ihres Materials und ihrer Bestimmung so verschieden von der postbyzantinischen Ikonenmalerei auf Holztafeln, daß der Verzicht auf ihre Berücksichtigung auch hier gerechtfertigt erscheint.

[57] In der Tat war aus Anlaß der Feier des elfhundertjährigen Jubiläums der Gründung des Campo Santo Teutonico durch Karl den Großen im Jahre 1896 die bisher in verschiedenen Räumen untergebrachte Sammlung der christlichen Altertümer in einem Saal zusammengefaßt und chronologisch aufgestellt worden, wobei die Kunstwerke des 15. und 16. Jahrhunderts – also wahrscheinlich auch die Ikonen – ihren Platz am Eingang dieses Saales fanden: *A. de Waal,* Das elfhundertjährige Jubiläum der Gründung unserer National-Stiftung von Campo Santo, in: RQ 11 (1897) 222–223. Im Jahre 1907 wurden für das Museum zwei weitere Zimmer in Anspruch genommen, wovon eins „den orientalischen Altertümern" zugewiesen wurde (Jahresbericht 33 [1907] 2). Ein Foto bringt *Noack,* Das deutsche Rom 18, Abb. 10.

[58] Vgl. auch oben Anm. 48.

[59] Dazu *G. Moravcsik,* Einführung in die Byzantinologie (Die Altertumswissenschaft. Einführungen) (Darmstadt 1976) 157–171; *C. Cavarnos,* Byzantine Thought and Art. A Collection of Essays (Belmont, Mass. ²1974) 59–60; auch *J. M. Hussey,* Gibbon Re-written: Recent Trends in Byzantine Studies, in: *A. H. Armstrong – E. J. B. Fry* (Hrsg.), Re-Discovering Eastern Christendom. Essays in Commemoration of Dom Bede Winslow (London 1963) 90–105. – Für die ablehnende Einstellung des Westens gegenüber der Ikonenkunst des Ostens ist charakteristisch, daß zum Beispiel die Sowjetunion nach der Revolution von 1917 vergeblich versuchte, ganze Waggonladungen orthodoxer Kultgegenstände gegen westliche Devisen abzusetzen. „Sogar die berühmte Dreifaltigkeitsikone des Andrej Rublow, das bedeutendste mittelalterliche russische Gemälde, wurde für den relativ minimalen Preis von 50000 US-Dollar vergeblich Museen in den USA offeriert" (*B. Rothemund,* Handbuch der Ikonenkunst [München – Autenried ²1966] 29).

dieses Jahrhunderts erst das im Jahre 1925 erschienene Werk von Oskar Wulff und Michael Alpatoff[60] die Bresche geschlagen, und niemand konnte vorhersehen, daß besonders seit den fünfziger Jahren Ikonen nicht nur zu kulturellen Mode- und Renommierartikeln avancierten und Ikonenbücher aller Couleur den Markt überschwemmten, sondern daß auch die Wissenschaft sich ihrer in ungeheurem Ausmaß annehmen würde[61].

Was mag Anton de Waal bewogen haben, innerhalb des Museums eine solche Ikonensammlung aufzubauen? Gewiß seine Sammelleidenschaft, die außer jedem Zweifel steht; sicher auch seine Liebe zu den Anfängen des Christentums und den Äußerungen der Frühzeit, die ja auch im Antlitz später Ikonen noch sichtbar ist; vielleicht auch der in anderem Zusammenhang ausgesprochene Wille, auch dieses christliche Kunsterbe nach Kräften vor der Abwanderung in Privatsammlungen nach England, Rußland und Amerika zu bewahren, wo es „für die kirchliche Wissenschaft meistens verloren ist"[62]. Schon zehn Jahre nach der Gründung des Priesterkollegs war ja bereits von De Waal der Gedanke geäußert worden, im Campo Santo Teutonico nicht nur die Geschichte und Archäologie zu pflegen, sondern auch das Studium des christlichen Ostens. Der Gedanke wurde – in einer bestimmten Richtung – in die Tat umgesetzt, als Anton Baumstark im Campo Santo Wohnung nahm und von De Waal im Jahre 1901 mit der Schriftleitung des neugegründeten „Oriens Christianus. Römische Halbjahrhefte für die Kunde des christlichen Orients", einer vom Priesterkolleg parallel zur „Römischen Quartalschrift" herausgegebenen Zeitschrift für die Erforschung vor allem des nichtbyzantinischen christlichen Ostens, betraut wurde[63]. Auch diese neue Interessenrichtung des Kollegs

---

[60] *O. Wulff – M. Alpatoff*, Denkmäler der Ikonenmalerei in kunstgeschichtlicher Folge (Hellerau bei Dresden 1925); vgl. ferner *Ch. Diehl*, Manuel d'art byzantin, 2 Bde (Paris ²1925–1926); *O. M. Dalton*, East Christian Art. A Survey of the Monuments (Oxford 1925); *P. Mouratow*, L'ancienne peinture russe (Roma – Praha 1925); *P. P. Muratov*, Les icones russes (Paris 1927); *ders.*, La peinture byzantine (Paris 1928); *P. Muratoff*, La pittura bizantina (Roma o. J.); *N. P. Kondakov*, Die russische Ikone/Russkaja ikona, 4 Teile (Prag 1928–1933); *Ph. Schweinfurth*, Geschichte der Russischen Malerei im Mittelalter (Den Haag 1930). Für die Geschichte der Erforschung russischer Ikonenkunst vgl. neuerdings *M. Alpatov*, Le icone russe. Problemi di storia e d'interpretazione artistica (Saggi 558) (Torino 1976) 3–19.

[61] Zum Beweis dessen genügt ein Blick auf die Bibliographie, Abteilung 7, der „Byzantinischen Zeitschrift" der letzten Jahre. Sie wird systematisch ausgewertet durch *J. S. Allen* (Hrsg.), Literature on Byzantine Art 1892–1967 (Dumbarton Oaks Bibliographies, based on „Byzantinische Zeitschrift", Series 1) Volume 1, 1–2, By Location (London 1973); Volume 2, By Categories (London 1976); vgl. auch *P. Bratsiotis*, Von der griechischen Orthodoxie (Christliche Konfessionen in Selbstdarstellungen 4) (Würzburg 1966) 72–73; *N. Mitropulos*, Marienikonen (Ettal 1964) 26. *H.-G. Beck*, Von der Fragwürdigkeit der Ikone (SBAW. PPH 7) (München 1975) 3–4, überschüttet die „Mode" mit beißendem Spott, den „Fleiß" der Kunsthistoriker aber mit feiner Ironie (vgl. *H.-G. Beck*, Byzantinistik heute [Berlin – New York 1977] 8) und sagt damit nichts als die Wahrheit! Vgl. auch *Alpatov*, Icone 12.

[62] Jahresbericht 10 (1884) 2; vgl. auch Jahresbericht 6 (1880) 2.

[63] Vgl. *Göller*, Monsignore, in: Hochland 10/I (1912/13) 363; *ders.*, Prälat Anton de Waal 12–13; *Massarette*, Prälat Anton de Waal 36–37; *David*, Vorgeschichte 41–42; *A. Baumstark*, Zum Abschied, in: OChr 5 (1905) o. S.; *G. Graf*, Zum Geleit und zum Andenken an Anton Baumstark und Adolf Rücker, in: OChr 37 = 4. Ser. 1 (1953) 1–2. Der „Oriens Christianus" begann ab 1901 im Priesterkolleg des Campo Santo Teutonico zu erscheinen, wurde ab 1903 mit Unterstützung der Görres-Gesellschaft und ab 1911 von dieser selbst in einer neuen Serie herausgegeben. Eine dritte Serie begann 1926 in Leipzig und eine vierte ab 1953 in Wiesbaden zu erscheinen. Leider wird ab der

könnte zur Anlage und Fortführung einer Ikonensammlung beigetragen haben[64]. Schließlich scheint es, um einen letzten möglichen Grund nicht außer acht zu lassen, Anton de Waal in diesem Fall nicht nur um Anschauungsmaterial für die künftigen Jünger der Ostkirchenkunde gegangen zu sein, denn sein frommer Sinn hat in ganz überwiegender Anzahl Ikonen der Mutter Gottes erworben[65] und darunter viele mit einer der mannigfaltigen ostkirchlichen Darstellungen der Pietà, der Schmerzhaften Muttergottes, der Patronin eben des Campo Santo Teutonico. In tiefer Erfassung des lebendigen Sinns der Ikonen hat Anton de Waal sogar für eine von ihnen einen Spruch verfaßt und ihn unter dem Bild im Pilgerhospiz anbringen lassen[66].

Im Gegensatz dazu scheint das rätselhafte Schweigen Anton de Waals über die Ikonen zu stehen. Einerseits ist es zwar verständlich bei seiner ausgesprochenen Vorliebe für die christliche Archäologie, andererseits aber ist es doch erstaunlich, daß er fast sechzig Ikonen zu einer Sammlung vereint haben und in seinem Museum ausgestellt haben soll, ohne je davon zu sprechen. Das erklärt sich möglicherweise sehr einfach mit dem Unverständnis, das die damalige Öffentlichkeit der Ikonenkunst ganz allgemein entgegenbrachte, fiel doch noch in den dreißiger Jahren unseres Jahrhunderts das unglaubliche Wort, daß jemand, der sich für Ikonen interessiere, wohl an Nekrophilie leiden müsse[67]. Die Äußerungen, die wir von Anton de Waal bezüglich des Museums haben, stammen aber im allgemeinen gerade aus solchen Veröffentlichungen, in denen er sich an die breite Öffentlichkeit oder an Wohltäter und potentielle Spender wendet. Wenn er sich dabei auf die Darstellung der Neuerwerbungen an christlichen Altertümern für das Museum

vierten Serie die Erwähnung des Priesterkollegiums am deutschen Campo Santo in Rom auf dem Titelblatt nicht mehr fortgeführt.

[64] Im Jahresbericht 27 (1901) 2 stellt Anton de Waal den neugegründeten „Oriens Christianus" als spezielles Publikationsorgan für Forschungen aus dem Gebiet der christlichen Literatur und Kunst des Ostens vor, und zehn Jahre später nennt er die Zeitschrift ein „gewiß zeitgemäßes Unternehmen", zumal in der Gegenwart, „wo die Erforschung des Morgenlandes uns ungeahnte Schätze christlicher Kunst und Literatur erschließt" (Jahresbericht 37 [1911] 2). Die ausdrückliche Erwähnung ostkirchlicher Kunst zeigt die Bedeutung, die De Waal ihr beimaß, und ist Hinweis auf sein persönliches Interesse. – Auch die außergewöhnliche Nennung einer Sabbatina über die Heiligtümer auf dem Athos in einem Jahresbericht, die Heinrich Gelzer (vgl. *H. Gelzer,* Vom Heiligen Berge und aus Makedonien. Reisebilder aus den Athosklöstern und dem Insurrektionsgebiet [Leipzig 1904]) als Gast des Kollegs gehalten hatte (vgl. Jahresbericht 29 [1903] 2; dazu auch *Göller,* Prälat Anton de Waal 16), weist auf das Interesse De Waals an der byzantinischen Kunst hin. Eine Notiz im Jahresbericht 36 (1910) 2 bestärkt uns in dieser Auffassung ganz allgemein: „Der Kunstgeschichte konnte in diesem Jahre durch Bestellung von Zeitschriften größere Pflege zugewendet werden."

[65] Von den bei Wüscher-Becchi verzeichneten 57 Ikonen sind allein 37 Darstellungen der Muttergottes. Außerdem erscheint Maria auf den beiden dort genannten Ikonen der Deesis und auf einer der 4 Christusikonen. Vierzehn Ikonen sind Heiligengestalten gewidmet.

[66] Unter dem Bild eines segnenden Christus war von der Hand De Waals zu lesen: „Ich will dieses Hauses Hüter, will sein Hort und Hirte sein; Segen allen, die hier wohnen; Pilger, kehr mit Segen ein!" (*De Waal,* Campo Santo 324.) Bei dem genannten Bild dürfte es sich wohl um die Ikone des Pantokrators handeln (Inv.-Nr. I 23), die jetzt im Speisesaal des Kollegs hängt. Wahrscheinlich war es auch diese Ikone, die bei der von De Waal am Gründonnerstag gefeierten Agape die Präsenz Christi sichtbar machte: „Wie üblich stand am Kopf der Tafel, wo sonst Monsignore de Waal zu sitzen pflegte, der größte Sessel, Teller und Gläser standen davor, aber der Sitz blieb einem unsichtbaren Gast vorbehalten, dessen Bild hinter dem Sessel emporragte, von großen frischen Palmwedeln umgeben: *Christus*" (*Arthur de Waal,* Anton de Waal 30). Dazu auch *Göller,* Prälat Anton de Waal 33 und *Massarette,* Prälat Anton de Waal 54. Die Ikone zeigt Taf. 11.

[67] Vgl. *S. Radojčić,* Ikonen (Herrsching, Ammersee 1974) 5.

beschränkt, so knüpft er damit an etwas an, für das er bereits bekannt war und Ansehen genoß und somit auf ein wohlwollendes Interesse bei den Gebildeten seiner Zeit rechnen konnte. Das Thema der Ikonen mag er dabei zurückgestellt haben, ohne die Sache selbst aufzugeben, wie ja der große Umfang der Sammlung beweist.

Wenn es sich so verhält, dann muß man wieder einmal den Weitblick des ersten Rektors des Priesterkollegs am Campo Santo Teutonico bewundern, der auch hier – sowohl in der Anlage einer Ikonensammlung als auch in ihrer Aufstellung als Kunstsammlung – seiner Zeit und, wie es scheint, selbst manchen unserer heutigen Zeitgenossen[68] weit voraus war. Der Durchbruch der Ikonenkunst gelang ja erst, wie schon erwähnt, Mitte der zwanziger Jahre, und erst damals begann man damit, die in den großen Museen verstreuten Ikonen geschlossen aufzustellen[69]. Selbst das für seine Ikonen berühmte Byzantinische Museum in Athen konnte seine Tätigkeit nicht früher als 1930 mit dem Umzug in ein passendes Gebäude voll entfalten[70], und der Louvre in Paris begann sogar erst 1960/61 mit der Anlage einer eigenen Ikonenabteilung[71]. Die einzigen in Deutschland

---

[68] Aus Anlaß der Eröffnung der neuen National-Pinakothek in Athen am 18. Mai 1976 veröffentlichte die „Frankfurter Allgemeine Zeitung" einen Feuilleton-Artikel, aus dem einige Passagen, die sich auf Ikonen beziehen, zitiert werden sollen, weil sie in Sprache und Inhalt die Vorurteile erkennen lassen, die gegenüber der Ikonenkunst auch heute noch bestehen und die auf diese Weise breiten Kreisen entgegen aller wissenschaftlichen Erkenntnis weitervermittelt werden: „Während in den Klöstern die traditionelle Produktion der Ikonen nach überkommener Methode vor sich geht, deren Formen allmählich im Stereotypen erstarren, öffnen sich auf den Ionischen Inseln die Hagiographen des 18. Jahrhunderts den durch Venedig vermittelten italienischen Einflüssen. Der hieratische Goldgrund der Ikonen wird durch naturalistische Elemente ... aufgelockert ... Der Diktatur des Konservatismus orthodoxer Malermönche folgt nun ..." (*E. Neumeister,* Ein blinder Fleck der griechischen Kunst, in: FAZ Nr. 161 [24. 7. 1976] 21).

[69] So etwa in Leningrad mit der Präsentation italo-byzantinischer Ikonen in einem eigenen Saal um 1925 und auch im Vatikan: vgl. *A. Muñoz,* I quadri bizantini della Pinacoteca Vaticana, provenienti dalla Biblioteca Vaticana (= Collezioni archeologiche, artistiche e numismatiche dei Palazzi Apostolici Vaticani 10) (Roma 1928) 410–411. Als besonderes Beispiel dafür sei das frühere Kaiser-Friedrich-Museum in Berlin genannt, dessen Hauptbestände an Ikonen erst aus Ankäufen des Jahres 1925 stammen. Diese wurden dann durch die erst 1939 erfolgte Übergabe italo-byzantinischer und griechischer Ikonen aus der Gemäldegalerie vervollständigt (vgl. *V. H. Elbern,* Ikonen aus der Frühchristlich-Byzantinischen Sammlung der Skulpturenabteilung Berlin [Bilderhefte der Staatlichen Museen Preußischer Kulturbesitz, Berlin, Heft 9] [Berlin 1970] 5–6; ferner *Rothemund,* Handbuch 30 Anm. 19). Für die damaligen Bestände vergleiche man den in Anm. 47 zitierten Katalog von W. F. Volbach 175–185 mit Abbildung aller Ikonen. – Bis zur Jahrhundertwende hatte es überhaupt keine öffentlichen Ikonensammlungen gegeben, wohl einige wenige Privatsammlungen und kleinere Bestände in kirchlichen oder klösterlichen Schatzkammern (vgl. *Rothemund,* Handbuch 67; siehe auch *H. Brenske,* Ikonen [München 1976] 119–120). Der Campo Santo Teutonico hätte also eine museumsgeschichtlich bedeutsame Rolle spielen können, wenn seine Ikonensammlung bekannter gemacht worden wäre, denn sie war grundsätzlich öffentlich, d. h. der Öffentlichkeit zugänglich und nicht nur zur privaten Benutzung bestimmt!

[70] Die ersten Sammlungen, vor allem Marmorskulpturen und abgenommene Freskenfragmente, gehen anscheinend auf das Jahr 1914 zurück (vgl. *M. Chatzidakis,* Byzantinisches Museum [Die griechischen Museen] [Athen 1975] 13–14); die Gründung des Museums durch staatliches Gesetz erfolgte im Jahr 1920, und erst danach begann man die in verschiedenen Museen enthaltenen byzantinischen Kunstwerke zu sammeln. Im Jahre 1930 konnte das Byzantinische Museum dann schließlich in die „Villa Ilissia" und damit in geeignete Räume umziehen, wo es noch heute seinen Sitz hat (vgl. *M. Chatzidakis,* Athen. Byzantinisches Museum, Ikonen [Athen o. J.] 3 und *ders.,* Das Byzantinische Museum von Athen. Ikonen [Athen o. J.] 3–4).

[71] Vgl. *Rothemund,* Handbuch 62; dazu auch *Alpatov,* Icone 13.

bestehenden speziellen Ikonen-Museen, nämlich das in Recklinghausen[72] und das in Schloß Autenried bei Günzburg[73], datieren erst aus allerjüngster Zeit.

3. *Theologische Grundlagen der Ikonenkunst*

Ikonen, das heißt für uns vor allem die tragbaren Tafelbilder der Ostkirchen, sind nicht nur ganz allgemein bedeutende Äußerungen der christlichen Kunst seit den frühen Jahrhunderten, sondern sie sind in einem ganz hervorragenden Sinn *kirchliche* Kunst[74] und sind es im Gegensatz zur westlichen religiösen Kunst bis auf den heutigen Tag geblieben. Im Verlauf des Bilderstreites, der Kirche und Reich von Byzanz in der Zeit von 726 bis 843 erschütterte[75], wurden Berechtigung und Bedeutung der Kunst in der Kirche,

---

[72] Das Ikonenmuseum in Recklinghausen wurde im Jahre 1956 mit 73 Ikonen eröffnet (vgl. *Th. Grochowiak,* Vorwort, in: Katalog: Ikonen-Museum [Recklinghausen ⁵1976] 3). Der von H. Skrobucha betreute Katalog zählt heute allein 624 Nummern auf.

[73] Das Ikonenmuseum bei Günzburg entstand 1959 in den renovierten Räumen des spätbarocken Schlosses Autenried und umfaßt mehr als 300 Ikonen und kunstgewerbliche Gegenstände der Ostkirchen, von denen etwa die Hälfte ständig ausgestellt ist (vgl. *B. Rothemund* u. a., Katalog des Ikonenmuseums Schloß Autenried [München – Autenried 1974] 7–8). – Ein erstes Verzeichnis der öffentlichen und privaten Ikonenmuseen der Welt bzw. der Museen mit Ikonensammlungen bietet *Rothemund,* Handbuch 362–365, ohne allerdings den Campo Santo Teutonico zu erwähnen.

[74] Vgl. die Einführung bei *W. Nyssen,* Das Zeugnis des Bildes im frühen Byzanz (Sophia. Quellen östlicher Theologie 2) (Freiburg 1962) 11–39; *ders.,* Zur Theologie des Bildes, in: *E. von Ivánka – J. Tyciak – P. Wiertz* (Hrsg.), Handbuch der Ostkirchenkunde (Düsseldorf 1971) 473–482; *T. Špidlík,* Lo splendore delle icone, in: *ders.* (Hrsg.), I grandi mistici russi (Roma 1977) 299–304. – Zu den Anfängen des christlichen Bilderkultes und zur Entstehung der Ikonen vgl. *W. Felicetti-Liebenfels,* Geschichte der byzantinischen Ikonenmalerei. Von ihren Anfängen bis zum Ausklange, unter Berücksichtigung der Maniera greca und der italo-byzantinischen Schule (Olten – Lausanne 1956) 11–21; *Rothemund,* Handbuch 10–24; *K. Onasch,* Die Ikonenmalerei. Grundzüge einer systematischen Darstellung (Leipzig 1968) 9–12. – Es darf nicht übersehen werden, daß der Begriff *Ikonen* in der Patristik wie im heutigen Sprachgebrauch der Orthodoxie nicht nur die Tafelbilder, sondern alle bildlichen Darstellungen umfaßt, unabhängig von ihrem Träger oder der angewandten Technik.

[75] Vgl. *G. Ostrogorsky,* Geschichte des byzantinischen Staates (Handbuch der Altertumswissenschaft XII/1.2) (München ³1963) 123–184; *M. V. Anastos,* Iconoclasm and Imperial Rule 717–842, in: *J. M. Hussey* (Hrsg.), The Cambridge Medieval History IV/1 (Cambridge 1966) 61–104; *A. A. Vasiliev,* History of the Byzantine Empire, 324–1453, I (Madison, Milwaukee – London ⁶1970) 234–299; *A. Grabar,* L'iconoclasme byzantin. Dossier archéologique (Paris 1957); *St. Gero,* Byzantine Iconoclasm During the Reign of Leo III. With Particular Attention to the Oriental Sources (Corpus Scriptorum Christianorum Orientalium 346 = Subsidia 41) (Louvain 1973); *P. Wirth,* Grundzüge der byzantinischen Geschichte (Grundzüge 29) (Darmstadt 1976) 65–86; ferner *H.-G. Beck,* Kirche und theologische Literatur im byzantinischen Reich (Handbuch der Altertumswissenschaft XII/2.1) (München 1959) 296–306; *Felicetti-Liebenfels,* Byz. Ikonenmalerei 33–42; *H. P. Gerhard,* Welt der Ikonen (Recklinghausen ⁵1974) 27–41; *Onasch,* Ikonenmalerei 12–17; *H.-G. Beck,* Die griechische Kirche im Zeitalter des Ikonoklasmus, in: *H. Jedin* (Hrsg.), Handbuch der Kirchengeschichte III/1 (Freiburg – Basel – Wien ²1973) 31–61; *E. Stakemeier,* Das siebte ökumenische Konzil: Bilderkult und Einheit der Kirche, in: *O. Schilling – H. Zimmermann* (Hrsg.), Unio Christianorum. Festschrift für Erzbischof Dr. Lorenz Jaeger zum 70. Geburtstag am 23. September 1962 (Paderborn 1962) 243–261; *Chr. von Schönborn,* L'Icône du Christ. Fondements théologiques élaborés entre le Iᵉʳ et le IIᵉ Concile de Nicée (325–787) (Paradosis 24) (Fribourg 1976) 149–234; *H. Hennephof* (Hrsg.), Textus byzantinos ad iconomachiam pertinentes (Byzantina Neerlandica,

vor allem der Bildermalerei, diskutiert und verbindlich festgelegt. Das VII. Ökumenische Konzil von 787 in Nikaia sieht in der Ikonenmalerei einen der legitimen Ströme kirchlicher Überlieferung und stellt dafür als Hauptforderungen auf: die Beibehaltung der Ähnlichkeit des Bildes mit dem Urbild und die namentliche Kennzeichnung des Dargestellten. Damit wird die Ikone eine göttliche Realität in dieser Welt, ein Gnadenmittel, das zur Heiligung des Menschen dient, und erhält eine Funktion, die weit über die des künstlerischen Schmucks oder des Mittels zu Anschauung und Belehrung hinausreicht. Deshalb sind die Ikonen verehrungswürdig und heilig[76]. Sie dürfen überall aufgestellt und verehrt werden, „denn die Ehre, die man der Ikone erweist, geht auf das Urbild über, und wer die Ikone verehrt, der verehrt in ihr die Person des Dargestellten"[77].

Das VIII. Ökumenische Konzil von 869/870 in Konstantinopel erneuerte nach der Beilegung des Bilderstreites die Bestimmung, daß die Ikonen gemäß alter Überlieferung entsprechend der Würde zu verehren seien, die ihnen von dem Urbild her, dessen Abbild sie sind, zukommt. Es sei ihnen gleichsam abgeleitet Ehre und Verehrung zu erweisen, genauso wie dem heiligen Buch der Evangelien und der Gestalt des kostbaren Kreuzes[78].

Ohne daß vom Konzil eine ausgearbeitete Theologie vorgelegt wird, werden doch die dogmatischen Grundtatsachen angeführt, auf denen die Bilderverehrung beruht. Grundlage für die Darstellbarkeit des Gottmenschen Jesus Christus ist das Mysterium seiner Inkarnation, Grund und zugleich Maß für die Verehrung seines Bildes ist das schon von Basileios dem Großen – ursprünglich in etwas anderem Zusammenhang – gebrauchte Argument: „Die Ehre des Bildes geht auf das Urbild über."[79] Nachdem dies von der Kirche rezipiert war, konnten Theologen wie Johannes von Damaskos[80], Theo-

Series A: Textus 1) (Leiden 1969); *A. Bryer – J. Herrin* (Hrsg.), Iconoclasm. Papers given at the Ninth Spring Symposium of Byzantine Studies, University of Birmingham, March 1975 (Oxford 1977). Zur kritischen Würdigung des Verhältnisses von Ikone und Orthodoxie vgl. *Beck*, Ikone, bes. 7–31.

[76] Vgl. den Horos des Zweiten Konzils von Nikaia bei Mansi 13, 377–380; COD (Bologna ³1973) 133–138; DS 600–603; deutsch bei *Nyssen*, Zeugnis 92–93; ferner die Akten der 6. Sitzung und *Ouspensky – Lossky*, Sinn 36–37. Die Zurückhaltung des Horos unterstreicht *Beck*, Ikone 26–28.

[77] Horos des Zweiten Konzils von Nikaia: Mansi 13, 377 E = COD 136; 26–30 = DS 601.

[78] Vgl. Viertes Konzil von Konstantinopel, can. 3 (rec. lat.): Mansi 16, 161–162 = COD 168 = DS 654; deutsch bei *D. Stiernon*, Konstantinopel IV (Geschichte der ökumenischen Konzilien V) (Mainz 1975) 321–322, vgl. auch 172–174.

[79] „... ἡ τῆς εἰκόνος τιμὴ ἐπὶ τὸ πρωτότυπον διαβαίνει": *Basileios*, De Spiritu Sancto 18,45 = PG 32, 149 C und SC 17bis (Paris 1968) 406; 19–20. Später greift Johannes von Damaskos diesen Satz auf und verbindet ihn mit einem anderen Zitat des Basileios (Hom. 19 in sanctos XL martyres 1 = PG 31,508B), was ihm erlaubt, unter dem wahren Urbild Gott selbst zu verstehen, dem letztlich alle Verehrung heiliger Menschen gilt. Mit Bezug auf die Gottesmutter sagt er ganz klar, daß die ihr entgegengebrachte Verehrung sich auf den bezieht, der aus ihr Fleisch angenommen hat (*Johannes von Damaskos*, Expositio fidei 89 [IV, 16] = *B. Kotter* [Hrsg.], Die Schriften des Johannes von Damaskos II [Patristische Texte und Studien 12] [Berlin – New York 1973] 208; 43–48).

[80] *Johannes von Damaskos*, Drei Reden gegen die Bilderstürmer: PG 94, 1232–1420, neue Edition von *B. Kotter* (Hrsg.), Die Schriften des Johannes von Damaskos III (PTS 17) (Berlin – New York 1975) 63–200, ferner Expositio fidei 89 (IV, 16): PG 94, 1168–1176 = *Kotter* II 206–208 = BKV 44 (1923) 227–230; vgl. auch die Einleitung bei *Kotter* III 1–22 und *Th. Nikolaou*, Die Ikonenverehrung als Beispiel ostkirchlicher Theologie und Frömmigkeit nach Johannes von Damaskos, in: Ostkirchliche Studien 25 (1976) 138–165.

doros von Studiu[81] und Patriarch Nikephoros von Konstantinopel[82], um nur diese zu nennen, nicht zuletzt mit Hilfe des von Dionysios Areiopagites entwickelten vertieften Bildverständnisses[83], eine Theologie der Ikone vorlegen, die auch von modernen orthodoxen Theologen vollinhaltlich geteilt wird und deren Kenntnis zum wirklichen Verstehen der Ikonenkunst unerläßlich ist. Ihre wichtigsten Grundzüge seien hier skizziert[84]:

Das Wort Ikone, vom griechischen εἰκών, bedeutet soviel wie Abbild, Ähnlichkeit. Die Ähnlichkeit, ὁμοίωμα, ist die wichtigste Beziehung zwischen dem Urbild und seinem Abbild. Sie besteht nicht als eine Ähnlichkeit in der Wesenheit oder den Wesenseigenschaften, sondern *zeigt* nur in sich das Urbild, läßt es schauen, ohne ihm in allem gleich zu sein. Der Begriff „Ikone" schließt also von vornherein jede Identität zwischen Urbild und Abbild aus und hebt den Wesensunterschied zwischen beiden hervor. Dabei

---

[81] Die Werke von Theodoros Studites zugunsten der Bilderverehrung finden sich in PG 99, 328–506; zu seiner Theologie vgl. *von Schönborn,* L'Icône 217–234; *Beck,* Ikone 12, 18, 20–21, 25, 37.

[82] Nikephoros ist einer der wichtigsten Theologen aus der zweiten Phase des Bilderstreits. Er war Patriarch von Konstantinopel (806–815) und hatte als kaiserlicher Sekretär am Konzil von 787 teilgenommen. Ein Teil seiner Schriften über die Bilderverehrung findet sich in PG 100, 205–849, ein anderer Teil wurde an verschiedenen Orten publiziert, und zwei Schriften sind noch nicht ediert (vgl. *Beck,* Kirche 489–491; *ders.,* Ikone 12, 17–18, 43, und *von Schönborn,* L'Icône 203–217).

[83] *Dionysios Areiopagites,* De divinis nominibus: PG 3, 585–984, deutsch von *W. Tritsch,* Dionysios Areopagita, Mystische Theologie und andere Schriften (Weisheitsbücher der Menschheit) (München-Planegg 1956) 27–157; ferner De ecclesiastica hierarchia: PG 3, 369–569, deutsch von *W. Tritsch,* Dionysios Areopagita, Die Hierarchien der Engel und der Kirche (Weisheitsbücher der Menschheit) (München-Planegg 1955) 165–248; vgl. auch *Onasch,* Ikonenmalerei 18–23.

[84] Dabei beziehe ich mich vor allem auf folgende Werke: *A. Hackel,* Die Ikone als Kultmysterium, in: Ut omnes unum sint. Ein Werkbuch ostkirchlicher Arbeit, hrsg. von der Abtei St. Joseph zu Gerleve (Münster 1939) 147–159; *L. Ouspensky – W. Lossky,* Der Sinn der Ikonen (Bern – Olten 1952); *Ph. Kontoglou,* Ἔκφρασις τῆς Ὀρθοδόξου εἰκονογραφίας, 2 Bde. (Athen 1960); *K. D. Kalokyris,* Ἡ οὐσία τῆς Ὀρθοδόξου ἁγιογραφίας (Athen 1960) (englisch: The Essence of Orthodox Iconography [Brookline, Mass. 1971]); *H. Skrobucha,* Die Botschaft der Ikonen (Ettal 1961); *ders.,* Von Geist und Gestalt der Ikonen (Iconographia Ecclesiae Orientalis 1) (Recklinghausen ²1970); *L. Ouspensky,* Symbolik des orthodoxen Kirchengebäudes und der Ikone, in: *E. Hammerschmidt* u. a., Symbolik des orthodoxen und orientalischen Christentums (Symbolik der Religionen X) (Stuttgart 1962) 53–90 und Tafelband (Symbolik der Religionen XVI) (Stuttgart 1968) 47–69; *P. Evdokimov,* L'Orthodoxie (Bibliothèque théologique) (Neuchâtel – Paris 1965) 216–238; *Rothemund,* Handbuch 347–350; *P. Evdokimov,* La teologia della bellezza. Il senso della bellezza e l'icone (Biblioteca di cultura religiosa, seconda serie 122) (Roma 1971); kritisch dazu: *R. Williams,* Christian Art and Cultural Pluralism: Reflections on „L'art de l'icone", by Paul Evdokimov, in: Eastern Churches Review 8 (1976) 38–44; *K. Kalokyris,* Ἡ ζωγραφικὴ τῆς Ὀρθοδοξίας (Thessaloniki 1972), eine Umarbeitung seines vorher genannten Werkes; *Chr. G. Gotsis,* Ὁ μυστικὸς κόσμος τῶν βυζαντινῶν εἰκόνων, bisher 2 Bde. (Athen 1971 und 1973); *C. Cavarnos,* Byzantine Thought and Art. A Collection of Essays (Belmont, Mass. ²1974) 59–78; *V. Lossky,* In the Image and Likeness of God (New York 1974); *St. Harkianakis,* Orthodoxe Kirche und Katholizismus. Ähnliches und Verschiedenes (München 1975) 75–88; *K. Ware,* The Theology of the Icon: A Short Anthology, in: Eastern Churches Review 8 (1976) 3–10; *P. Florenskii,* On the Icon, in: Eastern Churches Review 8 (1976) 11–37, dass. in erweiterter Fassung: *P. Florenskij,* Le Porte Regali. Saggio sull'icona (Piccola Biblioteca Adelphi 44) (Milano 1977) bes. 59–185; *G. Valentini,* Introduzione alla lettura dell'Arte Sacra figurativa, specialmente Bizantina, in: Oriente Cristiano 16 (Heft 3–4/1976) 49–78 zur Forts.; *Nikolaou,* Ikonenverehrung, in: OstKSt 25 (1976) 138–165; hingewiesen sei auch nochmals auf *von Schönborn,* L'Icône (s. Anm. 75); die kritische Arbeit von *Beck,* Ikone (s. Anm. 61) und *Alpatov,* Icone 88–212 (s. Anm. 60).

wird aber der bestehende Unterschied gerade deutlich aufgrund der Beziehung der Ähnlichkeit zwischen Urbild und Abbild.

Nach Johannes von Damaskos gilt die Ikone deshalb als παράδειγμα des Urbildes, weil sie darauf *hindeutet*, indem sie es „ähnlich" in sich zum Vorschein bringt und so im Bereich der Erkenntnis selbst zum Hinweis auf das Urbild wird: Die Ikone offenbart das Dargestellte, macht es gegenwärtig und führt hin zu ihrem Urbild.

Hinweis auf das Urbild kann die Ikone aber nur deshalb sein, weil sie in einer bestimmten *Ursprungsrelation* zu ihm steht: Sie ist ἐκτύπωμα, d. h. „Abdruck" und Wiedergabe ihres Vorbildes. Das Urbild kann zwar ohne das Abbild bestehen, nicht aber das Abbild ohne das Urbild, und es ist deshalb dem Zugriff willkürlicher Darstellung entzogen.

Letztlich geht es also bei der Theologie der Ikone um eine Theologie der Beziehung zum Abgebildeten. Der Gläubige tritt in Beziehung zu Gott selbst, seinen Heilstaten und seinen Heiligen durch Gotteserkenntnis, Nachahmung und Gebet. Diesen Dienst leistet die Ikone aufgrund der in ihr waltenden Beziehung der Ähnlichkeit zum Urbild, und es versteht sich von selbst, daß die Kirche als die Gemeinschaft, der die rechte Auslegung des Glaubens anvertraut ist, über die theologische Aussage der einzelnen Ikone zu befinden hat, und das heißt konkret über ihre Ähnlichkeit oder Nichtähnlichkeit mit dem Urbild.

Sie tut dies durch die Begutachtung und anschließende Weihe des Bildes, die der Bischof oder der Priester vornimmt, wobei die Ikone benannt und gesegnet oder auch gesalbt wird und die Kraft des Heiligen Geistes in einer Epiklese auf sie herabgerufen wird[85]. Die geforderte Ähnlichkeit ist jedoch nicht in einem naturalistischen Sinn zu verstehen, etwa als Porträthaftigkeit oder gar als sklavische Kopie eines Originals, sondern sie ergibt sich aus der Befolgung der kirchlichen Vorschriften zur Anfertigung einer Ikone und aus der religiösen Geisteshaltung des Malers, der die mystische Vereinigung mit Gott sucht, und sie wird besiegelt mit der Beischrift des Namens der dargestellten Personen. Es ist also nicht eine natürliche, sondern eine hypostatische Ähnlichkeit, durch die die Ikone teilhat an ihrem Urbild: Der Heilige erscheint nicht im Holz der Tafel oder in der Materie der Farben, sondern einzig in der Ähnlichkeit der Darstellung. Diese geht im allgemeinen auf ein von der Kirche anerkanntes Vorbild aus alter Zeit zurück.

So inspiriert sich die Ikone Christi vor allem an dem berühmtesten der „nicht von Menschenhand gemachten" Bilder des Antlitzes Christi, das der Herr nach einer alten Überlieferung für König Abgar von Edessa in einem Tuch hinterlassen hat[86]. Die Ikone

---

[85] Vgl. *Rothemund*, Handbuch 340; *A. Hackel*, Les icones dans l'Eglise d'Orient (Fribourg-en-Brisgau und Chevetogne 1952) 13. Der Ritus zur Segnung und Weihe einer Christusikone, aus dem russischen Trebnik übersetzt: *Rothemund*, Handbuch 360–361.

[86] So *Johannes von Damaskos*, Expositio fidei 89 (IV, 16) = *Kotter* II 208; 51–56 = BKV 44 (1923) 229. Zum Abgarbild vgl. *Felicetti-Liebenfels*, Byz. Ikonenmalerei 19–20, 48–49, Abb. Taf. 9A und B; *Rothemund*, Handbuch Abb. S. 34 und 35; die älteste bekannte Acheiropoietos-Ikone (12. Jh., Tretjakov-Galerie) bei *K. Onasch*, Ikonen (Altrussische Kunstdenkmäler) (Berlin [-Ost] 1961) Abb. 10. Die Überbringung des Mandylions durch Ananias stellt eine Ikone von Perwuscha (1. Hälfte 17. Jh.) dar: vgl. *W. Felicetti-Liebenfels*, Geschichte der russischen Ikonenmalerei, in den Grundzügen dargestellt (Graz 1972) Abb. 361. Der älteste Bericht über den Briefwechsel Jesu mit Abgar findet sich bei *Eusebios von Kaisareia*, Historia ecclesiastica I 13 = SC 31 (Paris 1952) 40–45 = BKV II/1 (1932) 53–57; später taucht die Legende von einem wunderbar entstandenen Christusbild auf: vgl. *E. von Dobschütz*, Christusbilder. Untersuchungen zur christlichen Legende (TU 18 = NF 3) (Leipzig 1899) 102–196 und 158*–249*; ferner *E. Hennecke – W. Schneemelcher*, Neutesta-

der Muttergottes geht zurück auf die angeblich von Lukas gemalten Bilder der Muttergottes mit dem Christuskind (Hodegetria), und es ist sicher kein Zufall, daß nach byzantinischer Auffassung ein Evangelist im Dienst an der Verkündigung der Wahrheit zugleich auch der erste Ikonenmaler war: Lukas hatte die göttliche Inspiration empfangen für die „Beschreibung“ des Evangeliums von der Menschwerdung Gottes und der Vergottung des Menschen sowohl durch das Wort als auch durch das Bild[87]. Von daher kommt diesem und allen anderen Bildern, die dem Urbild ähnlich sind, eine eigene Rolle als Träger kirchlicher Überlieferung zu, und tatsächlich wird die Ikonenkunst als gemalte Offenbarung und schaubare Theologie in eine Reihe mit den anderen Strömen der Überlieferung in der Kirche gestellt: der Heiligen Schrift, der Lehre der Kirchenväter und Konzilien, den Sakramenten und der Liturgie[88]. Als ihr eigentlicher Urheber gilt der Heilige Geist, dem bei allen Theophanien eine entscheidende Rolle zukommt. Er ist der göttliche Ikonenmaler, der das „nicht von Menschenhand gemachte“ Bild gemalt und dem heiligen Lukas die Erleuchtung gegeben hat, so daß er die Schönheit der Muttergottes beschreiben konnte, wie sie Christus als kleines Kind in ihren Armen hält[89]; er ist es auch, der auf jede Ikone herabkommt und sie zu einem Instrument göttlicher Offenbarung des Unsichtbaren und der Gnadenvermittlung macht. Dabei ist die in der Ikone anwesende Gnade nicht als Wesensmerkmal der Ikone zu denken, sondern als der göttlichen Wirkung (ἐνεργείᾳ) nach, entsprechend der Gnaden- und Geistesfülle der dargestellten Person zu ihren Lebzeiten. Durch ihren Gehorsam gegenüber der gesamten Tradition der Kirche nimmt die Ikonenmalerei im Heiligen Geist teil an der

---

mentliche Apokryphen in deutscher Übersetzung, I: Evangelien (Tübingen [4]1968) 325–329. Den Komplex der Acheiropoietai und der Lukasbilder geht *Rothemund*, Handbuch 32–49 passim, nach. Für die orthodoxe Kirche hat die ikonographische Darstellung Christi sein authentisches Gesicht zum Ursprung und geht bis auf die Zeit seines Erdenlebens zurück: so jedenfalls *Ouspensky*, Symbolik 69–70 und Anm. 57, S. 70.

[87] Dies bringt zum Beispiel die erste Ode des Festhymnus (Kanon) der Muttergottes von Vladimir (26. August) zum Ausdruck, wenn es dort heißt: „Inspiriert von der Stimme Gottes, hat der heilige Lukas, der Schreiber des Evangeliums Christi, als er deine verehrungswürdige Ikone malte, den Schöpfer aller Dinge in deinen Armen dargestellt.“ Einen ähnlichen Gedanken äußert das Gebet, das der Malermönch Dionysios von Phourna seinem Malerhandbuch vorangesetzt hat: vgl. Ἑρμηνεία τῆς ζωγραφικῆς. Malerhandbuch des Malermönchs Dionysios vom Berge Athos (München 1960) 7; und ebenso das Gebet, das der Ikonenmaler vor Beginn seiner Tätigkeit vor einem Bild der Hodegetria an Christus richten soll (a.a.O. 9–10). Darin wird die Inspiration durch den Heiligen Geist zum Malen der Hodegetria ausdrücklich erwähnt. Den umgekehrten Beweis liefert sozusagen das IV. Konzil von Konstantinopel, das in can. 7 den von diesem Konzil Gebannten untersagt, sowohl für die Kirchen Ikonen zu malen als auch irgendeine Lehrtätigkeit auszuüben: Mansi 16, 164 = COD 172; *Stiernon*, Konstantinopel 325.

[88] Vgl. *Evdokimov*, Teologia 239. Die Ikone gilt in den Ostkirchen byzantinischer Prägung als locus theologicus, als eine Quelle der Theologie: so z.B. *Evdokimov*, Teologia 248. Dafür können sie sich zweifellos auf das Zweite Nicänum berufen, das die Bildermalerei als legitime Tradition in der Kirche anerkannt hat (vgl. COD 135; 19–32) und sie in einem Atemzug mit der Heiligen Schrift des Neuen Testamentes nennt (vgl. COD 137; 8–19). Mit Recht macht aber Onasch auf die durchgängige Abhängigkeit der Ikonenmalerei von der Literatur, der schriftlich gefaßten Form der Überlieferung in ihren vielen Ausprägungen, aufmerksam und relativiert damit in etwa ihre Eigentlichkeit (vgl. *Onasch*, Ikonenmalerei 151–191). *Beck*, Ikone 24–25, 43–44, ordnet die Ikone vor allem der Volksfrömmigkeit zu.

[89] So in dem schon genannten Gebet, das der Ikonenmaler vor Beginn seiner Arbeit sprechen soll, wenn er den kirchlichen Segen erhält (vgl. *Dionysios*, Malerhandbuch 9). *Evdokimov*, Teologia 241, nennt den Heiligen Geist den göttlichen Ikonenmaler.

geistigen und geistlichen Erfahrung der vergangenen Generationen und am überzeitlichen und übernatürlichen sakramentalen Leben der Kirche. Die Ikone ist selbst Gebet im Geiste (vgl. Joh 4, 23; Eph 6, 18; Jud 20) und Vermittlerin göttlicher Gnade. Gegenstand der Ikonenmalerei kann deshalb nichts anderes sein als „die Lehre der Kirche, die orthodoxe Theologie"[90].

Wenn die Darstellung eines Bildes mit der Lehre der Kirche und der Tradition der Ikonenmalerei übereinstimmt und wenn der künstlerische Ausdruck der Ähnlichkeit mit dem Urbild qualitativ ausreichend ist, kann ein solches Bild kirchlich als Ikone anerkannt werden, das heißt, es erhält die kirchliche Weihe und wird dabei durch den Heiligen Geist mit der Gegenwart des Dargestellten erfüllt[91]. Der russisch-orthodoxe Theologe Paul Evdokimov meint damit die Erfüllung der Ikone mit Kraft und Gnade, die auf den frommen Beter und gläubigen Betrachter übergeht, entsprechend der vom Neuplatonismus beeinflußten Lehre der Kirchenväter. Dies gilt vor allem im liturgischen Bereich, wo die Ikone ihren eigentlichen Ort hat[92].

Die Ikone hat einen ganz eigenen Status, eben den eines Kultbildes, und gilt in den Ostkirchen zwar nicht als Sakrament, wie gelegentlich behauptet wird[93], aber doch als „Sakramentale der personalen Gegenwart"[94]. Durch die Weitergabe der in ihr wohnenden Gnade hilft sie dem Gläubigen, sich zu heiligen, Christus in sich Gestalt gewinnen zu lassen[95], ihm immer ähnlicher zu werden[96], ja in sein eigenes Bild verwandelt zu werden[97], wie es die Heiligen vor ihm getan haben. Die Ikone ist mithin nicht einfach ein Transparent des Göttlichen, ein Fenster oder Tor zur Ewigkeit, sondern ein sichtbares Zeichen der anwesenden inneren Gnade, das „Herniedersteigen des Himmels auf die Erde", die „Gemeinschaft Gottes und der Heiligen mit dem zur Vollendung, zur Verklärung berufenen Menschen"[98]. Das Zweite Konzil von Nikaia (787) hatte ja schon klar

[90] *M. N. Sokolowa,* Vom Wesen und Geheimnis der orthodoxen Ikone, in: Stimme der Orthodoxie 5–6/1975, 81. – Auf einer Ikone des hl. Demetrios aus dem 18. Jahrhundert ist zum Beispiel hinter dem Heiligen auf dem Pferd sitzend ein kleiner Mönch dargestellt. Daneben lesen wir die Inschrift: „Diese Ikone ist das Gebet des Dieners Gottes Johannes, Priester und Hegoumenos" (*M. Rutz,* Ikonen. Rußland und Griechenland 14.–18. Jahrhundert [Düsseldorf – London 1974] Abb. 63).

[91] Dies bringen etwa auch liturgische Texte zum Ausdruck. So heißt es in einem Sticheron der Vesper vom Fest der Muttergottes von Vladimir: „Die Ikone betrachtend, sagst du in Vollmacht: ‚Meine Gnade und meine Kraft sind mit diesem Bild'" (vgl. *Evdokimov,* Teologia 212).

[92] Vgl. dazu *L. Küppers,* Ikone. Kultbild der Ostkirche (Essen 1964) 31–33; *Evdokimov,* Teologia 207–215; *Onasch,* Ikonenmalerei 29–38. *Beck,* Ikone 31–35, lehnt dies ab.

[93] Zum Beispiel bei *Küppers,* Ikone 28, auch bei *L. Küppers,* Ikone – Wesen, Ursprung und Ausbreitung, in: Kunstschätze in bulgarischen Museen und Klöstern (Ausstellungskatalog Villa Hügel) (Essen 1964) 71, oder bei *N. Thon,* Ikonen – Abbilder ewiger Wahrheiten. Eine Hinführung zu Theologie und Wesen der Ikonenmalerei, in: Königsteiner Studien 21 (1975) 59; vgl. auch *Beck,* Ikone 15; *J. Lindsay Opie,* L'Icona e l'eremita, in: L'erementismo in Puglia (Bari 1975) 35 und 38.

[94] *Evdokimov,* Teologia 212; vgl. auch 231–233. Andere weisen der Ikone eine Stellung zwischen Sakrament und Sakramentale zu (vgl. *Rothemund,* Handbuch 347).

[95] Vgl. Gal 4,19.

[96] Vgl. Röm 8,29; Phil 3,21; 1 Joh 3,2.

[97] Vgl. 2 Kor 3,18; 4,6.

[98] *Küppers,* Ikone 30. *V. Lossky,* Die mystische Theologie der morgenländischen Kirche (Geist und Leben der Ostkirche 1) (Graz – Wien – Köln 1961) 240, sagt von den heiligen Bildern, daß sie „unsichtbare Dinge darstellen und sie wirklich gegenwärtig, sichtbar und wirksam machen. Eine Ikone oder ein Kreuz sind keine bloßen Darstellungen, die unsere Vorstellungsgabe während des

formuliert, was die Ikone ist und was sie nicht ist: Die Ikone ist der Ort einer persönlichen Begegnung mit ihrem Urbild in der Gnade des Geistes. Je mehr der Gläubige die Ikonen betrachtet, desto mehr denkt er an den, den sie darstellen, und desto mehr bemüht er sich, ihn nachzuahmen[99].

Wie schon angedeutet, haben die Ikonen ihren eigentlichen und theologisch begründeten Ort in der Kirche, die als Abbild des Himmels erbaut ist, und in der Liturgie, die als Abbild der himmlischen Liturgie gilt. Hier empfangen sie die ihnen gebührende Verehrung, nicht nur privat, sondern im offiziellen Kult; hier ist der geeignetste Ort, vor ihnen zu beten und zu meditieren und so in mystischen gnadenhaften Kontakt mit dem Urbild zu treten, das auf diese Weise seine Botschaft mitteilt.

Wie das Geschehen der Liturgie, so verweist auch die ikonographische Darstellung des Heils und der heiligen Personen den Gläubigen auf Gott und richtet sein Denken und Fühlen aus auf die Wirklichkeit der unsichtbaren himmlischen Welt. Die Liturgie verbindet sich so zu einer harmonischen Einheit mit der Kunst, und die Kunst ist engstens verknüpft mit den liturgischen Funktionen, dem Gottesdienst wie den privaten Äußerungen der Frömmigkeit, die Gott dargebracht werden. Nicht als ob die orthodoxe Liturgie nicht ohne Ikonen gefeiert werden könnte[100], aber wenn sie fehlen, bleibt eine Lücke, die nicht auf andere Weise geschlossen werden kann, denn die Ikonen haben ihren spezifischen, theologischen Ort im Raum der Kirche, haben ihre eigene Funktion im Vollzug der Liturgie und sind zugleich sichtbar gewordene Äußerung tiefster Empfindungen der Seele, die vor ihnen Ruhe und Frieden von oben findet. Von daher spiegelt die Ikone als Kunstwerk immer auch den Glauben und die Geisteshaltung des Künstlers wie auch des gläubigen Betrachters wider, der sich damit identifiziert, und läßt wie im Spiegel einen Blick tun auf die Intensität des geistlichen Lebens. Es ist sicher kein Zufall, daß die besten byzantinischen Ikonen der Blütezeit des Mönchtums und der mystischen Theologie angehören.

Die heute vielfach übliche Aufbewahrung von Ikonen in Museen darf ja nicht darüber wegtäuschen, daß die Ikonenfrömmigkeit bei orthodoxen Gläubigen weiterhin sehr lebendig ist; sie könnten sich auch keine Kirche ohne die Fülle dieser Bilder vorstellen; und selbst in der Moskauer Tretjakov-Galerie kann man gelegentlich beobachten, wie Gläubige verstohlen die dort ausgestellten heiligen Ikonen küssen.

Nicht nur von der Volksfrömmigkeit, sondern auch und gerade von der offiziellen Liturgie der Kirche wird den Ikonen die Ehre dargebracht, die dem Urbild gebührt, vor allem den Bildern Christi und seiner Mutter: Man entzündet vor ihnen Lampen, bekränzt und schmückt sie mit Blumen oder Stoffen und erweist ihnen die Proskynese. Die Liturgen wenden sich ihnen beim Gebet zu, und entsprechend ihrer Stellung in der Hierarchie des Himmels werden die Bilder bei der Feier der Liturgie wie beim Stundengebet mit Weihrauch inzensiert als die anwesend gedachten überirdischen Teilnehmer an der Liturgiefeier der Kirche, genau wie die irdischen Teilnehmer, die als Menschen

---

Gebetes anregen sollen; es sind materielle Zentren, in denen eine göttliche Energie ruht, die sich mit der menschlichen Kunst vereinigt." Vgl. auch *Alpatov*, Icone 90.

[99] Vgl. den Horos des Zweiten Konzils von Nikaia: Mansi 13, 377D = COD 136; 12–16 = DS 601.

[100] Mit Recht macht *Nikolaou*, Ikonenverehrung, in: OstKSt 25 (1976) 161, darauf aufmerksam und weist die von *K. Onasch* (Art. Ikone) in: *E. Fahlbusch* (Hrsg.), Taschenlexikon Religion und Theologie 2 (Göttingen 1971) 73, geäußerte Meinung zurück, daß für den Vollzug der ostkirchlichen Liturgie Ikonen notwendig seien, im Unterschied zur katholischen Messe.

nach dem Bild Gottes (κατ' εἰκόνα θεοῦ, LXX Gen 1,26.27; 5,1; 9,6; Kol 3,10 u. a.) geschaffen und der Form, nicht dem Wesen nach, seine lebendigen Ikonen sind.

Mehr noch: die im Kirchenraum eigens ausgestellte Ikone der jeweiligen Zeit des Kirchenjahres oder des Tagesheiligen macht über die liturgischen Texte hinaus den theologischen Gehalt des Festes „anschau-lich" präsent. Ganz deutlich aber wird die Tatsache, daß Ikonen nicht irgendwelche Andachtsbilder sind oder gar nur der Ausschmückung der Kirche dienen, wenn wir einen Blick auf die liturgische Verehrung werfen, die sie wie die Heiligen selbst genießen: Der byzantinische und besonders der russische liturgische Kalender ist voll von Festen und Gedächtnissen einzelner Ikonen, die zur Erinnerung an die Erscheinung oder die Übertragung des jeweiligen Bildes Christi oder der Muttergottes eingeführt wurden oder zur Feier bestimmter Ereignisse, bei denen die Ikone wundertätig eingegriffen hat[101].

Höhepunkt des kultischen Ausdrucks der Bilderverehrung ist das in allen orthodoxen Kirchen am ersten Sonntag der Großen Fastenzeit gefeierte Fest der Orthodoxie, auch „Sonntag der heiligen Ikonen" genannt, das dem Gedächtnis des Sieges der Bilderfreunde auf dem Zweiten Konzil von Nikaia (787) gewidmet ist. Dieses Fest wurde zum erstenmal am 11. März 843 in Konstantinopel begangen, nachdem die dort unter Kaiserin Theodora abgehaltene Synode die Bilderverehrung endgültig wiederhergestellt hatte. An diesem Tage feiert man die Liturgie des hl. Basileios, und in den Bischofskirchen wird vorher, am Ende des Morgenoffiziums, im Verlauf einer feierlichen Prozession mit dem Kreuz und den heiligen Ikonen, das Synodikon von 843 mit dem Horos von 787 verlesen[102]. In allen Kirchen werden nach der Liturgie die Ikonen in Prozession dreimal um das Gotteshaus getragen, wonach Klerus und Volk sie verehren[103].

Einen Widerhall der liturgischen und kultischen Verehrung der Ikonen finden wir im Bereich der Volksfrömmigkeit, wenn in den Häusern der Gläubigen die Ikonen nicht nur einen besonderen Ehrenplatz haben, sondern auch ausdrücklich verehrt werden, am Leben der Familie teilnehmen und aus ihr eine Art Hauskirche formen[104]. Hier ist allerdings

[101] In den letzten drei Monaten des orthodoxen Kirchenjahres feiert die russische Kirche am 8. Juni die Ikone der Gottesmutter von Jaroslavl, am 18. Juni die Bogolubskaja, am 23. Juni die Vladimirskaja, am 26. Juni die Ikone der Gottesmutter von Tichvin, am 29. Juni die Kasperovskaja, am 7. Juli die Blachernitissa (Znamenie), am 8. Juli die Kazanskaja, am 23. Juli die Ikone der Gottesmutter von Počajev und die Ikone der hochheiligen Gottesgebärerin „Aller Betrübten Freude" von Leningrad, am 28. Juli die Smolenskaja (Hodegetria), am 16. August das Fest der Übertragung des „nicht von Menschenhand gemachten" Bildes des Herrn von Edessa nach Konstantinopel (944), am 19. August die Donskaja und am 26. August noch einmal die Vladimirskaja. Ein vollständiges Verzeichnis bietet *H. Skrobucha*, Maria. Russische Gnadenbilder (Iconographia Ecclesiae Orientalis 10) (Recklinghausen 1967).

[102] Vgl. 'Ανθολόγιον τοῦ ὅλου ἐνιαυτοῦ II (Roma 1974) 627–628. Der liturgische Text des Synodikons findet sich im Triodion unter dem ersten Fastensonntag [Τριῴδιον κατανυκτικόν [Athen 1960] 144–151; vgl. auch die Auswahl bei *J. Karmiris*, Τὰ δογματικὰ καὶ συμβολικὰ μνημεῖα τῆς 'Ορθοδόξου Καθολικῆς 'Εκκλησίας I [Athen ²1960] 244–249). Er unterscheidet sich bei Griechen und Russen beträchtlich. Die griechische Fassung hat eher den ursprünglichen Inhalt des Festes bewahrt, während die kirchenslavische Redaktion mehr den Sieg der Orthodoxie über die Häresien aller Zeiten betont.

[103] Vgl. *N. Edelby*, Liturgikon. „Meßbuch" der byzantinischen Kirche (Recklinghausen 1967) 92.

[104] Vgl. *Evdokimov*, Teologia 207; *Nikolaou*, Ikonenverehrung, in: OstKSt 25 (1976) 163–164; *P. Wiertz*, Zur religiösen Volkskultur der orientalischen und orthodoxen Kirchen – Volksglauben und Volksbrauch, in: *Ivánka – Tyciak – Wiertz*, Handbuch 598–600; interessant ferner der Reisebericht von *Sigismund zu Herberstein*, Reise zu den Moskowitern 1526, hrsg. von *T. Seifert* (München

auch der Ort für mancherlei abergläubische Vorstellungen und magische Praktiken in bezug auf die Bilder zu sehen[105], die von der Kirche zu allen Zeiten bekämpft werden mußten.

Wegen der besonderen Bedeutung, die den Bildern und damit der Kunst in der Kirche zukommt, war es immer wieder einmal notwendig, die Stellung der Kunst in der Kirche zu überdenken und festzulegen. In den Ostkirchen hat das, was sich für die Westkirche nur bis zu einem gewissen Zeitpunkt behaupten läßt, stets volle Gültigkeit behalten: Die Kunst hat in der Kirche nur eine dienende Funktion; sie steht im Dienst von Theologie und Liturgie, von Verkündigung und Heiligung. Dies ist für den ostkirchlichen Künstler eine sehr konkrete Wirklichkeit, da er sich den Vorschriften der Kirche nicht nur für die Wahl des Themas und für dessen Gestaltung, sondern auch in bezug auf seinen persönlichen Lebenswandel und seine Frömmigkeit zu fügen hat. Nicht nur am Sonntag der Orthodoxie, sondern auch in den Malerbüchern und in kirchlichen Aufsichtsbehörden begegnen ihm diese Vorschriften.

Die Hundert-Kapitel-Synode von Moskau (Stoglav-Synode) erließ – um ein Beispiel aus der Zeit zu wählen, aus der einige Ikonen der Sammlung des Campo Santo Teutonico stammen – im Jahre 1551 eingehende Vorschriften in bezug auf die Ikonenmalerei, die sowohl auf dem Hintergrund der damaligen Mißstände als auch auf dem des beginnenden Einflusses westlicher Malerei in Rußland zu sehen sind[106]. Den Bischöfen wird eingeschärft, die heiligen Ikonen und die Ikonenmaler zu überwachen und sich zu vergewissern, daß alles im Einklang mit den heiligen Vorschriften ist. Sie sollen die Aufgabe der Maler bestimmen und ihnen die Regeln für die Darstellung vorschreiben. Die fertigen Werke sollen sie persönlich überprüfen. Die Maler sollen ein exemplarisches christliches Leben führen. Mit gewissenhafter Sorgfalt sollen sie ans Werk gehen und sich die besten Ikonen der alten Meister zum Vorbild nehmen. Denen, die bisher Ikonen „ohne Kunst", das heißt nach ihrer Phantasie und auf eigene, subjektive Weise, ohne Sorgfalt und Ähnlichkeit gemalt haben, soll man ihre Werke wegnehmen, und man soll sie auffordern, bei erprobten Meistern Unterricht zu nehmen. „Jeder, der dank der Gnade Gottes malen, die Form und Ähnlichkeit wiedergeben kann, der soll malen. Wem aber Gott diese Gabe versagt hat, dem soll man das Malen von Ikonen verbieten, damit er nicht durch seine Ungeschicklichkeit Gott beleidige."[107]

Das Verbot der Berufsausübung betrifft auch die, die keinen christlichen Lebens-

---

1966) 153–154. – Die Mehrzahl der Ikonen aus der Sammlung des Campo Santo Teutonico gehört in diesen Bereich privater Frömmigkeit.

[105] Vgl. *Rothemund*, Handbuch 49–52, ferner 344 (Beichte vor Ikonen); *Skrobucha*, Geist 18–21, 64–70; *D. Savramis*, Der abergläubische Mißbrauch der Bilder in Byzanz, in: OstKSt 9 (1960) 174–192. *Beck*, Ikone 44, meint, die Ikone habe sich überhaupt erst gegen die Theologie durchgesetzt, „weil sie der Volksfrömmigkeit, dem Bedürfnis zu sehen und zu betasten, entspricht".

[106] Vgl. *E. Duchesne*, Le Stoglav ou les Cent Chapitres. Recueil des décisions de l'assemblée ecclésiastique de Moscou, 1551 (Bibliothèque de l'Institut Français de Petrograd 5) (Paris 1920). Es handelt sich vor allem um das 43. Kapitel der Stoglav-Synode: a.a.O. 133–136; deutsch vollständig wiedergegeben bei *Gerhard*, Welt 184–189. Auf der Großen Moskauer Synode von 1667/68 wurde die Stoglav-Synode zwar außer Kraft gesetzt, aber ihre Anordnungen zur Ikonenkunst wurden durch den Patriarchenerlaß vom 12. 5. 1668 wieder eingeschärft (vgl. den Text mit geringen Kürzungen bei *Gerhard*, Welt 222–229 und der Stoglav bei *Florenskij*, Porte 96–100). Zur Bedeutung vgl. *G. Ostrogorsky*, Les décisions du „Stoglav" concernant la peinture d'images et les principes de l'iconographie byzantine, in: *ders.*, Byzanz und die Welt der Slawen. Beiträge zur Geschichte der byzantinisch-slawischen Beziehungen (Darmstadt 1974) 122–140.

[107] *Gerhard*, Welt 186; vgl. auch *Florenskij*, Porte 78–87 und 93–101.

wandel führen oder Ikonen nur zum Broterwerb malen. „Die Kirchenfürsten sollen, jeder in seiner Diözese, mit Sorgfalt und unermüdlicher Aufmerksamkeit darüber wachen, daß die guten Ikonenmaler und deren Schüler die alten Vorbilder wiedergeben, daß sie sich aller eigenen Phantasie enthalten und daß sie nicht das Bild Gottes in gewagter Weise formen."[108]

Wer ein guter Maler ist, darf sein Talent nicht verleugnen, sondern soll sich Schüler nehmen und sie unterweisen. „Die Schüler sollen mit Aufmerksamkeit den Belehrungen ihrer Meister folgen. Wenn einer der Schüler dank der Gnade Gottes künstlerische Anlagen zeigt, soll der Meister ihn zum Bischof führen. Dieser prüft die von dem Schüler gemalte Ikone, sieht, ob sie das wahre Bild und die Ähnlichkeit wiedergibt, stellt eine gründliche Erhebung über seine Lebensverhältnisse an und unterrichtet sich darüber, ob er ein reines und frommes Leben führt, frei von aller Unordnung, wie es die Regeln vorschreiben. Dann soll er ihn segnen, auffordern, fürderhin in Frömmigkeit zu leben, seinem heiligen Beruf mit unermüdlichem Eifer nachzugehen, und ihm die Ehrenzeichen geben, die er mit dessen Meister abstimmt, die er aber gewöhnlichen Menschen verweigert."[109] Das Insistieren auf der Kunstfertigkeit des Malers erklärt sich ebenfalls aus dem von Basileios aufgestellten Grundsatz, denn auch die Unehre des Bildes aufgrund mangelhafter Darstellung würde auf das Urbild übergehen. Das echt christliche Leben wird deshalb gefordert, weil nur derjenige in rechter Weise Ikonen malen und die Ähnlichkeit mit dem Urbild wiedergeben kann, der in der Gnade Gottes lebt. Er wäre sonst ein schlechter Verkündiger des gemalten Evangeliums[110].

Vielfach waren die Ikonenmaler Priester oder Mönche. Oft bestanden gerade in Klöstern regelrechte Malerschulen, denn die Ikonenmalerei galt als Gottesdienst und als eine der wertvollsten praktischen Tätigkeiten, die ein Mönch im Sinne des „ora et labora" verrichten konnte. In solchen Schulen und in denen der großen Meister entwickelten sich dann auch gewisse formale Eigenheiten, die uns eine Unterscheidung der einzelnen Schulen ermöglichen. Es blieb dem Maler nämlich trotz der vielen Vorschriften immer noch ein gewisses Maß an schöpferischer Freiheit zu eigenem künstlerischem Ausdruck und sogar zur Schaffung neuer ikonographischer Themen[111].

Selbstverständlich forderte zu große künstlerische Freiheit auch den Protest strikt traditioneller Kreise heraus. Schon auf einer anderen Moskauer Synode von 1553/54 klagte der Staatsbeamte und Diakon Ivan Michajlovič Viskovatyj die Ikonenmaler an, die von einem Brand zerstörte Moskauer Kirchen neu ausgemalt hatten: „Nach menschlichem Begreifen haben sie die Gestalt unseres Herrn, Gottes und Erlösers Jesus Christus und seiner allerreinsten Mutter und seiner Heiligen weggenommen und an ihre Stelle ihre Klügeleien gesetzt und als Gleichnisse ausgelegt, wie es mir scheint, nach ihrem Ermessen

---

[108] *Gerhard,* Welt 189. – *Beck,* Ikone 7, spricht dagegen aus historischen Gründen der Ikone den Charakter des Ausdrucks der Orthodoxie als solcher ab und weist darauf hin, wie gefährlich es für den Byzantiner war, „sich mit den Inhalten der Orthodoxie frei schöpferisch auseinanderzusetzen" (*Beck,* Byzantinistik 17). [109] *Gerhard,* Welt 185.

[110] Zur Person des Ikonenmalers aus kirchlicher Sicht vgl. *Küppers,* Ikone 23–24; *Onasch,* Ikonenmalerei 113–128; *Harkianakis,* Orthodoxe Kirche 81–82; *Sokolowa* in: Stimme der Orthodoxie 5–6/1975, 81–82; vgl. auch *Florenskij,* Porte 93–104. – Interessant ist in diesem Zusammenhang die Aussage eines westlichen Künstlers, der noch im 15. Jahrhundert schreibt: „Per dipingere le cose di Cristo, bisogna vivere con Cristo – Um das malen zu können, was mit Christus zu tun hat, muß man mit Christus leben" (Beato Angelico). *Florenskij,* Porte 74–77, berichtet, daß auch Raffael die Schönheit der Mutter Gottes aufgrund inniger religiöser Beziehung erkannte und malte.

[111] Vgl. dazu *Evdokimov,* Teologia 249–259.

und nicht nach der Theologie... Und der Körper unseres Herrn Jesus Christus ist mit Cherubimflügeln bedeckt, hier erkennen wir die Klügelei der lateinischen Häresie. Ich hörte es oft im Gespräch mit Lateinern, Cherubim hätten angeblich die Blöße des Leibes unseres Herrn Jesus Christus bedeckt."[112] Auch bei einigen anderen neu aufgekommenen theologischen und liturgischen Themen der Ikonenmalerei meldete der Diakon Zweifel an deren Rechtgläubigkeit an, aber die Synode teilte seine Bedenken nicht und stellte sich diesmal auf die Seite der Ikonenmaler[113], ein Zeichen für kirchlich genehmigte und geförderte Weiterentwicklung der Ikonenkunst auch dem Inhalt nach.

In diesem Zusammenhang wäre es reizvoll, der westlichen Auffassung von Bedeutung, Gebrauch und Malerei der Bilder in der Kirche nachzuspüren und etwa die entsprechenden Äußerungen des Konzils von Trient[114] mit denen des gleichzeitigen Stoglav-Konzils zu vergleichen oder die unterschiedliche Entwicklung der religiösen Malerei in Ost und West ganz allgemein. Dazu ist hier nicht der Ort, und es würde ebenfalls zu weit führen, auf das russische 17. und 18. Jahrhundert näher einzugehen, als die Ikonen neuerdings Gegenstand innerkirchlicher Auseinandersetzungen wurden, da man jeden Versuch einer vom Westen beeinflußten realistischeren und naturalistischeren Malweise als Verweltlichung der Malerei empfand und ihn getreu den Grundsätzen orthodoxer Ikonentheologie erbittert bekämpfte, um zu verhindern, daß die abendländische Entstellung des Abbildes auf das Urbild überging[115]. Es kann hier auch keine eingehende Ant-

---

[112] *H. Skrobucha*, Meisterwerke der Ikonenmalerei (Recklinghausen ²1975) 277. Das angeprangerte Bild ist die Darstellung des gekreuzigten Seraph: a.a.O. 279, vgl. auch *Gerhard*, Welt 193, Abb. S. 191; ferner *J. Barbel*, Christos Angelos (Theophaneia 3) (Bonn 1941) 269–278; *E. Lucchesi Palli*, Christus – Engel, in: *E. Kirschbaum* (Hrsg.), Lexikon der christlichen Ikonographie I (Rom – Freiburg – Basel – Wien 1968) 399. – Auf die Beeinflussung durch die westliche Darstellung der Vision des hl. Franziskus beim Empfang der Wundmale auf La Verna geht kurz ein: *A. M. Ammann*, Slawische „Christus – Engel" Darstellungen, in: OrChrP 6 (1940) 491–493 mit Abb. Taf. 3 und 4.

[113] Vgl. *Gerhard*, Welt 195–196.

[114] Concilium Tridentinum sessio XXV vom 3.12.1563: *St. Ehses* (Hrsg.), Concilii Tridentini Actorum pars sexta (Concilium Tridentinum IX) (Freiburg 1924) 1077–1079 = COD 774–776; DS 1821–1825. Dazu *H. Jedin* in dem von ihm herausgegebenen Handbuch der Kirchengeschichte IV (Freiburg – Basel – Wien 1967) 594–595 und *ders.*, Geschichte des Konzils von Trient IV/2 (Freiburg – Basel – Wien 1975) 182–184 und 290 Anm. 10 (Lit.).

[115] Ich verweise auf die Beispiele bei *Gerhard*, Welt 218–241. Hier mag die Erwähnung einiger Namen genügen: 1. Patriarch Nikon von Moskau (1652–1667), der in seinem Reformeifer Hausdurchsuchungen vornehmen ließ, um die „modernen" Ikonen zu konfiszieren, die er dann mit ausgestochenen Augen als warnendes Beispiel durch die Stadt führen ließ oder eigenhändig beim Gottesdienst am Sonntag der Orthodoxie des Jahres 1655 auf dem Boden seiner Kathedrale zerschmetterte und um ein Haar hätte verbrennen lassen (vgl. *P. Hauptmann*, Das russische Altgläubigentum und die Ikonenmalerei, in: Erste Studien-Sammlung [Beiträge zur Kunst des christlichen Ostens 3] [Recklinghausen 1965] 14–15); 2. der Protopope Avvakum, Führer der Altgläubigen, der in drastischsten Ausdrücken gegen die „fränkische" und deutsche Malweise zu Felde zog (vgl. *Hauptmann*, a.a.O. 16–17); 3. Patriarch Joakim von Moskau (1674–1690), der in seinem Testament den Zaren bat, er solle die herkömmliche griechische Malweise befehlen und dafür sorgen, daß die „nach den Ärgernis erregenden, unziemlichen, neu erfundenen Vorstellungen lateinischer und deutscher Bilder, in denen sich die Sinnlichkeit dieser Ketzer widerspiegelt und die unserer kirchlichen Tradition zuwider sind", gemalten Ikonen – das heißt die vom westlichen Barock beeinflußten Darstellungen – aus den Kirchen entfernt werden (*Gerhard*, Welt 234); 4. Zar Peter der Große (1682–1725), der ganz westeuropäisch gesinnt war und doch in einem Erlaß vom 11.10.1722 die strengen Richtlinien früherer Synoden bezüglich der Aufsichtspflicht der Bischöfe über die Ikonenmaler und deren Werke erneuerte. Geschnitzte und gegossene Ikonen wurden verboten, denn der

wort auf die in alter wie neuer Zeit bei orthodoxen Autoren feststellbare Unkenntnis oder Verkennung der wahren Bedeutung des Bilderkults in der katholischen Kirche erfolgen, die so tun, als gäbe es nicht die bestimmten Heiligen – und das heißt doch anschaulich-konkret: ihren erfüllten Bildern – errichteten Kirchen und Altäre oder als gäbe es nicht die vielen wundertätigen Statuen und Gnadenbilder in den Wallfahrtsorten und Pfarrkirchen oder als würde in der katholischen Kirche nicht ebenfalls dem Kreuz und den Bildern der Heiligen kultische und liturgische Verehrung zuteil, und dies in Formen, die denen des Ostens in nichts nachstehen. Wenn man durch Vergleiche sinnvolle Ergebnisse erzielen will, wird man zumindest verlangen müssen, daß nur wirklich vergleichbare Dinge verglichen werden. Dann wird man gewahr werden, daß die Unterschiede in der Bilderauffassung des Ostens und des Westens gar nicht so deutlich sind, wie man meint[116]. Wenn auch gewisse Differenzen in der Auffassung von Gnadenbild und Kultbild nicht geleugnet werden sollen, so zeigen doch die Wertschätzung, die katholische Gläubige gerade den seit alter Zeit im Westen – etwa in Rom – verehrten Ikonen immer entgegengebracht haben, wie auch das neue Interesse, das die Ikonen in weiten Kreisen der Bevölkerung gefunden haben, daß ihre Botschaft auch vom westlichen Gläubigen verstanden und geschätzt wird. Der Erfolg der venezianisch-kretischen Ikonenmalerei und ihre Einwirkung auf die Volksfrömmigkeit und die religiöse Gebrauchskunst, die Verbreitung der Andachtsbilder etwa, sind ein weiterer Hinweis darauf.

War bisher die Ikone als kirchliches Kultbild Gegenstand der Betrachtung, so soll nun auch der Bereich der Kunst zum Ausdruck kommen, dem die Ikone in zweiter Linie angehört. Aber auch für die ästhetische Betrachtung der künstlerischen Gestaltung einer Ikone ist das Auge des Theologen und des gläubigen Herzens unentbehrlich, soll die Betrachtung nicht im rein Formalen steckenbleiben.

Wie schon gesagt, ist die künstlerische Form von entscheidender Bedeutung für die Ähnlichkeit des Bildes mit dem Urbild und verlangt deshalb die Ausführung durch den Meister. Bei der entsprechend dem Bedarf ungeheuren Produktion an Ikonen, wie sie etwa russische Malerdörfer oder die kretisch-venezianischen Malerwerkstätten lieferten, braucht es nicht zu verwundern, daß nicht alle dieser Maler Künstler von höchsten

---

Brauch, geschnitzte Ikonen zu benutzen, sei nach Rußland gekommen „von den Andersgläubigen, hauptsächlich von den Römern und den ihnen nacheifernden und uns benachbarten Polen, die unserem gottgefälligen Glauben nicht zustimmen" (*Gerhard*, Welt 236). Damit zog der Zar einen Graben zwischen der Malerei als reiner Kunst und der Ikonenmalerei, zum Nachteil der letzteren. Auf das Verhältnis zwischen westlicher Kunst und Ikonenmalerei gehen kurz ein: *Florenskij*, Porte 63–64, 83–84, 108–109, 138, und *Alpatov*, Icone 268–270.

[116] Vgl. etwa *G. A. Sotiriou*, Die Kunst in der Griechisch-Orthodoxen Kirche, in: *P. Bratsiotis* (Hrsg.), Die orthodoxe Kirche in griechischer Sicht (Die Kirchen der Welt 1) (Stuttgart ²1970) 383; ferner *Kalokyris*, Οὐσία 50; *Evdokimov*, Teologia 199–203, 214–215; zum Vergleich zwischen sakraler und profaner Kunst: a.a.O. 255–266; ferner *Harkianakis*, Orthodoxe Kirche 82–86 und die Besprechung des Buches von *K. D. Kalokyris*, Ἡ Θεοτόκος εἰς τὴν εἰκονογραφίαν Ἀνατολῆς καὶ Δύσεως (Thessaloniki 1972), durch *P. Stephanou* in: OrChrP 42 (1976) 292–293. – Auch westliche Autoren übernehmen gelegentlich unkritisch die Meinung, daß die westlichen Bilder ihren Charakter als Kultbilder verloren hätten: vgl. *Gerhard*, Welt 41; *Küppers*, Ikone 30 und 35, ferner *Thon*, Ikonen, in: Königsteiner Studien 21 (1975), bes. 72–79, der gegen den Verlust bzw. das von ihm behauptete absolute Nichtvorhandensein theologischer Substanz in der abendländischen Kunst polemisiert, ohne auf die auch dem westlich-katholischen Gläubigen vertraute Verehrung derjenigen Bilder und Statuen einzugehen (etwa a. a. O. 59), die ihm gerade Verkündigung der Realität der göttlichen Welt sind. Interessant ist in diesem Zusammenhang die Definition des Gnadenbildes, die *Beck*, Ikone 6–7, versucht und die auch für den Westen gelten kann.

Graden waren. Aber sie teilten sich vielfach die Arbeit auf, so daß der Beste das Inkarnat malte, die anderen dagegen die übrigen Teile der Darstellung entsprechend ihren Fähigkeiten[117], so daß am Ende im allgemeinen eine recht sorgfältige Arbeit dastand, die ihren Platz vor allem im Bereich der privaten Frömmigkeit, der häuslichen Ikonen, hatte. Den Gläubigen störte eine etwas geringere künstlerische Qualität am wenigsten; da das Heilige letzten Endes sowieso nicht darstellbar ist, vermag auch die vollkommenste künstlerische Wiedergabe es sowenig adäquat darzustellen wie die von bescheidenerer Künstlerhand.

Das Bilderverbot vor der Menschwerdung Christi wollte den Glaubenden ja die Transzendenz Gottes nahebringen. Seit aber Christus gesagt hat: „Wer mich gesehen hat, hat den Vater gesehen" (Joh 14, 9), ist das Sichtbare gerade ein Bild des Unsichtbaren geworden und damit darstellbar. Der Maler einer Ikone steht ja genau vor dieser Aufgabe, das Sichtbare als ein Bild des Unsichtbaren zu malen. Er will nicht die natürliche Wirklichkeit richtig und ästhetisch befriedigend wiedergeben wie der Naturalismus oder der Realismus, sondern er will eine übernatürliche Wahrheit darstellen, Theologie ins Bild setzen, ein Stück göttlicher Offenbarung schauen lassen, und zwar so, daß dem betenden Betrachter der Kontakt mit der das Menschlich-Irdische übersteigenden Wirklichkeit und die mystische Vereinigung mit der dargestellten himmlischen Person, dem heiligen Urbild, im Gebet möglich werden. So ist seine Malerei Führerin zur göttlichen Wahrheit[118].

Der Einmaligkeitscharakter der Offenbarung begründet und rechtfertigt die orthodoxe Lehre der Kirche als eine in der Substanz unwandelbare Theologie, die die ewigen göttlichen Wahrheiten allen Zeiten verkündet. Da der Inhalt einer authentischen Ikone kein anderer sein kann als eben die Lehre der Kirche, d.h. die unveränderliche Offenbarung Gottes von sich selbst und jener vollkommenen, unsichtbaren Welt des Himmels, dem Haus des Vaters, in dessen Wohnungen Christus den Menschen einen Platz bereitet (vgl. Joh 14, 2–3) und in die diejenigen schon aufgenommen sind, die heiliger zu leben verstanden als wir, können die Ikonen auch „über Jahrhunderte hinweg dieselbe Botschaft künden, ohne der Erstarrung zu verfallen"[119]. Dabei muß der Ikonenmaler sich konkret den ikonographischen Überlieferungen der Kirche fügen, will er der geistigen und geistlichen Erfahrung der Kirche teilhaftig werden und selber zu ihrem Glaubensverständnis beitragen als Glied in einer langen Kette von Verkündern gemalter Theologie.

Dem entspricht die Darstellungsweise der Ikonen, die in ihren wesentlichen Zügen für alle Stilrichtungen gilt und ihnen das unverwechselbar besondere Gepräge gibt, welches darin besteht, daß zwar die charakteristischen Züge des Urbildes in der Darstellung gewahrt sein müssen[120], daß aber zugleich neben dieser Ähnlichkeit auch ein gewisser

[117] Eine äußerst anschauliche Schilderung einer gewerbsmäßig organisierten Ikonenmalerwerkstatt nach eigenem Erleben finden wir in den Erinnerungen bei *Maxim Gorki,* Unter fremden Menschen (Gesammelte Werke in Einzelbänden 11) (Berlin – Weimar [4]1976) 266–269; in der autorisierten Übersetzung von August Scholz: *M. Gorki,* Unter fremden Menschen (Frankfurt am Main 1961) 251–254; auszugsweise auch bei *Onasch,* Ikonenmalerei 115–117; *Skrobucha,* Geist 55–57 und *dems.,* Meisterwerke 27–28.

[118] Vgl. *Küppers,* Ikone 23; *O. Herbert,* Iconography and Mysticism, in: Diakonia 10 (New York 1975) 271–279.

[119] *E. Chr. Suttner,* Vom Sinn der Ikonen, in: Der Christliche Osten 31 (1976) 91.

[120] Mithin besteht durchaus „ein gewisser Porträtcharakter", wie *Thon,* Ikonen, in: Königsteiner Studien 21 (1975) 66, richtig feststellt, allerdings nicht im Sinne reiner Porträthaftigkeit: „Ein bloßes Porträt im gewöhnlichen Sinne ist also noch keine Ikone, denn es zeigt nur das Menschliche. Um eine Ikone zu sein, muß ein Bild gleichzeitig mit der geschichtlichen Wirklichkeit einer Person

Unterschied, eine Unähnlichkeit ausgedrückt wird, in der vor allem die *Botschaft* der Ikone zur Sprache kommt.

Die Verschiedenheit besteht in der Abstraktion von der physischen Natur, um die himmlische, vergeistigte, verklärte Natur des Geschehens oder der dargestellten Personen um so sichtbarer zu machen. Die Darstellung dieser Unähnlichkeit folgt gewissen Prinzipien. Diese sind etwa bestimmte Kompositionen und Linienführungen, die Verwendung des Lichtes, der Farben und des Raumes in antinaturalistischer und antilogischer Weise sowie die bewußte Vernachlässigung der naturgetreuen Wiedergabe mancher anatomischer Einzelheiten. Die Ikonenmalerei unterwirft sich nicht den Gesetzen der Natur oder dem subjektiven religiösen oder ästhetischen Empfinden des Künstlers oder gar dem Zeitgeschmack, sondern sie unterstellt sich den Gesetzen des Geistes und bringt dadurch auch in der äußeren Gestalt ihrer unähnlichen Ähnlichkeit, die ja gerade der Sitz der göttlichen Energien ist, wie wir gesehen haben, die Einwohnung des Geistes in ihr und die Emanation des Göttlichen zum Ausdruck. Ich möchte diese die „objektive Unähnlichkeit" der Ikonen nennen, im Gegensatz etwa zur „subjektiven Unähnlichkeit" des von einem westlichen gläubigen Künstler geschaffenen religiösen Bildes.

Die „objektive Unähnlichkeit" byzantinischer Malerei[121] zeigt sich zunächst einmal im Fehlen von Raum und Zeit. Bei aller vorsichtigen Wandlungsfähigkeit im Ausdruck stellen wir doch durch alle Zeiten hindurch mehr Bewahrung als Veränderung fest, was Themen und Darstellungen betrifft. Ihre wahre „Zeit" findet die Ikone in der Liturgie: während der Feier der verschiedenartigen Gottesdienste zum jeweiligen Moment, im Laufe der heiligen Zeit des Kirchenjahres, bei der Spendung der Sakramente im Leben des Christen, bei Segnungen, Prozessionen und auch zur Zeit persönlichen Gebetes oder privater Andacht. Ihrem Charakter nach verweist die Ikone jedoch immer auf die überzeitliche und unveränderliche ewige Wahrheit Gottes.

Den konkreten dreidimensionalen Raum ersetzt der Ikonenmaler durch einen „metaphysischen" Raum: den abstrakten Goldgrund, der Eigenglanz, Licht vom Licht ist, weil er aus dem göttlichen Bereich stammt. Er unterstreicht das grundsätzliche Anliegen der Ikone, die übernatürliche Welt jenseits von Raum und Zeit abzubilden, ganz nachdrücklich. Nichts wäre der Ikonenmalerei fremder, als eine optische Illusion des Sichtbaren für das Unsichtbare zu erzeugen. Deshalb suchen wir in ihr vergeblich nach der uns Abendländern gewohnten Räumlichkeit und Perspektive[122], nicht aus Mangel an Können oder aus sklavischer Nachahmung festgelegter archaischer Formen, sondern weil die Ikone *Bild* sein und bleiben will, nicht einmal gemalte, geschweige denn plastische Körperlichkeit, die zu sehr an die Wirklichkeit dieser Welt erinnern würde, weil sie im Grunde nur ein Ausschnitt aus dem natürlichen Raum wäre, projiziert auf eine Bildfläche. Wir erkennen auch hier ganz klar den geistigen Charakter der Ikonenmalerei, der sie zur spirituellsten Kunst des Christentums überhaupt macht.

Wenn die Ikone auch bewußt auf jede Illusion des sichtbaren Raumes verzichtet, so ist sie aber doch nicht eine nur zweidimensional ausgeführte Kunst reiner Fläche, sondern sie *ist* räumlich, hat Tiefe und Körperhaftigkeit in ihren Figuren und der Architektur,

---

oder eines Ereignisses die göttliche Wirklichkeit wiedergeben" (*Ouspensky*, Symbolik 74; vgl. auch *Thon*, a.a.O. 66–67).

[121] Die Technik der Ikonenmalerei beschreiben, um nur einige zu nennen: *Küppers*, Ikone 25–26; *Onasch*, Ikonenmalerei 78–102; *Elbern*, Ikonen 11–12; *Felicetti-Liebenfels*, Russ. Ikonenmalerei 1–5; *Florenskij*, Porte 149–151, 156–163, und ausführlich *Dionysios*, Malerhandbuch 15–42.

[122] Vgl. dazu ausführlich *Onasch*, Ikonenmalerei 33, 59–74 und *Alpatov*, Icone 190–198.

aber eben in der Art der objektiven Unähnlichkeit. Die dritte Dimension wird so wiedergegeben, daß sie die Flächenhaftigkeit der Ikonentafel nicht aufhebt und auch nicht die „Raumordnung" der göttlichen und von Gott verklärten Welt durch eine rein menschlich-irdische, schon im voraus festgelegte optische Perspektive verstellt.

Man hat dieses Phänomen die „umgekehrte Perspektive" (Wulff) genannt, „deren Fluchtpunkt sich nicht in der illusorischen Tiefe des Bildes befindet, sondern vor dem Bilde, im Betrachter selbst"[123]. Dies ist aber keineswegs so zu verstehen, als ob die Linien, die sich sonst hinter dem Bild treffen, nun genau vor dem Bild zusammenlaufen würden. Es wird vielmehr eine ganz eigenartige, „naive", antinaturalistische Linienführung angewandt, die gar keine natürliche Perspektive ist[124], sondern eine *Bedeutungsperspektive.*

Sie ist Bedeutungsperspektive einmal in dem Sinn, daß die wichtigeren Kompositionselemente durch ihre Größe hervorgehoben und damit „in den Vordergrund" gerückt werden (vgl. Taf. 16a, 21b, 22a–b). Zum anderen ist die Bedeutungsperspektive zugleich „umgekehrte Perspektive" im Sinn der Umkehrung, wie wir sie im Evangelium finden: der kleine Mensch betrachtet die Größe Gottes, bewundert seine Heilstaten und eifert den Heiligen nach, die nun „umgekehrt" leben: die Letzten sind die Ersten geworden; den Armen gehört das Himmelreich; die auf Gewalt verzichtet haben, besitzen das Land, und die Verfolgten und Verleumdeten triumphieren im Himmel. Nach dem Vorbild der tiefsten Erniedrigung Jesu bei seinem Tod am Kreuz, der dann vom Vater in die größte Herrlichkeit versetzt wurde, wird der Tod des Märtyrers in den Sieg und werden die Entsagungen und Opfer des Asketen in die höchsten Freuden verwandelt.

Die Perspektive ist also ganz von der theologischen Bedeutung abhängig, „wobei letztlich der Gläubige nicht mehr der Zuschauende, sondern der Geschaute ist"[125]. In diesem Sinn darf man dann auch von umgekehrter Perspektive sprechen, da man ja immer aus dem Vordergrund in den Hintergrund schaut, was hier bedeutet, daß die Ikone den Betrachter anschaut, da sie der Vordergrund, er aber der Hintergrund ist. Deshalb finden wir auf den Ikonen auch durchweg die Personen in Frontalansicht dargestellt (vgl. Taf. 11, 12a, 19, 20b, 21a, 22a) oder allenfalls einer Bezugsperson zugewandt, die ihrerseits aber frontal aus dem Bild herausschaut (vgl. etwa Taf. 12b, 14, 16a–17b, 22b, 23a und 24).

So wie der Mensch vor dem Wort des Evangeliums steht und der Glaubenslehre der Kirche, die sich bei näherem Zusehen und tieferem Eindringen immer mehr weiten bis hin zu ihrem göttlichen Urgrund, so vermittelt auch die Begegnung der Ikone mit dem Menschen diesem das geistige Eindringen in den göttlichen Bereich und ermöglicht ihm die Schau des Ewigen, Unbegrenzten und Übernatürlichen. Der Horizont weitet sich, anstatt sich zu schließen[126]. Statt nämlich mit den beiden natürlichen Augen zu schauen, die nichts anderes wahrzunehmen vermögen als die in einem Punkt zusammenlaufenden – und das heißt: sich im fernen Nichts verlierenden – Linien, fordert der Ikonenmaler durch seine Kunst die Schau mit dem Herzen heraus, das in der Ferne die immer größere Weite des Raumes wahrnimmt, bis es in der Unendlichkeit Gott im unzugänglichen Licht erkennt, angedeutet durch das Eigenlicht der Ikone: den Goldgrund, die aufgesetzten

---

[123] *Ouspensky,* Symbolik 83; vgl. dazu auch *Evdokimov,* Teologia 261.

[124] *Felicetti-Liebenfels,* Russ. Ikonenmalerei 7, nennt sie eine „Scheinperspektive", in der die Dinge konvergieren wie bei einer Hohlspiegelwelt und den Eindruck eines sphärischen Hintergrundes erwecken.

[125] *Harkianakis,* Orthodoxe Kirche 88.

[126] Vgl. *Evdokimov,* Teologia 261–262.

Lichter, den Goldassist des Gewandes Christi (vgl. Taf. 11, 12a–b, 16b–17b und 21a–b), seinen und seiner Heiligen Nimbus, der aus dem Goldgrund genommen ist.

Das immaterielle Licht der Verklärung durchdringt die Ikone ganz unabhängig von jedem fremden, von außen kommenden natürlichen Licht, denn das Reich Gottes und alles, was mit ihm zusammenhängt, ist selbst Licht. Deshalb werfen weder die Personen noch auch die Gegenstände auf den Ikonen jemals Schatten, sondern werden ganz im Gegenteil durchdrungen vom Licht der Herrlichkeit: im Strahlen des Gewandes, im Assist der Engelsflügel (vgl. Taf. 12a–b und 15) oder in der Form von goldenen Strahlen, wie sie etwa den in der Mandorla erscheinenden Christus umgeben (vgl. Taf. 16a)[127]. Die Quelle des Lichtes liegt also nicht außerhalb der Ikone, sondern die Personen sind selbst erleuchtet und strahlen ihrerseits Licht der Verklärung aus[128]. Technisch gesprochen: sie sind im allgemeinen ganz auf Goldgrund, „Licht" genannt, gemalt, der an den dafür vorgesehenen Stellen durchscheint bzw. von Bemalung freibleibt und so die Quelle, das göttliche Licht, deutlich sichtbar macht (Taf. 11, 12a–b, 18a usw.).

Auch die Farben haben zum Teil eine bestimmte Symbolik, deren Sinn jedoch nicht leicht zu erschließen ist[129]. Farben leben vom Licht, das auf sie fällt. Deshalb zählt das Gold nicht als Farbe, weil es, wie wir gesehen haben, selbst Licht ist. Zumindest darf man sagen, daß Rot im allgemeinen das Himmlische, Blau dagegen das Irdische symbolisiert. Daher trägt Christus ein blaugetöntes Obergewand und eine purpurne Tunika zum Zeichen dafür, daß er als Gottes Sohn auch Mensch war, das Menschsein „angezogen" hat, während die Muttergottes als Auserwählte umgekehrt das himmlische rote Obergewand, in der Form des Maphorion, trägt und darunter ein blaues oder blaugrünes Untergewand.

Eine gewisse Rolle spielt auch die Architektur[130] für die Erhebung der Ikonendarstellung über Raum und Zeit. Mit den menschlichen Personen ist sie durch historische Ereignisse bzw. geographische Gegebenheiten verbunden, wird aber wie diese geistig überhöht, was sich in ihrer oft phantastisch anmutenden Form ausdrückt, die – jeder logischen Verbindung abhold – auch über Proportionen und Perspektiven erhaben ist (vgl. Taf. 16a, 18a–b, 19). Gebäudeteile kennzeichnen, selbstverständlich immer symbolisch, eine Szene, die sich im oder am Hause abspielt (Taf. 16a); Berge dagegen, stellvertretend oft für Landschaften, solche Begebenheiten, die sich an bestimmten geographischen Orten zugetragen haben, wie zum Beispiel Golgota, wobei die schroffen Felsen in der Form aufgerissener kantiger Blöcke mit aufgesetzten Lichtern auf der Oberseite (Taf. 15 und 19) ausdrücken wollen, daß die Nähe Gottes Berge zersprengt und Felsen spaltet (vgl. 1 Kön 19,11) oder beim Tod Jesu sich die Felsen spalteten (vgl. Mt 27,51).

Eng verbunden mit der Architektur ist als ästhetische Erscheinung in der Ikonenmalerei die Linie[131] und das Lineare[132]. Dient die Linie zur Abgrenzung und Hervorhebung verschiedener Bereiche und Schichten als Ausdruck der Nähe zu Gott, so hat das Lineare,

---

[127] Vgl. *Ouspensky,* Symbolik 82; *Florenskij,* Porte 134–145, 155 (Gold); 163–172 (Licht).

[128] Vgl. *Thon,* Ikonen, in: Königsteiner Studien 21 (1975) 70; ferner *Evdokimov,* Teologia 221–222 und 265–266; *Onasch,* Ikonen 29; *ders.,* Ikonenmalerei 56–59; *Felicetti-Liebenfels,* Russ. Ikonenmalerei 5–6.

[129] Vgl. *Küppers,* Ikone 40–43; *Onasch,* Ikonen 29–30; *ders.,* Ikonenmalerei 46–56; *Felicetti-Liebenfels,* Russ. Ikonenmalerei 4–5; *Evdokimov,* Teologia 264–266; *Alpatov,* Icone 200–209.

[130] Vgl. dazu *Küppers,* Ikone 37–38; *Ouspensky,* Symbolik 87; *Thon,* Ikonen, in: Königsteiner Studien 21 (1975) 72; *Felicetti-Liebenfels,* Russ. Ikonenmalerei 6–7.

[131] Vgl. *Onasch,* Ikonenmalerei 44–46.

[132] Vgl. *Küppers,* Ikone 36 und 39–40; *Onasch,* Ikonenmalerei 89–92; *Alpatov,* Icone 163–190.

als festgefügte Umrißzeichnung vor allem, eine lückenlos zusammenfassende Funktion und offenbart sich damit als Sinnbild der Kraft Gottes, die das All zusammenhält, im Unterschied zu menschlichem Durcheinander, Labilität und willkürlicher Lockerung. Die vollkommene, „göttliche" Linie, der Kreis, enthält den Namen Jesu des Christus (vgl. Taf. 11) oder die Bilder (clipei!) der Erzengel Michael und Gabriel (vgl. Taf. 12b) als der Anführer des himmlischen Hofstaates. Auch der Nimbus hat deshalb Kreisform, weil er die Teilnahme an der Welt Gottes symbolisiert, und Christus selbst erscheint in dem von zwei Kreisen gleichen Durchmessers gebildeten gemeinsamen Segment, dem Spitzoval der Mandorla (vgl. Taf. 16a).

Die himmlische Welt der Ikonen offenbart sich aber vor allem in der Darstellung der Personen. Sie stehen immer im Mittelpunkt des Interesses des Ikonenmalers. In ihrer Gestik und Mimik[133] und in ihrer ganzen Gestaltung kommt die Spiritualität der Ikonenkunst so recht zum Ausdruck, da sie sich in den *geisterfüllten* Personen manifestiert. Der Körper hat nur noch eine untergeordnete Bedeutung; er wird verklärt, vergeistigt dargestellt, wenn ihm auch gewisse Charakterzüge bleiben[134].

Der Maler unterscheidet zwischen Leib und Fleisch. Den Leib stellt er dar, ohne die Aufmerksamkeit auf das Fleisch zu lenken, denn was er dem gläubigen Blick des Betrachters darbieten will, ist der vergeistigte Leib eines zu Gott heimgegangenen Menschen oder der gottmenschliche Leib des Erlösers und Pantokrators Jesus Christus selbst. So wird die Ikone nicht zum Bild des dem Fleische verhafteten Menschen, sondern Darstellung der Kraft des Geistes im Menschen, Bild des von seinem Leib eigentlich schon befreiten neuen Menschen in Christus[135].

Der Schwerpunkt der Darstellung liegt auf dem Inkarnat, vor allem auf dem Gesicht – hier wiederum besonders auf den Augen als Ausdruck geistiger Form –, auf den Händen, aber auch auf den Füßen. Auch der übrige Leib des Heiligen, also Kopf, Haare, Körper, Kleidung und alles, was ihn umgibt oder was er tut, ist auf die höhere Ordnung des Geistes ausgerichtet und kündet von der Gleichgestaltung mit Christus, dem Ziel des Christen, bei dessen Erreichung die Heiligen ihm Vorbild sind. In der Ikone ist, als dem Abbild des Urbildes, die irdisch-menschliche Schwere des Fleisches überwunden und ins Göttliche hinaufgehoben, dabei das Körperliche übersteigend und überwindend, ohne es jedoch ganz zu unterdrücken. Nur was zu sehr an die Natur erinnert, wird vom Ikonenmaler zugunsten des Geistes eliminiert (vgl. Taf. 21b, 22a–b).

Die Personen strahlen im allgemeinen Ruhe und Gelassenheit aus. Es ist dies nicht ein Mangel an Bewegtheit, sondern himmlische Ruhe, in die die Heiligen eingegangen sind. Sie sind zu Gott heimgekehrt, der selbst die Ruhe ist. Seine Ruhe ist das Ziel des Menschen: nicht erst nach dem Tode, sondern schon zu Lebzeiten bemüht sich der orthodoxe Christ darum in jener Mystik, die ihre Quellen im Hesychasmus hat. Die Ruhe der Ikonen ist ein „Merkmal des Göttlichen"[136].

---

[133] Dazu *Onasch,* Ikonenmalerei 74–77; *Felicetti-Liebenfels,* Russ. Ikonenmalerei 8–9.

[134] Vgl. *Ouspensky,* Symbolik 84–85; *Küppers,* Ikone 35–36; *Thon,* Ikonen, in: Königsteiner Studien 21 (1975) 57 und 71. Jede dargestellte Person wird – und das gehört zur Ikone unabdingbar dazu – außer durch ihre ikonographischen Eigenheiten auch noch mit ihrem Namen bezeichnet und damit erkennbar gemacht als ganz konkrete Gestalt, an der oder mit der Gott sein Heil gewirkt hat. Dasselbe gilt für die Darstellung der Heilsereignisse und Wunder. Zugleich wird damit die erstrebte Ähnlichkeit, also der Zusammenhang zwischen Abbild und Urbild, unverwechselbar zum Ausdruck gebracht. Vgl. dazu noch *Onasch,* Ikonenmalerei 191–195 und *Florenskij,* Porte 162.

[135] Vgl. *Evdokimov,* Teologia 257–259 und 262–263; *Florenskij,* Porte 130–134.

[136] *Küppers,* Ikone 36; vgl. auch *Evdokimov,* Teologia 263, wo er die frontale Zuwendung der

Die Ikone ist also sichtbarer Hinweis des Unsichtbar-Göttlichen, Verkündigung der Botschaft des Heils aus dem Glauben, Zeichen für die Freundschaft Gottes mit den Menschen. Sie wartet auf die personale Begegnung mit dem Abgebildeten und ermöglicht sie. In aller (göttlichen!) Ruhe verweist sie die Menschen aller Zeiten auf Gnade und Erlösung und öffnet dem kontemplativen Betrachter den Weg zur mystischen Vereinigung mit Gott[137]. Von der Ikone aus gesehen, steht der Betrachter vor ihr im Hintergrund. Das gibt ihr die Möglichkeit, ihm die Herrlichkeit Gottes zu offenbaren.

4. Verzeichnis der Ikonen

Vorbemerkung: Einen ausführlichen Katalog der hier nur kurz angezeigten Ikonen der Sammlung im Museum des Campo Santo Teutonico hofft der Verfasser in der Römischen Quartalschrift 72 (1977) zu veröffentlichen.

1 CHRISTUS PANTOKRATOR

Taf. 11
Venezianisch-kretische Ikone von Andreas Pavias, Ende 15. Jahrhundert.

Tempera auf Holz, 79×59 cm.

Der Pantokrator (Allherrscher) in seinen verschiedenen Formen wurde die wichtigste Darstellung Christi in der byzantinischen Kunst seit dem 6. Jahrhundert, die sich sowohl an biblischen Texten von der Parusie des Herrn inspiriert (vgl. Lk 21,27) wie an den Acheiropoietai.

Taf. 13a
Am unteren Rand links griechisch signiert: ... Ρ ΑΝΔΡΕΟΥ ΠΑΒΙΑ, was vollständig lautet: Χεῖρ Ἀνδρέου Παβία – [Gemalt von der] Hand des Andreas Pavias.

Inv.-Nr. I 23.

Veröffentlichungen:
Katalog Essen 440, S. 211, Abb. 440 im Tafelteil; Katalog Utrecht 346, S. 212, ohne Abbildung; *M. Chatzidakis,* Les débuts de l'école crétoise et la question de l'école dite italo-grecque, in: Μνημόσυνον Σοφίας Ἀντωνιάδη (Βιβλιοθήκη τοῦ Ἑλληνικοῦ Ἰνστιτούτου Βενετίας Βυζαντινῶν καὶ Μεταβυζαντινῶν Σπουδῶν 6) (Venezia 1974) Πίναξ Κ', Abb. 1; *G. Hagedorn,* Postbyzantinische Ikonen aus dem Museum des Campo Santo in Rom, in: L'Osservatore Romano, Wochenausgabe in deutscher Sprache Nr. 14–15 (8. 4. 1977) S. 12, Abb. S. 1 und 11.

---

heiligen Gestalten als die Herstellung einer geistigen d. h. im Heiligen Geist gewirkten Gemeinschaft mit dem Betrachter erklärt. Die äußere Unbewegtheit lenkt alle Aufmerksamkeit auf das Innenleben der Personen, das als geistliche Spannung in Blick und Antlitz nach außen dringt und die Botschaft des Geistes vermittelt. Umgekehrt sind Dämonen und Sünder vielfach in aufgelöster Bewegung profilhaft = fluchtartig dargestellt, was ihre Unfähigkeit zur Kontemplation, zur friedvollen Vereinigung mit Gott, anschaulich macht (vgl. *Evdokimov,* a. a. O. 264).

[137] Vgl. *Herbert,* Iconography, in: Diakonia 10 (New York 1975) 271–279.

2 GOTTESMUTTER HODEGETRIA

Taf. 12a

Venezianisch-kretische Ikone von Andreas Pavias, Ende 15. Jahrhundert.

Tempera auf Holz, 78×64 cm.

Beischrift des Themas der Ikone in teils verstümmelter Schreibweise: H OΔHΓHTPIA – Die Hodegetria. Der Typ der Hodegetria geht zurück auf ein angeblich vom Evangelisten Lukas gemaltes Bild der Gottesmutter mit dem Jesuskind, das die Kaiserin Pulcheria um die Mitte des 5. Jahrhunderts in einer von ihr errichteten Kirche „der Wegführer" – „τῶν Ὁδηγῶν" in Konstantinopel aufstellen ließ.

Am unteren Rand links sind noch schwache Spuren der griechischen Signatur erkennbar: X . . P . . . . . ABIA AΠO THC NHCOY KPITHC, was wahrscheinlich gelautet haben dürfte: Χεῖϱ Ἀνδϱέου Παβία ἀπὸ τῆς νήσου Κϱήτης – [Gemalt von der] Hand des Andreas Pavias von der Insel Kreta.

Inv.-Nr. I 24.

Veröffentlichungen:

C. M. Henze, Das Gnadenbild der Mutter von der immerwährenden Hilfe (Bonn 1933) 39, Abb. 5; Katalog Essen 441, S. 212, Abb. 441 im Tafelteil; Katalog Utrecht 347, S. 212–213, ohne Abbildung; *Chatzidakis,* Débuts, Πίναξ Κ', Abb. 2; *Hagedorn,* Museum 12, mit Abb.

3 GOTTESMUTTER IVERSKAJA [VARIANTE]

Taf. 12b

Venezianisch-kretische Ikone von Andreas Ritzos, zweite Hälfte 15. Jahrhundert.

Tempera auf Holz, 99×83 cm.

Die Darstellung der Iverskaja, einer Abwandlung der strengen Hodegetria, geht zurück auf das berühmte Gnadenbild der Portaïtissa („Pförtnerin") am früheren Eingang des Athos-Klosters Iviron.

Taf. 13b

In der Mitte des unteren Randes heute noch erkennbar die Reste der lateinischen Signatur des Malers in gotischen Lettern; Zustand der Tafel um 1970.

Taf. 13c

Heutiger Zustand nach Ausbesserung des unteren Randes unter weiterem Verlust von Teilen der Signatur, so daß nur noch zu erkennen ist: andrea . . . . nxit. Zu einem früheren Zeitpunkt scheint noch die gesamte Signatur lesbar gewesen zu sein und gelautet zu haben: andreas rico de candia pinxit – Andreas Ritzos aus Candia (Kreta) hat [dies] gemalt (vgl. *C. Henze,* S. Maria Bernarda [vulgo Bernadette] Soubirous et sacra Imago de Perp. Succ., in: Analecta Congregationis Sanctissimi Redemptoris 25 [1953] 105). Tatsächlich findet sich die gleiche Signatur auf einer Ikone der „Gottesmutter der Passion" von Andreas Ritzos in Florenz (vgl. *Felicetti-Liebenfels,* Byz. Ikonenmalerei, Tafel 110 B).

Inv.-Nr. I 30.

Veröffentlichungen:

Henze, Maria 104, Fig. 2; *E. Buschi,* Santa Maria del Perpetuo Soccorso. Vicende storiche, diffusione nel mondo, devozioni e florilegio di grazie (Veroli 1968) Tafel neben S. 16, zweite Abbildung (ohne Angabe der Herkunft); *M. Cattapan,* I pittori Andrea e Nicola Rizo da Candia, in: Thesaurismata 10 (1973) 270, Nr. 6, Abbildung: Πίναξ Ζ'. 2; irrtümlich vertauscht mit πίναξ Δ'. 1; *Hagedorn,* Museum 13, mit Abb.

4 GOTTESMUTTER DER PASSION

Taf. 14

Venezianisch-kretische Ikone, 16. Jahrhundert

Tempera auf Holz, 87×68 cm.

Das je nach Auftraggeber griechisch oder lateinisch geschriebene Tetrastichon neben dem Kopf des Kindes, unterhalb des Erzengels Gabriel, läßt sich nur noch an Hand anderer Ikonen dieses seit dem 15. Jahrhundert im venezianisch-kretischen Raum weitverbreiteten Typus rekonstruieren. Es lautet in deutscher Übersetzung:

Der der Allerreinsten einst frohen Gruß entboten,
weist nun die Zeichen des Leidens vor.
Christus aber, mit sterblichem Fleisch umkleidet,
ängstigt sich bei ihrem Anblick und fürchtet den Tod.

Die noch erkennbaren Buchstaben deuten auf einen ursprünglich griechisch abgefaßten Text in vier Zeilen hin (vgl. die kretische Ikone im Byzantinischen Museum in Athen: *Chatzidakis*, Athen 66, Abb. 46; auch bei *Gotsis,* Κόσμος B', Εἰκ. 9; ferner *Kalokyris,* Θεοτόκος, πίν. 85–87).

Inv.-Nr. I 31.

Unveröffentlicht

5 BEWEINUNG CHRISTI

Taf. 15

Venezianisch-kretische Ikone im Querformat, 15. Jahrhundert.

Tempera auf Holz, 27×67 cm.

Beischrift des Themas der Ikone: Ο ΕΠΙΤΑΦΙΟС ΘΡΗΝΟС – Die Begräbnisklage. Die Darstellung findet ihren Ursprung zum Teil in den evangelischen Berichten vom Begräbnis Jesu (vgl. Mt 27,57–59; Mk 15, 42–46; Lk 23, 50–53; Joh 19, 38–40) und zum Teil in den liturgischen Texten der orthodoxen Kirche zur Vesper des Karfreitags und zum Orthros des Karsamstags (vgl. 'Ανθολόγιον B', bes. 1173–1199 passim; Τριῴδιον 414–429 passim).

Inv.-Nr. I 25.

Veröffentlichungen:
Katalog Essen 442, S. 212, Abb. 442 im Tafelteil; Katalog Utrecht 348, S. 213, ohne Abbildung; *Hagedorn,* Museum 13, mit Abb.

6 ENTSCHLAFUNG MARIENS

Taf. 16a

Griechische Ikone, 17. Jahrhundert (?).

Tempera auf Holz, 34×26 cm (ohne Rahmen).

Die Beischrift der Ikone bezeichnet ihr Thema: Η ΚΟΙΜΗСΙС ΤΗС ΘΕΟΤΟΚΟΥ – Die Entschlafung der Gottesgebärerin, d. h. die Aufnahme Mariens in den Himmel. Die Darstellung bezieht sich auf das in Ost und West am 15. August gefeierte Fest und ist bestimmt von apokryphen Berichten, Äußerungen der Kirchenväter, Legenden und der byzantinischen Hymnographie (vgl. dazu die Auswahl bei *Kalokyris,* Θεοτόκος 263–265).

Inv.-Nr. I 28.

Veröffentlichungen:
Katalog Essen 445, S. 213–214, ohne Abbildung; *Hagedorn,* Museum 13, mit Abb.

7 GOTTESMUTTER VOM TYP DER HODEGETRIA

Taf. 16b
Venezianisch-kretische Ikone, spätes 15. Jahrhundert.
Tempera auf Holz, 35×27 cm (ohne Rahmen).
Die Ikone verbindet Elemente der Iverskaja mit solchen der Tichvinskaja und der Gottesmutter der Passion, ohne daß diese Darstellung bisher eindeutig ihrer Herkunft nach beschrieben wäre. Jedenfalls stammt sie aus dem Bereich der venezianisch-kretischen Malerschulen. Ein sehr ähnliches Exemplar befindet sich im Ikonenmuseum in Recklinghausen (Katalog ^{5}1976, Nr. 152, Abb. 14) und bei *Rutz,* Ikonen, Nr. 45.

Inv.-Nr. I 32.

Unveröffentlicht

8 GOTTESMUTTER ELEOUSA [VARIANTE]

Taf. 17a
Venezianisch-kretische Ikone, 16. Jahrhundert.
Tempera auf Holz, 32,5×26,5 cm.
Die Darstellung der Eleousa, bei der das Kind seine Wange an die der Mutter schmiegt, aber mit beiden Händen die Schriftrolle hält, ist hier durch Elemente der „Gottesmutter der Passion" leicht abgewandelt worden.

Inv.-Nr. I 36.

Unveröffentlicht

9 GOTTESMUTTER DEXIOKRATOUSA

Taf. 17b
Venezianisch-kretische Ikone, 16. Jahrhundert.
Tempera auf Holz, 26×18 cm (ohne Rahmen).
Es handelt sich um eine Variante der Eleousa, bei der die Gottesmutter das Kind auf dem rechten Arm trägt. In den Einzelheiten entspricht diese Ikone der Ur-Donskaja aus der Novgoroder Schule vom Ende des 14. Jahrhunderts.

Inv.-Nr. I 35.

Unveröffentlicht

10 GOTTESMUTTER MIT DEM KRUZIFIX

Taf. 18a
Kretisch-venezianische Ikone, 16. Jahrhundert.
Tempera auf Holz, 37,2×31,5 cm.
Dieser Ikonentyp, in russischer Abwandlung „Achtyrskaja" genannt, ist unter westlichem Einfluß entstanden und bringt eine der vielen postbyzantinischen Formen der Pietà zur Darstellung.

Inv.-Nr. I 37.

Unveröffentlicht

11 PASSIONS-TRIPTYCHON

Kretisch-apulischer Tragaltar von Giovanni Maria Scupola, Anfang 16. Jahrhundert.
Tempera auf Holz, 31×21,5×4 cm in geschlossenem Zustand.

Taf. 18b
Die Vorderseite des geschlossenen Triptychons zeigt das lebenspendende Kreuz mit den Leidenswerkzeugen, aufgerichtet auf dem schematisch dargestellten Berg Golgota, der „Schädelhöhe" (Mt 27, 33 parr), der zugleich der Überlieferung nach der Begräbnisort Adams war.

Taf. 19
Mittelteil und rechter Flügel geöffnet; der linke Flügel fehlt bis auf ein kleines Randstück der Befestigung.
Das Mittelfeld zeigt die Kreuzigung Jesu auf dem Berg Golgota mit der Grabeshöhle Adams.
Der rechte Flügel stellt eine frühe, aus der westlichen Kunst übernommene, byzantinische Pietà dar vor dem Hintergrund des Kreuzes mit den Leidenswerkzeugen und den klaffenden Felsen von Golgota. Durch einen in Längsrichtung links von der Mitte verlaufenden Brandschaden haben die Figuren sehr gelitten.

Taf. 20a
Auf der Rückwand des Mittelteils befindet sich die lateinische Signatur des Künstlers in weißer, später schwarz übermalter Schrift: † IOANES MARIA SCVPVLA ....RVNTO PINXIT, in deutscher Übersetzung: Johannes Maria Scupula aus (oder: in) Otranto hat [dies] gemalt.

Inv.-Nr. I 19.

Veröffentlichung:
Katalog Essen 436, S. 209–210, ohne Abbildung.

12 KONSTANTIN UND HELENA

Taf. 20b
Kretisch-venezianische Ikone, 16. Jahrhundert (?).
Tempera auf Holz, 37,5×30 cm (ohne Rahmen).
Dargestellt ist der erste christliche Kaiser, Konstantin der Große, mit seiner Mutter

Helena, auf deren Betreiben der Überlieferung nach das Kreuz Jesu in Jerusalem wiederaufgefunden wurde.

Inv.-Nr. I 79.

Veröffentlichung:
Hagedorn, Museum 14, mit Abb.

13 HODEGETRIA MIT JOHANNES DEM TÄUFER

Taf. 21a

Kretisch-venezianische Ikone, 17. Jahrhundert.

Tempera auf Holz, 49,2 × 39,4 cm (ohne Rahmen).

Die Ikone ist sicherlich im venezianischen Bereich entstanden. Typisch westliche Einzelheiten sind die Ornamente, die Weltkugel des Jesuskindes, der unter dem Maphorion der Gottesmutter sichtbare Schleier, der knospende Kreuzstab des Johannes, um den sich das Schriftband windet: „ECCE AGNVS DEI – Seht das Lamm Gottes", sowie das auf dem Buch in der Rechten des Täufers – im Osten der „Vorläufer" genannt – dargestellte Lamm Gottes mit Heiligenschein.

In der linken unteren Ecke ist noch die aufgeklebte alte Inventarnummer sichtbar, die mit der im Verzeichnis von Wüscher-Becchi übereinstimmt.

Inv.-Nr. I 33.

Unveröffentlicht

14 GALAKTOTROPHOUSA MIT JOHANNES DEM TÄUFER

Taf. 21b

Kretisch-venezianische Ikone, Anfang 17. Jahrhundert.

Tempera auf Holz, 40 × 31 cm (ohne Rahmen).

Westlich beeinflußte byzantinische Darstellung der nährenden Muttergottes mit Johannes dem Täufer auf der rechten Seite des Bildes, der in seiner Rechten den Kreuzstab und das Schriftband „ECCE AGNUS DEI" trägt, während er mit der Linken auf Christus, das Lamm Gottes, hinweist, dem er den Weg bereitet (vgl. Joh 1,23.29–31.36; Mk 1,2–3; Lk 3,4).

Inv.-Nr. I 29.

Veröffentlichung:
Katalog Essen 446, S. 214, ohne Abbildung.

15 GALAKTOTROPHOUSA MIT DER HL. KATHARINA

Taf. 22a

Kretisch-venezianische Ikone, Anfang 17. Jahrhundert.

Tempera auf Holz, 39 × 32,5 cm (ohne Leisten und Rahmen).

Die an ihren Attributen – Krone auf offenem Haar, Palme und Rad – eindeutig erkennbare Katharina von Alexandrien ist hier der nährenden Muttergottes zugesellt. Sie war im Abendland die nach Maria am meisten verehrte Heilige und wurde unter anderem bei Milchlosigkeit stillender Mütter angerufen.

Inv.-Nr. I 34.

Unveröffentlicht

16 GALAKTOTROPHOUSA MIT DEM HL. DOMINIKUS

Taf. 22b
Venezianisches Tafelbild in der Art einer Ikone, 16. Jahrhundert.

Tempera auf Holz, 55×44 cm (ohne Rahmen).

Auf der Rückseite der Schriftzug „Jacopo Bellini" mit dem Zusatz „Veneto". Ob er der Maler dieses Bildes ist, ist sehr zweifelhaft. Jacopo Bellini starb 1470 oder 1471, weshalb die Tafel dann hundert Jahre früher zu datieren wäre; das Holz ließe dies wohl zu.

Die nährende Muttergottes hält in ihrer linken Hand den Rosenkranz, ohne ihn jedoch, wie es eine spätere Überlieferung will, dem hier von rechts hinzutretenden hl. Dominikus zu überreichen. Seine Gesichtszüge erinnern sehr stark an das anonyme Fresko, möglicherweise noch aus dem 13. Jahrhundert, im Kapitelsaal des Dominikanerkonvents zu Bologna (Abb. z. B. in: *L. A. Redigonda,* Secoli Domenicani, 1216–1966. Sintesi storica dei Frati Predicatori [Bologna ²1967] S V).

Inv.-Nr. I 48.

Veröffentlichung:
Hagedorn, Museum 14, mit Abb.

17 HODEGETRIA MIT APOSTEL BARTOLOMÄUS

Taf. 23a
Kretisch-venezianische Ikone im Querformat, 16./17. Jahrhundert.

Tempera auf Holz, 33,4×51,4 cm.

Im Gegensatz zu den vorhergehenden Darstellungen von Heiligen mit der Gottesmutter steht hier der Apostel gleichbedeutend rechts neben Maria, was das ungewöhnliche Querformat der Tafel bedingt. Das Buch in seiner Linken und das Messer in seiner Rechten weisen, da eine Beischrift des Namens fehlt, ikonographisch auf den Apostel Bartolomäus hin.

Inv.-Nr. I 38.

Unveröffentlicht

18 NIKOLAUS UND ANDREAS

Taf. 23b
Flügel eines byzantinisierenden venezianischen Triptychons, 16. Jahrhundert.

Tempera auf Holz, 19×13 cm.

Die hier abgebildete Vorderseite zeigt in ihrem linken Teil den hl. Nikolaus als Erzbischof, über dem Nimbus bezeichnet mit großen lateinischen Buchstaben als „S. NICOLAVS", und rechts den hl. Apostel Andreas mit Kreuzstab und Buchrolle, ebenfalls bezeichnet als „S. ANDREAS".

Die Rückseite ist links durch roten, rechts durch grünen Untergrund farblich ebenfalls zweigeteilt, wobei sich ein zusammenhängendes Goldmuster symmetrisch über die ganze

Rückseite hinzieht. Möglicherweise war diese in zugeklapptem Zustand die Schauseite des Triptychons.

Inv.-Nr. I 27.

Veröffentlichung:
Katalog Essen 444, S. 213, ohne Abbildung.

19 HODEGETRIA: MILDSCHAUENDE MUTTERGOTTES

Taf. 24
Römische Ikone, Ende 19. Jahrhundert.

Tempera auf Holz, vermutlich Übermalung einer älteren Tafel; 161 × 106 cm (mit Rahmen).

Diese interessante Abwandlung des Hodegetria-Typus könnte möglicherweise an das jahrhundertelang in der Kirche des Campo Santo Teutonico verehrte Bild (oder Statue?) der Mildschauenden Muttergottes („Madonna S.ma di Belriguardo" – nach der Lokaltradition „Muttergottes mit dem schönen Blick" genannt) erinnern, der ein Altar in einer eigenen Kapelle errichtet war. Die Piemontesen, die diese Madonna wie eine gleiche in Fracineto (heute wohl Frassinetto in der Provinz Torino) verehrten, sorgten lange Zeit für den Schmuck des Bildes in der Kirche des Campo Santo und erbaten z. B. am 25. Oktober 1626 unter Hinweis auf frühere Privilegien von der Erzbruderschaft das Recht, in der Kirche Gottesdienst zu halten und ihre Toten auf dem Friedhof zu bestatten, was ihnen auch gewährt wurde. Die Spenden sollten für den Schmuck des Bildes bzw. des Altares der Madonna verwendet werden (vgl. Archiv des Campo Santo Teutonico, Libro JJ, fol. 143^r und Libro B, fol. 188^v = *Schmidt* 107; ferner *Schmidt* 106 und 114; dazu aber *De Waal,* Priester-Collegium 3).

In der dem Bild aufgesetzten Lünette erscheint Christus als der Weltenrichter, der Pantokrator in westlicher Auffassung, in den Wolken des Himmels (vgl. Mt 24, 30; 26, 64; Mk 13, 26; 14, 62; Lk 21, 27; Offb 1, 7).

Die Inschrift auf dem unteren Teil des Rahmens verweist auf das Jahr 1891.

Inv.-Nr. I 88.

Veröffentlichung:
Hagedorn, Museum 11, ohne Abb.

Bericht über die Feiern zum 100jährigen Bestehen des Priesterkollegs vom 29. bis 31. Oktober 1976

Mit Rücksicht auf die von auswärts zu erwartenden Festgäste wurden die seit dem Frühjahr 1976 geplanten Jubiläumsfeierlichkeiten vom 21. November auf den 29.–31. Oktober vorverlegt. Auf Einladung des Rektors fand vor den öffentlichen Feiern die diesjährige Tagung der deutschsprachigen Kirchenhistoriker mit 24 Teilnehmern unter dem Vorsitz von Prof. Dr. B. Kötting im Campo Santo statt. Damit sollte einerseits zum Ausdruck kommen, wie sehr die deutschsprachige kirchenhistorische Forschung seit einem Jahrhundert mit dem Kolleg verbunden ist. Andererseits muß das Kolleg zur Gewinnung neuer Mitglieder aus dem deutschen Sprachraum um einen intensiven Kontakt bemüht sein.

Am Freitagnachmittag, dem 29. Oktober, konnte der Rektor dann neben den Kirchenhistorikern ca. 40 Altcamposantiner begrüßen, die der Einladung zum Jubiläum gefolgt waren. Für einige von ihnen war es seit Jahrzehnten die erste Begegnung mit der Ewigen Stadt und dem durch die Restaurationsarbeiten von Grund auf erneuerten Kolleg. Schon bei diesem ersten Treffen kristallisierte sich der Wunsch heraus, daß man sich etwa alle fünf Jahre treffen möge. Am Abend folgte ein Empfang durch den Botschafter der Bundesrepublik Deutschland beim Heiligen Stuhl, Dr. Alexander Böker.

Einen besonderen Höhepunkt der Feierlichkeiten bildete die Sonderaudienz, in der Papst Paul VI. am späten Vormittag des 30. Oktober die Camposantiner und alle Hausangestellten, ferner die Teilnehmer der Kirchenhistorikertagung und den zu den Feierlichkeiten nach Rom gekommenen Limburger Domchor empfing. Die Begegnung zeichnete sich durch eine besonders familiäre Atmosphäre aus. Zu Beginn der Audienz stellte der Vorsitzende der Deutschen Bischofskonferenz, Joseph Kardinal Höffner, dem Papst die Teilnehmer mit folgenden Worten vor:

„Beatissime Pater!
Gratias quam maximas pro benignitate agimus, qua Sanctitas Vestra nobis concesserit familiariter consalutandi et audiendi successorem S. Petri, hac eadem die, qua Collegii nostri, apud Campum Sanctum Teutonicum erecti et pro sacerdotibus studiis operam dantibus destinati, annum centesimum celebramus.

Collegium nostrum, sub umbra S. Petri latens, cotidie nos admonet nos in intima unione cum S. Petro et eius successore vivere. In successore ipsum S. Petrum salutamus. Nam S. Petrus in omnibus successoribus suis profitetur: „Tu es Christus, Filius Dei vivi.“ Et ideo, ut ait Sanctus Papa Leo, „omnis lingua, quae confitetur Dominum, magisterio huius vocis imbuitur“ (PL 54, 146c).

Sanctitatem Vestram tum alumni hodie in Collegio degentes, tum ex-alumni, in diversis Universitatibus docentes, ex corde salutant, memores muneris nostri magisterio Ecclesiae fideliter inhaerentes studia theologicarum disciplinarum prudenter et fidenter promovere, et varias loquelas nostri temporis „auscultare, discernere et interpretari easque sub lumine verbi divini diiudicare“ (LG 44).

Scimus quam difficile sit homines nostri temporis vitali Evangelii fermento animare; nam sic dictus „saecularismus“ magis magisque progreditur. Ideo gratias Sanctitati Vestrae agimus pro omni sollicitudine qua gubernas naviculam Ecclesiae, magnis hodie tempestatibus agitatam, et gratias agimus pro omni cura, qua confirmas fratres tuos et Ecclesiam Christi in unitate conservas.

Rogamus enixe, ut Sanctitas Vestra Collegio Teutonico et nobis omnibus Apostolicam Benedictionem impertire dignetur.“

Darauf antwortete der Papst:

„Herr Kardinal! Sehr geehrte Herren!

Es bedeutet für Uns in dieser Stunde eine besondere Freude, Sie alle hier empfangen und begrüßen zu können.

Zum hundertjährigen Jubiläum Ihres Priesterkollegs – Collegio Teutonico di Santa Maria in Campo Santo – sprechen Wir Ihnen Unsere herzlichen Glückwünsche aus. Als Prälat Anton de Waal, der hochverdiente erste Rektor Ihres Hauses, das Kolleg vor hundert Jahren gründete, wollte er damit eine wissenschaftliche Institution ins Leben rufen, vor allem für das Studium der Christlichen Archäologie und der Kirchengeschichte, die bis dahin für Studierende deutscher Sprache in Rom noch fehlte. In Ihrem Hause hat auch seit vielen Jahren das Römische Institut der Görres-Gesellschaft seinen Sitz. Die zahlreichen Professoren, die in dieser Sonderaudienz anwesend sind und an in- wie ausländischen Universitäten einen Lehrstuhl innehaben, setzen nur die Linie jener Gelehrten fort, die in den vergangenen Jahrzehnten den Ruf Ihres Priesterkollegs begründeten.

Zwei Gedanken bewegen Uns bei dieser Begegnung mit Ihnen. Zunächst möchten Wir Ihnen allen und jedem einzelnen danken, und zwar im Namen Jesu Christi, für die bisher geleistete wissenschaftliche Arbeit im Dienste der Kirche. Die Kirche schätzt die Wissenschaft, die Kirche braucht die wissenschaftliche Forschung in den verschiedenen Disziplinen, damit sich in ihnen die Erkenntnisse immer mehr vertiefen, die neuen Fragen und Forschungsergebnisse der voranschreitenden Zeit sorgfältig Beachtung finden und so gründlicher erfaßt wird, wie Glaube und Vernunft sich in der einen Wahrheit treffen (vgl. Erkl. „Gravissimum educationis momentum“, Nr. 10). Ihnen also aufrichtiger Dank!

Noch einen zweiten Gedanken: Die Mitglieder Ihres Priesterkollegs haben die Auszeichnung, im Schatten von Sankt Peter zu leben, in unmittelbarer Nähe des Papstes. Diese Tatsache möge für Sie eine eindringliche Aufforderung sein, stets in Treue zum Nachfolger Petri zu stehen, die Kirche Christi zu lieben und sich mit allen Kräften für ihre Anliegen einzusetzen.

Unsere nachdrückliche Bitte geht dahin, daß Sie mit dem ganzen Gewicht Ihrer wissenschaftlichen Erfahrung für das Konzil und die Einheit der Kirche eintreten.

Wir haben allen Grund, sehr geehrte Herren, voll Zuversicht und Optimismus der Zukunft der Kirche entgegenzusehen. Denn die Geschichte der Kirche bestätigt immer wieder aufs neue die Wahrheit der Prophezeiung Christi: „. . . et portae inferi non praevalebunt“ (Mt 16, 18)!

Unser Wunsch ist es, daß wir alle immer mehr wachsen in der Gnade und Erkenntnis Jesu Christi wie in der Kraft des Heiligen Geistes (vgl. 2 Petr 3, 18; Apg 1, 8)! Dazu erteilen Wir einem jeden einzelnen von Ihnen von Herzen Unseren besonderen Apostolischen Segen.“

Als Geschenk für das Kolleg überreichte der Papst dem Rektor einen Nachdruck des Sacramentarium Gelasianum.

Der öffentliche Teil der Jubiläumsfeier begann am gleichen Tag um 18.00 Uhr mit einer Festakademie in der Kirche des Campo Santo. Wie bei der Papstaudienz verschönte der Limburger Domchor unter Domkapellmeister H. Bernhard die Feier, zu der zahlreiche Ehrengäste erschienen waren. Zu Beginn begrüßte der Rektor die Versammlung:

„Eminenzen! Exzellenzen! Meine sehr verehrten Damen und Herren!
Zur 100-Jahr-Feier des Deutschen Priesterkollegs beim Campo Santo heiße ich Sie alle herzlich willkommen. Mein besonderer Gruß gilt Ihnen, sehr verehrter Herr Kardinal Höffner, der Sie in Ihrer Eigenschaft als Vorsitzender der Deutschen Bischofskonferenz es nicht gescheut haben, trotz vieler anderer Verpflichtungen diese Reise auf sich zu nehmen und das Fest mit uns zu begehen. Wir sehen darin ein Zeichen für die feste Verbindung, die zwischen der Kirche in Deutschland und unserem Kolleg besteht.

Am 21. November 1876 approbierte Pius IX. neue Statuten der Erzbruderschaft zur Schmerzhaften Mutter Gottes auf dem deutschen Friedhof bei Sankt Peter. Der 100. Jahrestag dieses Ereignisses bildet den Anlaß unserer Jubiläumsfeier. Die altehrwürdige Erzbruderschaft, die diesen Campo Santo, der seinerseits auf die Zeit Karls des Großen zurückgeht, innehat, erhielt damit ein neues Rechtsgefüge. An der Spitze ihrer Verwaltung steht seitdem ein Rat, dem unter dem Vorsitz des Rektors die beim Heiligen Stuhl akkreditierten diplomatischen Vertreter der deutschsprachigen Länder, ferner Vertreter der Niederländer und der Flamen sowie gewählte Bruderschaftsmitglieder angehören. Der Rektor selbst wird nach Konsultation der Erzbischöfe von Salzburg, München und Köln ernannt. Der Campo Santo als solcher aber unterstand bis zum Ende des Ersten Weltkrieges dem hohen Protektorat des Kaisers von Österreich, dessen Wappen am Eingang der Kirche hing. Dieses vielfältige Bezugssystem des Campo Santo war im Statut von 1876 neu umschrieben worden, aber es beruhte auf historischen Grundlagen, denn alle deutschen Stämme in des Wortes weitester Bedeutung haben hier traditionell ihre römische Heimat finden dürfen. Und wenn auch einzelnes – z.B. das Protektorat des österreichischen Kaisers – durch die Geschichte überholt wurde, so fühlt sich der Campo Santo doch nach wie vor nicht nur den Deutschrömern, sondern dem ganzen deutschen Sprachraum verpflichtet.

Diese Orientierung sollte auch für das neugegründete Priesterkolleg gelten, das der alten Stiftung 1876 hinzugefügt wurde. Im Statut heißt es dazu im § 3: „Soweit die Einkünfte (der Erzbruderschaft) gestatten, soll Bedacht darauf genommen werden, diesen (von ihren bischöflichen Behörden zum Studium nach Rom geschickten) Priestern die Auslagen für ihren Unterhalt zu erleichtern. Zu diesem Zwecke soll die Hälfte von dem jährlichen Überschuß der Einkünfte des Campo Santo ... verwendet werden."

Angeregt durch den preußisch-deutschen Kulturkampf, der manche jungen Geistlichen zur Emigration zwang, bald aber auch im Interesse einer zielstrebigen Wissenschaftsförderung zog der damalige Rektor, der wahrhaft große Anton de Waal, seit 1876 eine Generation junger Priester nach Rom. Die alte Stiftung bei Sankt Peter erhielt dadurch einen neuen und, wie sich bald zeigen sollte, überaus fruchtbaren Zweig.

Der Kirchengeschichte, der sich durch die Öffnung des Vatikanischen Archivs damals neue Perspektiven boten, galt neben der Christlichen Archäologie de Waals erste Liebe. Und gerade die Leistungen in diesen beiden Disziplinen haben das Priesterkolleg berühmt gemacht. Neben der Christlichen Archäologie und der Kirchengeschichte ist freilich stets die ganze Fülle theologischer Disziplinen hier vertreten gewesen. Aus dem

Tagebuch, das de Waal vier Jahrzehnte lang minutiös führte, wissen wir, wie mühsam die Anfänge waren. Denn wenn auch die Erzbruderschaft gemäß ihrer Verpflichtung im Rahmen ihrer Möglichkeiten half, so hat doch vor allem der Rektor durch eine Fülle von Initiativen und nicht zuletzt durch seine persönliche Anspruchslosigkeit das Kolleg zu konsolidieren vermocht. Unter seinem Rektorat sind trotz bescheidener wirtschaftlicher Verhältnisse beeindruckende wissenschaftliche Leistungen vorgelegt worden. Nächst der Erzbruderschaft fühlt das Kolleg sich der Görres-Gesellschaft zur Förderung der Wissenschaft verpflichtet, die in diesem Hause seit 1888 ihr Römisches Institut unterhält und stets in freundschaftlicher Verbundenheit mit dem Kolleg zusammenarbeitete. Es ist für uns eine besondere Freude, den Präsidenten dieser Gesellschaft, Herrn Prof. Dr. P. Mikat, als Festredner in unserer Mitte begrüßen zu dürfen.

Alle späteren Rektoren sind an de Waal gemessen worden. Und in der Tat, die Richtung, die er dem Kolleg wies, scheint von unveränderter Aktualität zu sein: Jungen Geistlichen, jungen Theologen und Stipendiaten der Görres-Gesellschaft soll hier für die begrenzte Zeit ihres Romaufenthaltes Gastfreundschaft geschenkt werden. Der Wert der dadurch zustande kommenden Begegnungen hebt das Kolleg weit über eine Wohngemeinschaft zur wahren Lebens- und Leistungsgemeinschaft hinauf, in der jeder einzelne nicht nur seinen persönlichen Spezialitäten nachgeht, sondern sich der Kirche verpflichtet weiß.

Diese Aufgabe kann heute freilich nur mit Hilfe der deutschen Bischöfe durchgeführt werden. Sie haben im letzten Jahrzehnt nicht nur die Restauration des Gebäudes des Campo Santo in entscheidendem Maß ermöglicht, sondern auch dem Kolleg selbst auf vielfältige Weise geholfen. Ihnen gilt daher wie auch der österreichischen und der deutschen Bundesregierung sowie den vielen Freunden, insbesondere dem Verein der Freunde des Kollegs, herzlicher Dank und zugleich die Hoffnung auf gute Zusammenarbeit in der Zukunft.

Ganz besonderer Dank gilt freilich all jenen Camposantinern und Hausgästen sowie den Angestellten unseres Kollegs, die hier einander annahmen, die den großartigen äußeren Voraussetzungen erst jenes Leben einpflanzten, dem das Kolleg seinerseits dienen soll. Auf der Außenwand dieses Gebäudes steht der Satz: Sospes post saecula cresco. Daß dieses geistig-geistliche Leben zur größeren Ehre Gottes und zum Segen für die Kirche stets aufs neue hier wächst, das ist an diesem Tage unser Wunsch."

Danach ergriff Kardinal Höffner das Wort:
„Das Priesterkolleg beim Campo Santo Teutonico ist der Deutschen Bischofskonferenz lieb und teuer. In ihrem Auftrag überbringe ich herzliche Glückwünsche zur Jahrhundertfeier. Mit meinem Glückwunsch verbinde ich den Dank für den unschätzbaren Dienst, den das Kolleg seit hundert Jahren der kirchengeschichtlichen und archäologischen Forschung erwiesen hat. Diese festliche Stunde ist das Bekenntnis zu einem Wert, der besonders in den 60er Jahren unseres Jahrhunderts seltsamerweise als überholt und für die moderne Fortschrittsgesellschaft als unerheblich hingestellt worden ist. Ich meine das Geschichtliche, das Frühere, die Tradition, also den Gegenstand des Historikers und Archäologen. Seit einigen Jahren scheint man freilich wieder nachdenklicher zu werden. Gewiß, nicht alles Frühere ist bewahrenswert, aber doch bedenkenswert. „Oportet alere flammam", sagten die Römer. So ist es: Tradition heißt nicht Asche verwahren, sondern eine Flamme am Leuchten halten. Wer nicht rings um sich und auch zurückschaut, sieht nicht alles. „Lebendig ist nur, was Wurzeln geschlagen hat" (Lubac). Überlieferung ist nicht Fessel, sondern Geborgenheit in der Wurzelerde. Der 1949 verstorbene

russische Dichter Iwanow meinte: „Die auf die Weise des Vergessens erschlichene Freiheit ist leer."

Mein Jubiläumswunsch ist, daß die geschichtlichen und archäologischen Studien, denen der Gründer des Kollegs, Anton de Waal, so tief verbunden war, auch weiterhin im Campo Santo Teutonico blühen mögen. Die deutschen Bischöfe werden die Bemühungen des Kollegs, auch durch die Entsendung geeigneter junger Priester, unterstützen.

Bei Ihrer Jahrhundertfeier drängt sich mir noch ein weiterer Gedanke auf. Die Gründung des Kollegs fiel in die Epoche des damals für Europa typischen nationalstaatlichen Denkens. Heute scheint die Zeit der eng-souveränen Nationalitäten vorbeizusein. Es bilden und ordnen sich Großräume. Der Campo Santo Teutonico hat immer europäisch gedacht. Das muß so bleiben, und zwar mit dem Blick auf das ganze Europa, nicht auf das „kleine Europa" der Politiker. Für Ihr Kolleg gibt es keine „eisernen Vorhänge". Wir stehen vor der Frage: Welche geistigen Kräfte werden dem kommenden Europa das Antlitz geben? Ein rein technokratisches Europa hätte keinen Bestand. Welches Menschenbild wird Geltung gewinnen? Die Geschichte Europas ist seit je von der Achtung vor der Würde des Menschen, von der persönlichen Verantwortung, von der Entscheidungs- und Gestaltungsfreiheit bestimmt worden. Werden sich diese Grundwerte durchsetzen, oder wird der Kollektivismus, die Leibeigenschaft des industriellen Zeitalters, das Europa der Zukunft beherrschen? Das Priesterkolleg am Campo Santo Teutonico schließt junge Menschen verschiedener europäischer Völker zu brüderlicher Gemeinschaft zusammen: ein Bild des kommenden, geeinten, ganzen Europas.

Wenn man zu einer Geburtstagsfeier geht, bringt man ein Angebinde mit. So überreiche ich Ihnen, lieber Herr Rektor, einen Kölner Obolus für die Jubiläumsfestschrift, die zwar, wie alles Geschichtliche, noch nicht vollendet, aber doch im Entstehen begriffen ist."

Schließlich sprach seitens der Erzbruderschaft Comm. Alois Righi Schwammer: „Eminenzen, Exzellenzen, sehr verehrte Damen und Herren!
Als Camerlengo der Erzbruderschaft der Schmerzhaften Muttergottes beim Campo Santo Teutonico habe ich die Ehre und die Freude, im Namen unserer Erzbruderschaft an Sie alle meinen herzlichen Willkommensgruß zu richten. Wir haben uns hier zusammengefunden, um ein in der Tat bedeutendes Ereignis zu feiern: das hundertjährige Bestehen des Priesterkollegs! Aufgrund der zahlreichen Zeugnisse läßt sich das Kollegsleben in dieser Zeit als außerordentlich fruchtbar definieren: nicht nur weil viele im Kolleg Gast sein durften, sondern auch durch das, was sie der Kirche und der kirchlichen Gemeinschaft gegeben haben.

Es sei mir erlaubt, zu sagen, daß ein nicht geringer Verdienst auch unserer Erzbruderschaft gebührt, die dadurch, daß sie die Räume zur Verfügung stellte, das Entstehen und Gedeihen mit einer regelmäßigen technisch-finanziellen Hilfeleistung erleichtert hat. Diese Unterstützung galt jenen, die den Wunsch hatten, ihr Wissen zu erweitern, um eine geistliche und kulturelle Bildung zu erreichen, die den Notwendigkeiten unserer Zeit entspricht. So leistet das Kolleg unseren Bischöfen eine wirksame Hilfe in der Ausübung ihres Amtes, indem von hier immer neue wertvolle Mitarbeit erwächst. Danken wir Gott für das, was er uns ermöglicht hat, und für die guten Früchte, die daraus entstanden. Sprechen wir dem uns so am Herzen liegenden Priesterkolleg beim Campo Santo Teutonico unsere besten Glückwünsche aus."

Danach hielt der Präsident der Görres-Gesellschaft, Professor Dr. Paul Mikat, Bonn–Düsseldorf, den Festvortrag über „Kirche und politische Herrschaft im Neuen Testament". Anschließend fanden sich alle die Festgäste mit den gegenwärtigen Kollegiaten zu einem gemeinsamen Abendessen zusammen.

Höhepunkt des Jubiläums war der Dankgottesdienst, den Kardinal Höffner in Konzelebration mit den Rektoren und den gegenwärtigen Kollegsmitgliedern am Sonntagmorgen feierte. Auch dazu waren zahlreiche Ehrengäste erschienen. In seiner Predigt unterstrich Kardinal Höffner besonders die Aufgaben des Kollegs im Dienst an der Wahrheitserkenntnis, der alles wissenschaftliche Streben von Grund auf verpflichtet sei. Für den großartigen musikalischen Rahmen trug auch diesmal der Limburger Domchor Sorge, der neben den Gregorianischen Gesängen die Missa Choralis von Fr. Liszt zu Gehör brachte. Im Anschluß fand seitens der Erzbruderschaft ein Empfang statt.

ABBILDUNGEN

a) Der Campo Santo 1959

b) Der Campo Santo nach Abschluß der Restaurationsarbeiten (1976).
Links die päpstliche Audienzhalle

Die Kirche des Campo Santo um 1970

a) Die Kirche des Campo Santo 1976

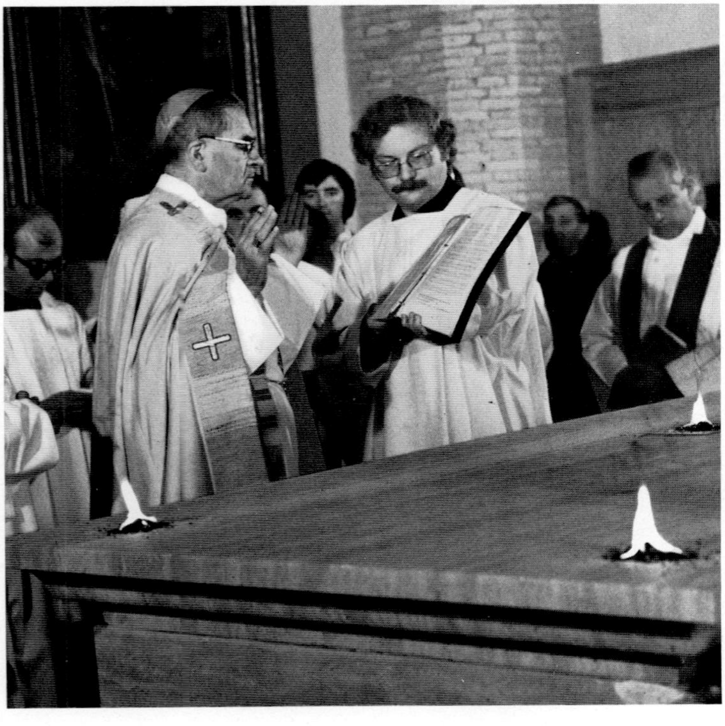

b) Konsekration des Altares am 7. Dezember 1975 durch Julius Kardinal Döpfner

a) Das Kolleg anläßlich der 50-Jahr-Feier 1927. Untere Reihe von links: Bartmann, Prill, David, Kirsch, Göller. Mittlere Reihe von links: Jedin, Groß, Schäfer, Katterbach, Wenner, Kalsbach, Marx, Fleming. Obere Reihe von links: van Schaik, Geerdinck, Arendt, Schneider, Montebaur, Greehy, Markthaler

b) Rektor Hermann Maria Stöckle (1931–1954)

a) Rektor August Schuchert (1954–1962)

b) Rektor Johann Emil Gugumus (1963–1970) mit Kardinalprotektor Giuseppe Pizzardo

c) Besuch von Bundespräsident Gustav Heinemann am 26. März 1973. Rechts Rektor Bernhard Hanssler (1970–1974)

a) Empfangssaal

b) Kapitelsaal

a) Ss. Pietro e Marcellino, Gefäß mit Rankenornament (A) und die verfälschte Kopie (B)

b) S. Callisto, Lucina-Region, Kammer X

a) Domitilla, Bäckergruft (A) und die verfälschte Kopie (B)

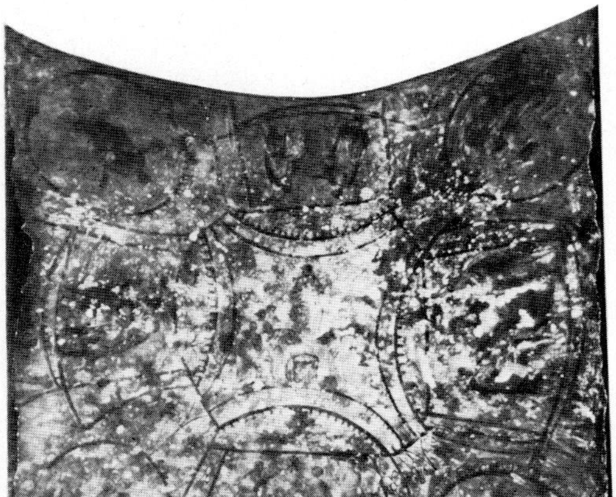

b) Ss. Pietro e Marcellino,
Kammer 54, Decke

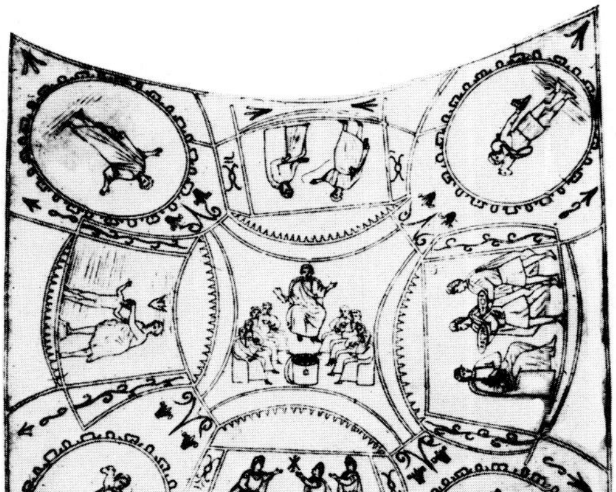

c) Ss. Pietro e Marcellino,
Kammer 54, Deckenskizze

a) Priscilla, Cappella Greca

b) Rom, Museo Pio Cristiano, sog. Brüder-Sarkophag

c) Arles, Sarkophag

S. Maria Antiqua, Kapelle des Theodotus

Christus Pantokrator von Andreas Pavias: kretisch-venezianische Ikone,
Ende 15. Jahrhundert

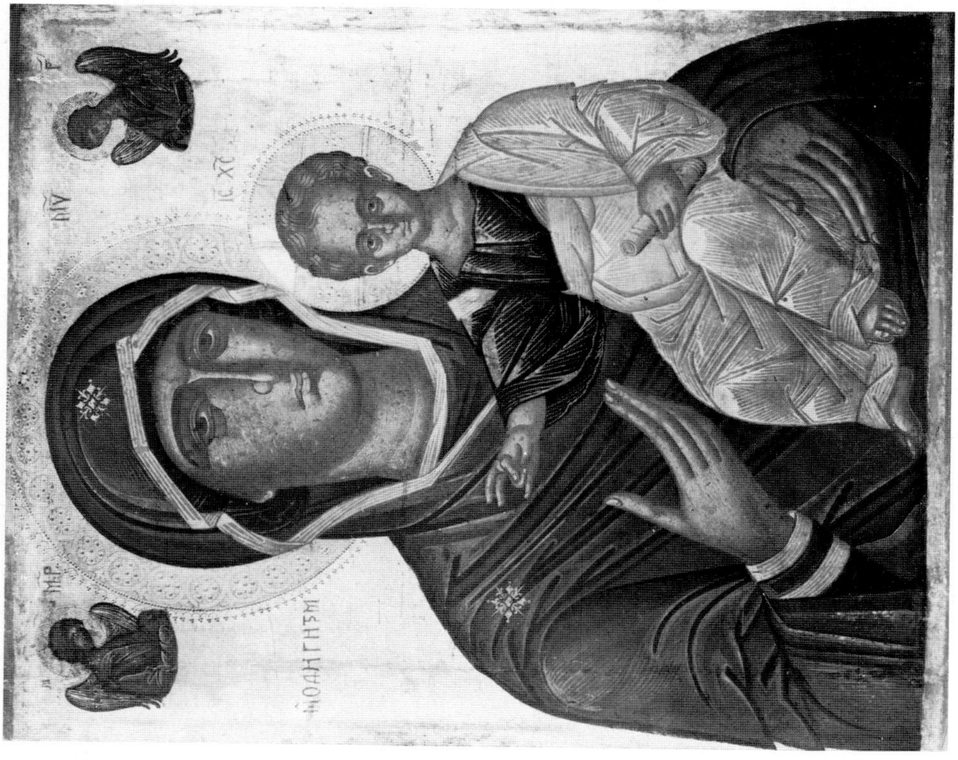

a) Gottesmutter Hodegetria von Andreas Pavias:
kretisch venezianische Ikone, Ende 15. Jahrhundert

b) Gottesmutter Hodegetria (Iverskaja) von Andreas Ritzos:
kretisch-venezianische Ikone, 2. Hälfte 15. Jahrhundert

a) Griechische Signatur des Andreas Pavias,
Detail von Taf. 11

b) Lateinische Signatur des Andreas Ritzos,
Detail von Taf. 12b, Zustand der Tafel um 1970

c) Lateinische Signatur des Andreas Ritzos,
Detail von Taf. 12b, heutiger Zustand

Gottesmutter der Passion: kretisch-venezianische Ikone,
16. Jahrhundert

Beweinung Christi: kretisch-venezianische Ikone, 15. Jahrhundert

a) Entschlafung Mariens: griechische Ikone, 17. Jahrhundert (?)

b) Gottesmutter Hodegetria (Variante): kretisch-venezianische Ikone, spätes 15. Jahrhundert

a) Gottesmutter Eleousa (Variante): kretisch-venezianische Ikone, 16. Jahrhundert

b) Gottesmutter Dexiokratousa (Donskaja): kretisch-venezianische Ikone, 16. Jahrhundert

a) Gottesmutter mit dem Kruzifix: kretisch-venezianische Ikone, 16. Jahrhundert

b) Passions-Triptychon von Giovanni Maria Scupola, geschlossen: kretisch-apulischer Tragaltar, Anfang 16. Jahrhundert

Passions-Triptychon von Giovanni Maria Scupola, geöffnet: kretisch-apulischer Tragaltar, Anfang 16. Jahrhundert. Der linke Flügel fehlt

a) Lateinische Signatur des Passions-Triptychons von Giovanni Maria Scupola: Rückwand des Mittelteils

b) Konstantin und Helena: kretisch-venezianische Ikone, 16. Jahrhundert (?)

a) Hodegetria mit Johannes dem Täufer:
kretisch-venezianische Ikone, 17. Jahrhundert

b) Galaktotrophousa mit Johannes dem Täufer:
kretisch-venezianische Ikone, Anfang 17. Jahrhundert

a) Galaktotrophousa mit der hl. Katharina:
kretisch-venezianische Ikone, Anfang 17. Jahrhundert

b) Galaktotrophousa mit dem hl. Dominikus:
venezianische Ikonenmalerei, 16. Jahrhundert

a) Hodegetria mit Apostel Bartolomäus: kretisch-venezianische Ikone, 16./17. Jahrhundert

b) Nikolaus und Andreas: Flügel eines byzantinisierenden venezianischen Triptychons, 16. Jahrhundert

Mildschauende Muttergottes: römische Ikone, 19. Jahrhundert; Übermalung einer älteren Tafel. In der Lünette Christus als Weltenrichter in den Wolken des Himmels